2022. 2. 14. 시행

가족관계등록법에 의한

오행별 인명용 한자사전

(대법원 선정 8,319字)

대윤 홍 성 지 편저

明文堂

五行別 人名用 漢字辭典

(대법원 선정 8,319字)

발 간 사

가족관계 등록법(구, 호적법)(1991. 4. 1.)에 의해 출생신고나 개명(改名) 신고할 때는 한글 이름이 아닌 한문자(漢文字) 이름은 대법원에서 선정한 인명용 한자만으로 신고하는 것은 이미 국민들에게 알려져 상식화되어 있다. 2022년 2월 14일, 대법원 규칙 제3,030호로 인명용 한자 8,319자로 증가 발표되어 사용 등록하게 되었다.

우리글과 말은 오랜 세월 한글과 한자가 혼용되어 사용해온 까닭으로 언어·생활·문화에 관습으로 자리 잡기에 이르렀다. 그러므로 한문자를 혼용하면 이해가 쉬울 뿐만 아니라 아름답게 표현할 수 있다.
우리 한글은 표음문자로 자음 모음의 조합이고, 영어도 알파벳의 조합으로 단어가 이루어지는 것은 모두가 잘 아는 사실이다. 한문자 역시 표의문자라 하더라도 변의 조합이라 하여도 과언이 아니다. 변(부수)을 익히고 나면 한문자도 쉽게 이해하고 접할 수가 있으므로 본서는 변(부수)과 변 이름을 알아보기 쉽게 첨가하여 반복 학습으로 한문자에 대한 이해를 돕도록 하였다.
작명할 때는 성명학(姓名學)에 의한 획수, 음양오행 등 나름대로 기준이 있다. 이 기준에 의해 이름 자(字)를 선명(選名)할 때 변, 획수, 훈, 음양오행 등에 대해서 혼동이 많았다. 본서(本書)에서는 혼동이 우려되는 한자에는 주의를 달아 기준 삼고자 하였다. 작명 등에 혼동 없이 활용하기를 바라며, 일부 글자 중에는 전산화 과정에 프로그램 폰트 자형(字形)이 조금씩 획수가 상이한 점을 정획수로 주의를 달았으므로 참고하기 바란다.

공자께서 정명순행(正名順行)이라 하여 "좋은 이름은 만사가 형통한다"라고 하였기에 좋은 이름을 선명하기 위해 표제자마다 해당하는 자원오행(字源五行)을 기술하였다. 성명학에서는 용신(用神)에 의한 자원오행의 접목을 매우 중요하게 여기나, 일부 자(字)에 대해 학자마다, 역술가마다 이견이 분분하여 선뜻 어느 누구도 이를 내놓지 못하거나 역술가 자신만의 소중한 비법이라 감춰놓고 활용하고 있는 것이 현실이다.
초학자들은 자 오행(字 五行)이라는 것이 있다는 정도만 알고, 실제 어떤 자(字)가 어느 오행에 속하는지를 몰라 중요한 오행을 활용하지 못하는 누(累)를 범하고 있는 것은 불행한 현실이다. 이에 감히 학자나 선배 역술가 앞에 자원오행 내용이 있는 책을 내놓아, 많은 역술가나 한자 관련 학문을 연구하는 학자, 관공서의 업무용으로, 특히나 초학자들에게 수학(受學) 및 연구에 활용되는 지침서가 되기를 바란다.

한문학에서는 부수(변) 순이지만 작명할 때는 획수와 오행, 훈 및 변 등이 우선시되기에 작명하는 데 편리를 도모하고자 획수별 · 오행별 순, 오행별 · 획수별 순으로 두 가지로 편집하였으며, 일선 실무자로서 오랜 경험을 바탕으로 실무에 사용하기 편리하도록 하였으므로 더 이상의 혼동이 없었으면 하는 바람이다.
특히나 작명에 종사하는 역술가는 신생아 이름자, 개명자, 호, 상호 등 작명할 때는 본 인명용 한자사전을 지침서로 활용함으로써 오행에 맞는 좋은 글자로 선명(選名), 한문자 활용의 폭이 넓어지기를 바란다.
효율적으로 편리하게 사용할 수 있도록 편집하였으며, 본 저자는 선배, 동료 여러분의 질책과 가르침을 겸허히 받아들여 한문자 연구에 더욱더 정진할 것

을 약속드린다.

본서(本書)를 발간할 수 있도록 도와주신 스승이신 석수은사 스님과 도반인 봉산 스님, 그리고 여러모로 도움을 준 분들과 특별히 명문당 김동구 사장께 감사한 마음을 전한다.

편저자 성명학 전문역술가

대윤(大昀) **홍 성 지**

추 천 사

인간은 누구나 태어나면서 이름을 가지게 되고 만물이 존재하는 지구상에서 이름의 영향력에 따라 개인, 또는 가족의 운명이 결정되기도 한다. 특히 본인의 사주에 맞는 오행이 부족할 때는 이를 보완해서 불행과 고난을 극복할 수 있도록 하는 것이 성명학의 근본 원리이다.

흔히 사주를 살피다 보면 도저히 사주와 맞지 않는 이름을 접하게 되는데, 이것은 본인은 물론이요 부모와 자식 간에, 또는 부부간에 가정불화 등 일상생활 및 사회생활에 많은 영향을 끼쳐 큰 풍파 등을 겪게 되는 통계를 많이 접하게 된다.

사주의 용신(用神)에 의한 자 오행(字 五行)을 근본으로 수리, 음, 훈 등으로 작명을 하는 것이 성명학의 근본원리이나, 지금까지 자 오행의 한문자(漢文字) 관련 책이 없어 사주에 맞는 이름이 선명(選名)되지 못하는 경우가 많았다.

이러한 현실에 대윤(大昀) 홍성지(洪性智) 당 사찰 전(前) 영산교육원장이, 스승이신 석수은사 스님에게서 전수받은 자료와 오랜 수학과 연구 정진 끝에 자 오행의 한문자를 체계화하여 인명용 한자사전(8,319자)을 획수별·오행별로 저술하게 된 것을 늦게나마 다행으로 생각하며, 역학계의 지침서로서 큰 축복이 아닐 수 없다.

또한 요즘 젊은 신세대는 물론 기성세대까지도 한문자가 어렵다 하여 거리를 두는 현실에 쉽게 친숙해지도록 한문자의 변과 변 이름을 한눈에 알아볼 수 있게 노력한 흔적이 엿보인다.

성명학에서는 정자(正字) 본자(本字)로 선명하는 것이 원칙이나 자전(字典)마다, 저자마다, 출판사마다 획수가 상이하여 역술가나 교육자, 이를 배우는 수학자들이 혼란을 겪었다.

이 책의 발간 취지가 정자, 본자, 속자 등 정 획수를 정하는 데 기준 삼고자 하였으므로, 이를 성명학에 활용함으로써 혼란이 야기되는 한문자 획수가 정리되어 성명학에 지대한 공로가 되기를 바란다.

본서(本書)는 앞으로 한자 시대가 도래함에 있어 한자 교육에 필요성을 느끼는 초등학생부터 일반인, 초학자, 전문가, 역술가 모두에게 두루 교육용으로, 연구용으로, 관공서 직무용으로 활용되기에도 손색이 없는 자료로, 많은 분들이 활용하여 한문자의 기준이 되고 좋은 이름자가 선명되기를 바라며 추천하는 바이다.

끝으로 지체 장애의 불편한 몸을 이끌고 대법원 가족관계 관련 부서와 국가기술표준원, 국립 국어원 등을 드나들며 한문자 전산화와 표준 정획수가 완성되도록 노력한 홍성지 저자가 더욱더 정진하여 역학계는 물론, 인명용 한자와 관련된 성명학 발전에 크게 이바지하기를 바란다.

한국불교 태고종 강원교구 춘천 보타사

주 지 **진 철**

차 례

1. 인명용 한자 사용에 관한 관계 법규

가. 가족관계등록법

제1조 (목적)
이 법은 국민의 출생·혼인·사망 등 가족관계의 발생 및 변동사항에 관한 등록과 그 증명에 관한 사항을 규정함을 목적으로 한다.

제2조 (관장)
가족관계의 발생 및 변동사항에 관한 등록과 그 증명에 관한 사무(이하 '등록사무'라 한다)는 대법원이 관장한다.

제3조 (권한의 위임)
① 대법원장은 등록사무의 처리에 관한 권한을 시·읍·면의 장(도농복합 형태의 시에 있어서 동 지역에 대하여는 시장, 읍·면 지역에 대해서는 읍·면장으로 한다. 이하 같다)에게 위임한다.

제4조 (등록사무처리)
제3조에 따른 등록사무는 가족관계의 발생 및 변동사항의 등록(이하 '등록'이라 한다)에 관한 신고 등을 접수하거나 수리한 신고자의 시·읍·면의 장이 처리한다.

제 44 조 (출생신고의 기재사항)

① 출생신고는 출생 후 1개월 이내에 하여야 한다.

② 신고서에는 다음 사항을 기재하여야 한다. 〈개정 2010. 5. 4〉

1. 자녀의 성명·본·성별 및 등록기준지
2. 자녀의 혼인 중 또는 혼인 외의 출생자의 구별
3. 출생의 연월일시 및 장소
4. 부모의 성명·본·등록기준지 및 주민등록번호(부 또는 모가 외국인인 때는 그 성명·출생연월일·국적 및 외국인등록번호)

③ 자녀의 이름에는 한글 또는 통상 사용되는 한자를 사용하여야 한다. 통상 사용되는 한자의 범위는 대법원 규칙으로 정한다.

제 99 조 (개명신고)

① 개명하고자 하는 사람은 주소지(재외국민의 경우 등록기준지)를 관할하는 가정법원의 허가를 받고 그 허가서의 등본을 받은 날로부터 1개월 이내에 신고하여야 한다.

나. 가족관계등록에 관한 시행 규칙

제 37 조 (인명용 한자의 범위)

① 법 제49조 제3항의 규정에 의한 한자의 범위는 다음과 같다. 〈2009.12.31.〉

1. 교육과학기술부가 정한 한문교육용 기초한자.
2. 별표 1에 기재된 한자.

② 제1항의 한자에 대한 동자(同字)·속자(俗字)·약자(略字)는 별표 2에 기재된 것만 사용할 수 있다.

③ 출생자의 이름에 사용된 한자 중 제1항과 제2항의 범위에 속하지 않는 한

자가 포함된 경우에는 등록부에 출생자의 이름을 한글로 기록한다.

부 칙

이 법은 2022. 2. 14일부터 시행한다.

• 지 침

1. 위 한자는 이 표에 지정된 발음으로만 사용할 수 있다. 그러나 첫소리(初聲)가 "ㄴ" 또는 "ㄹ"인 한자는 각각 소리 나는 바에 따라 "ㅇ" 또는 "ㄴ"으로 사용할 수 있다.
2. 동자(同字)·속자(俗字)·약자(略字)는 별표 2의 (　) 내에 기재된 것에 한하여 사용할 수 있다.
3. "示" 변과 "礻" 변, "艹" 변과 "艹"변은 서로 바꾸어 쓸 수 있다.

2. 일러두기

1. 인명용 한자 8,319자에는 기초교육한자 1,800자가 포함되어 있다. 이 중에는 통상 인명용으로 선호하지 않는 일부 자, 蛇(뱀 사), 邪(간사할 사), 死(죽을 사), 盜(도둑 도), 殺(죽일 살) 자 등도 포함되어 있다.
기초교육한자 1,800자는 〔•〕로 표시하였다.

2. 〔통용〕 동자이음(同字異音)으로 대법원이 인명용으로 병용하여 사용할 수 있다고 허용한 字
〔본음〕 본음(本音)을 표시
〔본자〕 본자(本字)를 표시
〔약자〕 약자(略字)를 표시
〔속자〕 속자(俗字)를 표시
〔고자〕 고자(古字)를 표시
〔동자〕 동자(同字)를 표시
〔두〕 두음법칙에 의해 본음과 다른 소리가 나며 대법원에서 두 가지 소리를 모두 인정한 字
〔소〕 인명용에서는 인정되는 것은 아니고, 字典에서 동의어 및 통용이 가능한 字
〔 〕 대법원에서 두 가지 이상을 인정하지 않는 발음으로 두 발음으로 쓰이는 字를 표시

3. 본부수 및 약부수 표시

약 235개의 한자 부수(部首 : 변)가 사용되고 있는 가운데 약부수로 사용되는 字는 字典의 획수와 관계없이 성명학에서는 본부수로서 획수를 정하기에 본부수와 약부수와 각각의 획수를 표기하고 혼동이 우려되거나 난해하여 모호한 字는 **주의**를 달아 기준을 삼았다.

■ 본부수 및 획수 (왼쪽은 약부수, 오른쪽은 본부수)

	〔약부수〕			〔본부수〕	
재방 변	扌 (3획)	+1 →	手 (4획)	손수 변
심방 변	忄 (3획)	+1 →	心 (4획)	마음심 변
삼수 변	氵 (3획)	+1 →	水 (4획)	물수 변
개사슴록 변	犭 (3획)	+1 →	犬 (4획)	개견 변
보일시 변	礻 (4획)	+1 →	示 (5획)	보일시 변
임금왕 변	王 (4획)	+1 →	玉 (5획)	구슬옥 변
풀초 변	艹 (4획)	+2 →	艸 (6획)	초두 변
옷의 변	衤 (5획)	+1 →	衣 (6획)	옷의 변
육달월 변	月 (4획)	+2 →	肉 (6획)	고기육 변
그물망 변	罒 (5획)	+1 →	网 (6획)	그물망 변
책받침 변	辶 (4획)	+3 →	辵 (7획)	갖은책받침 변
늙을로 변	耂 (4획)	+2 →	老 (6획)	늙을로 변
좌방 변 (左)	阝 (3획)	+5 →	阜 (8획)	언덕부 변
우방 변 (右)	阝 (3획)	+4 →	邑 (7획)	고을읍 변

◘ 숫자의 획수

一 (1), 二(2), 三(3), 四(4), 五(5), 六(6), 七(7), 八(8), 九(9), 十(10)은 성명학에서는 字典의 획수와 관계없이 수의 의미를 획수로 한다. (단, 百은 6획, 千은 3획임)

◘ 보기 예시

예시 - ①

┌ 획수

┌ 기초상용한자 1,800자 표시

土 05 加 • 더할. 보탤

力 └ 표제자 └ 訓

힘력변

└ 해당 부수(변)

└ 해당 부수(변) 이름

└→ 字源五行

예시 - ②

┌ 약부수(필획) 획수

┌ 성명학에 해당되는 본부수 획수

木 09 11 茄 가지. 연줄기

艹 艸 └ 표제자 └ 訓

풀초변 초두변

└ 본부수(변)

└ 본부수(변) 이름

└ 약부수(변)

└ 약부수(변) 이름

└→ 字源五行

✻ 작명할 때 혼동하지 않고 쉽게 알아보기 위해, 약부수(변)과 필순 획수, 성명학의 본부수(변)와 획수, 두 획수를 모두 표기하였다.

예시 - ③

↱ 약부수(필획) 획수

↱ 성명학에서는 수 의미 그대로 9획

水 02 09 **九** 아홉. 많을.

乙 ↳ 표제자 ↳ 訓

새을변

↳ 부수(변)

↳ 부수(변) 이름

→ 字源五行

✻ 작명할 때 혼동하지 않고 쉽게 알아보기 위해, 두 획수를 모두 표기하였다.

✻ 羅(라, 나), 柳(류, 유)氏의 배열은 字典의 관례에 따라 편의상 라음, 류음으로 표시하였다.

✻ 漢字(표제자)의 뜻〔訓〕은 다양하므로 아래 참고 문헌의 字典에 의해 이해를 돕고자, 의미하는 내용을 모두 여러 가지로 표기하도록 노력하였으며, 字典간에 이견이 있을 때는 명문당의 명문대옥편을 기준하였다.

◘ 달 월(月) 과 육달월(月)〔고기육(肉) 변〕자의 차이

가로 지른 선이 떨어지면 달 월변 月月月

가로 지른 선이 붙으면 육달월변 月

참고 문헌

- 명문대옥편 (명문당 2015. 1. 10. 刊)
- 동아백년옥편 (두산 동아 2012. 1. 10. 刊)
- 동아프라임 중한사전 (두산 동아 2007. 1. 10. 刊)
- 교학대한한사전 (주)교학사 2015. 1. 30. 刊)
- 한한대사전 (민중서림 2015. 1. 10. 刊)
- 한한대사전 (단국대학교 부설 동양학연구소 단국대학교출판부 2000. 8. 1 刊)
- 한한대사전 (주식회사 삼성출판사 장삼식 저 1990. 6. 20. 刊)
- 대한한사전 (진현서관 장삼식 저 1979. 6. 25. 刊)
- 중국옥편 (湖北出版社 1996. 1. 刊)
- 최신국한자원오행수암대자전 (역리대학사 채수암 편저 刊)
- 한국인의 성보 (한국실록출판문화사 한국성씨총람편찬위원회 편저 1990. 3. 25. 刊)

3. 인명용 한자표 목록

한 자 목 록

[ㅎ]

4. 인명용 한자와 해설

(8,319字)

ㄱ

가

오행	획수	부수	한자	뜻
木	09	木 나무목변	枷	도리깨. 칼. 홰대.
木	09	木 나무목변	柯	가지. 줄기. 메밀잣밤나무.
木	09	木 나무목변	架·	건너지를. 시렁. 횃대. 세울.
木	10	宀 갓머리변	家·	집. 전문가. 집안.
木	09 11	艹 풀초변 艸 초두변	苛	독할. 잔풀. 까다로울. 매울.
木	09 11	艹 풀초변 艸 초두변	茄	가지. 연줄기. 연 (蓮).

주의	
艹 풀초 변 4획은 성명학에서는	艸 초두머리 변 6획으로 사용됨

오행	획수	부수	한자	뜻
木	11	衣 옷의변	袈	승려 옷. 가사. (범어 kasaya의 음역).
木	11	竹 대죽변	笳	갈잎피리.
木	11	舟 배주변	舸	큰 배.
木	13	木 나무목변	椵	나무 이름. 유자나무. 말뚝. 틀가락.
木	14	木 나무목변	榎	개오동나무.
木	15	禾 벼화변	稼	심을. 농사.
木	13 15	艹 풀초변 艸 초두변	葭	갈대. 갈피리.
木	17	木 나무목변	檟	개오동나무.
火	07	人 사람인변	伽	절. 사찰. 음역자(音譯字).
火	08	人 사람인변	佳·	아름다울. 좋을. 착할.
火	11	人 사람인변	假·	거짓. 빌릴. 임시. 잠시.
火	12	斗 말두변	斝	옥잔. 술잔.
火	12	行 다닐행변	街·	거리. 한길.
火	12	車 수레거변	軻	높을. 가기 힘들. 수레. 차축.

火 13 日 **暇**· 한가할. 겨를. 여유.
날일변

火 15 人 **價**· 값. 가치.
사람인변

火 15 馬 **駕** 수레. 가마. 멍에할.
말마변

土 05 力 **加**· 더할. 보탤. 베풀.
힘력변

土 08 土 **坷** 평탄하지 않을. 길 험할.
흙토변

土 12 ⻊ 足 **跏** 책상다리할.
발족변

土 09 12 ⻌ 辵 **迦** 부처 이름. 범어의 ka. 막을.
책받침변 갖은책받침변

土 13 女 **嫁** 시집갈. 떠넘길.
계집녀변

金 09 10 王 玉 **珂** 옥 이름. 말굴레 치장. 백마노.
임금왕변 구슬옥변

金 09 10 王 玉 **珈** 머리꾸미개.
임금왕변 구슬옥변

> **주의** 王 구슬옥 변(임금 왕) 4획은 성명학에서는 玉 구슬옥 변 5획으로 사용됨

金 11 耒 **耞** 도리깨.
쟁기뢰변

金 12 言 **訶** 꾸짖을. 꾸지람. 노할.
말씀언변

金 13 貝 **賈** 값. 가격. 값어치. 장사. 姓. 가 ↔ 고 [통용]
조개패변

金 14 欠 **歌**· 노래. 노래할.
하품흠변

金 17 言 **謌** 노래. 읊을. 장단 맞출.
말씀언변

水 05 口 **可**· 옳을. 허락할. [극]
입구변

水 08 口 **呵** 웃을. 꾸짖을. 헐뜯을.
입구변

水 08 09 氵 水 **泇** 물 이름. 강 이름.
삼수변 물수변

> **주의** 氵 삼수 변 3획은 성명학에서는 水 물수 변 4획으로 사용됨

水 10 口 **哥** 노래. 형. 코펙 (copeck).
입구변

水 10 口 **哿** 좋을. 옳을. 아름다울.
입구변

水 10 疒 **痂** 헌데딱지. 딱지.
병질엄변

水 14 口 **嘉** 아름다울. 좋을. 착할.
입구변

水 14 口 입구변 **㗿** 클. 크다. 장대하다. 가 ↔ 하 [통용]

각

木 07 角 뿔각변 **角**· 뿔. 다툴. 모서리. [록]

木 11 木 나무목변 **桷** 서까래. 가지.

木 13 扌 재방변 14 手 손수변 **搉** 칠. 두드릴. 헤아릴.

木 14 門 문문변 **閣**· 집. 선반. 빗장. 누각.

木 17 扌 재방변 18 手 손수변 **擱** 놓을. 버릴. 버려둘.

火 07 卩 병부절변 **却**· 물리칠. 발어사. 문득.

火 09 忄 심방변 10 心 마음심변 **恪** 공경할. 정성.

주의: 忄 심방 변 3획은 성명학에서는 心 마음심 변 4획으로 사용됨

火 14 心 마음심변 **愨** 성실할. 삼갈. 착할.

火 15 心 마음심변 **慤** 愨자와 통용

火 20 見 볼견변 **覺**· 깨달을. 감각. 터득할.

土 10 土 흙토변 **埆** 메마를. 땅 평평치 못할.

金 08 刂 선칼도변 刀 칼도변 **刻**· 새길. 조각. 벗길. 시각.

金 09 王 임금왕변 10 玉 구슬옥변 **珏** 쌍옥.

金 12 殳 갖은등글월문변 **殼** 씨. 껍질. 등깍지.

水 06 口 입구변 **各**· 각각. 제각기. 따로따로.

水 09 卩 병부절변 **卻** 물리칠. 물러날. 사양할.

水 09 口 입구변 **咯** 울. 꿩소리. 토할.

水 11 月 육달월변 13 肉 고기육변 **脚**· 다리. 종아리. 정강이. 발.

간

木 03 干 방패간변 **干**· 방패. 막을. 천간. 구할. 姓.

木 07 木 나무목변 **杆** 나무 이름. 박달나무. 방패.

木	11 木 나무목변	桿	杆자와 통용

木	08 禾 벼화변	秆	볏짚. 벼줄기.
木	09 木 나무목변	柬	분별할. 가릴.
木	07 月 육달월변 / 09 肉 고기육변	肝·	간. 마음. 중요할.

주의	月 육달월 변 4획은 성명학에서는 肉 고기육 변 6획으로 사용됨

주의	字源五行의 肉변은 水에 해당되나 訓에 의거, 肝은 木에 해당 木으로 기준

木	09 目 눈목변	看·	볼. 지켜볼. 관찰할.
木	09 竹 대죽변	竿	장대. 대줄기. 죽순. 횃대.
木	10 木 나무목변	栞	표할. 도표.
木	12 禾 벼화변	稈	벼 줄기. 짚.
木	10 艹 풀초변 / 12 艸 초두변	莨	물풀. 미나리. 봉숭아. 독초 이름. 단장초.
木	13 干 방패간변	幹·	줄기. 등뼈. 기둥. 근본.
木	12 扌 재방변 / 13 手 손수변	揀	구별할. 가릴. 분간.
木	14 木 나무목변	榦	담기둥. 담틀. 줄기. 몸통.
木	18 竹 대죽변	簡·	편지. 대쪽. 문서. 간략할. 姓.
火	06 忄 심방변 / 07 心 마음심변	忓	다할. 요란할. 방해할. 간 ↔ 한 [통용]
火	08 人 사람인변	侃	굳셀. 강직할. 화락할.
火	09 行 다닐행변	衎	믿을. 즐길. 흡족히 여길.
火	10 走 달릴주변	赶	달릴. 달아나는 모양. 쫓을.
火	11 人 사람인변	偘	강직할. 굳셀. 화락할.
火	14 忄 심방변 / 15 心 마음심변	慳	아낄. 인색할. 굳을.
火	17 心 마음심변	懇·	정성. 간절할.
土	06 女 계집녀변	奸	범할. 간음할. 구할.
土	06 艮 괘이름간변	艮	간방 (동북방). 그칠. 괘 이름.

오행	획수	한자	뜻
土	09 女 (계집녀변)	姦·	간사할. 간음할.
土	07 10 辶 辵 (책받침변 갖은책받침변)	迁	구할. 권할. 나아갈.
土	12 門 (문문변)	間·	사이. 틈. 이간할. 때.
土	16 土 (흙토변)	墾	개간할. 다스릴. 따비질할.
土	17 艮 (괘이름간변)	艱	어려울. 괴로울. 가난할.
金	05 刂 刀 (선칼도변 칼도변)	刊·	책 펴낼. 새길. 깎을.

주의	刂 선칼도방 변 2획은, 刀 칼도 변 2획과 혼용 사용됨

오행	획수	한자	뜻
金	07 08 王 玉 (임금왕변 구슬옥변)	玕	옥돌. 아름다운 돌.
金	08 石 (돌석변)	矸	돌이 정결한 모양. 간 ↔ 안 [통용]
金	16 言 (말씀언변)	諫	충고할. 간할.
金	17 石 (돌석변)	磵	골짜기. 산간 골짜기. 澗 [同字]
金	21 齒 (이치변)	齦	물다. 깨물. 씹을. [은]
水	15 16 氵 水 (삼수변 물수변)	澗	산골 물. 골짜기.
水	17 疒 (병질엄변)	癎	경풍 (소아병의 일종).
水	17 疒 (병질엄변)	癇	癎자와 통용

갈

오행	획수	한자	뜻
木	11 禾 (벼화변)	秸	볏짚. 짚고갱이.
木	13 木 (나무목변)	楬	푯말. 표할.
木	14 立 (설립변)	竭	다할. 마를. 올릴.
木	13 15 艹 艸 (풀초변 초두변)	葛	칡. 넝쿨. 姓.
木	14 15 衤 衣 (옷의변)	褐	털옷. 베옷. 솜옷. 姓.
土	06 乙 (새을변)	乫	땅 이름.
土	15 羊 (양양변)	羯	종족 이름. 땅 이름. 불깐 양.
金	14 石 (돌석변)	碣	문채 이름. 우뚝 솟을.돌 세울. 비석.

오행	획수	부수	한자	뜻
金	18	革 가죽혁변	鞨	종족 이름. 말갈.
水	09	曰 가로왈변	曷	언제. 어느 때. 어찌.
水	12	口 입구변	喝	큰소리. 부를. 꾸짖을. 더위먹을.
水	12 13	氵 水 삼수변 물수변	渴·	목마를. 갈증. 급할.
水	15	虫 벌레충변	蝎	전갈. 수궁. 도마뱀붙이. 나무좀.
水	16	口 입구변	噶	맹세할. 다짐할. 땅 이름. 음역자.
水	19	虫 벌레충변	蠍	전갈.

감

오행	획수	부수	한자	뜻
木	09	木 나무목변	柑	감자나무. 홍귤나무.
木	11	糸 실사변	紺	감색. 야청빛 (검은빛을 띤 청색).
木	16	木 나무목변	橄	감람나무. 姓.
木	16 17	扌 手 재방변 손수변	撼	감동시킬. 흔들. 움직일.
木	17	目 눈목변	瞰	볼. 굽어 볼. 멀리 바라볼.
木	25	目 눈목변	矙	볼. 엿볼.
火	13	心 마음심변	感·	감동할. 느낄.
火	16	心 마음심변	憨	미련할. 어리석을.
火	16 17	忄 心 심방변 마음심변	憾	서운할. 섭섭할. 한할. 한.
火	20	車 수레거변	轗	가기 힘들. 길 험할.
土	05	甘 달감변	甘·	달. 맛 좋을. 姓.
土	07	土 흙토변	坎	구덩이. 험할. 괘 이름.
土	08	土 흙토변	坩	흙그릇. 도가니. 항아리.
土	09	廾 스물입발변	弇	사람 이름. 뚜껑. 덮을. [엄]
土	11	力 힘력변	勘	생각할. 헤아릴. 다스릴.
土	11	土 흙토변	埳	웅덩이. 구덩이. 험할.

오행	획수	부수	한자	뜻
土	12	土 흙토변	堪	뛰어날. 견딜. 하늘.
土	12	山 메산변	嵁	험준할. 산 험한 모양.
土	12	山 메산변	嵌	새겨놓을. 끼워넣을. 산골짜기.
土	08 12	阝 邑 우방변 고을읍변	邯	땅 이름. [한. 함] 감 ↔ 한 [통용]
土	22	龍 용룡변	龕	이길. 감실. 탑.
金	08 09	王 玉 임금왕변 구슬옥변	玪	옥돌. 감 ↔ 림 [통용]
金	12	欠 하품흠변	欿	서운할. 시름할. 근심하는 모양.
金	12	攵 攴 등글월문변 칠복변	敢·	굳셀. 용감스러울. 감히.

주의	
주의	攵 등글월문 변 4획은 攴 칠복 변 4획과 혼용 사용됨

오행	획수	부수	한자	뜻
金	12	酉 닭유변	酣	흥겨울. 즐길. 술 취할.
金	13	戈 창과변	戡	이길. 칠. 승리할. 평정할.
金	14	皿 그릇명변	監·	볼. 살필. 벼슬 이름.
金	17	欠 하품흠변	歛	바랄. 탐할. 줄. 거둘.
金	22	金 쇠금변	鑑·	모범. 거울. 비칠.
金	22	金 쇠금변	鑒	鑑자와 통용
水	08 09	氵 水 삼수변 물수변	泔	쌀뜨물. 삶을.
水	10	疒 병질엄변	疳	감질. 감창. 만성소화불량.
水	11 12	氵 水 삼수변 물수변	淦	물 이름. 배에 괸 물.
水	12 13	氵 水 삼수변 물수변	減·	덜. 감할. 줄다. 가볍게 할.
水	15 16	氵 水 삼수변 물수변	澉	싱거울. 씻을. 맛없을.
水	21	鹵 소금밭변	鹻	소금. 간수. 잿물.

갑

오행	획수	부수	한자	뜻
木	05	田 밭전변	甲·	갑옷. 첫째 천간. 으뜸. 껍질.

주의	
주의	字源五行의 田변은 土에 해당되나 訓에 의거, 天干 甲은 木에 해당 木으로 기준

木 | 07 匚 | **匣** | 갑. 궤. 작은 상자. | 터진입구변

木 | 13 門 | **閘** | 물문. 수문(水門). | 문문변

土 | 08 山 | **岬** | 산중턱. 산허리. | 메산변

金 | 13 金 | **鉀** | 갑옷. | 쇠금변

水 | 09 月 · 11 肉 | **胛** | 어깨. 어깨뼈. 견갑골. | 육달월변 고기육변

강

木 | 07 木 | **杠** | 깃대. 작은 다리. | 나무목변

木 | 06 扌 · 07 手 | **扛** | 마주 들. 들. | 재방변 손수변

木 | 09 舟 | **舡** | 선박. 오나라 배. | 배주변

木 | 11 广 | **康**· | 편안할. 몸 튼튼할. 姓. | 엄호변

木 | 10 罒 · 11 网 | **罡** | 별 이름. 북두칠성의 다른 이름. | 그물망변

주의	罒 그물망 변 5획은 성명학에서는 网 그물망 변 6획으로 사용됨

木 | 10 艹 · 12 艸 | **茳** | 강리풀. 천궁 모종. | 풀초변 초두변

木 | 12 糸 | **絳** | 진홍색. | 실사변

木 | 14 糸 | **綱**· | 벼리. 대강. 다스릴. | 실사변

木 | 16 禾 | **穅** | (쌀) 겨. 겨 (미곡의 껍질). | 벼화변

木 | 17 木 | **橿** | 나무 이름. 싸리. 감탕나무. | 나무목변

木 | 17 糸 | **繦** | 돈꿰미. 포대기. | 실사변

木 | 16 衤 · 17 衣 | **襁** | 포대기. 띠. 업을. | 옷의변

木 | 17 衤 · 18 衣 | **襁** | 襁자와 통용 | 옷의변

木 | 17 米 | **糠** | (쌀) 겨. 겨 (미곡의 껍질). | 쌀미변

木 | 17 艹 · 19 艸 | **薑** | 생강. | 풀초변 초두변

火 | 07 忄 · 08 心 | **忼** | 강개할. 탄식할. 분개할. | 심방변 마음심변

火 | 12 人 | **傋** | 어리석을. 아첨 많을. 순직할. | 사람인변

火 11 12 悾 믿을.
忄 心 정성스러울. [공]
심방변 마음심변

火 15 僵 넘어질.
人 쓰러질.
사람인변

火 14 15 慷 강개할.
忄 心 개탄할. 슬플.
심방변 마음심변

火 19 顜 밝을.
頁 곧을. 바를.
머리혈변

土 08 岡 언덕.
山 메. 산등성이.
메산변

土 11 崗 岡자와 통용
山
메산변

土 08 羌 종족 이름.
羊 강할. 굶주릴. 오랑캐.
양양변

土 09 姜 강할.
女 굳셀. 姓.
계집녀변

土 11 堈 밭두둑.
土 언덕. 독(오지 그릇).
흙토변 항아리.

土 13 畺 지경 (地境).
田 밭두둑.
밭전변

土 13 跭 세울.
𧾷 足 우뚝 설.
발족변

土 14 嫝 편안할.
女 여자 이름.
계집녀변

土 14 羫 뼈대.
羊 양의 갈빗대.
양양변

土 09 14 降· 내릴.
阝 阜 강 ↔ 항 [통용]
좌방변 언덕부변

土 16 壃 지경.
土 밭두둑.
흙토변

土 19 疆 지경 (地境).
田 지경 정할.
밭전변

金 07 08 玒 옥 이름.
王 玉
임금왕변 구슬옥변

金 08 矼 징검다리.
石 성실한 모양.
돌석변

金 10 剛· 굳셀.
刂 刀 강할. 강철. 姓.
선칼도변 칼도변

金 11 強· 강할.
弓 힘쓸. 굳셀. 나머지.
활궁변 마흔 살.

金 12 强 強자와 통용
弓
활궁변

金 16 彊 강할.
弓 굳셀. 힘쓸. 強 [同字]
활궁변

金 16 鋼· 강철.
金 단단할.
쇠금변

金 18 鐔 鋼자와 통용
金
쇠금변

金 17 言 **講**· 강론할.
익힐. 외울. 읽다.
말씀언변

金 19 金 **鏹** 돈.
돈꿰미에 꿰어둔 돈.
쇠금변

金 20 金 **鏹** 돈꿰미.
금의 딴 이름.
쇠금변

金 22 革 **韁** 고삐.
말고삐. 속박할.
가죽혁변

水 06 氵 07 水 **江**· 물.
강. 큰 내. 姓.
삼수변 물수변

水 10 豆 **豇** 광저기.
콩 이름.
콩두변

水 12 月 14 肉 **腔** 속 빌.
빈 속. 가락. 곡조.
육달월변 고기육변

水 17 歹 **殭** 굳어질.
죽어 썩지 않을.
죽을사변 마른 누에.

水 22 魚 **鱇** 아귀.
꺽저기.
물고기어변

개

木 08 艹 10 艸 **芥** 겨자.
티끌. 먼지.
풀초변 초두변

木 12 几 **凱** 화할.
개선할.
안석궤변

木 12 扌 13 手 **揩** 닦을.
씻을. 문지를.
재방변 손수변

木 15 木 **槪**· 기개.
절개. 대개.
나무목변

木 15 木 **槩** 고르게 할.
평미레. 말깎이.
나무목변

木 14 艹 16 艸 **蓋**· 덮을.
뚜껑. 대개.
풀초변 초두변

木 11 皿 **盖** 蓋자와 통용
그릇명변

木 18 門 **闓** 기쁠.
열. 풀. 활짝지.
문문변

火 04 人 **介**· 클.
도울. 낄. 소개할. 姓.
사람인변

火 06 人 **价** 클.
착할.
사람인변

火 09 白 **皆**· 모두.
다. 함께. 같을.
흰백변

火 10 人 **個**· 개수.
낱. 단위.
사람인변

木 14 竹 **箇** 個자와 통용 [同字]
대죽변

火 12 門 **開**· 열.
개척할.
문문변

火 13 忄 14 心 **愷** 편안할. 즐거울. 클.
심방변 마음심변

火 13 忄 14 心 **愾** 가득할. 성낼. 분개할.
심방변 마음심변

火 14 忄 15 心 **慨**· 강개할. 개탄할. 슬퍼할.
심방변 마음심변

土 13 土 **塏** 밝을. 높고 건조할. 높은 땅.
흙토변

金 05 勹 **匃** 구할. 베풀. 줄. 빌. 청구할.
쌀포변

金 07 攵 支 **改**· 고칠. 바꿀.
등글월문변 칠복변

金 08 王 09 玉 **玠** 큰 서옥. 큰 홀.
임금왕변 구슬옥변

金 12 刂 刀 **剴** 알맞을. 간절할. 큰 낫.
선칼도변 칼도변

金 15 石 **磕** 돌소리.
돌석변

金 18 金 **鎧** 갑옷. 갑옷 입을.
쇠금변

水 09 疒 **疥** 옴 (전염 피부병).
병질엄변

水 10 豆 **豈** 화락할. 개가 (凱歌). 개 ↔ 기 [통용]
콩두변

水 14 氵 15 水 **漑** 물 댈. 씻을. 닦을.
삼수변 물수변

객

木 09 宀 **客**· 손님. 나그네. 과객.
갓머리변

水 12 口 **喀** 뱉을. 토할. 구토할. 기침할.
입구변

갱

木 13 米 **粳** 메벼.
쌀미변

土 07 土 **坑** 구덩이. 구덩이에 묻을.
흙토변

土 19 羊 **羹** 땅 이름. 국. 국 끓일.
양양변

金 07 日 **更**· 다시. 고칠. 갱 ↔ 경 [통용]
가로왈변

金 12 石 **硜** 돌소리.
돌석변

金 15 貝 **賡** 이을. 연속. 갚을.
조개패변

金 19 金 **鏗** 금옥 소리. 칠.
쇠금변

갹

木 金 | 20 酉 닭유변 | **醵** | 돈 걷을. 추렴할.

거

木 | 08 尸 주검시변 | **居**· | 살. 있을. 어조사.

木 | 08 09 扌 手 재방변 손수변 | **拒**· | 맞설. 물리칠. 막을. 방어할.

木 | 10 示 보일시변 | **祛** | 셀. 깨끗이할. 강할. 보낼. 실마리.

木 | 10 禾 벼화변 | **秬** | 검은 기장. 찰기장.

木 | 09 11 艹 艸 풀초변 초두변 | **苣** | 횃불. 상추. 흑임자.

木 | 10 11 衤 衣 옷의변 | **袪** | 옷소매.

木 | 11 12 扌 手 재방변 손수변 | **据** | 일할. 의거할. 근거. 의지할.

木 | 13 竹 대죽변 | **筥** | 광주리. 볏단. 둥구미.

木 | 11 13 艹 艸 풀초변 초두변 | **莒** | 나라 이름. 감자. 모시풀.

木 | 13 14 衤 衣 옷의변 | **裾** | 옷자락. 거만할.

木 | 16 17 扌 手 재방변 손수변 | **據**· | 웅거할. 의지할. 근거. 증거.

木 | 18 18 臼 手 절구구변 손수변 | **擧**· | 들. 다. 일으킬. 거사.

木 | 16 18 艹 艸 풀초변 초두변 | **蕖** | 연꽃. 연.

木 | 21 23 艹 艸 풀초변 초두변 | **蘧** | 풀 이름. 커리. 양양할. 석죽화. 패랭이꽃.

木 | 23 竹 대죽변 | **籧** | 대자리. 대광주리. 양잠 그릇.

火 | 05 工 장인공변 | **巨**· | 클. 많을.

火 | 07 車 수레거변 | **車**· | 수레. 거 ↔ 차 [통용]

火 | 09 火 불화변 | **炬** | 횃불. 사를. 태울.

火 | 09 日 날일변 | **昛** | 밝을.

火 | 10 人 사람인변 | **倨** | 걸터앉을. 굽을.

火 | 15 馬 말마변 | **駏** | 버새 (짐승 이름). 거허. 거공벌레. 트기.

土 ⻊ 12 足 발족변 **距**· 이를. 클. 막을. 떨어질.

土 ⻊ 15 足 발족변 **踞** 걸터앉을. 웅크릴.

주의	⻊, 足 발족 변 7획은 혼용 사용됨

土 17 20 ⻌ 辵 책받침변 갖은책받침변 **遽** 역말. 급히. 갑자기.

金 13 金 쇠금변 **鉅** 클. 강할. 어찌.

金 16 金 쇠금변 **鋸** 톱. 켤. 자를.

水 05 厶 마늘모변 **去**· 갈. 지날. 물리칠.

水 08 口 입구변 **呿** 입 벌릴.

水 09 11 月 肉 육달월변 고기육변 **胠** 옆구리. 겨드랑. 갈비. 열.

水 12 13 氵 水 삼수변 물수변 **渠** 클. 개천. 도랑.

水 12 14 月 肉 육달월변 고기육변 **腒** 건치 (乾雉). 꿩 포. 새 포.

참고	작명은 소리(音)로만, 뜻(訓)으로만, 또는 소리(音)와 뜻(訓)으로 모두 할 수 있다.

건

木 03 巾 수건건변 **巾** 수건. 두건. 헝겊.

木 09 廴 민책받침변 **建**· 세울. 일으킬. 베풀.

土 10 13 ⻌ 辵 책받침변 갖은책받침변 **逮** 建자와 통용 건 ↔ 율 [통용]

木 10 虍 범호변 **虔** 공경할. 삼갈. 정성스럴.

木 13 木 나무목변 **楗** 문빗장. 방죽.

木 12 13 扌 手 재방변 손수변 **揵** 멜. 들. 닫을. 접할.

木 14 手 손수변 **搴** 빼낼. 뽑아낼. 들어올릴.

木 14 目 눈목변 **睷** 헤아릴. 눈으로 셈할.

木 16 衣 옷의변 **褰** 걷어 올릴. 옷 걷을. 바지.

火 06 人 사람인변 **件**· 조건. 사건. 구별할. 물건.

火 11 人 사람인변 **健**· 건장할. 굳셀. 잘할.

오행	획수/부수	한자	뜻
火	13 心 마음심변	愆	허물. 죄. 과실. 어그러질. 악질 (惡疾).
火	20 馬 말마변	騫	이지러질. 고개를 들. 뻴.
土	13 牛 소우변	犍	거세할. 불깐 소 (거세한 소).
土	16 𧾷 足 발족변	踺	밟을. 가는 모양.
土	17 足 발족변	蹇	절뚝발. 느릴. 굼뜰. 고생할.
金	11 乙 새을변	乾·	하늘. 마를. 남성. 강건. 괘 이름.

주의 字源五行의 乙변은 木에 해당되나 訓에 의거, 金에 해당(乾은 西方) 金으로 기준

오행	획수/부수	한자	뜻
金	09 乙 새을변	乹	乾자와 통용
水	14 15 氵 水 삼수변 물수변	漧	乾자와 통용

오행	획수/부수	한자	뜻
金	17 言 말씀언변	謇	어눌할. 말 더듬거릴.
金	17 金 쇠금변	鍵	자물쇠. 열쇠. 비녀장.
金	18 革 가죽혁변	鞬	동개. 활. 화살집.
水	12 13 氵 水 삼수변 물수변	湕	물 이름.
水	13 15 月 肉 육달월변 고기육변	腱	힘줄. 힘줄의 밑동.

걸

오행	획수/부수	한자	뜻
木	06 乙 새을변	乬	걸을. 걸. 매달. [국] (우리나라 글자)
木	10 10 木 舛 나무목변 어길천변	桀	홰. 뛰어날. 사나울.
木	14 木 나무목변	榤	닭의 홰 (닭이 올라앉는 대).
火	12 人 사람인변	傑·	호걸. 뛰어날. 훌륭할.
木	08 木 나무목변	杰	傑자와 통용

참고 통용자는 획수, 부수, 자원오행에 관계없이 정자 밑에 배열하였음

오행	획수/부수	한자	뜻
火	14 曰 가로왈변	朅	갈. 떠날. 씩씩한 모양.
金	03 乙 새을변	乞·	구할. 빌. 가난할. 구걸할.

검

오행	획수	한자	뜻
木	08 10 艹 艸 풀초변 초두변	芡	가시연. 마름.
木	16 17 扌 手 재방변 손수변	撿	살펴볼. 검사할. 단속할.
木	17 木 나무목변	檢·	교정할. 금제할. 법. 검사할.
木	18 目 눈목변	瞼	고을 이름. 눈꺼풀. 눈시울.
火	15 人 사람인변	儉·	검소할. 적을.
金	12 金 쇠금변	鈐	비녀장. 자물쇠. 도장 찍을.
金	15 刂 刀 선칼도변 칼도변	劍·	칼. 찌를.
金	16 刀 칼도변	劒	劍자와 통용
水	16 黑 검을흑변	黔	검을. 검어지다.

겁

오행	획수	한자	뜻
火	08 09 忄 心 심방변 마음심변	怯	겁낼. 겁 많을.
土	09 12 辶 辵 책받침변 갖은책받침변	迲	단위 이름. 나뭇단을 세는 단위 이름. 자래. [거, 가]
金	07 刂 刀 선칼도변 칼도변	刦	약탈할. 겁탈할. 구속할.
金	07 刀 칼도변	刧	겁탈할. 약탈할. 구속할.
水	07 力 힘력변	劫	위협할. 겁낼. 무서워할. 패.

게

오행	획수	한자	뜻
木	12 13 扌 手 재방변 손수변	揭	높이 들. 보일. [갈. 걸]
火	11 人 사람인변	偈	쉴. 휴식. 중의 귀글. 범어 (梵語).
火	16 心 마음심변	憩	쉴. 휴식.

격

오행	획수	한자	뜻
木	09 10 扌 手 재방변 손수변	挌	칠. 싸울. 공격할.
木	10 木 나무목변	格·	품위. 격식. 이를. 대적할. 바로잡을.
木	17 手 손수변	擊·	마주칠. 칠. 부딪칠.

오행	획수	부수	한자	뜻	부수 이름
木	17	木	檄	격문. 격서. 편지.	나무목변
木	17	門	闃	고요할. 조용할.	문문변
火	14	見	覡	박수 (남자 무당).	볼견변
火	15	鳥	鴃	백로. 때까치.	새조변
土	10	鬲	鬲	막을. 땅 이름.	솥력변
土	14 16	月 肉	膈	흉격. 가슴속. 종틀.	육달월변 고기육변
土	13 18	阝 阜	隔·	칸막이. 막을. 사이 뜰.	좌방변 언덕부변

주의	阝 좌방 변 3획은 성명학에서는 阜 언덕부 변 8획으로 사용됨

오행	획수	부수	한자	뜻	부수 이름
金	14	殳	毄	부딪칠. 충돌할.	갖은등글월문변
金	16	骨	骼	마른 뼈. 백골.	뼈골변
水	16 17	氵 水	激·	격동할. 격할. 물결 부딪칠.	삼수변 물수변

참고	이름의 성(姓)은 반드시 漢字로 출생신고를 해야 하나, 이름(名)은 한자(인명용 한자 중에서) 또는 한글로 신고해야 한다.

견

오행	획수	부수	한자	뜻	부수 이름
木	13	竹	筧	대홈통. [현]	대죽변
木	13	糸	絹·	비단. 명주. 깁.	실사변
木	17	糸	縳	명주. 올. 낳이실. → 전 [本音]	실사변
木	18 19	罒 网	羂	그물. 옭을. 올무. 걸릴.	그물망변
木	19	糸	繭	고치. 솜옷. 비단.	실사변
木	20	糸	繾	정 깊을. 곡진할. 다정스러울. 떨어지지 않을.	실사변
火	07	見	見·	볼. 보일. 견 ↔ 현 [통용]	볼견변
火	18	鳥	鵑	소쩍새. 두견.	새조변
土	04	犬	犬·	개.	개견변
土	09	田	畎	땅 이름. 밭도랑.	밭전변
土	11	土	堅·	굳셀. 강할. 굳을.	흙토변

土 10 11 狷 고집할. 편협할. 성급할.
犭 犬 개사슴록변 개견변

土 11 牽· 이끌. 끌어당길. 이을.
牛 소우변

土 14 甄 질그릇 구울. 살필.
瓦 기와와변

土 14 17 遣· 보낼. 파견할.
辶 辵 책받침변 갖은책받침변

金 21 譴 꾸짖을. 책망. 성낼.
言 말씀언변

水 08 10 肩· 어깨. 견갑골. 굳셀.
月 肉 육달월변 고기육변

水 22 鰹 큰 가물치.
魚 물고기어변

水 23 蠲 깨끗할. 밝을. 노래기.
虫 벌레충변

결

木 07 08 抉 긁을. 들추어 낼. 도려낼.
扌 手 재방변 손수변

木 11 觖 서운할. 원망할.
角 뿔각변

木 12 結· 맺을. 마칠. 엉길.
糸 실사변

木 17 闋 문 닫을. 쉴. 다할. 그칠.
門 문문변

火 8 炔 불 피울. 불 붙을. 연기 모양. 姓.
火 불화변

火 11 焆 밝을. 불빛.
火 불화변

土 09 契 맑을.
女 계집녀변

土 10 缺· 이지러질. 흠. 모자랄. 빌.
缶 장군부변

土 10 13 迼 뛸.
辶 辵 책받침변 갖은책받침변

金 08 09 玦 패옥. 노리개.
王 玉 임금왕변 구슬옥변

金 11 訣 비결. 헤어질. 이별할. 송별.
言 말씀언변

金 17 鍥 새길. 조각. 자를. 풀 베는 낫.
金 쇠금변

金 18 鐍 鍥자와 통용
金 쇠금변

水 07 08 決· 결단할. 판단할. 정할.
氵 水 삼수변 물수변

水 15 16 潔· 깨끗할. 맑을. 조촐할.
氵 水 삼수변 물수변

오행	획수	부수	한자	뜻
水	10	水 물수변	洯	潔자와 통용
水	14	冫 이수변	㓗	潔자와 통용

겸

오행	획수	부수	한자	뜻
木	08 09	扌 手 재방변 손수변	拑	입 다물. 끼울. 재갈 물릴.
木	14	木 나무목변	槏	창설주. 문. 창틀. 문설주.
木	14	竹 대죽변	箝	끼울. 칼 씌울. 재갈 물릴.
木	14 16	艹 艸 풀초변 초두변	蒹	갈대. 어린 갈대. 어린 물억새.
木	16	糸 실사변	縑	합사(合絲 비단. 책 표지.
火	12	人 사람인변	傔	시중 들. 하인. 종.
火	13 14	忄 心 심방변 마음심변	慊	정성. 마음에 맞을. 앙심먹을.
土	07	山 메산변	岒	산 이름. 산 작고 높을.
土	13	山 메산변	嵰	산 높을. 산 우뚝할. 산 가파를.
金	10	八 여덟팔변	兼·	겸할. 아우를. 모을. 쌓을.
金	13	金 쇠금변	鉗	칼 (죄인의 목에 씌우는 형구). 재갈. 시기할.
金	14	欠 하품흠변	歉	흉년들. [감]
金	17	言 말씀언변	謙·	겸손할. 공손할. 괘 이름.
金	18	金 쇠금변	鎌	낫. 모서리.
水	13	口 입구변	嗛	겸손할. 부족히 여길. 모자랄. 흉년들.
水	17	黑 검을흑변	黚	옅은 금향색. 검을. 물 이름.
水	23	鼠 쥐서변	鼸	두더지. [혐]

경

오행	획수	부수	한자	뜻
木	09	戶 지게호변	扃	문 빗장.
木	11	木 나무목변	梗	가시나무. 줄기.
木	11	糸 실사변	絅	당길. 바짝 죌. 홑옷.

木 12 卩 **卿·** 벼슬.
경. 선생. 姓.
병부절변

木 12 卩 **卿** 卿자와 통용
병부절변

木 11 13 艹 艸 **莖** 근본.
줄기. 밑기둥.
풀초변 초두변

木 13 糸 **綆** 밧줄. 두레박 줄.
[병]
실사변

木 13 糸 **經·** 글.
경서. 경영할. 날. 세로.
실사변

木 16 衣 **褧** 홑옷
(한 겹으로 지은 옷).
옷의변

木 17 手 **擎** 받들.
들. 높이 들.
손수변

木 17 木 **檠** 바로잡을.
도지개. 등불. 등잔대.
나무목변

木 17 木 **𣚍** 檠자와 통용
나무목변

木 20 立 **競·** 겨룰.
다툴. 높을. 성할.
설립변

火 07 冂 **冏** 빛날.
밝을. 창 맑을.
멀경변

火 07 口 **囧** 冏자와 통용
큰입구변

주의	字源五行의 口변은 水에 해당되나 訓에 의거, 火에 해당 火로 기준

火 08 火 **炅** 빛날.
불화변

火 09 人 **俓** 곧을.
지름길. 굳을.
사람인변

火 10 人 **倞** 굳셀.
사람인변

火 10 彳 **徑·** 지름길.
곧을.
두인변

火 10 耳 **耿** 빛날.
깨끗할. 빛.
귀이변

火 11 火 **烱** 빛날.
불꽃. 밝을. 무더울.
불화변

火 11 頁 **頃·** 이랑 (밭 넓이의 단위).
잠깐. 요즈음.
머리혈변

火 12 日 **景·** 볕.
밝을. 경치. 클.
날일변

火 16 日 **暻** 景자와 통용
날일변

火 12 火 **煢** 외로울.
외톨이. 근심할.
불화변

火 13 人 **傾·** 기울.
기울일. 위태로울.
사람인변

오행	획수	부수	한자	뜻
火	12 13	忄 心 (심방변 마음심변)	惸	독신자. 외톨이. 근심할.
火	13	火 (불화변)	煢	외로울. 근심할. 홀로.
火	14	車 (수레거변)	輕·	가벼울. 경솔할. 업신여길.
火	15	人 (사람인변)	儆	주의할. 경계할. 위급할.
火	15	心 (마음심변)	慶·	경사. 축하. 복. 姓.
火	15	火 (불화변)	熲	빛날. 빛. 불빛.
火	15	馬 (말마변)	駉	목장. 살찐 모양. 살찔.
火	15 16	忄 心 (심방변 마음심변)	憬	깨달을. 동경할.
火	16	火 (불화변)	燛	밝을. 햇빛. 불 이름.
火	16	頁 (머리혈변)	頸	목덜미. 목 (물건의 목 모양 부분).
火	17	心 (마음심변)	憼	공경할. 갖출.
火	17	日 (날일변)	曔	밝을. 마를.
火	17 17	糸 頁 (실사변 머리혈변)	顈	홑옷. 어저귀. [현]
火	19	鳥 (새조변)	鶁	꾀꼬리.
火	23	馬 (말마변)	驚·	놀랠. 두려워할.
土	02	冂 (멀경변)	冂	멀. 멀다.
土	08	亠 (돼지해머리변)	京·	서울. 클. 수도. 도읍. 경 (數의 단위).
土	09	亠 (돼지해머리변)	亰	京자와 통용

주의	字源五行의 亠변은 火에 해당되나 訓에 의거, 土에 해당 土로 기준

오행	획수	부수	한자	뜻
土	08	土 (흙토변)	坰	들. 교외. 야외.
土	09	田 (밭전변)	畊	밭 갈.
土	10	耒 (쟁기뢰변)	耕·	밭 갈. 고를. 땅을 고르다.

주의	字源五行의 耒변은 木에 해당되나 訓에 의거, 土에 해당 土로 기준

오행	획수	부수	한자	뜻
土	14	土 (흙토변)	境·	경계. 지경. 장소. 국경.

土 | 11 14 ⻌ 辵 | 逕 | 길. 좁은 길. 가까울. 지름길.
책받침변 갖은책받침변

土 | 17 缶 | 罄 | 빌. 다할. 빈 그릇. 공허할.
장군부변

金 | 07 日 | 更 | 고칠. 개선할. 바꿀.
가로왈변
경 ↔ 갱 [통용]

金 | 08 广 | 庚· | 별. 일곱째 천간. 길.
엄호변

주의	字源五行의 广변은 木에 해당되나 訓에 의거, 天干 庚은 金에 해당 金으로 기준

金 | 09 刂 刀 | 剄 | 목 벨.
선칼도변 칼도변

金 | 09 力 | 勁 | 굳셀. 힘.
힘력변

金 | 10 力 | 勍 | 강할. 셀. 굳셀.
힘력변

金 | 11 立 | 竟· | 다할. 마칠. 끝낼. 마침.
설립변

金 | 12 石 | 硬· | 굳을. 단단할. 강할.
돌석변

金 | 13 攵 支 | 敬· | 공경할. 삼갈. 姓.
등글월문변 칠복변

金 | 16 石 | 磬 | 경쇠. 목 맬. 달릴. 다할.
돌석변

金 | 16 17 王 玉 | 璟 | 옥빛. 옥광채 날. 옥 이름.
임금왕변 구슬옥변

金	15 16 王 玉	璄	璟자와 통용
	임금왕변 구슬옥변		

金 | 17 18 王 玉 | 璥 | 옥 이름. 경옥 (아름다운 구슬).
임금왕변 구슬옥변

金 | 18 言 | 謦 | 기침. 기침 소리.
말씀언변

金 | 19 金 | 鏡· | 거울. 비추다. 모범. 안경.
쇠금변

金 | 19 20 王 玉 | 瓊 | 아름다운 옥. 구슬.
임금왕변 구슬옥변

金 | 20 言 | 警· | 경계할. 일어날. 깨우칠.
말씀언변

金 | 22 立 | 競 | 겨룰. 다툴. 굳셀.
설립변

水 | 07 巛 | 巠 | 물줄기. 물 질펀히 흐르는 모양.
개미허리변

水 | 09 冫 | 涇 | 차다. 찰.
이수변

水 | 10 口 | 哽 | 목 멜. 목마름.
입구변

水 | 10 11 氵 水 | 涇 | 통할. 흐를. 물. 월경.
삼수변 물수변

水 12 痙 疒 병질엄변 — 심줄 당길. 목 뻣뻣할. 경련. 중풍.

水 11 13 脛 月 肉 육달월변 고기육변 — 정강이. 종아리. 정강이뼈.

水 18 鯁 魚 물고기어변 — 생선뼈. 목구멍에 가시 걸릴.

水 19 鯨 魚 물고기어변 — 고래.

水 20 黥 黑 검을흑변 — 자자할 (얼굴에 먹물을 새기는 형벌).

계

木 07 系· 糸 실사변 — 이을. 계통. 맬. 실마리.

木 08 届 尸 주검시변 — 이를. 다다를. 지극할.

木 09 契· 大 큰대변 — 맺을. 계. 약속. 계약할. 계 ↔ 글, 설 [통용]

木 10 桂· 木 나무목변 — 계수나무. 월계수. 姓.

木 11 械· 木 나무목변 — 기계. 기구. 형틀. 형구. 병기.

木 12 棨 木 나무목변 — 나무 창. 부절 (符節). 부신.

木 14 禊 示 보일시변 — 제사. 푸닥거리(액운을 쫓는 제사) 할. 제사 이름.

木 14 綮 糸 실사변 — 비단. 발 고운 비단. 깃발 달린 창.

木 15 稽 禾 벼화변 — 헤아릴. 머무를. 상고할.

주의	대법원 인명용 한자 발표 字形은 上으로 16획, (전산폰트 오류로 사료) 字典에 匕로 15획이므로, 성명학은 15획 기준.

木 16 縘 糸 실사변 — 이을. 맬. 얽을. 약속.

木 17 18 罽 罒 网 그물망변 — 담요. 모직. 물고기 그물.

木 19 繫· 糸 실사변 — 묶을. 맬. 얽을.

木 17 19 薊 艹 艸 풀초변 초두변 — 엉겅퀴. 삽주 (국화과 풀). 땅 이름.

木 20 繼· 糸 실사변 — 이을. 계속.

火 09 係· 人 사람인변 — 이을. 맬. 걸릴. 계통. 관계될. 계. 실마리.

火 10 烓 火 불화변 — 밝을. 조명등. 휴대 화덕.

火 11 12 悸 忄 心 심방변 마음심변 — 두근거릴. 두려워할. 늘어질.

오행	획수	부수	한자	뜻
火	16	髟 (터럭발변)	髻	상투. 묶은 머리.
火	18	隹 (새추변)	雞	닭.
火	21	鳥 (새조변)	鷄·	닭.
土	09	田 (밭전변)	界·	지경. 한도. 경계. 세계.
土	12	土 (흙토변)	堺	界자와 통용
土	12	土 (흙토변)	堦	댓돌. 섬돌. 층계. 뜰.
土	12 17	阝 阜 (좌방변 언덕부변)	階·	계단. 섬돌. 사다리. 차례.
金	07	戈 (창과변)	戒·	경계할. 재계할. 삼가다. 주의할.
金	09	言 (말씀언변)	計·	셈할. 셀. 회계할. 꾀.
金	14	言 (말씀언변)	誡	훈계할. 경계할.
水	08	子 (아들자변)	季·	계절. 끝. 막내.
水	09	癶 (필발머리변)	癸·	북방. 열번째 천간.
水	11	口 (입구변)	啓·	일깨울. 열. 인도할. 여쭐.
水	13 14	氵 水 (삼수변 물수변)	溪·	시내. 시냇물.
水	14	疒 (병질엄변)	瘈	미칠. 지랄병. 간질.
水	17	谷 (골곡변)	谿	계곡. 시내. 텅 빌.
金	15	石 (돌석변)	磎	谿자와 통용

고

오행	획수	부수	한자	뜻
木	08	木 (나무목변)	杲	높을. 밝을.　고 ↔ 호 [통용]
木	09	木 (나무목변)	枯·	마를. 시들. 물이 마르다.
木	10	广 (엄호변)	庫·	창고. 곳집. 곳간.
木	10	木 (나무목변)	栲	북나무 (낙엽활엽교목).
木	09 10	扌 手 (재방변 손수변)	拷	두드릴. 칠. 매질할. 때릴.
木	09 11	艹 艸 (풀초변 초두변)	苦·	쓴맛. 쓸. 괴로울.

木	09	11	苽	艹 艸	풀초변 초두변	줄풀 (볏과의 수초水草).
木	10	11	罟	罒 网	그물망변	그물. 물고기 그물.
木		12	稾	禾	벼화변	볏짚. 초고. 초안.
木	11	12	袴	衤 衣	옷의변	바지 (가랑이가 있는 아랫도리 옷).
木		12	觚	角	뿔각변	술잔. 세 되들이 잔. 그릇.
木		14	槁	木	나무목변	마를. 고목. 짚.
木		14	槀	木	나무목변	여윌. 마를. 마르다.
木		14	睾	目	눈목변	못. 늪. 불알. 빠짐없이.
木	12	14	菰	艹 艸	풀초변 초두변	줄풀 (볏과의 수초).
木		14	箍	竹	대죽변	테 두를. 테. 둘레. 띠로 묶다.
木		15	稿·	禾	벼화변	볏짚. 짚. 원고.
木		16	篙	竹	대죽변	상앗대. 삿대.
木		16	糕	米	쌀미변	떡. 인절미. 흰떡.
木		18	瞽	目	눈목변	소경. 장님. 악공.
木		19	櫜	木	나무목변	활집. 칼집. 자루.
木	18	20	藁	艹 艸	풀초변 초두변	볏짚. 초고. 마를.
火		07	估	人	사람인변	값. 값매길. 팔. 상인.
火		10	高·	高	높을고변	높을. 공경할. 비쌀. 뽐낼. 姓.
火		12	雇	隹	새추변	품 팔. 품을 살. 고용할.
火		14	暠	日	날일변	흴. 흰 모양. 밝을.
火		16	鴣	鳥	새조변	자고새 (꿩과의 새).
火		18	翺	羽	깃우변	날. 비상할. 노닐. 빈들거릴.
火		21	顧·	頁	머리혈변	생각할. 돌아볼. 마음 쓸.
火		23	鷱	鳥	새조변	새 이름. 작은 비둘기.

오행	획수	부수	한자	뜻
土	08	女 계집녀변	姑·	시어미. 고모. 잠깐. 아직.
土	06 08	耂 老 늙을로변	考·	생각할. 상고할. 헤아릴.

> **주의** 老6획 변과 耂4획 변은 혼용, 字典과 學者에 따라 6, 8획으로 혼용되나, 성명학에서는 필순 6획이라도 老변 6획에 속하므로 8획기준

오행	획수	부수	한자	뜻
金	06	攵 攴 등글월문변 칠복변	攷	考자와 통용

오행	획수	부수	한자	뜻
土	09	牛 소우변	牯	암소. 거세한 소.
土	10	羊 양양변	羔	어린 양. 새끼 양. 검은 양.
土	10	羊 양양변	羖	검은 암양.
土	10 14	阝 邑 우방변 고을읍변	郜	고을. 나라 이름. [곡]
金	08	刂 刀 선칼도변 칼도변	刳	쪼갤. 가를. 속을 파낼.
金	09	攵 攴 등글월문변 칠복변	故·	옛. 연고. 오래될. 죽을.
金	12	辛 매울신변	辜	허물. 저버릴. 반드시.
金	12	言 말씀언변	詁	해석. 훈고. 고증. 주 낼. 문자 뜻 및 고어 해석.
金	12	酉 닭유변	酤	술 팔. 술 살. 단술. 계명주. [호]
金	13	貝 조개패변	賈	장사. 살. 구할. 팔. 고 ↔ 가 [통용]
金	13	金 쇠금변	鈷	다리미. [호]
金	13	鼓 북고변	鼓·	북. 치다.
金	13	鼓 북고변	皷	북 칠. 연주하다. 두드릴.
金	14	攴 칠복변	敲	두드릴.
金	14	言 말씀언변	誥	고할. 가르침. 경계.
金	16	金 쇠금변	錮	막을. 맬. 고질. 땜질할.
水	05	口 입구변	叩	두드릴. 조아릴. 물을.
水	05	口 입구변	古·	옛. 오랠. 비로소.
水	05	尸 주검시변	尻	꽁무니. 끝. 말단. 자리잡을.

水 07 口 입구변 **告**· 고할. 알릴. 여쭐. [곡]

水 08 口 입구변 **呱** 울. 갓난아이가 울.

水 08 口 큰입구변 **固**· 굳을. 단단할. 완고할. 진실로.

水 08 子 아들자변 **孤**· 부모 없을. 외로울. 홀로. 고아.

水 08 氵 삼수변 09 水 물수변 **沽** 팔. 살. 매매할. 거칠.

水 10 冫 이수변 **涸** 얼다. 얼. 엉길. 얼어붙을.

水 08 月 육달월변 10 肉 고기육변 **股** 넓적다리.

水 11 白 흰백변 **皐** 늪. 연못. 물가. 언덕.

水 10 白 흰백변 **皋** 皐자와 통용

주의 字源五行의 白변은 金에 해당되나 訓에 의거, 水에 해당 水로 기준

水 10 月 육달월변 12 肉 고기육변 **胯** 사타구니. 샅. 다리.

水 13 疒 병질엄변 **痼** 고질병 (오래 낫지 않는 병).

水 15 非 아닐비변 **靠** 기댈. 붙일. 어길.

水 14 月 육달월변 16 肉 고기육변 **膏** 고약. 기름. 연지.

水 18 皿 그릇명변 **盬** 소금밭. 염지 (鹽池).

水 23 虫 벌레충변 **蠱** 뱃속벌레. 곡식 벌레. 해독.

곡

木 11 木 나무목변 **梏** 묶을. 수갑. 쩰.

木 15 木 나무목변 **槲** 떡갈나무. 참나무.

木 15 禾 벼화변 **穀**· 곡식. 낟알. 좋을.

木 16 糸 실사변 **縠** 고운 비단. 명주. 얇은 비단. 주름 비단.

木 17 角 뿔각변 **觳** 뿔잔. 다할. 두려워할. 얇을.

火 11 斗 말두변 **斛** 휘 (열 말의 용량 단위. 헤아릴.

火 17 車 수레거변 **轂** 바퀴통. 사람 천거할.

火 18 **鵠** 고니.
鳥 정곡. 흰빛. 姓.
새조변

土 06 **曲**· 굽을.
曰 가락. 구석. 곡진할.
가로왈변

水 07 **谷**· 골.
谷 계곡. 골짜기. 姓.
골곡변

水 10 **哭**· 울.
口 곡할. 노래할.
입구변

水 20 **嚳** 사람 이름.
口 급히 고할.
입구변

곤

木 10 **袞** 곤룡포. 삼공 (三公.
衣 재상의 예복.
옷의변

木 11 **衮** 袞자와 통용
衣
옷의변

木 11 **梱** 문지방.
木 두드릴. 이룰.
나무목변

木 10 11 **捆** 두드릴.
扌 手 동등할. 같을. 묶을.
재방변 손수변

木 12 **棍** 몽둥이.
木 곤장. 일으킬.
나무목변

木 12 13 **裍** 걷어올릴.
衤 衣 옷 잡아맬. 묶을. 이룰.
옷의변 너울을 한 옷.

木 14 **緄** 수놓은 띠.
糸 노끈. 띠.
실사변

木 14 15 **褌** 잠방이.
衤 衣 속곳. 속고의.
옷의변

木 15 **閫** 문지방.
門 문지방 턱.
문문변

火 07 **困**· 곤할.
口 지칠. 어려울. 괴로울.
큰입구변

火 08 **昆** 맏.
日 형 (兄). 뭇.
날일변

火 10 11 **悃** 정성.
忄 心 지성스러울.
심방변 마음심변

火 13 **髡** 사람 이름.
髟 머리 깎을. 가지 칠.
터럭발변

火 19 **鵾** 봉황의 딴 이름.
鳥 댓닭. 곤계.
새조변

火 20 **鶤** 봉황새.
鳥 댓닭. 곤계.　[운]
새조변

土 08 **坤**· 땅.
土 대지. 여성. 괘 이름.
흙토변

土 11 **堃** 땅 이름.
土 곤괘. 괘 이름.
흙토변

土 11 **崑** 산 이름.
山 곤륜산.
메산변

土	11	山 메산변	崑	산 이름.
金	12 13	王 玉 임금왕변 구슬옥변	琨	아름다운 옥. 옥돌.
金	16	金 쇠금변	錕	구리. 붉은 쇠. 칼 이름.
金	22	齒 이치변	齫	이 솟을. 이 빠질. 씹을. 깨물. [운]
水	14 15	氵 水 삼수변 물수변	滾	샘솟을. 흐를. 끓을.
水	19	魚 물고기어변	鯤	곤이. 곤어. 물고기 알.

골

木	13 14	扌 手 재방변 손수변	搰	힘쓸. 파내다. 팔. [홀]
木	14	木 나무목변	榾	등걸. 살대나무. 마들가리.
火	21	鳥 새조변	鶻	송골매. 산비둘기. [홀]
金	10	骨 뼈골변	骨·	뼈. 뼈대. 강직할. 벼슬. 姓.
水	07 08	氵 水 삼수변 물수변	汩	다스릴. 골몰할. 통할.
水	13 14	氵 水 삼수변 물수변	滑	다스릴. 어지러울. 익살스럴. 흐릴. 골 ↔ 활 [통용]

공

木	05	力 힘력변	功·	공로. 공. 일.
木	10	木 나무목변	栱	큰 말뚝. 기둥머리. 두공.
木	09 10	扌 手 재방변 손수변	拱	껴안을. 팔짱 낄. 두 손 마주 잡을.
木	11 12	扌 手 재방변 손수변	控	당길. 고할. 아뢸.
木	14	木 나무목변	槓	지렛대. 막대.
木	14	竹 대죽변	箜	악기 이름. 거문고. 공후 (하프와 비슷한 동양의 현악기).
火	03	工 장인공변	工·	장인. 공교할.
火	08	人 사람인변	供·	이바지할. 바칠. 받들. 공손할.
火	10	人 사람인변	倥	어리석을. 지각 없을. 괴로울. 곤할.
火	10	心 마음심변	恐·	협박할. 두려울.

火	10 小 心	恭·	공경할. 공손할. 삼갈.	밑마음심변 마음심변
土	11 山	崆	산 이름. 산 우뚝한 모양.	메산변
土	13 足	跫	발자국 소리. 행인의 소리.	발족변
土	22 龍	龔	공손할. 받들.	용룡변
金	04 八	公·	공평할. 공변될. 어른. 존칭. 姓.	여덟팔변
金	06 八	共·	함께. 한 가지. 같이.	여덟팔변
金	07 攵 攴	攻·	칠. 닦을. 다스릴. 공격할.	등글월문변 칠복변
金	10 貝	貢·	바칠. 공물. 천거할.	조개패변
金	10 11 王 玉	珙	옥 이름. 크고 둥근 옥.	임금왕변 구슬옥변
金	11 金	釭	화살촉. 바퀴통 속의 쇠끝.	쇠금변
金	15 革	鞏	묶을. 굳을.	가죽혁변
金	24 貝	贛	줄. 하사할.	조개패변

水	04 子	孔·	구멍. 매우. 심할. 姓.	아들자변
水	08 穴	空·	공간. 빌. 하늘. 헛될. 부질없을.	구멍혈변
水	10 虫	蚣	지네.	벌레충변
水	12 虫	蛩	메뚜기.	벌레충변
水	12 虫	蛬	귀뚜라미.	벌레충변

곶

金	07 丨	串	곶 (지명으로서의 곶. 땅 이름. 곶 ↔ 관[통용]	뚫을곤변

과

木	05 瓜	瓜	오이. 참외. 姓.	오이과변
木	06 大	夸	자랑할. 클. 큰 체할.	큰대변
木	08 木	果·	과실. 결과. 과연.	나무목변
木	09 禾	科·	과목. 과정. 조목.	벼화변

木 13 禾 벼화변 **稞** 보리. 알곡식.

木 14 宀 갓머리변 **寡**· 적을. 과부. 나.

木 12 14 艹 艸 풀초변 초두변 **菓** 과자. 과실.

木 14 衣 옷의변 **裹** 꾸러미. 쌀. 얽을.

木 16 17 扌 手 재방변 손수변 **撾** 칠. 북 칠. 때릴.

火 08 人 사람인변 **侉** 자랑할.

火 17 頁 머리혈변 **顆** 낟알. 흙덩이.

火 18 馬 말마변 **騍** 암말 (말의 암컷).

土 12 土 흙토변 **堝** 도가니 (쇠붙이를 녹이는 그릇).

土 11 12 犭 犬 개사슴록변 개견변 **猓** 꼬리 긴원숭이.

土 13 𧾷 足 발족변 **跨** 넘을. 건너갈. 점거할. 사타구니.

土 15 𧾷 足 발족변 **踝** 복사 뼈. 발꿈치.

土 13 16 辶 辵 책받침변 갖은책받침변 **過**· 지날. 건널. 지나칠. 넘을.

金 04 戈 창과변 **戈** 창.

金 13 言 말씀언변 **誇**· 자랑할. 뽐낼. 클.

金 14 金 쇠금변 **銙** 대구 (帶具 띠쇠 (혁대 등 띠를 매는 데 달린 쇠).

金 15 言 말씀언변 **課**· 공부. 매길. 시험할. 부과할.

金 17 金 쇠금변 **鍋** 노구솥. 냄비. 기름통.

水 13 穴 구멍혈변 **窠** 보금자리. 새의 집. 빌. 구멍.

水 14 夕 저녁석변 **夥** 많을. 넉넉할. 한패. 동업할.

水 15 虫 벌레충변 **蝌** 글씨체. 올챙이.

곽

木 12 木 나무목변 **椁** 덧널. 관. 잴. 나무 이름.

木 14 广 엄호변 **廓** 둘레. 클. 넓을. 곽↔확 [통용]

木 15 木 나무목변 **槨** 덧널. 외관 (外棺).

木 20 ++ 풀초변 22 艸 초두변 **藿** 콩잎. 풋잎.

土 11 阝 우방변 15 邑 고을읍변 **郭**· 성곽. 둘레. 바깥 성. 姓.

金 20 革 가죽혁변 **鞹** 날가죽. 생가죽. 가죽 다룰. 무두질한 가죽.

水 16 雨 비우변 **霍** 빠를. 나라 이름.

水 21 疒 병질엄변 **癨** 구토할. 곽란병 (亂吐病). (급성위장병)

관

木 05 丨 뚫을곤변 **丱** 쌍상투.

木 08 宀 갓머리변 **官**· 벼슬. 기관. 관가.

木 09 冖 민갓머리변 **冠**· 갓. 관. 으뜸. 어른.

木 11 木 나무목변 **梡** 네발 달린 도마. 관 ↔ 완 [통용]

木 12 木 나무목변 **棺** 널. 입관할.

木 13 示 보일시변 **祼** 강신제 (내림굿). 잔 부실.

木 13 竹 대죽변 **筦** 다스릴. 주관할. 쌍피리. 姓.

木 12 ++ 풀초변 14 艸 초두변 **菅** 골풀. 난초 (다년생풀).

木 14 竹 대죽변 **管**· 주관할. 관리할. 대롱.

木 14 糸 실사변 **綰** 얽을. 멜. 꿸.

木 15 宀 갓머리변 **寬**· 너그러울. 넓을. [本字]

木 13 宀 갓머리변 **寛** 寬자와 통용 [俗字]

주의 字典에 따라 13, 14획으로 혼용, 성명학에서는 13획 기준

木 19 門 문문변 **關**· 빗장. 기관. 관계할. 닫을.

火 14 忄 심방변 15 心 마음심변 **慣**· 익숙할. 익힐. 버릇.

火 15 車 수레거변 **輨** 바퀴통 쇠. 줏대. 주요한 곳.

火 18 隹 새추변 **雚** 황새. 물억새. 풀 이름.

오행	획수	한자	뜻
火	22 火 불화변	爟	횃불. 봉화. 벼슬 이름.
火	25 見 볼견변	觀·	볼. 보일. 드러낼. 형용.
火	29 鳥 새조변	鸛	황새. 물새.
土	24 缶 장군부변	罐	두레박. 단지.
土	27 頁 머리혈변	顴	광대뼈. [권]
金	07 丨 뚫을곤변	串	익힐. 습관. 꿸. 관 ↔ 곶 [통용]
金	11 貝 조개패변	貫·	꿸. 꿰뚫을. 관향. 익숙할.
金	12 欠 하품흠변	款	정성. 정성스러울. 공경할. 조목. 항목.
金	12 13 王 玉 임금왕변 구슬옥변	琯	옥피리. 옥저. 피리. 옥 장식.
金	16 金 쇠금변	錧	수레굴통의 쇠. 수레의 비녀장. 줏대.
金	22 23 王 玉 임금왕변 구슬옥변	瓘	서옥. 옥 이름. 사람 이름.
金	25 骨 뼈골변	髖	허리뼈. 엉덩이뼈.
金	26 金 쇠금변	鑵	두레박.
水	11 12 氵 水 삼수변 물수변	涫	끓을. 끓다. 대야.
水	16 皿 그릇명변	盥	손 씻을. 낯 씻을. 대야.
水	17 穴 구멍혈변	窾	빌 (空). 공허할. 마를.
水	17 食 밥식변	館·	객사. 집.
水	16 舌 혀설변	舘	館자와 통용 [俗字]
水	21 22 氵 水 삼수변 물수변	灌	물 댈. 씻을. 따를.

괄

오행	획수	한자	뜻
木	10 木 나무목변	栝	전나무. 노송나무.
木	09 10 扌 手 재방변 손수변	括	묶을. 쌀. 맺을.
木	12 竹 대죽변	筈	그러할. 하눌타리. 오늬 (활을 활시위에 끼는 부분).
火	08 人 사람인변	佸	이를. 만날. 모일. 힘쓸. [활]

火 10 心 마음심변 **恝** 걱정 없을. 근심 없을. 여유 없을.

火 12 耳 귀이변 **聒** 떠들썩할. 시끄러울. 요란할.

火 16 髟 터럭발변 **髺** 머리 묶을. 머리 빗을.

火 17 鳥 새조변 **鴰** 재두루미. 왜가리.

土 10 辶 책받침변 13 辵 갖은책받침변 **适** 빠를. 신속할. 姓.

金 08 刂 선칼도변 刀 칼도변 **刮** 깎을. 긁을. 갈. 닦을. 비빌.

광

木 10 木 나무목변 **桄** 나무 이름. 광랑나무. 베틀.

木 10 木 나무목변 **框** 문테. 문틀. 문골.

木 10 艹 풀초변 12 艸 초두변 **茪** 초결명. 풀.

木 12 糸 실사변 **絖** 고운 솜. → 纊 [同字]

木 12 竹 대죽변 **筐** 광주리. 평상.

木 15 广 엄호변 **廣**· 넓을. 널리. 넓이. 姓.

木 05 广 엄호변 **広** 廣자와 통용 [略字]

木 21 糸 실사변 **纊** 솜옷. 고운 솜. → 絖 [同字]

火 06 儿 어진사람인변 **光**· 빛. 빛날. 광택. 경치.

火 08 火 불화변 **灮** 光자와 통용

火 08 火 불화변 **炛** 光자와 통용

참고	통용자는 획수, 부수, 자원오행에 관계없이 정자 밑에 배열하였음

火 08 人 사람인변 **侊** 성할. 클.

火 09 忄 심방변 10 心 마음심변 **恇** 겁낼. 두려워할.

火 19 火 불화변 **爌** 밝을. 불빛 환할.

火 19 日 날일변 **曠** 빌. 휑할. 들판. 밝을. 멀.

土 06 匡 匚 터진입구변 — 바로잡을. 바를. 도울.

土 07 08 狂· 犭 犬 개사슴록변 개견변 — 미칠. 경망할. 사나울.

土 18 壙 土 흙토변 — 뫼. 광중 (壙中). 구덩이.

土 18 19 獷 犭 犬 개사슴록변 개견변 — 사나울. 사나운 개. 추악할. 모질.

金 10 11 珖 王 玉 임금왕변 구슬옥변 — 사람 이름. 옥 이름. 옥돌.

金 11 硄 石 돌석변 — 윤이 나는 돌. 돌 빛 윤택할. 돌 소리.

金 13 誆 言 말씀언변 — 속일. 거짓말. 기만할. → 誑 [同字]

金 14 誑 言 말씀언변 — 속일. 유혹할. → 誆 [同字]

金 17 礦 石 돌석변 — 쇳돌. 군셀.

金 23 鑛· 金 쇠금변 — 광물. 쇳돌. 광석.

水 09 10 洸 氵 水 삼수변 물수변 — 물 솟을. 군셀. 성낼. 姓.

水 10 12 胱 月 肉 육달월변 고기육변 — 방광. 오줌통.

괘

木 08 卦 卜 점복변 — 점괘. 괘. 점치다. 걸.

木 09 10 挂 扌 手 재방변 손수변 — 걸다. 걸. 걸어놓을. 달. 그림 족자.

木 11 12 掛· 扌 手 재방변 손수변 — 걸어 놓을. 걸. 걸칠. 달.

木 11 12 罣 罒 网 그물망변 — 걸. 거리낄. 옭힐.

木 13 14 罫 罒 网 그물망변 — 줄. (가로 세로로 친 줄). (엇갈리게 친 줄).

金 13 詿 言 말씀언변 — 기만할. 그르칠. 속일.

水 09 咼 口 입구변 — 입 비뚤어질.

괴

木 08 09 拐 扌 手 재방변 손수변 — 속일. 기만할. 유인할. 후릴.

木 14 槐 木 나무목변 — 홰나무. 느티나무. 姓.

木 16 廥 广 엄호변 — 곳간. 여물 광. 별 이름.

木 14 16 **蒯** 황모. 기물사초 (풀 이름). 땅 이름. 姓.
艹 艸 풀초변 초두변

木 18 19 **襘** 띠 매듭. 띠 맬. 옷고름.
衤 衣 옷의변

火 08 **乖** 어그러질. 거스를. 다를.
丿 삐침변

火 08 09 **怪**· 괴이할. 기이할. 의심할. 도깨비.
忄 心 심방변 마음심변

火 12 **傀** 성할. 클. 허수아비. 도깨비.
人 사람인변

火 13 14 **愧**· 부끄러울. 책망할. 탓할.
忄 心 심방변 마음심변

火 14 **魁** 우두머리. 클. 으뜸. 수령. 괴수.
鬼 귀신귀변

土 13 **塊**· 흙덩어리. 무너질.
土 흙토변

土 13 **媿** 부끄러울. 창피 줄. 수치심.
女 계집녀변

土 19 **壞**· 무너질. 무너뜨릴.
土 흙토변

金 14 15 **瑰** 구슬. 옥돌. 보배.
王 玉 임금왕변 구슬옥변

金 16 17 **璝** 구슬 이름. 보배. 옥돌. 아름다울.
王 玉 임금왕변 구슬옥변

괵

水 17 **馘** 귀 벨. 목 벨. 머리 벨.
首 머리수변

굉

木 07 **宏** 클. 넓을.
宀 갓머리변

木 10 **紘** 갓끈. 밧줄. 클.
糸 실사변

木 12 **閎** 마을 문. 이문. 클. 넓을.
門 문문변

木 13 **觥** 뿔잔. 클. 강직할. 꼿꼿할.
角 뿔각변

火 21 **轟** 울릴. 우렛소리. 떠들썩할.
車 수레거변

金 09 **訇** 큰 소리. 우렛소리.
言 말씀언변

水 08 10 **肱** 팔뚝. 팔.
月 肉 육달월변 고기육변

水 10 11 **浤** 용솟음칠. 빨리 흐를.
氵 水 삼수변 물수변

교

오행	획수	한자	뜻
木	10 木 나무목변	校·	학교. 교정 볼. 장교.
木	12 糸 실사변	絞	새끼를 꼴. 목 맬. 姓.
木	14 木 나무목변	榷	외나무다리. 쪽다리. [각]
木	16 木 나무목변	橋·	교량. 다리. 시렁.
木	15 扌 재방변 16 手 손수변	撟	손들. 들. 바로잡을.
木	16 艹 풀초변 18 艸 초두변	蕎	메밀. 대극 (大戟).
木	23 扌 재방변 24 手 손수변	攪	어지러울. 어지럽힐. 흔들. 뒤섞일.
火	05 工 장인공변	巧·	예쁠. 공교로울. 교묘할.
火	06 亠 돼지해머리변	交·	사귈. 섞일. 바꿀.
火	08 人 사람인변	佼	예쁠. 좋을. 굳셀.
火	10 日 날일변	晈	달빛. 달 밝을.
火	13 車 수레거변	較·	비교할. 견줄. 간략.
火	14 人 사람인변	僑	높을. 객지에 살.
火	14 日 날일변	皦	밝을. 깨끗이 나뉠.
火	15 忄 심방변 16 心 마음심변	憍	자랑할. 편안할. 교만할.
火	17 鳥 새조변	鵁	해오라기. 교청새. 푸른해오라기.
火	18 羽 깃우변	翹	발돋음할. 꼬리 위로 올릴.
火	19 走 달릴주변	趫	재빠를. 굳셀. 건강할.
火	19 車 수레거변	轎	가마.
火	22 馬 말마변	驕	씩씩할. 교만할. 무례할. 뻣뻣할.
土	09 女 계집녀변	姣	아름다울. 예쁘다.
土	09 犭 개사슴록변 10 犬 개견변	狡	재빠를. 교활할. 간교할.
土	09 阝 우방변 13 邑 고을읍변	郊·	교외. 들.
土	15 女 계집녀변	嬌	아름다울. 미녀. 여자 이름.

오행	획수	부수	한자	뜻
土	15	山 메산변	嶠	산봉우리. 뾰족하고 높을.
土	13 17	阝 邑 우방변 고을읍변	鄗	땅 이름. 산 이름. 교 ↔ 호 [통용]
土	19	𧾷 足 발족변	蹻	강직할. 강성할. 위엄스러울.
金	11	攵 攴 등글월문변 칠복변	敎·	가르칠. 본받을.
金	11	攵 攴 등글월문변 칠복변	教	敎자와 통용
金	11	白 흰백변	皎	깨끗할. 흴. 밝을. 姓.
金	14	金 쇠금변	鉸	가위. 금장식.
金	16	骨 뼈골변	骹	발목뼈. 발 회목.
金	17	矢 화살시변	矯·	바로잡을. 들. 날랠.
金	17	石 돌석변	磽	메마른 땅. 돌 자갈땅.
金	21	齒 이치변	齩	씹을. 뼈 깨물.
水	09	口 입구변	咬	지저귈. 새소리. 깨물.
水	12	口 입구변	喬	높을. 높이 솟을. 뛰어날.
水	12	穴 구멍혈변	窖	움. 구멍. 땅속 광.
水	12	虫 벌레충변	蛟	교룡. 뿔 없는 용.
水	14	口 입구변	嘐	닭 울. 닭 우는 소리.
水	14	口 입구변	嗃	웃는 소리. 부르짖을.
水	15	食 밥식변	餃	경단 (음식 이름).
水	16	口 입구변	噭	부르짖을. 외칠.
水	15 17	月 肉 육달월변 고기육변	膠	아교. 갖풀. 굳을. 붙을.
水	17	魚 물고기어변	鮫	상어.
水	18	口 입구변	嚙	깨물. 씹을.

구

오행	획수	부수	한자	뜻
木	06 07	扌 手 재방변 손수변	扣	두드릴. 칠. 덜.

木 09 **枸** 木 나무목변
나무 이름.
구기자나무. 호깨나무.

木 09 **柩** 木 나무목변
관.
널 (시체 넣는 함, 관).

木 08 09 **拘**· 扌 手 재방변 손수변
체포.
잡을. 거리낄.

木 09 **韭** 韭 부추구변
부추.
겨우살이풀.

木 10 **冓** 冂 멀경변
짤.
지밀 (至密). 침방.
재목 쌓을.

木 10 11 **捄** 扌 手 재방변 손수변
구원할.
두둔할. 움큼. 담을.

木 09 11 **朐** 月 肉 육달월변 고기육변
포 (乾肉).
멀. 굽은.

木 09 11 **苟**· 艹 艸 풀초변 초두변
진실로.
다만. 구차할.

木 13 **裘** 衣 옷의변
가죽옷.
갖옷 (가죽으로 만든 옷).

木 13 **絿** 糸 실사변
급할.
구할.

木 14 **廏** 广 엄호변
마구간.
姓.

木 14 **廐** 广 엄호변
廏자와 통용 [俗字]

木 14 **榘** 木 나무목변
곱자.
모날. 곡척. 법.
네모난 그릇.

木 14 **構**· 木 나무목변
얽을.
얽어 맞출. 꾀할. 맺을.

木 13 14 **搆** 扌 手 재방변 손수변
얽어 맬.
끌. 당길. 손 닿을.

木 14 15 **摳** 扌 手 재방변 손수변
고울.
옷 걷어올릴. 더듬을.

木 16 **糗** 米 쌀미변
미숫가루.
볶은 쌀. 건량.

木 14 16 **蒟** 艹 艸 풀초변 초두변
구약나물.
구장 (후춧과 풀). 필발.

木 16 **篝** 竹 대죽변
대그릇.
종다래끼. 배롱. 대롱.

木 17 **屨** 尸 주검시변
신.
삼신 (麻鞋). 갖신.

木 17 **颶** 風 바람풍변
구풍 (급작스런 바람).
맹렬한 폭풍.

木 18 **瞿** 目 눈목변
볼.
놀라 볼. 사람 이름.
가슴 두근거릴.

木 20 **匶** 匚 터진입구변
널.
관. → 柩의 [古字]

火 04 **仇** 人 사람인변
원수.
해칠. 원망할. 짝.

오행	획수/부수	한자	뜻
火	07 人 사람인변	佝	곱사등이. 어리석다. 약하다.
火	07 火 불화변	灸	뜸. 뜸질할. 姓.
火	09 人 사람인변	俅	공손할. 정중할. 갓 꾸민 모양.
火	09 日 날일변	昫	따뜻할. 더울.
火	10 人 사람인변	俱·	함께. 다. 갖출.
火	11 毛 터럭모변	毬	공 (차거나 치는 구형 운동 용구).
火	13 人 사람인변	傴	구부릴. 곱사등이.
火	13 鳥 새조변	鳩	비둘기. 편안할. 모을.
火	15 馬 말마변	駒	말. 망아지. 새끼 말. 姓.
火	17 見 볼견변	覯	해후할. 만나 볼. 우연히 만날. 이를.
火	21 馬 말마변	驅·	달릴. 몰. 몰아낼.
火	21 鳥 새조변	鷇	새 새끼. 병아리.
火	22 鳥 새조변	鷗	갈매기.
火	21 忄 심방변 / 22 心 마음심변	懼·	두려워할.
火	24 行 다닐행변	衢	네거리. 거리. 갈림길. 姓.
火	29 鳥 새조변	鸜	구관조 (때까치 비슷한 새).
土	05 一 한일변	丘·	언덕. 모을. 姓.

주의	字源五行의 一변은 木에 해당되나 訓에 의거, 土에 해당 土로 기준

오행	획수/부수	한자	뜻
土	08 土 흙토변	坵	丘자와 통용 [俗字]
土	06 臼 절구구변	臼	절구. 확 (곡식 찧는 기구). 姓.
土	08 山 메산변	岣	산 이름. 산봉우리 이름.
土	08 土 흙토변	坸	더러울. 때.
土	09 女 계집녀변	姤	만날. 예쁠.
土	09 土 흙토변	垢	때 묻을. 때. 수치. 치욕.

土 08 09 狗· 개.
犭 犬 강아지.
개사슴록변 개견변

土 09 11 耇 명 길.
耂 老 오래 살. 늙을. 늙은이.
늙을로변 검버섯.

주의 필순이 9획으로 보이나 老변 6획에 속하므로 필순 9획이라도 성명학은 11획 기준

土 11 耈 耈자와 통용
耂 老
늙을로변

土 11 耉 명 길.
耂 老 오래 살. 늙을. 늙은이.
늙을로변 검버섯.

土 11 區· 구역.
匚 나눌. 구분.
감출혜변

土 08 12 邱 언덕.
阝 邑 땅 이름.
우방변 고을읍변

土 13 媾 겹사돈.
女 거듭 혼인할. 화친할.
계집녀변 사랑할.

土 13 舅 시아버지.
臼 외숙. 장인. 호칭.
절구구변

土 14 嶇 험할.
山 울퉁불퉁할. 가파를.
메산변

土 14 嫗 할머니.
女 여자.
계집녀변

土 11 14 逑 짝.
⻌ 辵 배우자. 모을.
책받침변 갖은책받침변

土 16 甌 질그릇.
瓦 주발. 사발. 姓.
기와와변

土 14 17 遘 만날.
⻌ 辵
책받침변 갖은책받침변

土 18 舊· 옛.
臼 예. 오랠.
절구구변

土 18 軀 몸 (體).
身 신체.
몸신변

金 04 勾 글귀.
勹 굽을. 갈고리.
쌀포변 句의 [俗字]

金 04 厹 세모 창.
厶 기승부릴.
마늘모변

金 08 具· 갖출.
八 연장. 온전할. 판단할.
여덟팔변 姓.

金 07 08 玖 옥돌.
王 玉 아홉.
임금왕변 구슬옥변

金 10 矩 곡척 (曲尺).
矢 법. 모서리.
화살시변

金 09 10 玽 옥 이름.
王 玉 옥돌.
임금왕변 구슬옥변

金 11 救· 구원할.
攵 攴 도울.
등글월문변 칠복변

金 11 釦 금테 두를.
金 그릇에 금테 두를.
쇠금변

金 | 11 12 王 玉 | 球· | 공. 구슬. 둥글. 덩어리. | 임금왕변 구슬옥변

金 | 13 弓 | 彀 | 활 당길. 활거리. 활 쏠. | 활궁변

金 | 13 言 | 詬 | 꾸짖을. 망신 줄. 욕할. [후] | 말씀언변

金 | 13 金 | 鉤 | 갈고리. 끌어당길. 낚시. 띠쇠. | 쇠금변

金 | 15 欠 | 歐 | 구라파. 토할. 뱉을. | 하품흠변

주의: 字源五行의 欠변은 火에 해당되나 訓에 의거, 金에 해당 金으로 기준

金 | 15 殳 | 毆 | 칠. 때릴. 말을 몰. 달릴. | 갖은등글월문변

金 | 15 金 | 銶 | 끌. 구멍 뚫는 끌. | 쇠금변

金 | 15 16 王 玉 | 璆 | 옥소리. 옥 이름. 아름다운 옥. | 임금왕변 구슬옥변

金 | 17 貝 | 購 | 구매할. 살. 풀릴. | 조개패변

金 | 18 言 | 謳 | 노래할. 노래. | 말씀언변

金 | 19 韋 | 韝 | 활깍지. 팔찌. | 가죽위변

金 | 22 戈 | 戵 | 창. 네 갈래진 창. | 창과변

金 | 28 鬥 | 鬮 | 제비뽑을. 심지. | 싸울투변

주의: 字典에 따라 26, 27획으로 혼용되나, (字典 오류로 사료됨) 실제 필순이 28획이므로, 성명학은 28획 기준

水 | 03 丿 | 久· | 오랠. 기다릴. | 삐침변

水 | 03 口 | 口· | 입. 말할. 구멍. | 입구변

水 | 05 口 | 句· | 글귀. 구 ↔ 귀 [통용] | 입구변

水 | 05 口 | 叴 | 소리 높일. 높은 기운. 기승할. | 입구변

水 | 06 水 | 求· | 구할. 탐낼. 청할. | 물수변

주의: 字典에 따라 6, 7획으로 혼용, 水변에 속하므로 필순7획으로 보여도 성명학은 6획 기준

水 | 07 力 | 劬 | 수고로울. 부지런할. 힘들일. | 힘력변

水 | 07 穴 | 究· | 연구할. 궁구할. 상고할. | 구멍혈변

水 | 08 口 | 咎 | 허물. 재앙. 미움. 미워할. | 입구변

水 08 疚 오래된 병.
疒 오래 앓을. 고질병.
병질엄변

水 02 09 九· 아홉.
乙 많을.
새을변

주의	필순은 2획이나, 성명학에서는 수의 의미를 획수로 하므로 9획 기준

주의	字源五行의 乙변은 木에 해당되나 訓에 의거, 水에 해당 水로 기준

水 10 痀 곱사등이.
疒
병질엄변

水 11 寇 도둑.
宀 원수. 난리. 해칠.
갓머리변

주의	字源五行의 宀변은 木에 해당되나 訓에 의거, 水에 해당 水로 기준

水 11 蚯 지렁이.
虫
벌레충변

水 14 嘔 토할.
口 게울.
입구변

水 13 14 溝 봇도랑.
氵 水 도랑. 하수구. 홈통.
삼수변 물수변

水 14 15 漚 담글.
氵 水 오래 불릴. 물거품.
삼수변 물수변

水 16 窶 가난할.
穴 가난해 예절 없을.
구멍혈변

水 16 龜 땅 이름.
龜 나라 이름.
거북귀변 구 ↔ 귀. 균 [통용]

주의	龜字는 일부 출판사, 옥편, 저자에 따라 16, 17획으로 혼용되나, 16획 기준

水 18 龜· 땅 이름.
龜 구 ↔ 귀. 균 [통용]
거북귀변

水 23 癯 야윌.
疒 파리할. 여윌.
병질엄변

국

木 07 局· 판.
尸 사태. 부분.
주검시변

木 08 匊 움켜쥘.
勹 움킬. 줌. 손바닥.
쌀포변

木 11 12 掬 움켜쥘.
扌 手 두 손 움킬. 손 속.
재방변 손수변

木 12 14 菊· 국화.
艹 艸
풀초변 초두변

木 14 箙 대뿌리.
竹
대죽변

木 17 麯 누룩.
麥 누룩 이름.
보리맥변

木 19 麴 누룩.
麥 술. 청황색. 姓.
보리맥변

오행	획수	부수	한자	뜻
火	15	走 달릴주변	趣	궁구할. 공명할.
土	14	⻊ 足 발족변	跼	구부릴. 굽을. 재촉할.
金	17	革 가죽혁변	鞠	기를. 굽힐. 궁할. 姓.
金	18	革 가죽혁변	鞫	국문할. 문초할. 궁할. 물가. 姓.
水	11	口 큰입구변	國·	나라. 국가. 도읍.
水	08	口 큰입구변	国	國자와 통용

군

오행	획수	부수	한자	뜻
木	11	木 나무목변	桾	나무 이름. 고욤나무.
木	10 11	扌 手 재방변 손수변	捃	주울. 줍다. 취할.
木	12 13	衤 衣 옷의변	裙	치마. 속옷.
火	09	車 수레거변	軍·	군사. 진 칠.
土	13	羊 양양변	群·	무리. 떼. 많을.
土	10 14	阝 邑 우방변 고을읍변	郡·	고을. 관청.
金	14	皮 가죽피변	皸	얼어터질. 틀. 동상.
水	07	口 입구변	君·	임금. 남편. 그대. 군자.
水	12	穴 구멍혈변	窘	군색할. 궁해질. 괴로울.

굴

오행	획수	부수	한자	뜻
木	11 12	扌 手 재방변 손수변	掘	파낼. 우묵하게 파낼. 암굴. 구멍.
火	10	人 사람인변	倔	굳셀. 고집 셀. 딱딱할.
土	08	尸 주검시변	屈·	굽힐. 굽을. 다할. 땅 이름.

주의 字源五行의 尸변은 水에 해당되나 訓에 의거, 土에 해당 土로 기준

오행	획수	부수	한자	뜻
土	11	土 흙토변	堀	굴. 토굴. 땅을 팔.
土	11	山 메산변	崛	우뚝 솟을. 산 높을.
金	12	言 말씀언변	詘	굽힐. 굽을. 말 막힐. 기뻐할.

水 11 氵 삼수변 12 水 물수변 **淈** 흐릴. 물 콸콸 나올.

水 13 穴 구멍혈변 **窟** 움집. 움. 토굴.

궁

木 07 艹 풀초변 09 艸 초두변 **芎** 천궁. 궁궁이. 향풀.

木 10 宀 갓머리변 **宮·** 집. 궁궐.

火 03 弓 활궁변 **弓·** 활. 궁술. 姓.

水 08 穴 구멍혈변 **穹** 하늘. 깊을. 활꼴. 막을.

水 10 身 몸신변 **躬** 몸(身). 몸소. 자신.

水 14 身 몸신변 **躳** 몸(身). → 躬 [同字]

주의	字源五行의 身변은 火에 해당되나 訓에 의거, 水에 해당 水로 기준

水 15 穴 구멍혈변 **窮·** 궁할. 다할. 궁리할. 막힐.

참고	대법원에서 선정한 인명용 한자란 성(姓)을 제외한 이름(名)의 한자를 말한다.

권

木 08 㔾 卩 병부절변 **卷·** 책. 접을. 말. 굽을.

주의	字源五行의 卩변은 火에 해당되나 訓에 의거, 木에 해당 木으로 기준

木 10 手 손수변 **拳·** 주먹. 힘. 굳게 지닐.

木 11 目 눈목변 **眷** 돌아볼. 돌볼. 겨레붙이. 姓.

木 12 木 나무목변 **棬** 나무그릇. 코뚜레.

木 11 扌 재방변 12 手 손수변 **捲** 힘쓸. 주먹. 거둘.

木 13 目 눈목변 **睠** 돌아볼. 살필. 근념할. → 眷 [同字]

木 14 糸 실사변 **綣** 정다울. 서로 따를. 후한 마음.

木 22 木 나무목변 **權·** 권세. 권력. 권한. 방편. 저울질할. 姓.

木 15 木 나무목변 **権** 權자와 통용

火 10 人 사람인변 **倦** 게으를. 진력날. 고달플.

火 11 忄 12 心 **惓** 삼갈. 정성스러울. 심방변 마음심변

土 10 力 **勌** 고달플. 수고로울. 게으를. 힘력변

土 20 力 **勸**· 권할. 가르칠. 인도할. 힘력변

金 08 刀 **券**· 문서. 증권. 어음. 칼도변

水 11 口 **圈** 동물 우리. 바리. 큰입구변

水 11 氵 12 水 **捲** 물 모양. 물 돌아흐를. 삼수변 물수변

水 14 虫 **蜷** 구부릴. 움츠러질. 굽을. 꿈틀 꿈틀 기어가는 모양. 벌레충변

궐

木 16 艹 18 艸 **蕨** 고사리. 고비. 풀초변 초두변

木 18 門 **闕** 대궐 문. 빠질. 빌. 문문변

土 12 厂 **厥**· 그것. 그. 짧을. 다할. 숙일. 나라 이름. 민엄호변

土 15 犭 16 犬 **獗** 창궐할. 날뛸. 개사슴록변 개견변

土 19 ⻊ 足 **蹶** 넘어질. 미끄러질. 밟을. 발족변

궤

木 06 木 **机** 책상. 나무 이름. 나무목변

木 14 匚 **匱** 궤. 갑. 함. 다할. 터진입구변

木 16 木 **樻** 나무 이름. 가마채 나무. 영수목. 나무목변

木 15 扌 16 手 **撅** 옷 걷을. 재방변 손수변

木 17 竹 **簣** 제기 이름. 보궤. 예의. 대죽변

木 18 木 **櫃** 궤. 함. 상자. 나무목변

木 18 糸 **繢** 수놓을. 토끝 (베를 짠 끄트 머리). [회] 실사변

木 20 門 **闠** 저자 문. 저자 밖의 문. 문문변

火 08 人 **佹** 의지할. 괴이할. 어긋날. 어길. 사람인변

火 09 車 **軌**· 굴대. 궤도. 바퀴 사이. 법. 수레거변

오행	획수	한자	뜻
火	15 忄 심방변 / 16 心 마음심변	憒	심란할. 어리석을.
土	𧾷 / 13 足 발족변	跪	꿇어앉을. 무릎 꿇을.
土	13 鹿 사슴록변	麂	큰 노루.
金	13 言 말씀언변	詭	꾸짖을. 책망할. 헐뜯을. 속일.
金	刂 선칼도변 / 14 刀 칼도변	劂	조각칼. 새김칼. 새길. 끌. [굴. 괄]
水	02 几 안석궤변	几	안석. 책상. 의자. 기댈 상.
水	05 氵 삼수변 / 06 水 물수변	氿	샘. 물가. 구멍 샘 (원줄기 외 곁에서 나오는 샘).
水	15 氵 삼수변 / 16 水 물수변	潰	무너질. 흩어질. 문드러질.
水	19 食 밥식변	餽	음식 보낼. 제사. 보낼. 먹일.
水	21 食 밥식변	饋	대접할. 식사. 보낼. 권할. 선사.

귀

오행	획수	한자	뜻
火	10 鬼 귀신귀변	鬼·	귀신. 도깨비.
火	12 日 날일변	晷	해그림자. 햇빛. [구]
土	18 止 그칠지변	歸·	돌아갈. 허락할.
金	12 貝 조개패변	貴·	귀할. 값 비쌀. 소중할. 높을.
金	14 金 쇠금변	鐀	삽. 가래. 쟁기. 줄. → 궤 [本音]
水	05 口 입구변	句	글귀. 구절. 귀 ↔ 구 [통용]
水	16 龜 거북귀변	龜	거북. 등골뼈. 패물. 귀 ↔ 구. 균 [통용]

주의	龜字는 일부 출판사, 옥편, 저자에 따라 16, 17획으로 혼용되나, 16획 기준

오행	획수	한자	뜻
水	18 龜 거북귀변	龜	龜자와 통용

규

오행	획수	한자	뜻
木	08 糸 실사변	糾·	꼴. 모을. 얽힐. 규명할.
木	07 糸 실사변	糺	糾자와 통용

참고	통용자는 획수, 부수, 자원오행에 관계없이 정자 밑에 배열하였음

木	10 艹	12 艸	茥	딸기.	풀초변 초두변
木		13 木	楏	호미 자루. 감탕나무.	나무목변
木	12 扌	13 手	揆	헤아릴. 법. 벼슬.	재방변 손수변
木		14 目	睽	눈 흘길. 부릅 뜰. 땅 이름.	눈목변
木		14 門	閨	안방. 규수.	문문변
木		15 木	樛	휠. 나뭇가지 휘어질.	나무목변
木		15 木	槻	물푸레나무. 둥근느티나무.	나무목변
木	13 艹	15 艸	葵	해바라기. 헤아릴.	풀초변 초두변
木		19 門	闚	엿볼. 언뜻 볼.	문문변
火		09 走	赳	굳셀. 용맹할. 재능. 헌걸찰.	달릴주변
火		11 見	規·	법. 법칙. 규범.	볼견변
火		13 日	暌	어길. 어긋날. 해질.	날일변
火		13 火	烓	불꽃. 불타는 모양.	불화변
火		13 頁	頍	머리 들. 고깔비녀. 머리 드는 모양.	머리혈변
火		19 馬	騤	말 건강할. 말 굳셀. 끗밋할.	말마변
土		06 土	圭	서옥. 홀 (笏). 모날. (쌍토). 상서로운 구슬.	흙토변
土		09 大	奎	별. 별 이름. 가랑이.	큰대변
土	𧾷	13 足	跬	반걸음. 한 발자국.	발족변
土	09 阝	13 邑	邽	고을 이름. 현 (縣) 이름.	우방변 고을읍변
土		14 女	嫢	예쁠. 작을. 가는 허리.	계집녀변
土		15 女	嬀	땅 이름. 姓.	계집녀변
土	12 辶	15 辵	逵	한길. 대로. 큰길. 길거리. 姓.	책받침변 갖은책받침변
土		20 山	巋	가파를. 우뚝 설. 높고 큰 모양.	메산변
金	刂	08 刀	刲	찌를. 벨. 죽일.	선칼도변 칼도변

오행	획수	한자	뜻
金	11 石 돌석변	硅	규소 (비금속 원소의 일종). 깨뜨릴.
金	10 王 임금왕변 / 11 玉 구슬옥변	珪	서옥. 홀. 상서로운 구슬.
水	05 口 입구변	叫·	부르짖을. 울.
水	08 虫 벌레충변	虯	규룡. 뿔 없는 용. 虬 [同字]
水	11 首 머리수변	馗	거리. 한길 (사통팔달의 도로). 광대뼈.
水	12 氵 삼수변 / 13 水 물수변	湀	물 솟을. 물 솟아 흐를. 샘 날.
水	15 氵 삼수변 / 16 水 물수변	潙	물 이름.
水	16 穴 구멍혈변	窺	볼. 엿볼.
水	18 穴 구멍혈변	竅	구멍. 구멍 뚫을. 통할.

균

오행	획수	한자	뜻
木	13 竹 대죽변	筠	대나무. 껍질. 윤기.
木	12 艹 풀초변 / 14 艸 초두변	菌·	버섯. 세균. 곰팡이.
火	14 見 볼견변	覠	크게 볼. 사람 이름.
土	07 土 흙토변	均·	고를. 평평할. 균 ↔ 연 [통용]
土	08 口 큰입구변	囷	곳집. 둥근 곳집.
土	09 田 밭전변	畇	개간할. 밭 개간할. 따비. 쟁기.
土	18 鹿 사슴록변	麏	노루. 고라니.
金	04 勹 쌀포변	匀	고를. 적을. 흩어지다. 균 ↔ 윤 [통용]
金	04 勹 쌀포변	勻	匀자와 통용
金	12 金 쇠금변	鈞	무게 단위. 무거울. 30근. 고를.
水	16 龜 거북귀변	龜	터질. 틀. 갈라질. 균 ↔ 구. 귀 [통용]

주의: 龜字는 일부 출판사, 옥편, 저자에 따라 16, 17획으로 혼용되나, 16획 기준

오행	획수	한자	뜻
水	18 龜 거북귀변	龜	龜자와 통용

귤

木 16 木 나무목변 **橘** 귤. 귤나무.

극

木 07 儿 어진사람인변 **克**· 이길. 능할.

木 10 尸 주검시변 **屐** 나막신.

木 12 木 나무목변 **棘** 가시나무. 멧대추나무. 꾸밀.

木 13 木 나무목변 **極**· 극진. 다할. 지극할. 가운데.

火 09 二 두이변 **亟** 빠를. 급할.

土 09 13 阝 邑 우방변 고을읍변 **郄** 틈. 틈새. 겨를. 땅 이름.

土 13 18 阝 阜 좌방변 언덕부변 **隙** 틈. 틈날. 기회. 여가.

金 09 刂 刀 선칼도변 칼도변 **剋** 이길. 능할.

金 10 寸 마디촌변 **尅** 이길. 깎일. 급할. → 剋 [同字]

金 12 戈 창과변 **戟** 창. 갈라진 창. 찌를.

金 15 刂 刀 선칼도변 칼도변 **劇**· 연극. 심할.

근

木 09 角 뿔각변 **觔** 힘줄. 기운. 근(열 냥쭝).(무게 단위).

木 10 木 나무목변 **根**· 뿌리. 근본. 별 이름.

木 08 10 艹 艸 풀초변 초두변 **芹** 미나리.

木 12 竹 대죽변 **筋** 힘줄. 힘. 기운. 체력. 姓.

木 14 广 엄호변 **廑** 겨우. 부지런할. 오두막집.

木 12 14 艹 艸 풀초변 초두변 **堇** 제비꽃. 오랑캐꽃. 바곳.

木 15 木 나무목변 **槿** 무궁화.

火 13 人 사람인변 **僅**· 겨우. 적을. 조금.

火 17 心 마음심변 **懃** 은근할. 정성스러울. 姓.

火 | 18 見 볼견변 | 覲 | 뵐. 알현할. 만날.

土 | 09 己 몸기변 | 卺 | (혼례) 술잔. 합환주 잔. 이을.

土 | 11 土 흙토변 | 堇 | 진흙. 찰흙. 흙 바를. 조금. 때. 시기.

土 | 08 辶 책받침변 11 辵 갖은책받침변 | 近· | 가까울. 근처. 사랑할.

土 | 13 力 힘력변 | 勤· | 부지런할. 근무할.

土 | 13 足 발족변 | 跟 | 발꿈치. 뒤따를.

土 | 14 土 흙토변 | 墐 | 진흙. 묻을.

土 | 14 女 계집녀변 | 嫤 | 여자 이름. 고울. 예쁠.

金 | 04 斤 날근변 | 斤· | 날. 도끼. 자귀. 근 (무게). 姓.

金 | 06 力 힘력변 | 劤 | 힘이 셀. 힘이 많을. 강할.

주의 字源五行의 力변은 土에 해당되나 訓에 의거, 金에 해당 金으로 기준

金 | 12 金 쇠금변 | 釿 | 대패. 큰자귀. 도끼.

金 | 13 革 가죽혁변 | 靳 | 말 가슴걸이. 아낄.

金 | 15 王 임금왕변 16 玉 구슬옥변 | 瑾 | 붉은 옥. 아름다운 옥.

金 | 18 言 말씀언변 | 謹· | 공경할. 삼갈.

水 | 14 氵 삼수변 15 水 물수변 | 漌 | 맑을. 적실.

水 | 20 食 밥식변 | 饉 | 흉년. 흉년들.

글

木 | 09 大 큰대변 | 契 | 부족 이름. 나라 이름. 글 ↔ 계. 설 [통용]

土 | 06 力 힘력변 | 勂 | 뜻. 힘 있을.

금

木 | 08 艹 풀초변 10 艸 초두변 | 芩 | 풀 이름.

木 | 10 竹 대죽변 | 笒 | 첨대. 죽첨(竹籤). 말채찍과 안장.

木 | 09 衤 옷의변 10 衣 옷의변 | 衿 | 옷깃. 맬. 띨. 앞섶.

五行	획수	한자	뜻
木	10 衣 옷의변	衾	이불. 침구. 수의.
木	13 示 보일시변	禁·	금할. 금지할. 꺼릴.
木	17 木 나무목변	檎	능금나무.
木	16 扌 재방변 17 手 손수변	擒	사로잡을. 생포할. 포로.
木	18 衤 19 衣 옷의변	襟	옷깃. 깃. 가슴. 마음.
火	04 人 사람인변	今·	이제. 오늘. 바로. 곧.
火	08 日 날일변	昑	밝을. 환할.
土	07 女 계집녀변	妗	외숙모.
土	15 山 메산변	嶔	높고 험할. 우뚝 솟을. 산 어귀.
土	16 黃 누를황변	黅	누른빛.
金	08 金 쇠금변	金·	쇠. 돈. 누른빛. 황금. 금 ↔ 김 [통용]
金	12 王 임금왕변 13 玉 구슬옥변	琴·	거문고. 姓.
金	13 内 짐승발자국유변	禽·	날짐승. 새. 사로잡을.

주의	字源五行의 内변은 木에 해당되나 訓에 의거, 金에 해당 金으로 기준

五行	획수	한자	뜻
金	16 金 쇠금변	錦·	비단. 아름다울.
水	11 口 입구변	唫	입 다물. 말 더듬을.
水	16 口 입구변	噤	입 다물. 말 않고 꾹 참을.

급

五行	획수	한자	뜻
木	07 扌 재방변 08 手 손수변	扱	취급할. 곡식을 훑을. 닿을.
木	08 艹 풀초변 10 艸 초두변	芨	말오줌나무. 대왕풀. 제비꽃.
木	10 竹 대죽변	笈	책상자.
木	10 糸 실사변	級·	등급. 순서.
木	12 糸 실사변	給·	줄. 선사할. 하사. 댈. 넉넉할.
火	06 人 사람인변	伋	생각할. 바쁠. 거짓. 姓.

오행	획수	부수	한자	뜻
火	07	白 흰백변	皀	고소할. 향내 날. 낟알. [흡]
火	09	心 마음심변	急·	급할. 급작스러울. 중요할. 빠를.
土	07	土 흙토변	圾	위태할. 휘뚝거릴. 산 높을.
土	07	山 메산변	岌	산 높을.
金	18	石 돌석변	礏	산 높은 모양. 산 우뚝 솟을.
水	04	又 또우변	及·	미칠. 이를. 및. 와.
水	07 08	氵 水 삼수변 물수변	汲	물 길을. 당길. 인도할.

긍

오행	획수	부수	한자	뜻
火	06	二 두이변	亘	뻗칠. 긍 ↔ 선 [통용]
火	06	二 두이변	亙	亘자와 통용
金	09	矛 창모변	矜	자랑할. 공경할. 불쌍할. 아낄. 창자루.
水	08 10	月 肉 육달월변 고기육변	肯·	즐길. 긍정할.

오행	획수	부수	한자	뜻
水	11	歹 죽을사변	殑	까무러칠. 죽으려 할. 귀신 나올.
水	14	儿 어진사람인변	兢	조심할. 공경할. 삼갈.

기

오행	획수	부수	한자	뜻
木	07	广 엄호변	庋	찬장. 시렁. 선반.
木	07	廾 스물입발변	弃	버릴. 잊어버릴. → 棄의 [古字]
木	07	木 나무목변	杞	나무 이름. 구기자. 버들.
木	07 08	扌 手 재방변 손수변	技·	기술. 재능. 재주. 능력. 기능.
木	08	示 보일시변	祁	성할. 클. 많을. 姓.
木	09	示 보일시변	祇	편안할. 클. 땅귀신.
木	09	示 보일시변	祈·	기도할. 빌. 고할.
木	09	糸 실사변	紀·	벼리. 규율. 기록할. 해(年).
木	08 10	艹 艸 풀초변 초두변	芪	황기. 단너삼 (약초 이름).

오행	획수	부수	한자	뜻
木	08 10	艹 艸 풀초변 초두변	芰	세발마름. 마름(일년생 수초水草).
木	11	宀 갓머리변	寄·	기탁할. 부칠. 맡길. 의뢰할.
木	12	木 나무목변	棄·	버릴. 폐할.
木	12	木 나무목변	棊	바둑. 뿌리. 근본.
木	12	木 나무목변	棋	바둑. 뿌리. 근본.
金	13	石 돌석변	碁	棋자와 통용
木	11 12	扌 手 재방변 손수변	掎	당길. 끌.
木	13	示 보일시변	祺	길할. 복. 상서.
木	13	禾 벼화변	稘	1주년. 돌. 볏대.
木	14	木 나무목변	榿	오리나무.
木	14	方 모방변	旗·	기. 깃발. 표지.

주의 字源五行의 方변은 土에 해당되나 訓에 의거, 木에 해당 木으로 기준

오행	획수	부수	한자	뜻
木	14	竹 대죽변	箕	키. 별 이름.
木	14	糸 실사변	綺	비단. 아름다울.
木	14	糸 실사변	綥	연둣빛. 비단의 쑥 빛깔. 무늬 비단.
木	14	糸 실사변	綦	쑥빛 비단. 검붉은 빛깔. 초록빛.
木	16	木 나무목변	機·	틀. 기계. 베틀.
木	17	示 보일시변	禨	상서. 빌미. 조짐.
木	20 22	艹 艸 풀초변 초두변	蘄	풀 이름. 왜당근. 궁궁이 싹. 구할. 바랄.
木	22 23	罒 网 그물망변	羇	나그네. 붙일. 잠시 머무를. 타관살이.
木	23 25	艹 艸 풀초변 초두변	虁	조심할. 나물 이름.
木	24 25	罒 网 그물망변	羈	말의 굴레. 말고삐.
火	06	人 사람인변	企·	바랄. 도모할. 발돋움할.
火	06	人 사람인변	伎	재주. 재능. 기술. 광대. 함께. 기생.

火 07 心 **忌**· 꺼릴. 기일 (忌日). 마음심변

火 07 忄 08 心 **忮** 욕심낼. 거스를. 모질. 해칠. 심방변 마음심변

火 07 忄 08 心 **忯** 공경할. 사랑할. 기↔지 [통용] 심방변 마음심변

火 灬 08 火 **炁** 날씨. 기운. 기후. 정기. → 氣 [同字] 연화변 불화변

火 10 走 **起**· 일어날. 설. 시작할. 달릴주변

火 12 幺 **幾**· 몇. 얼마. 기미. 거의. 가까울. 작을요변

火 12 欠 **欺**· 속일. 거짓. 하품흠변

火 13 頁 **頎** 헌걸찰. 성장할. 헌걸찬 모양. (풍채 장한 모양). 머리혈변

火 14 人 **僛** 취중 춤. 취하여 춤추는 모양. 사람인변

火 14 日 **暣** 볕기운. 날씨. 날일변

火 13 忄 14 心 **愭** 공손할. 공경할. 두려울. 심방변 마음심변

火 16 日 **暨** 함께. 이를. 및. 굳셀. 날일변

火 17 見 **覬** 바랄. 다행. 드리울. 볼견변

火 18 馬 **騎**· 말 탈. 말 탄 군사. 기병. 말마변

火 18 馬 **騏** 준마. 바둑 무늬 말. 말마변

火 20 髟 **鬐** 갈기. 등지느러미. 털 빠질. 터럭발변

火 27 馬 **驥** 천리마. 준마. 뛰어난 인물. 말마변

土 03 己 **己**· 몸. 자기. 여섯째 천간. 몸기변

土 06 山 **屺** 민둥산 (나무 없는 산). 메산변

土 07 女 **妓** 기생. 갈보. 창녀. 미녀. 계집녀변

土 07 土 **圻** 언덕. 지경. 기↔은 [통용] 흙토변

土 07 山 **岐** 갈림길. 산 이름. 메산변

土 08 大 **奇**· 기이할. 기특할. 홀수. 姓. 큰대변

土 08 止 **歧** 갈림길. 길 갈라질. 그칠지변

土 10 方 **旂** 기. 방울 단 깃발. 쌍룡 깃발.
모방변

土 10 老 **耆** 늙은이. 어른.
늙을로변

土 11 土 **埼** 곶 (바다로 뾰족하게 내민 땅). 해안 머리.
흙토변

土 11 土 **基**· 터. 바탕. 기초.
흙토변

土 11 山 **崎** 산길 험할. 험할.
메산변

土 11 𧾷 足 **跂** 육발이. 발돋음하여 볼.
발족변

土 11 12 犭 犬 **猉** 강아지.
개사슴록변 개견변

土 12 支 **攲** 기울어질. 기울. 주나라 제기.
지탱할지변

土 13 田 **畸** 기이할. 뙈기밭. 나머지.
밭전변

土 14 土 **墍** 흙 바를. 매흙질할. 벽 칠할.
흙토변

土 15 山 **[illegible]** 산 험할. 산 우뚝 솟은 모양.
메산변

土 15 田 **畿**· 경기. 왕터. 기내. 가까울.
밭전변

土 13 18 阝 阜 **隑** 사다리. 굽은 언덕.
좌방변 언덕부변

土 19 鹿 **麒** 기린.
사슴록변

土 20 夊 **夔** 사람 이름. 짐승 이름. 도깨비. 조심할.
천천히걸을쇠변

金 08 八 **其**· 어조사. 그. 그것.
여덟팔변

金 07 08 王 玉 **玘** 패옥. 노리개.
임금왕변 구슬옥변

주의	王 구슬옥 변(임금 왕) 4획은 성명학에서는 玉 구슬옥 변 5획으로 사용됨

金 10 刂 刀 **剞** 조각칼. 새김칼.
선칼도변 칼도변

金 10 言 **記**· 기록할. 기억할. 책. 적을.
말씀언변

金 12 13 王 玉 **琪** 옥구슬. 옥 이름.
임금왕변 구슬옥변

金 12 13 王 玉 **琦** 옥 이름. 아름다운 옥. 클.
임금왕변 구슬옥변

金 16 八 **冀** 바랄. 원할. 하고자 할. 고을 이름.
여덟팔변

金 15 16 王 玉 **璂** 구슬. 옥. 고깔 꾸미개.
임금왕변 구슬옥변

金 16 金 **錡** 쇠금변
가마솥.
밥솥.

金 16 金 **錤** 쇠금변
호미.

金 16 王 17 玉 **璣** 임금왕변 구슬옥변
구슬.
선기.

金 19 王 20 玉 **璣** 임금왕변 구슬옥변
璣자와 통용

金 17 石 **磯** 돌석변
물가.
물속 자갈.

金 18 耒 **機** 쟁기뢰변
밭을 갈.
논 갈.

주의: 字源五行의 耒변은 木에 해당되나 訓에 의거, 金에 해당 金으로 기준

金 19 言 **譏** 말씀언변
비난할.
나무랄. 원망할. 조사할.

水 07 氵 08 水 **汽** 삼수변 물수변
증기.
끓는 김. 수증기.

水 07 氵 08 水 **沂** 삼수변 물수변
물 이름.
[은]

水 06 月 08 肉 **肌** 육달월변 고기육변
피부.
살가죽.

水 10 气 **氣**· 기운기변
기운.
숨. 기후. 공기.

水 08 月 10 肉 **肵** 육달월변 고기육변
도마.
담아 신에 바치는 도마.
적대 (炙臺). 공경할.

水 10 豆 **豈**· 콩두변
어찌.
일찍. 오를.
기 ↔ 개 [통용]

주의: 字源五行의 豆변은 木에 해당되나 訓에 의거, 水에 해당 水로 기준

水 11 无 **旣**· 이미기변
이미.
다할. 벌써.

水 11 食 **飢**· 밥식변
굶을.
주릴. 기아. 흉년들.

水 11 氵 12 水 **淇** 삼수변 물수변
물 이름.

水 12 月 **期**· 달월변
기간.
1년. 백 년. 기약할.

水 12 月 **朞** 달월변
돌 (1주년).
→ 期 [同字]

水 13 口 **嗜** 입구변
좋아할.
즐길.

水 14 虫 **蜝** 벌레충변
방게.

水 16 口 **器**· 입구변
그릇.
도구. 재능.

水 18 虫 **蟣** 벌레충변
서캐.

水 21 食 밥식변 **饑** 흉년들. 굶주릴.

水 21 魚 물고기어변 **鰭** 지느러미.

긴

木 14 糸 실사변 **緊**· 긴요할. 급할. 오그라질. 움츠릴.

길

木 09 扌 재방변 10 手 손수변 **拮** 힘써 일할.

木 10 木 나무목변 **桔** 도라지. 두레박 틀.

火 08 人 사람인변 **佶** 건장할. 바를. 헌걸찰.

土 09 女 계집녀변 **姞** 삼갈. 계집. 姓.

水 06 口 입구변 **吉**· 길할. 좋을. 복. 姓.

水 12 虫 벌레충변 **蛣** 장구벌레. 굼벵이. 말똥구리. 나무좀.

김

金 08 金 쇠금변 **金** 쇠. 금빛. 금. 姓.
김 ↔ 금 [통용]

끽

水 12 口 입구변 **喫** 먹을. 마실.

♣

참고	이름의 성(姓)은 반드시 漢字로 출생신고를 해야 하나, 이름(名)은 한자(인명용 한자 중에서) 또는 한글로 신고해야 한다.

※ 두음법칙

우리 국어에 있어 語頭에 오는 子音이 특수한 제한을 받기 때문에 일어나는 변화를 말하는 것으로,

① 'ㄹ'이 첫소리가 되는 것을 피하며,
② ㅑ.ㅕ.ㅖ.ㅛ.ㅠ.ㅣ 등의 모음 앞에서 'ㄴ' 이 첫소리가 되는 것을 피하고,
③ 둘 이상의 重子音을 피하고,
④ 'ㅇ' 음은 초성에서 음가가 없고,
⑤ 濁音을 피하는 법칙이다.

예) 예의(禮儀) ↔ 혼례(婚禮)
낙원(樂園) ↔ 쾌락(快樂)
비율(比率) ↔ 확률(確率)

ㄴ

나

오행	획수	한자	뜻
木	09 手 손수변	拏	잡을. 맞당길. 이끌
木	09 木 나무목변	柰	어찌. 어떻게. 능금나무. 那와 통용.나↔내[통용]
木	10 手 손수변	拿	잡을. 맞당길. 拏의 [俗字]
木	10 手 손수변	挐	붙잡다. 가질.
木	10 扌 재방변 11 手 손수변	挪	옮길. 잡아 휠.

주의: 扌재방 변 3획은 성명학에서는 手 손수 변 4획으로 사용됨

오행	획수	한자	뜻
木	11 木 나무목변	梛	나무 이름.
木	12 方 모방변	旑	깃발. 깃발 바람에 날릴.
木	16 木 나무목변	橠	나무 무성할.
木	20 米 쌀미변	糯	찰벼.
火	08 大 큰대변	奈	어찌. 姓. 나 ↔ 내 [통용]
火	17 忄 심방변 18 心 마음심변	懦	나약할. 약할. 무력할. 겁쟁이.

주의: 忄 심방 변 3획은 성명학에서는 心 마음심 변 4획으로 사용됨

오행	획수	한자	뜻
火	21 人 사람인변	儺	경 읽고 굿할. 구나(역귀를 쫓는 의식). 방상시. 푸닥거리.
土	10 女 계집녀변	娜	아리따울. 날씬할. 예쁠.

土 07 11 ⻖ 邑 **那**· 어찌. 저. 무엇. 클. 많을. 姓.
우방변 고을읍변

주의	⻖ 우부방 변 3획은 성명학에서는 邑 고을읍 변 7획으로 사용됨

金 13 言 **誧** 서로 당길.
말씀언변

水 10 夕 **夥** 많을.
저녁석변

水 10 12 月 肉 **膠** 살찔. 성길.
육달월변 고기육변

水 12 口 **喇** 나팔. 승려. 말을 하다. [라] 나 ↔ 라 [통용]
입구변

낙

金 16 言 **諾**· 허락. 승낙하는 말. 대답할. [락]
말씀언변

난

火 11 人 **偄** 공경할. 공손할. 연약할.
사람인변

火 12 赤 **赧** 얼굴 붉힐. 무안할.
붉을적변

火 13 日 **暖**· 따뜻할. 부드러울.
날일변

火 13 火 **煖** 따뜻할. 더울.
불화변

火 12 13 忄 心 **愞** 약할. 여릴.
심방변 마음심변

火 19 隹 **難**· 재앙. 어려울. 난리. 근심.
새추변

水 18 食 **餪** 잔치. 먹일. 음식 보낼.
밥식변

날

木 10 11 扌 手 **捏** 반죽할. 이길 (흙과 같은 것을 반죽함).
재방변 손수변

木 11 12 扌 手 **捺** 찍을. (손으로 누를. 수장 (手章).
재방변 손수변

남

木 08 木 **枏** 나무 이름. 녹나무.
나무목변

木 13 木 **楠** 나무 이름. 녹나무. 들메나무.
나무목변

火 09 十 **南**· 남녘. 남쪽. 姓.
열십변

土 07 田 **男**· 사내. 아들. 장부. 작위 이름.
밭전변

水 12 口 **喃** 말소리. 재잘거릴. 말 많을. 입구변

水 12 氵 13 水 **湳** 강 이름. 물. 삼수변 물수변

납

木 09 衤 10 衣 **衲** 수선. 기울 (옷을 수선할). 중. 승려. 옷의변

주의 衤 옷의 변 5획은 성명학에서는 衣 옷의 변 6획으로 사용됨

木 10 糸 **納·** 들일. 헌납. 바치다. 받을. 실사변

낭

火 21 日 **曩** 그저께 (아레. 지난번. 접때. [아레-그저께의 경상도 방언]. 날일변

土 10 女 **娘·** 아가씨. 각시. 계집녀변

水 22 口 **囊** 주머니. 자루. 입구변

내

木 04 入 **內·** 안. 속. 아내. [나] 들입변

木 09 木 **柰** 사과. 어찌. 내 ↔ 나 [통용] 나무목변

火 08 大 **奈·** 어찌. 내 ↔ 나 [통용] 큰대변

火 15 鼎 **鼐** 가마솥. 큰 솥. 솥정변

土 05 女 **奶** 젖. 주인 아내를 존대할. 계집녀변

土 10 辶 13 辵 **迺** 비로소. 이에. 이를. 어조사. 책받침변 갖은책받침변

주의 辶 책받침 변 4획은 성명학에서는 辵 갖은책받침 변 7획으로 사용됨

土 17 女 **嬭** 유모. 젖. 낮잠. 계집녀변

金 02 丿 **乃·** 이에. 곧. 너. 姓. 삐침변

水 09 而 **耐·** 참을. 견딜. 감당할. 말이을이변

녀

土 03 女 **女·** 계집. 여자. 너. → 여 [두] 계집녀변

참고 대법원에서 선정한 인명용 한자란 성(姓)을 제외한 이름(名)의 한자를 말한다.

녁

火 | 12 心 마음심변 | **惄** | 생각할. 근심할. 마음 졸일. → 역 [두]

년

木 | 06 干 방패간변 | **年**· | 해. 나이. → 연 [두]

木 | 08 禾 벼화변 | **秊** | 年자와 통용

木 | 15 扌 재방변 16 手 손수변 | **撚** | 밟을. 비비어 꼴. 비틀. → 연 [두]

金 | 15 石 돌석변 | **碾** | 맷돌. 빻을. 연자방아. → 연 [두]

녈

水 | 10 氵 삼수변 11 水 물수변 | **涅** | 물 이름. 검은 물들일. 개흙. 앙금 흙. 열반 (불교에서 사망을 뜻함).

념

木 | 08 扌 재방변 09 手 손수변 | **拈** | 손으로 집을. 집을. → 염 [두]

木 | 11 扌 재방변 12 手 손수변 | **捻** | 비틀. 바싹 꼬며 비틀. → 염 [두]

火 | 08 心 마음심변 | **念**· | 생각. 생각할. 외울. → 염 [두]

火 | 09 忄 심방변 10 心 마음심변 | **恬** | 편안할. 조용할. → 염 [두]

녑

火 | 11 忄 심방변 12 心 마음심변 | **惗** | 사랑할. 생각할. → 엽 [두]

녕

火 | 07 人 사람인변 | **佞** | 아첨할. 간사할. 재주. → 영 [두]

火 | 14 宀 갓머리변 | **寧**· | 편안할. 차라리. [령] → 영 [두]

木 | 13 宀 갓머리변 | **甯** | 寧자와 통용

火 | 16 人 사람인변 | **儜** | 괴로워할. 고달플. 떠들썩할. → 영 [두]

土 | 17 犭 개사슴록변 18 犬 개견변 | **獰** | 흉악할. 모질. 영악할. → 영 [두]

주의　犭 개사슴록 변 3획은 성명학에서는 犬 개견 변 4획으로 사용됨

水 | 17 口 입구변 | **嚀** | 간곡할. 정중히 당부할. → 영 [두]

水 17 18 濘 진흙.
氵 水 진창. 수렁. 맑을.
삼수변 물수변 → 영 [두]

노

木 11 笯 새장.
竹
대죽변

木 18 20 臑 팔꿈치.
月 肉 정강이. 앞다리.
육달월변 고기육변

火 09 怒· 성낼.
心 화낼. 세찰. 노할.
마음심변

火 15 駑 미련할.
馬 둔할. 느릴. 무딜.
말마변

土 05 奴· 종.
女 사내종. 노예.
계집녀변

土 07 努· 힘쓸.
力
힘력변

土 10 峱 산 이름.
山
메산변

土 12 13 獶 원숭이.
犭 犬
개사슴록변 개견변

金 08 弩 쇠뇌
弓 (화살, 돌을 잇달아
활궁변 쏘는 활). 기구.

金 13 14 瑙 옥돌.
王 玉 마노 (석영의 일종).
임금왕변 구슬옥변

金 14 詉 기쁠.
言 수수께끼.
말씀언변

水 08 呶 지껄일.
口 떠들썩할.
입구변

水 08 孥 자식.
子 처자.
아들자변

농

木 18 穠 무성할.
禾 꽃, 나무 빽빽할.
벼화변

火 15 儂 나.
人 저.
사람인변

土 13 農· 농사.
辰 농사 지을. 농업.
별신변

金 20 醲 막걸리.
酉 맛이 진한 술.
닭유변

水 16 噥 소곤거릴.
口 수군거릴.
입구변

水 16 17 濃 짙을.
氵 水 걸쭉할.
삼수변 물수변

水 17 19 膿 고름.
月 肉 짓무를. 썩어 문드러질.
육달월변 고기육변

주의	月 육달월 변 4획은 성명학에서는 肉 고기육 변 6획으로 사용됨

뇌

火 12 13 惱· 괴로워할. 시달릴. 번뇌할.
忄 心 심방변 마음심변

水 13 15 腦· 뇌. 머릿골. 정신.
月 肉 육달월변 고기육변

水 16 餒 굶길. 주릴. 썩을.
食 밥식변

뇨

木 15 16 撓 구부러질. 휠. 꺾일. → 요 [두]
扌 手 재방변 손수변

土 13 嫋 예쁠. 간들거릴. → 요 [두]
女 계집녀변

土 17 嬲 희롱할. 계집 데리고 희롱할. 희학질할. → 요 [두]
女 계집녀변

金 15 鬧 시끄러울. 소란. → 요 [두]
鬥 싸울투변

金 20 鐃 작은 징. 꽹과리. → 요 [두]
金 쇠금변

水 07 尿 오줌. 소변. → 요 [두]
尸 주검시변

水 11 12 淖 진흙. 수렁. 물에 젖을. → 요 [두]
氵 水 삼수변 물수변

누

木 18 檽 나무 이름. 구누나무. [이. 연]
木 나무목변

金 16 耨 김맬. 호미.
耒 쟁기뢰변

水 11 吼 젖 먹일. 젖 먹을. 젖 줄.
口 입구변

눈

土 14 嫩 어릴. 예쁠.
女 계집녀변

눌

金 11 訥 말 더듬을. 어눌할.
言 말씀언변

水 07 吶 말 더듬을. 말 더듬거릴.
口 입구변

水 08 10 肭 살찔. [내]
月 肉 육달월변 고기육변

뉴

木 08 杻 감탕나무. 박달나무. → 유 [두]
木 나무목변

오행	획수	한자	뜻
木	09 10 衤 衣 옷의변	衵	옷 부드러울. → 유 [두]
木	10 糸 실사변	紐	맺을. 맬. 묶을. 끈. → 유 [두]
火	07 08 忄 心 심방변 마음심변	忸	익을. 익힐. 익숙해질. → 유 [두]
金	12 金 쇠금변	鈕	꼭지. 손잡이. 단추. 姓. → 유 [두]

뉵

오행	획수	한자	뜻
水	10 血 피혈변	衄	코피. 패할. 질. 꺾일. → 육 [두]

늘

오행	획수	한자	뜻
土	9 乙 새을변	乻	뜻은 없고 지명에 쓰임. 늘 음을 표시. [韓] 늘↔얼 [통용]

능

오행	획수	한자	뜻
水	10 12 月 肉 육달월변 고기육변	能·	능할. 능히 할. 능력. 재능.

니

오행	획수	한자	뜻
木	09 木 나무목변	柅	무성할. → 이 [두]
木	10 示 보일시변	祢	아버지 사당. → 禰 [同字] → 이 [두]
木	14 香 향기향변	馜	향기 날. 진한 향기. → 이 [두]
木	19 示 보일시변	禰	아버지 사당. → 祢 [同字] → 이 [두]. [녜]
火	08 09 忄 心 심방변 마음심변	怩	부끄러울. 겸연쩍을. → 이 [두]
火	15 16 忄 心 심방변 마음심변	憓	마음 좋을. → 이 [두]
土	08 女 계집녀변	妮	계집 종. 하녀. 여자아이. [이] → 이 [두]
水	05 尸 주검시변	尼	여승. 비구니. → 이 [두]
水	08 口 입구변	呢	소곤거릴. (제비) 지저귈. 어조사. → 이 [두]
水	08 09 氵 水 삼수변 물수변	泥·	진흙. 수렁. 진창. 흐리다. → 이 [두]
水	16 18 月 肉 육달월변 고기육변	膩	기름질. 매끄러울. → 이 [두]
水	17 18 氵 水 삼수변 물수변	濔	물 많을. 넘치다. 니↔미 [통용] → 이 [두]

주의: 氵삼수 변 3획은 성명학에서는 水 물수 변 4획으로 사용됨

닉

水	11 匚 감출혜변	匿	숨길. 숨을. 감출. → 익 [두]
水	13 氵 삼수변 / 14 水 물수변	溺	빠질. 잠길. 물에 빠짐. → 익 [두]

닐

火	09 日 날일변	昵	친할. 가까이할. 친근할. → 일 [두]
火	15 日 날일변	暱	친할. 친근할. 해 가까이 뜰. → 일 [두]

♣

ㄷ

다

- 木 | 10 父 아비부변 | **爹** | 아비. 존칭.
- 木 | 10 艹 풀초변 · 12 艸 초두변 | **茶**· | 차. 다 ↔ 차 [통용]
- 木 | 10 艹 풀초변 · 12 艸 초두변 | 茤 | 마름 (菱). 남녘 오랑캐 이름. [기]

> 주의: 艹 풀초 변 4획은 성명학에서는 艸 초두머리 변 6획으로 사용됨

- 木 | 15 木 나무목변 | ⿰木茶 | 차나무.
- 木 | 16 角 뿔각변 | 觰 | 뿔 밑동. 뿔 뿌리.
- 木 | 24 大 큰대변 | **奲** | 너그러울. 관대할. 풍부할. 다 ↔ 차 [통용]
- 土 | 15 阝 우방변 · 19 邑 고을읍변 | **鄲** | 땅 이름. 조 (趙)나라 서울. 다 ↔ 단 [통용]
- 水 | 06 夕 저녁석변 | **多**· | 많을. 넓을.
- 水 | 06 夕 저녁석변 | 夛 | 多자와 통용 [俗字]
- 水 | 12 穴 구멍혈변 | ⿱穴茶 | 깊을. 깊은 모양. → 차 [本音]

단

- 木 | 08 扌 재방변 · 09 手 손수변 | **担** | 떨치다. 치다. 멜. 짐.
- 木 | 10 衤 · 11 衣 옷의변 | **袒** | 웃통 벗을. 팔 걷어붙일.
- 木 | 13 木 나무목변 | **椴** | 나무 이름. 무궁화나무. 자작나무. 피나무.
- 木 | 14 立 설립변 | **端**· | 단정할. 바를. 한계. 실마리.
- 木 | 15 糸 실사변 | **緞** | 비단. 천조각.
- 木 | 17 木 나무목변 | 檀· | 박달나무. 단향목. 姓.
- 木 | 17 木 나무목변 | 檀 | 檀자와 통용
- 木 | 18 竹 대죽변 | **簞** | 소쿠리. 대광주리.
- 火 | 04 丶 점주변 | **丹**· | 붉을. 정성스러울. 약. 단 ↔ 란 [통용]

火 05 日 날일변 **旦**· 아침. 밝을. 해 돋을 무렵.

火 07 人 사람인변 **但**· 다만. 무릇. 오직.

火 09 彑 09 ヨ 튼가로왈변 **彖** 판단할. 결단할.

火 09 日 날일변 **昍** 밝을.

火 13 火 불화변 **煓** 성할. 불꽃. 불 활활 타는 모양.

火 14 忄 15 心 심방변 마음심변 **慱** 근심할.

土 13 亠 돼지해머리변 **亶** 믿을. 진실. 클. 姓.

土 16 土 흙토변 **壇**· 제단. 단. 제터. 뜰.

土 15 阝 19 邑 우방변 고을읍변 **鄲** 땅 이름. 조(趙)나라 서울. 단 ↔ 다 [통용]

金 09 殳 갖은등글월문변 **段**· 층계. 계단. 단. 구분. 조각. 姓.

金 12 矢 화살시변 **短**· 짧을. 작을. 모자랄. 부족.

金 17 金 쇠금변 **鍛** 쇠 단련할. 두드릴. 불릴.

金 18 斤 날근변 **斷**· 끊을. 결단할. 절단. 조각.

水 09 而 말이을이변 **耑** 시초. 끝. 실마리. 오로지. → 端의 [古字]

水 09 月 11 肉 육달월변 고기육변 **胆** 어깨 벗을. 침. 타액(唾液).

水 11 虫 벌레충변 **蛋** 새의 알. 오랑캐 이름.

水 12 口 입구변 **單**· 홑. 하나. 오직. 姓.

水 12 氵 13 水 삼수변 물수변 **湍** 급류. 여울. 소용돌이 칠.

주의	氵삼수 변 3획은 성명학에서는 水 물수 변 4획으로 사용됨

水 13 虫 벌레충변 **蜑** 종족 이름. 남쪽 오랑캐 이름.

水 14 口 큰입구변 **團**· 둥글. 덩어리. 모일.

水 14 氵 15 水 삼수변 물수변 **漙** 이슬 많을. 이슬방울 맺힐.

水 13 月 15 肉 육달월변 고기육변 **腶** 육포. 약포.

水 17 疒 병질엄변 **癉** 앓을. 병들. 황달. 풍병.

달

오행	획수	부수	한자	뜻
木	16 17	扌 手 재방변 손수변	撻	매질할. 종아리 칠. 빠를.
木	21	門 문문변	闥	문. 대궐문. 뜰.
火	08 09	忄 心 심방변 마음심변	怛	슬플. 근심할. 수고로울.
土	08	女 계집녀변	妲	여자 이름.
土	13 16	辶 辵 책받침변 갖은책받침변	達·	통달할. 깨달을. 통할.
土	19 20	犭 犬 개사슴록변 개견변	獺	수달. 물개.
金	14	革 가죽혁변	靼	부드러운 가죽. 다룬 가죽.
金	22	革 가죽혁변	韃	나라 이름. 오랑캐.
水	10	疒 병질엄변	疸	황달. 달병 (간장이 약하여 나는 병).
水	16 17	氵 水 삼수변 물수변	澾	미끄러울. 반드러울.

참고	작명은 소리(音)로만, 뜻(訓)으로만, 또는 소리(音)와 뜻(訓)으로 모두 할 수 있다.

담

오행	획수	부수	한자	뜻
木	14	糸 실사변	緂	선명할. 유록빛. 연둣빛.
木	16 17	扌 手 재방변 손수변	擔·	멜. 질. 떠맡다. 책임.
木	17	示 보일시변	禫	담제 (대상 후 상복 벗는 제사).
木	16 18	艹 艸 풀초변 초두변	蕁	지모 (풀 (백합과의 다년초). 청각채. 찔. 찌다.
木	17 19	艹 艸 풀초변 초두변	薝	치자꽃.
火	08	火 불화변	炎	불꽃. 불 탈. 아름다울. 담 ↔ 염 [통용]
火	10	人 사람인변	倓	편안할. 고요할. 움직일.
火	11	耳 귀이변	聃	귓바퀴 없을. 사람 이름. 나라 이름. 耼과 통용
火	12	毛 터럭모변	毯	담요. 모포.
火	11 12	忄 心 심방변 마음심변	惔	편안할. 속탈. 근심할.
火	15	人 사람인변	儋	멜. 어깨에 메다.

오행	획수	부수	한자	뜻
火	16	日 날일변	曇	날 흐릴. 구름 낄. 구름.
火	16 17	忄 心 심방변 마음심변	憺	편안할. 고요할.
土	07	土 흙토변	坍	무너질. 물이 언덕 칠.
土	11	土 흙토변	埮	평평한 땅.
土	15	土 흙토변	墰	술병. 목 긴 술병. 술단지. 항아리. 땅 이름.
土	11 15	阝 邑 우방변 고을읍변	郯	나라 이름.
土	19	土 흙토변	壜	술병. 목 긴 항아리.
土	22	缶 장군부변	罎	항아리. 술병.
金	12	襾 덮을아변	覃	넓을. 미칠. 퍼질. 깊을.
金	15	言 말씀언변	談·	말씀. 이야기할.
金	16	金 쇠금변	錟	긴 창. 날카로울.
金	19	言 말씀언변	譚	말씀. 이야기. 클. 깊을.

오행	획수	부수	한자	뜻
水	11	口 입구변	啖	먹을. 삼킬. 싱거울.
水	11	口 입구변	啗	먹을. 씹을. 마실. 미끼.
水	11 12	氵 水 삼수변 물수변	淡·	물 맑을. 싱거울.
水	12	口 입구변	啿	넉넉할. 많을.
水	12 13	氵 水 삼수변 물수변	湛	즐거울. 즐길.
水	13	疒 병질엄변	痰	가래. 담. 천식.
水	15	口 입구변	噉	먹을. 씹을. 통으로 삼킬.
水	15 16	氵 水 삼수변 물수변	潭	못. 깊을. 물가.
水	16 17	氵 水 삼수변 물수변	澹	맑을. 담박할. 조용할.
水	17 19	月 肉 육달월변 고기육변	膽	쓸개. 담. 씻을.
水	21	黑 검을흑변	黮	흑황색. 검을. 어두울. [심. 탐]
水	25	黑 검을흑변	黵	문신할. 자자(刺字)할. 때 묻을. [점]

답

오행	획수	부수	한자	뜻
木	12	竹 대죽변	答·	대답. 갚을. 맞출. 합당할.
土	09	田 밭전변	畓·	논. 수전(水田). [국]
土	15	𧾷 足 발족변	踏·	밟을. 디딜. 발판.
土	14 17	⻌ 辵 책받침변 갖은책받침변	遝	뒤섞일. 모일. 미칠.
水	08	水 물수변	沓	겹칠. 합칠. 거듭. 합하다. 유창할.

당

오행	획수	부수	한자	뜻
木	12	木 나무목변	棠	팥배나무. 아가위.
木	13 14	扌 手 재방변 손수변	搪	뻗을. 당돌할. 베풀.
木	15	巾 수건건변	幢	휘장. 기. 늘어질.
木	15 16	扌 手 재방변 손수변	撞	칠. 두드릴.
木	16	米 쌀미변	糖·	엿. 사탕. 당 ↔ 탕 [통용]
木	16	目 눈목변	瞠	똑바로 볼.
木	17	木 나무목변	檔	책상. 널 발판. 나무 이름.
木	18 19	衤 衣 옷의변	襠	잠방이. 속고의.
火	10	人 사람인변	倘	빼어날. 혹시. 아마. → 儻 [同字]
火	22	人 사람인변	儻	빼어날. 기개 있을. 진실로. 갑자기.
火	28	心 마음심변	戇	고지식할. 우직할. 어리석을.
土	11	土 흙토변	堂·	집. 번듯할. 당당할.
土	13	土 흙토변	塘	제방. 연못. 방죽.
土	13	田 밭전변	當·	마땅. 적당할. 당할. 대하다.
金	14 15	王 玉 임금왕변 구슬옥변	瑭	옥 이름.
金	17 18	王 玉 임금왕변 구슬옥변	璫	귀고리 옥. 방울. 패옥 소리.
金	18	石 돌석변	礑	밑바닥. 밑. 낮은.

金 19 金 쇠금변 **鏜** 종고 (鐘鼓 소리. 북소리. 자물쇠.

金 21 金 쇠금변 **鐺** 쇠사슬. 종고 소리.

金 27 言 말씀언변 **讜** 곧은 말. 직언. 좋은 말.

水 10 口 입구변 **唐**· 당나라. 당황할. 당돌할.

水 13 氵 삼수변 14 水 물수변 **溏** 진창. 연못. 수렁.

水 17 虫 벌레충변 **螳** 사마귀. 버마재비.

水 18 食 밥식변 **餳** 물엿. 엿. → 糖 [同字]

水 19 食 밥식변 **餹** 경단. 엿.

水 19 虫 벌레충변 **蟷** 사마귀. 버마재비.

水 20 黑 검을흑변 **黨**· 무리. 많을.

대

木 03 大 큰대변 **大**· 큰. 클. 훌륭할. 姓.

木 11 巾 수건건변 **帶**· 띠. 찰. 두를.

木 11 衣 옷의변 **袋** 자루. 포대. 주머니.

木 14 寸 마디촌변 **對**· 대할. 대답할. 상대. 마주 볼.

木 17 扌 재방변 18 手 손수변 **擡** 들어올릴. 치켜들.

木 08 扌 재방변 09 手 손수변 **抬** 擡자와 통용

火 05 人 사람인변 **代**· 대신할. 세대. 시대. 바꿀.

火 07 日 날일변 **旲** 햇빛. 대 ↔ 영 [통용]

火 09 彳 두인변 **待**· 기다릴. 대할. 대접할.

火 13 日 날일변 **昦** 해 돋을.

火 16 人 사람인변 **儓** 머슴. 하인.

火 18 日 날일변 **曃** 무성할.

火 18 心 마음심변 **懟** 원망할.

오행	획수	한자	뜻
土	08 山 메산변	岱	대산 (태산의 별칭). 클. 태산.
土	08 土 흙토변	垈	터. 집터.
土	14 至 이를지변	臺·	토대. 집. 누각. 돈대.
土	08 土 흙토변	坮	臺자와 통용
土	12 阝 좌방변 / 17 阜 언덕부변	隊·	무리. 떼. 군대. 대오.
金	09 王 임금왕변 / 10 玉 구슬옥변	玳	대모 (玳瑁, 바다거북의 일종).
金	12 貝 조개패변	貸·	빌릴. 꿀(금품을 대여함).
金	13 石 돌석변	碓	방아. 디딜방아.
金	18 戈 창과변	戴	받들. 일.
金	20 金 쇠금변	鐓	창고달 (창끝에 끼우는 쇠).
水	06 氵 삼수변 / 07 水 물수변	汏	씻을. 일.
水	17 黑 검을흑변	黛	눈썹 먹대. 여자의 눈썹. 검푸를.

댁

오행	획수	한자	뜻
木	06 宀 갓머리변	宅	집. 댁 ↔ 택 [통용]

덕

오행	획수	한자	뜻
火	15 彳 두인변	德·	큰. 어질.
火	12 心 마음심변	悳	德자와 통용
火	14 彳 두인변	徳	德자와 통용

도

오행	획수	한자	뜻
木	05 大 큰대변	夲	나아갈. [토]
木	08 弓 활궁변	弢	활집.
木	09 广 엄호변	度·	법. 자. 정도. 제도. 도 ↔ 탁 [통용]
木	09 扌 재방변 / 10 手 손수변	挑·	뛸. 돋울. 휠.
木	10 木 나무목변	桃·	복숭아. 복숭아나무.

오행	획수	한자	뜻
木	12 禾 벼화변	稌	찰벼. 메벼.
木	12 木 나무목변	棹	돛대. 키. 노 (노를 젓다).
木	11 扌 재방변 12 手 손수변	掏	움켜질. 취할. 더듬을. 가릴.
木	11 扌 재방변 12 手 손수변	掉	바로잡을. 흔들. 요동할.
木	13 示 보일시변	裪	복. 행복. 상서. 신 (神).
木	13 扌 재방변 14 手 손수변	搗	찧을. 칠. 두드릴. 擣와 통용
木	13 扌 재방변 14 手 손수변	搯	꺼낼. 당길. 더듬을.
木	14 目 눈목변	睹	볼. 보다. 분별할. 覩와 통용
木	12 艹 풀초변 14 艸 초두변	萄	포도. 포도나무.
木	12 艹 풀초변 14 艸 초두변	菟	범. 호랑이. 땅 이름.
木	15 禾 벼화변	稻·	벼. 땅 이름.
木	16 寸 마디촌변	導·	인도할. 이끌.
木	16 香 향기향변	馟	향기날. 향기로울.
木	17 門 문문변	闍	망루. 성문 위 망대.
木	17 扌 재방변 18 手 손수변	擣	찧을. 두드릴. 방망이.
木	18 木 나무목변	櫂	노 (배 젓는 기구).
木	18 木 나무목변	檮	등걸. 토막나무.
木	19 示 보일시변	禱	기도 (祈禱)할. 빌. 기원.
火	05 忄 심방변 06 心 마음심변	忉	근심할.
火	10 人 사람인변	倒·	넘어질. 거꾸로.
火	10 彳 두인변	徒·	무리. 동아리. 보행.
火	11 忄 심방변 12 心 마음심변	悼	슬퍼할. 불쌍히 여길. 떨.
火	13 日 날일변	睹	새벽. 먼동 틀. 여명.
火	13 忄 심방변 14 心 마음심변	慆	기뻐할. 방자할. 지날.

오행	획수 / 부수	한자	뜻
火	16 見 볼견변	覩	볼. 보다. 姓. 睹와 통용
火	18 灬 火 연화변 불화변	燾	비칠. 덮을. 널리 비추다.
土	10 山 메산변	島·	섬. 도서.
土	14 山 메산변	嶋	島자와 통용
土	12 土 흙토변	堵	담. 집. 거처.
土	13 土 흙토변	塗·	칠할. 바를. 진흙.
土	13 𧾷 足 발족변	跳·	뛸. 도약할. 오를.
土	10 13 辶 辵 책받침변 갖은책받침변	逃·	도망할. 달아날. 숨다. 피할.
土	11 14 辶 辵 책받침변 갖은책받침변	途·	도로. 길.
土	11 16 阝 阜 좌방변 언덕부변	陶·	질그릇. 옹기장이. 도공. 姓.
土	12 16 阝 邑 우방변 고을읍변	都·	도읍. 서울. 모두. 姓.
土	13 16 辶 辵 책받침변 갖은책받침변	道·	길. 깨달을. 이치. 근원. 姓.
水	16 口 입구변	噵	道자와 통용
土	17 土 흙토변	壔	성채. 작은 성. 돈대.
土	17 𧾷 足 발족변	蹈	밟을. 행할. 건다.
金	02 刂 刀 선칼도변 칼도변	刀·	칼. [국, 되]
金	08 刂 刀 선칼도변 칼도변	到·	이를. 도달할. 주밀할.
金	12 皿 그릇명변	盜·	도둑. 훔칠.
金	14 酉 닭유변	酴	막걸리. 밑술. 두 번 빚은 술.
金	14 革 가죽혁변	鞀	작은북. 소고. 인도할.
金	16 貝 조개패변	賭	노름. 도박. 내기. 걸 (노름판에서 돈을 댐).
金	16 金 쇠금변	錭	쇳덩이. 통할. 둔할.
金	17 金 쇠금변	鍍	도금할.
金	19 革 가죽혁변	韜	감출. 활집. 너그러울.

金 19 韜 활집.
韋 쌀 (싸다). 감출.
가죽위변

金 19 鼗 소고.
鼓 작은북. 땡땡이.
북고변

水 05 叨 탐할.
口 탐낼.
입구변

水 09 10 洮 씻을.
氵 水 강 이름. 지명. [조]
삼수변 물수변

水 10 11 涂 도랑.
氵 水 개천. 길. 물 이름.
삼수변 물수변 12월의 다른 이름.

水 12 屠 백정.
尸 잡을. 죽일.
주검시변

水 11 12 淘 쌀 씻을.
氵 水 일 (쌀을 읾).
삼수변 물수변

水 12 13 渡· 나루.
氵 水 건널.
삼수변 물수변

水 13 14 滔 물 넘칠.
氵 水 넓을. 모일.
삼수변 물수변

水 14 圖· 그림.
口 그릴. 꾀할.
큰입구변

水 17 18 濤 물결.
氵 水 큰 물결. 조수.
삼수변 물수변

水 22 饕 탐할.
食 재물 탐할. 음식 탐할.
밥식변

독

木 07 禿 대머리.
禾 털 빠질. 민둥민둥할. 姓.
벼화변

木 13 督· 살펴볼.
目 감독할. 독촉할.
눈목변

木 16 篤· 도타울.
竹 인정 많다. 두터울.
대죽변 독실할.

木 19 櫝 궤.
木 함.
나무목변

木 19 牘 서찰.
片 편지. 서판 (글자를 쓰는
조각편변 나뭇조각).

木 25 纛 기
糸 (쇠꼬리 또는 꿩의 꽁지
실사변 로 장식한 큰 기).

土 08 毒· 독.
毋 독할. 해칠. 악할.
말무변

土 16 17 獨· 홀로.
犭 犬 외로울.
개사슴록변 개견변

土 19 犢 송아지.
牛 姓.
소우변

金 22 讀· 읽을.
言 독 ↔ 두 [통용]
말씀언변

水 18 19 瀆 하수도.
氵 水 도랑. 더러울.
삼수변 물수변

水 27 黑 검을흑변 **黷** 더러울. 때 낄. 흐릴.

돈

火 08 日 날일변 **旽** 밝을. 먼동 틀. 날이 샐.

火 11 忄 12 心 심방변 마음심변 **惇** 도타울. 두터울. 정성. 힘쓸.

火 12 火 불화변 **焞** 어스름할. 어스레한 모양. [퇴] 돈 ↔ 순 [통용]

火 13 頁 머리혈변 **頓** 조아릴. 깨질. 갑자기.

火 16 日 날일변 **暾** 해 돋을. 아침해.

火 16 火 불화변 **燉** 빛날. 불빛. 이글거릴.

土 15 土 흙토변 **墩** 흙무더기. 돈대.

土 20 足 발족변 **躉** 거룻배. 남을.

金 11 弓 활궁변 **弴** 활. 그림 있는 활.

金 12 攵 支 등글월문변 칠복변 **敦**· 도타울. 힘쓸. 姓.

水 07 氵 08 水 삼수변 물수변 **沌** 엉길. 흐릴. 어두울. 막힐.

水 11 豖 돼지시변 **豚**· 돼지.

水 15 氵 16 水 삼수변 물수변 **潡** 큰 물결. 큰 물.

돌

土 12 土 흙토변 **堗** 굴뚝. 부엌 창.

金 06 石 06 乙 돌석변 새을변 **乭** 이름. 우리말로 돌 발음. (예 : 갑돌甲乭) [국]

水 08 口 입구변 **咄** 꾸짖을. 혀 차며 탄식할.

水 09 穴 구멍혈변 **突**· 부딪칠. 갑자기.

동

木 08 木 나무목변 **東**· 동녘. 동쪽. 봄. 주인. 姓.

木 10 木 나무목변 **桐** 오동나무. 오동. 거문고.

木 09 艹 11 艸 풀초변 초두변 **苳** 겨우살이.

木	12 木 나무목변	棟	마룻대. 들보. 용마루.	
木	10 ++ 12 艸 풀초변 초두변	茼	쑥갓.	
木	13 ++ 15 艸 풀초변 초두변	董	바를. 동독할. 姓.	
木	16 木 나무목변	橦	나무 이름.	
木	17 目 눈목변	瞳	눈동자.	
木	18 舟 배주변	艟	군함. 싸움배. 병선.	
木	16 ++ 18 艸 풀초변 초두변	蕫	황모 (黃茅). 연뿌리. 동독할.	
火	07 彡 터럭삼변	彤	붉을. 붉은 칠하다.	
火	08 人 사람인변	侗	성실할. 참될. 정성.	
火	10 火 불화변	烔	더울. 뜨거울. 열기.	
火	14 人 사람인변	僮	아이. 어릴. 종.	
火	16 日 날일변	曈	동틀. 먼동 틀. 해뜰.	
火	15 忄 16 心 심방변 마음심변	憧	그리워할. 동경할. 우매할.	
土	09 土 흙토변	垌	항아리. 단지. 동막이.	
土	09 山 메산변	峒	산 이름. 산굴.	
土	14 力 힘력변	勭	자랄. 어른이 될. 움직일. 動의 [古字]	
金	12 立 설립변	童·	아이. 성한 모양.	
金	14 金 쇠금변	銅·	구리. 동.	
水	05 冫 이수변	冬·	겨울.	
水	06 口 입구변	同·	한가지. 같을. 함께. 화할.	
火	05 人 사람인변	**仝**	**同자와 통용**	
水	09 口 입구변	哃	큰소리 칠. 허풍. 망령된 말.	
水	09 氵 10 水 삼수변 물수변	洞·	마을. 고을. 골. 동 ↔ 통 [통용]	
水	10 冫 이수변	凍·	얼. 얼음. 추울.	

水 10 疼 아플. 욱신거릴.
疒 병질엄변

水 11 動· 움직일. 살아나다.
力 힘력변

水 11 12 涷 소낙비. 얼.
氵 水 삼수변 물수변

水 10 12 胴 큰창자. 대장.
月 肉 육달월변 고기육변

水 14 蝀 무지개.
虫 벌레충변

水 15 16 潼 물 이름. 강 이름.
氵 水 삼수변 물수변

水 16 朣 달 뜰. 달이 뜨다.
月 달월변

두

木 07 杜 팥배나무. 아가위나무. 약 이름. 姓.
木 나무목변

木 07 豆· 콩. 제기 이름.
豆 콩두변

木 08 枓 두공 (기둥머리. 주두.
木 나무목변

木 07 08 抖 들어올릴. 들. 떨 (흔들).
扌 手 재방변 손수변

木 11 13 荳 콩. 豆와 통용
艹 艸 풀초변 초두변

火 04 斗· 말 (용량의 단위). 별 이름.
斗 말두변

火 16 頭· 머리. 우두머리. 처음.
頁 머리혈변

土 07 09 肚 밥통. 배.
月 肉 육달월변 고기육변

土 07 12 阧 치솟을. 가파르다.
阝 阜 좌방변 언덕부변

土 11 14 逗 머무를. 피할.
辶 辵 책받침변 갖은책받침변

土 10 15 陡 가파를. 험할. 절벽.
阝 阜 좌방변 언덕부변

金 11 兜 투구. 두건.
儿 어진사람인변

金 17 斁 썩을. 패할. 무너질. 헐.
攵 支 등글월문변 칠복변

金 22 讀 구절. 읽을. 구두점.
言 말씀언변 두 ↔ 독 [통용]

水 10 蚪 올챙이.
虫 벌레충변

水 12 痘 천연두. 마마. 역질.
疒 병질엄변

水 11 13 月 肉 **脰** 목. 목줄기.
육달월변 고기육변

水 20 穴 **竇** 구멍. 움. 무너뜨릴.
구멍혈변

水 24 虫 **蠹** 좀. 좀먹을.
벌레충변

둔

木 04 屮 **屯**· 진 칠. 진. 모일. [준]
왼손좌변

木 08 10 艹 艸 **芚** 싹 나올. 채소 이름.
풀초변 초두변

土 08 11 辶 辵 **迍** 머뭇거릴. 망설임.
책받침변 갖은책받침변

土 13 16 辶 辵 **遁** 숨을. 달아날. 피할.
책받침변 갖은책받침변

土 15 18 辶 辵 **遯** 달아날. 속일. 피할. 괘 이름.
책받침변 갖은책받침변

金 12 金 **鈍**· 둔할. 무딜. 굼뜰. 어리석을.
쇠금변

水 09 穴 **窀** 광중 (壙中) (시신이 놓이는 무덤 속 자리).
구멍혈변

水 17 19 月 肉 **臀** 볼기. 궁둥이. 밑.
육달월변 고기육변

둘

木 05 乙 **乭** 둘. 뜻은 없고 우리말로 '둘' 음을 표기. [국]
새을변

득

火 11 彳 **得**· 얻을. 깨달을. 만족할.
두인변

등

木 12 竹 **等**· 등급. 무리. 같을. 가지런할.
대죽변

木 14 几 **凳** 걸상. 평상.
안석궤변

木 16 木 **橙** 등자나무. 등상 (책상의 일종).
나무목변

木 16 糸 **縢** 봉할. 묶을. 행전. 노끈.
실사변

木 21 竹 **籐** 등나무. 대그릇.
대죽변

木 19 21 艹 艸 **藤** 등나무.
풀초변 초두변

火 12 癶 **登**· 오를. 이룰. 익을.
필발머리변

오행	획수/부수	한자	뜻
火	16 火 불화변	燈·	등잔. 등불.
火	20 馬 말마변	騰·	오를. 날. 올리다.
土	15 山 메산변	嶝	고개. 작은 비탈.
土	15 土 흙토변	墱	작은 언덕. 자드락길 (비탈진 길). 비탈길.
土	15 阝 우방변 19 邑 고을읍변	鄧	땅 이름. 땅. 고을 이름.
金	17 石 돌석변	磴	돌다리. 섬돌. 돌 언덕길. 돌길.
金	17 言 말씀언변	謄	베낄. 등사할.
金	20 金 쇠금변	鐙	등잔. 등자. 등불.
水	氺 오수변 14 水 물수변	滕	물 솟을. 물 솟아오를.

주의

14, 15획 혼용되나 氺(오 수) 5획은, 타변에 속하면 필순에 따라 5획이나,
氺(오 수) 변에 속할 때는, 水(물 수)변 4획에 속하므로 성명학은 14 획 기준.
(예1) 藤 등나무 등은 艹변에 속하므로 氺(오 수)는 필순 5획으로 21획.
(예2) 暴 사나울 포는 日 변에 속하므로 氺(오 수)는 필순 5획으로 15획 .

오행	획수/부수	한자	뜻
水	16 虫 벌레충변	螣	등사 (螣蛇 : 전설상의 동물).

♣

ㄹ

라

오행	획수	부수	한자	뜻
木	13 14	衤 衣 옷의변	裸	나체. 벌거숭이. → 나 [두]
木	14 15	扌 手 재방변 손수변	摞	정돈할. 다스릴. → 나 [두]
木	14 16	艹 艸 풀초변 초두변	蓏	열매. → 나 [두]
木	19 20	罒 网 그물망변	羅·	벌일. 비단. 그물. 姓. → 나 [두]
木	23 25	艹 艸 풀초변 초두변	蘿	쑥. 여라 (선태류에 속하는 이끼). → 나 [두]
木	25	糸 실사변	纙	돈꾸러미. 돈꿰미. → 나 [두]
火	10	人 사람인변	倮	알몸. 벌거벗을. → 나 [두]. [과]
火	19	見 볼견변	覶	좋게 볼. 자세할. → 나 [두]
火	19 20	忄 心 심방변 마음심변	懶	게으를. 느른할. 나른할. → 나 [두]
火	21	人 사람인변	儸	간능할. → 나 [두]
火	21	馬 말마변	騾	노새 (암말과 수나귀 사이에서 난 잡종). →나 [두]
火	23	日 날일변	曪	날 흐릴. 어두울. 햇빛 없을. → 나 [두]
火	23	馬 말마변	鸁	노새 (암말과 수나귀 사이에서 난 잡종). →나 [두]
土	23 26	辶 辵 책받침변 갖은책받침변	邏	순찰할. 돌. → 나 [두]
金	09	刂 刀 선칼도변 칼도변	剆	(가지) 칠. → 나 [두]
金	10	石 돌석변	砢	돌 쌓일. → 나 [두]. [가]
金	27	金 쇠금변	鑼	징. → 나 [두]
水	12	口 입구변	喇	나팔. 승려. 말을 하다. 라↔나[통용]. →나[두]
水	16	疒 병질엄변	瘰	옴. 연주창. 임파선 결핵. → 나 [두]
水	17	虫 벌레충변	螺	소라. 고둥. → 나 [두]
水	21	疒 병질엄변	癩	문둥병. 나병. 나병 환자. → 나 [두]

자원오행	획수	한자	뜻
水	22 口 입구변	囉	소리 섞일. 소리. 노래. → 나 [두]
水	21 23 月 肉 육달월변 고기육변	臝	벌거벗을. → 나 [두]

락

자원오행	획수	한자	뜻
木	12 糸 실사변	絡·	연락할. 이을. 맥. → 낙 [두]
木	15 木 나무목변	樂·	풍류. 즐거울. → 낙 [두] 락 ↔ 악. 요 [통용]
木	13 15 艹 艸 풀초변 초두변	落·	떨어질. 몰락. 마을. → 낙 [두]
火	10 火 불화변	烙	불로 지질. 달군 쇠침. → 낙 [두]
火	16 馬 말마변	駱	약대. 가리온 (몸은 백색, 갈기는 흑색 말). → 낙[두]
土	14 牛 소우변	犖	얼룩소. 뛰어날. 분명할. 밝을. → 낙 [두]
金	10 11 王 玉 임금왕변 구슬옥변	珞	구슬 목걸이. 목 치장. → 낙 [두]
金	13 酉 닭유변	酪	소젖. 진한 우유즙. 타락 (駝酪). → 낙 [두]
水	09 10 氵 水 삼수변 물수변	洛	낙수. 물 이름. → 낙 [두]
水	13 口 입구변	咯	타락 (駝酪). 소젖. → 낙 [두]

란

자원오행	획수	한자	뜻
木	13 乙 새을변	亂·	난리. 어지러울. 다스릴. 반역. → 난 [두]
木	17 門 문문변	闌	문지방. 가로막을. 다할. → 난 [두]
木	20 巾 수건건변	幱	철릭 (저고리와 치마가 이어진 긴 옷). → 난 [두]
木	21 木 나무목변	欄·	난간. 테두리. 테. → 난 [두]
木	20 21 扌 手 재방변 손수변	攔	칸막이. 막을. → 난 [두]
木	21 文 글월문변	斕	문채. 빛 섞일. 아롱질. → 난 [두]
木	23 木 나무목변	欒	나무 이름. 가름대. 둥글. 모일. → 난 [두]
木	22 23 衤 衣 옷의변	襴	원피스. 난삼. 통옷. → 난 [두]
木	21 23 艹 艸 풀초변 초두변	蘭·	난초. 난. → 난 [두]
木	25 木 나무목변	欗	나무 이름 (계수나무 일종). 목란나무. → 난 [두]

火 04 丹 丶 점주변
붉을.
꽃 이름. → 난 [두].
란 ↔ 단 [통용]

火 21 爛 火 불화변
빛날.
찬란할. 고울.
→ 난 [두]

火 30 鸞 鳥 새조변
방울.
새. 난새(중국 전설의 새).
→ 난 [두]

土 19 嬾 女 계집녀변
게으를.
누울.
→ 난 [두]

金 21 22 瓓 王 玉 임금왕변 구슬옥변
옥 광채.
옥 무늬.
→ 난 [두]

金 27 鑾 金 쇠금변
방울.
천자가 타는 수레.
→ 난 [두]

水 07 卵· 卩 병부절변
알.
기를.
→ 난 [두]

주의　字源五行의 卩 변은 火에 해당되나 訓에 의거, 水에 해당 水로 기준

水 20 21 瀾 氵 水 삼수변 물수변
물결.
큰 물결.
→ 난 [두]

水 23 灤 水 물수변
적실.
스밀. 샐.
→ 난 [두]

랄

土 10 埒 土 흙토변
낮은 담.
곳집. 제방.
→ 날 [두]. 렬[本音]

金 09 剌 刂 刀 선칼도변 칼도변
어그러질.
바람소리.
→ 날 [두]

金 14 辢 辛 매울신변
몹시 매울.
매서울.
→ 날 [두]

金 14 辣 辛 매울신변
매울.
언행이 매울. 맛이 매울.
→ 날 [두]

람

木 18 20 藍 艹 艸 풀초변 초두변
쪽 (풀의 일종).
약 이름. 절.
→ 남 [두]

木 19 20 襤 衤 衣 옷의변
헌 누더기.
해진 옷.
→ 남 [두]

木 20 籃 竹 대죽변
대광주리.
바구니. 배롱.
→ 남 [두]

木 24 25 攬 扌 手 재방변 손수변
잡을.
손에 쥘.
→ 남 [두]

木 14 擥 手 손수변
攬자와 통용

木 18 擥 手 손수변
攬자와 통용

木 25 欖 木 나무목변
감람나무.
→ 남 [두]

木 27 纜 糸 실사변 — 닻줄. 배 닻줄. 배 매는 줄. → 남 [두]

火 11 12 惏 忄 心 심방변 마음심변 — 탐할. → 남 [두]

火 18 爁 火 불화변 — 불 번질. → 남 [두]

火 21 覽· 見 볼견변 — 볼. 살필. 두루 볼. → 남 [두]

土 11 婪 女 계집녀변 — 탐할. → 남 [두]

土 11 婡 女 계집녀변 — 예쁠. 예쁘다. 고울. → 남 [두]

土 12 嵐 山 메산변 — 산기운 (남기). 산바람. 아지랑이. → 남 [두]

金 18 19 璼 王 玉 임금왕변 구슬옥변 — 옥 이름. → 남 [두]

水 14 15 漤 氵 水 삼수변 물수변 — 과실 장아찌. → 남 [두]

水 17 18 濫· 氵 水 삼수변 물수변 — 물 넘칠. 번질. 퍼질. → 남 [두]

水 21 22 灠 氵 水 삼수변 물수변 — 물 맑을. 퍼질. → 남 [두] <灆과는 별개>

주의	水 물수 변 灠 물 맑을 람과 艸 초두 변 灆 물 맑을 람은 字形이 다르니 혼동에 주의

랍

木 08 09 拉 扌 手 재방변 손수변 — 잡아올. 끌어가다. 꺾을. → 납 [두]

金 23 鑞 金 쇠금변 — 백철. 주석. 땜하는 납. → 납 [두]

水 19 21 臘 月 肉 육달월변 고기육변 — 섣달. 햇수. 납향 (납일에 지내는 제사). → 납 [두]

水 21 蠟 虫 벌레충변 — 밀. 밀초. 벌똥. 밀을 바를. → 납 [두]

랑

木 10 㝗 广 엄호변 — 높을. 그릇. → 낭 [두]

木 12 稂 禾 벼화변 — 강아지풀. 가라지. → 낭 [두]

木 13 廊· 广 엄호변 — 행랑. 곁채. 사랑채. → 낭 [두]

木 11 13 莨 艹 艸 풀초변 초두변 — 꼴풀 이름. 초우엉. → 낭 [두]

木 14 榔 木 나무목변 — 나무 이름. 빈랑나무. → 낭 [두]

木 15 閬 門 문문변 — 솟을 대문. 문 높을. 환하고 클. → 낭 [두]

五行	획수/부수	한자	뜻
火	11 火 불화변	烺	밝을. 빛 밝을. 타는 모양. → 낭 [두]
火	11 日 날일변	朖	밝을. 소리 맑을. 별 쬘. → 낭 [두]
火	17 馬 말마변	駺	꼬리 흰 말. → 낭 [두]. 랑 ↔ 량 [통용]
土	10 女 계집녀변	娘	아가씨. 계집. 아씨. →낭 [두]
土	10 11 犭 犬 개사슴록변 개견변	狼	이리. 짐승 이름. 어지러울. → 낭 [두]
土	10 14 阝 邑 우방변 고을읍변	郞·	남편. 서방. 사내. 벼슬. → 낭 [두]
土	09 13 阝 邑 우방변 고을읍변	郎	郞자와 통용
金	11 12 王 玉 임금왕변 구슬옥변	琅	옥돌. 옥 이름. → 낭 [두]
金	12 石 돌석변	硠	돌 소리. 돌 부딪치는 소리. 단단할. → 낭 [두]
金	14 15 王 玉 임금왕변 구슬옥변	瑯	옥 이름. 고을 이름. → 낭 [두]
水	10 11 氵 水 삼수변 물수변	浪·	물결. 파도. 방랑할. 姓. → 낭 [두]
水	11 月 달월변	朗	밝을. 맑을. 달 밝을. → 낭 [두]
水	13 虫 벌레충변	蜋	버마재비. 말똥구리. 사마귀. → 낭 [두]
水	16 虫 벌레충변	螂	蜋자와 통용

래

五行	획수/부수	한자	뜻
木	08 人 사람인변	來·	올. 돌아올. 다가올. → 내 [두]

주의	字源五行의 人변은 火에 해당되나 訓에 의거, 木에 해당 木으로 기준

五行	획수/부수	한자	뜻
木	07 木 나무목변	来	來자와 통용
火	15 走 달릴주변	逨	來자와 통용
木	12 14 艹 艸 풀초변 초두변	萊	쑥. 명아주. → 내 [두]
火	11 彳 두인변	徠	올. 위로할. 來의 [古字] → 내 [두]
火	18 馬 말마변	騋	키 큰 말. → 내 [두]
土	11 山 메산변	崍	산 이름. 뫼. → 내 [두]

水 11 口 唻 노래하는 소리. → 내 [두]
입구변

水 11 氵 12 水 淶 물 이름. → 내 [두]
삼수변 물수변

랭

水 07 冫 冷· 찰. 냉담할. → 냉 [두]
이수변

략

木 11 扌 12 手 掠· 노략질할. 빼앗을. 매질할. → 약 [두]
재방변 손수변

土 11 田 畧 다스릴. 빼앗을. 노략할. → 약 [두]
밭전변

土 11 田 略· 간략할. 꾀. 생략할. 다스릴. → 약 [두]
밭전변

량

木 11 木 梁· 들보. 대들보. 돌다리. 姓. → 양 [두]
나무목변

木 13 米 粱 좋은 쌀. 조. 기장. → 양 [두]
쌀미변

木 15 木 樑 대들보. 들보. → 양 [두]
나무목변

木 18 米 糧· 양식. 먹이. → 양 [두]
쌀미변

木 13 米 粮 糧자와 통용
쌀미변

火 09 亠 亮 밝을. 믿을. → 양 [두]
돼지해머리변

火 09 人 俍 좋을. 어질. 잘할. → 양 [두]
사람인변

火 10 人 倆 재주. 솜씨. 공교할. → 양 [두]
사람인변

火 10 忄 11 心 悢 슬플. 섭섭할. → 양 [두]
심방변 마음심변

火 12 里 量· 헤아릴. 말. 용량. → 양 [두]
마을리변

주의 字源五行의 里변은 土에 해당되나 訓에 의거, 火에 해당 火로 기준

火 15 車 輛 수레. 수레를 세는 단위. → 양 [두]
수레거변

火 17 馬 駺 꼬리 흰 말. → 양 [두] 랑 ↔ 량 [통용]
말마변

火 18 鬼 魎 산도깨비. → 양 [두]
귀신귀변

土 07 艮 良· 어질. 좋을. 길할. → 양 [두]
괘이름간변

오행	획수 / 부수	한자	뜻
土	08 入 들입변	兩·	두. 둘. 짝. 단위. → 양 [두]
土	14 ⻊ 足 발족변	踉	뛸. 천천히 걸을. 서행할. → 양 [두]
金	15 言 말씀언변	諒·	믿을. 알. 참. 진실. → 양 [두]
水	11 12 氵 水 삼수변 물수변	涼·	서늘할. 서늘한 바람. 맑을. → 양 [두]
水	10 冫 이수변	凉	涼자와 통용
水	12 口 입구변	喨	(소리) 맑을. → 양 [두]

려

오행	획수 / 부수	한자	뜻
木	11 木 나무목변	梠	평고대. 처마. 인중방. → 여 [두]
木	15 門 문문변	閭	마을 문. 이문. 마을. → 여 [두]
木	15 黍 기장서변	黎	검을. 무리. 많을. → 여 [두]
木	19 广 엄호변	廬	농막집. 오두막집. 풀집. → 여 [두]
木	19 木 나무목변	櫚	종려나무. 모과나무. → 여 [두]
木	21 米 쌀미변	糲	현미. 매조미쌀. 거칠. → 여 [두]
木	19 21 艹 艸 풀초변 초두변	藜	명아주. 나라 이름. → 여 [두]
火	09 人 사람인변	侶	짝. 벗. → 여 [두]
火	15 心 마음심변	慮·	생각할. 생각. 염려할. → 여 [두]
火	17 人 사람인변	儢	힘쓰지 않을. 하기 싫을. 게으를. → 여 [두]
火	19 日 날일변	曞	햇빛 성할. → 여 [두]
火	21 人 사람인변	儷	한 쌍. 짝. 나란히 할. → 여 [두]
火	26 馬 말마변	驢	당나귀. → 여 [두]
火	29 馬 말마변	驪	검은 말. 검을. 나라 이름. 姓. → 여 [두]
土	10 方 모방변	旅·	나그네. 군사. → 여 [두]
土	17 力 힘력변	勵·	힘쓸. 권장할. → 여 [두]
土	19 鹿 사슴록변	麗·	고울. 빛날. 우아하다. → 여 [두]

土 19 22 邌 천천히.
⻌ 辵 천천히 걸을. 서행.
책받침변 갖은책받침변 → 여 [두]

金 08 戾 어그러질.
戶 사나울. 이를.
지게호변 → 여 [두]

金 20 礪 숫돌.
石 숫돌에 갈.
돌석변 → 여 [두]

金 23 鑢 줄로 갈.
金 쇠줄. 갈. 다스릴.
쇠금변 → 여 [두]

水 07 呂 음률.
口 풍류. 짝. 姓.
입구변 → 여 [두]

水 11 唳 새소리.
口 울.
입구변 → 여 [두]

水 15 厲 힘쓸.
厂 엄할. 용맹할. 갈.
민엄호변 → 여 [두]

水 14 16 膂 등골뼈.
月 肉 → 여 [두]
육달월변 고기육변

水 18 癘 염병.
疒 유행병. 문둥병. 창병.
병질엄변 → 여 [두]

水 18 19 濾 여과할.
氵 水 거를. 씻을.
삼수변 물수변 → 여 [두]

水 21 蠣 굴조개.
虫 굴.
벌레충변 → 여 [두]

水 21 蠡 나무 좀먹을.
虫 → 여 [두]
벌레충변

水 20 22 臚 피부.
月 肉 살갗. 배 앞.
육달월변 고기육변 → 여 [두]

력

木 19 櫟 도토리나무.
木 굴참나무.
나무목변 → 역 [두]

木 19 20 攊 때릴.
扌 手 칠.
재방변 손수변 → 역 [두]

木 20 櫪 외양간.
木 마판. 말구유(먹이 그릇).
나무목변 → 역 [두]

火 16 曆· 책력.
日 운수. 셈.
날일변 → 역 [두]

火 22 轢 삐걱거릴.
車 수레바퀴에 칠.
수레거변 → 역 [두]

火 23 轣 바퀴에 낄.
車 바퀴 사이에 낄.
수레거변 → 역 [두]

土 02 力· 힘.
力 힘쓸.
힘력변 → 역 [두]

土 16 歷· 지낼.
止 두루. 겪을.
그칠지변 → 역 [두]

土 22 26 酈 땅 이름.
阝 邑 姓.
우방변 고을읍변 → 역 [두]

金 20 礫 조약돌.
石 자갈. 잔돌. 밝은 모양.
돌석변 → 역 [두]

水 | 19 20 氵 水 | **瀝** | 스밀. 물방울. 찌끼. 거를. → 역 [두]
삼수변 물수변

水 | 21 疒 | **癧** | 갑상선종. 연주창 (갑상선종이 헐어 터진 종기) →역 [두]
병질엄변

水 | 24 雨 | **靂** | 벼락. 천둥. → 역 [두]
비우변

련

木 | 13 木 | **楝** | 나무 이름. 멀구슬나무. 소태나무. → 연 [두]
나무목변

木 | 15 糸 | **練·** | 단련할. 익힐. 연복. → 연 [두]
실사변

木 | 15 17 艹 艸 | **蓮·** | 연꽃. 연밥. → 연 [두]
풀초변 초두변

木 | 23 手 | **攣** | 걸릴. 이어질. 오그라질. → 연 [두]
손수변

火 | 13 火 | **煉** | 쇠 달굴. 연단할. 쇠 불릴. → 연 [두]
불화변

火 | 15 車 | **輦** | 손수레. 나를(옮기다). 가마. → 연 [두]
수레거변

火 | 15 16 忄 心 | **憐·** | 사랑할. 어여삐 여길. → 연 [두]
심방변 마음심변

火 | 17 耳 | **聯·** | 연이을. 잇닿을. 연결. 짝. → 연 [두]
귀이변

火 | 22 大 | **奱** | 이룰. 끌. 묶다. 오를. → 연 [두]
큰대변

火 | 23 心 | **戀·** | 사모할. 생각. 그리워할. → 연 [두]
마음심변

火 | 26 車 | **⿱䜌車** | 이을. → 연 [두]
수레거변

土 | 11 14 辶 辵 | **連·** | 잇닿을. 연할. 이을. → 연 [두]
책받침변 갖은책받침변

土 | 22 女 | **孌** | 아름다울. 예쁠. → 연 [두]
계집녀변

金 | 15 16 王 玉 | **璉** | 호련. 종묘 제기. 이을. → 연 [두]
임금왕변 구슬옥변

金 | 17 金 | **鍊·** | 수련할. 단련할. → 연 [두]
쇠금변

金 | 19 金 | **鏈** | 쇠사슬. 구리. 납덩어리. → 연 [두]
쇠금변

水 | 12 13 氵 水 | **湅** | 익힌 실. 실 삶을. 단련할. → 연 [두]
삼수변 물수변

水 | 14 15 氵 水 | **漣** | 잔물결. 물결 일. → 연 [두]
삼수변 물수변

水 | 20 魚 | **鰊** | 물고기 이름. 청어. → 연 [두]
물고기어변

水 | 22 魚 | **鰱** | 물고기 이름. 연어. → 연 [두]
물고기어변

水 25 肉 고기육변 臠 저민 고기. 고깃점. 여윌. 파리할. → 연 [두]

렬

木 09 10 扌 手 재방변 손수변 挒 비틀. 내걸. 내릴. → 열 [두]

木 11 12 扌 手 재방변 손수변 捩 비틀. 휘어 꺾을. 끌. 꼴. → 열 [두]

木 12 衣 옷의변 裂· 찢을. 터질. 무너질. → 열 [두]

木 15 風 바람풍변 颲 강풍. 질풍. 매운바람. → 열 [두]

火 10 灬 火 연화변 불화변 烈· 매울. 사나울. 굳셀. → 열 [두]

土 06 力 힘력변 劣· 못할. 용렬할. 적을. → 열 [두]

金 06 刂 刀 선칼도변 칼도변 列· 벌일. 줄. 차례. 진열할. → 열 [두]

水 08 冫 이수변 冽 찰 (몹시 추울). 맑을. → 열 [두]

水 09 10 氵 水 삼수변 물수변 洌 맑을. 맵게 추울. → 열 [두]

참고	작명은 소리(音)로만, 뜻(訓)으로만, 또는 소리(音)와 뜻(訓)으로 모두 할 수 있다.

렴

木 13 广 엄호변 廉· 청렴할. 검소. 곧을. 姓. → 염 [두]

木 19 竹 대죽변 簾 발. 주렴. 가리개. → 염 [두]

金 15 石 돌석변 磏 숫돌. 붉은빛. → 염 [두]

金 17 攵 支 등글월문변 칠복변 斂 거둘. 모을. 감출. → 염 [두]

水 16 17 氵 水 삼수변 물수변 濂 물 이름. 물. 姓. → 염 [두]

水 17 歹 죽을사변 殮 염할. 염습할. → 염 [두]

水 20 21 氵 水 삼수변 물수변 瀲 물 넘칠. 물 가득할. 뜰. 물가. → 염 [두]

렵

火 25 髟 터럭발변 鬣 말갈기(목덜미에 난 긴 털. 비 끝. 갈기. → 엽 [두]

土 18 19 犭 犬 개사슴록변 개견변 獵· 사냥. 찾을. 사로잡을. → 엽 [두]

土 22 𧾷 足 발족변 躐 밟을. 디딜. 넘을. 쥘. → 엽 [두]

령

자원오행	획수/부수	한자	뜻
木	09 木 나무목변	柃	나무 이름. 사스레피나무. 차나무과. → 영 [두]
木	10 禾 벼화변	秢	벼 익을. 나이. 해. → 영 [두]
木	11 竹 대죽변	笭	종다래끼. 대자리. → 영 [두]
木	09 艹 풀초변 / 11 艸 초두변	苓	도꼬마리 (국화과 일년초). 복령. 씀바귀. → 영 [두]
木	28 木 나무목변	櫺	처마. 격자창. 난간. 창살. → 영 [두]
火	05 人 사람인변	令·	명령할. 법률. 하여금. 다스릴. → 영 [두]
火	07 人 사람인변	伶	영리할. 광대. → 영 [두]
火	07 人 사람인변	伶	伶자와 통용
火	08 忄 심방변 / 09 心 마음심변	怜	지혜로울. 영리할. → 영 [두]
火	09 日 날일변	昤	햇빛. 날빛 영롱할. → 영 [두]
火	11 羽 깃우변	翎	깃털. 새의 깃. → 영 [두]
火	11 耳 귀이변	聆	들을. 깨달을. → 영 [두]
火	12 車 수레거변	軨	수레방울. 수레 난간. 격자창. → 영 [두]
火	14 頁 머리혈변	領·	거느릴. 다스릴. 옷깃. → 영 [두]
火	16 鳥 새조변	鴒	할미새. → 영 [두]
土	08 女 계집녀변	姈	여자 이름. 영리할. 슬기로울. → 영 [두]
土	08 山 메산변	岭	산 이름. 고개. 재. → 영 [두]
土	08 山 메산변	岺	岭자와 통용
土	11 羊 양양변	羚	새끼 양. 영양. → 영 [두]
土	11 辶 책받침변 / 14 辵 갖은책받침변	逞	왕성할. 쾌할. 다할. → 영 [두]
土	17 山 메산변	嶺·	고개. 재. → 영 [두]
金	08 口 큰입구변	囹	감옥. 옥. 진나라 옥. → 영 [두]
金	09 王 임금왕변 / 10 玉 구슬옥변	玲	옥소리. 금옥. → 영 [두]

오행	획수·부수	한자	뜻
金	13 金 쇠금변	鈴	방울. → 영 [두]
金	20 齒 이치변	齡	나이. 해. 연치 (年齒). → 영 [두]
水	05 口 입구변	另	나눌. 쪼갤. 다를. 헤어질. → 영 [두]
水	08 口 입구변	呤	말씀. 말할. 속삭일. → 영 [두]
水	08 09 氵 水 삼수변 물수변	泠	깨우칠. 깨달을. 떨어질. → 영 [두]
水	09 月 달월변	朎	달빛. 달빛 영롱할. → 영 [두]
水	11 虫 벌레충변	蛉	잠자리. 고추잠자리. 명령(螟蛉). → 영 [두]
水	13 雨 비우변	零·	영 (0). 제로 (zero). 떨어질. 시들. → 영 [두]
水	16 鹵 소금밭변	鹷	소금. → 영 [두]
水	16 17 氵 水 삼수변 물수변	澪	물 이름. 물 떨어질. 뱃길. → 영 [두]

주의	氵삼수 변 3획은 성명학에서는 水 물수 변 4획으로 사용됨

오행	획수·부수	한자	뜻
水	24 雨 비우변	靈·	신령. 영혼. 착할. 姓. → 영 [두]

례

오행	획수·부수	한자	뜻
木	18 示 보일시변	禮·	예도. 예절. 절. → 예 [두]
木	06 示 보일시변	礼	禮자와 통용
火	08 人 사람인변	例·	보기. 견줄. 같을. → 예 [두]
金	20 酉 닭유변	醴	단술. 감주. 달. → 예 [두]
水	16 隶 미칠이변	隷·	서체 이름. 죄인. 종. → 예 [두]
水	16 17 氵 水 삼수변 물수변	澧	단물 샘. 단물 나는 샘. 물 이름. → 예 [두]
水	17 隶 미칠이변	隸	살필. 붙을. 죄인. 하인. → 예 [두]
水	24 魚 물고기어변	鱧	가물치. → 예 [두]

로

오행	획수·부수	한자	뜻
木	12 虍 범호변	虜	포로. 사로잡을. → 노 [두]
木	13 虍 범호변	虏	虜자와 통용

자원오행	획수 / 부수	한자	뜻
木	16 木 나무목변	𣚍	오동나무. → 노 [두]
木	15 扌 재방변 / 16 手 손수변	撈	잡을. 끙게 (씨앗을 덮는 농기구). → 노 [두]
木	16 扌 재방변 / 17 手 손수변	擄	사로잡을. 노략질할. → 노 [두]
木	16 艹 풀초변 / 18 艸 초두변	蕗	물감나무. 감초. → 노 [두]
木	19 木 나무목변	櫓	큰 방패. 노. 망루. → 노 [두]
木	20 木 나무목변	櫨	두공. 자라다. → 노 [두]
木	21 目 눈목변	矑	눈동자. 볼. 보다. → 노 [두]
木	21 舟 배주변	艪	노. 상앗대. → 노 [두]
木	22 舟 배주변	艫	뱃머리. 배 잇닿을. → 노 [두]
木	20 艹 풀초변 / 22 艸 초두변	蘆	갈대. 호리병박. → 노 [두]
火	12 力 힘력변	勞·	일할. 수고로울. 공로. 위로할. → 노 [두]
火	13 車 수레거변	輅	수레. 클. 천자가 타는 수레. → 노 [두]
火	20 火 불화변	爐·	화로. 향로. → 노 [두]
火	23 鳥 새조변	鷺	백로. 해오라기. → 노 [두]
火	23 車 수레거변	轤	도르래. 두레박 틀. 활차. → 노 [두]
火	25 頁 머리혈변	顱	머리뼈. 해골. → 노 [두]. 髗 [同字]
火	27 鳥 새조변	鸕	더펄새. 가마우지 (물새). → 노 [두]
土	06 老 늙을로변	老·	늙을. 어른. 존칭할. 쇠하다. → 노 [두]
土	⻊ / 13 足 발족변	路·	길. 도로. 姓. → 노 [두]
土	19 土 흙토변	壚	검은 흙. → 노 [두]
金	16 王 임금왕변 / 17 玉 구슬옥변	璐	옥 이름. → 노 [두]
金	20 金 쇠금변	鏴	금 길(金路) (금으로 만든 길). → 노 [두]
金	20 王 임금왕변 / 21 玉 구슬옥변	瓐	비취 옥. 푸른 옥. → 노 [두]
金	21 金 쇠금변	鑪	아교통. 부레 그릇. → 노 [두]

金 24 鑪 金 쇠금변 화로. 풍로. 향로. → 노 [두]

金 26 髗 骨 뼈골변 두개골. 머리뼈. 해골. → 노 [두]. 顱 [同字]

水 09 窂 穴 구멍혈변 굳을. 채울. 짐승 우리. → 노 [두]

水 11 旅 玄 검을현변 검은빛. 검을. → 노 [두]

水 11 鹵 鹵 소금밭변 소금. 염전. 개펄. → 노 [두]

水 14 15 滷 氵 水 삼수변 물수변 소금밭. 염전. 간수. → 노 [두]

水 15 魯 魚 물고기어변 노나라. 둔할. 미련할. → 노 [두]

水 15 16 潞 氵 水 삼수변 물수변 물 이름. 땅 이름. → 노 [두]

水 15 16 潦 氵 水 삼수변 물수변 장마. 큰비. 적실. → 노 [두] 로(노) ↔ 료(요) [통용].

水 15 16 澇 氵 水 삼수변 물수변 물 이름. 큰 물결. 젖을. → 노 [두]

水 16 盧 皿 그릇명변 밥그릇. 화로. 검을. 姓. → 노 [두]

水 17 癆 疒 병질엄변 중독될. 아플. 약에 중독될. → 노 [두]

水 19 嚧 口 입구변 웃을. 향료. → 노 [두]

水 19 20 瀘 氵 水 삼수변 물수변 물 이름. → 노 [두]

水 20 露· 雨 비우변 이슬. 드러날. → 노 [두]

水 27 鱸 魚 물고기어변 농어. → 노 [두]

록

木 13 祿· 示 보일시변 녹. 급료. 복. 행복. → 녹 [두]

木 12 14 菉 艹 艸 풀초변 초두변 푸를. 녹두. 조개풀. → 녹 [두]

木 14 綠· 糸 실사변 푸를. 초록빛. → 녹 [두]

木 17 簏 竹 대죽변 대상자 (대로 엮어 만든 큰 상자). → 녹 [두]

火 18 轆 車 수레거변 도르래. 두레박 틀. 물레. → 녹 [두]

火 19 騄 鳥 새조변 새 이름. 잡털박이새. → 녹 [두]

土 11 鹿· 鹿 사슴록변 사슴. → 녹 [두]

오행	획수	부수	한자	뜻
土	19	鹿 사슴록변	麓	산기슭. 숲. → 녹 [두]
金	08 08	彑 彐 튼가로왈변	彔	나무 새길. 나무 깎을. → 녹 [두]
金	13	石 돌석변	碌	푸른빛. 구리에 스는 녹. 용렬할. → 녹 [두]
金	16	金 쇠금변	錄·	기록할. 기록. 문서. → 녹 [두]
水	11 12	氵 水 삼수변 물수변	淥	물 맑을. 물 이름. 밭을. → 녹 [두]
水	14 15	氵 水 삼수변 물수변	漉	물 젖을. 스밀. 샐. 거를. → 녹 [두]

론

오행	획수	부수	한자	뜻
火	11 12	忄 心 심방변 마음심변	惀	생각할. 알려고 할. → 논 [두]
木	11 12	扌 手 재방변 손수변	掄	고를. 가릴. 선택할. 끌어모을. → 논 [두] [륜. 윤]
金	15	言 말씀언변	論·	의논할. 의논. 말할. → 논 [두]

롱

오행	획수	부수	한자	뜻
木	19 20	扌 手 재방변 손수변	攏	다스릴. 가질. 빼앗을. → 농 [두]
木	20 22	艹 艸 풀초변 초두변	蘢	(초목이) 우거질. 여뀌 (마디풀과의 풀). → 농 [두]
木	22	竹 대죽변	籠	대그릇. 농. 새장. → 농 [두]
火	18	人 사람인변	儱	미숙할. 흐리멍텅할. 인격 이루지 못할. → 농 [두]
火	20	日 날일변	曨	해 돋을. 밝을. → 농 [두]
火	22	耳 귀이변	聾	귀먹을. 귀머거리. → 농 [두]
土	19	土 흙토변	壟	언덕. 밭두둑. → 농 [두]
土	19 24	阝 阜 좌방변 언덕부변	隴	땅 이름. 밭두둑. 둔덕. → 농 [두]
金	07	廾 스물입발변	弄·	희롱할. 즐길. 놀. 농담. → 농 [두]
金	20 21	王 玉 임금왕변 구슬옥변	瓏	옥소리. 환할. → 농 [두]. [룡]
金	21	石 돌석변	礱	맷돌. 갈. → 농 [두]
水	19 20	氵 水 삼수변 물수변	瀧	물 이름. 비 올. 적실. → 농 [두]. [룡]
水	20	月 달월변	朧	흐릴. 달빛 등이 흐린 모양. → 농 [두]

뢰

木 06 耒 耒 쟁기뢰변 — 쟁기. → 뇌 [두]

木 18 19 擂 扌 手 재방변 손수변 — 돌 굴릴. 급히 북 칠. → 뇌 [두]

木 17 19 蕾 艹 艸 풀초변 초두변 — 꽃봉오리. 꽃잎 방긋할. → 뇌 [두]

木 21 纇 糸 실사변 — 실마리. 실마디. 실매듭. 낟알. → 뇌 [두]

木 22 籟 竹 대죽변 — 퉁소. 구멍 속에서 소리 나는 피리. → 뇌 [두]

火 17 儡 人 사람인변 — 꼭두각시. 망칠. 야윌. → 뇌 [두]

土 07 牢 牛 소우변 — 외양간. 우리. → 뇌 [두]

土 21 罍 缶 장군부변 — 술잔. 술항아리. → 뇌 [두]

金 13 賂 貝 조개패변 — 뇌물. 줄 (증여). → 뇌 [두]

金 13 誄 言 말씀언변 — 시호 (謚號). 제문 (祭文). → 뇌 [두]

金 14 酹 酉 닭유변 — 강신 술. 강신에 쓰이는 술. → 뇌 [두]

金 15 磊 石 돌석변 — 돌 쌓일. 돌무더기. 뜻이 클. → 뇌 [두]

金 15 賚 貝 조개패변 — 줄 (하사). 사여. → 뇌 [두]

金 16 賴· 貝 조개패변 — 힘입을. 의지. 의뢰할. → 뇌 [두]

金 16 頼 頁 머리혈변 — 賴자와 통용

金 18 礌 石 돌석변 — 돌 쌓일. 돌무더기. → 뇌 [두]. 礧 [同字]

金 20 礧 石 돌석변 — 돌 굴릴. 돌 굴러내릴. → 뇌 [두]. 礌 [同字]

水 13 雷· 雨 비우변 — 우레. 천둥. → 뇌 [두]

水 19 20 瀨 氵 水 삼수변 물수변 — 급류. 여울. → 뇌 [두]

료

木 14 廖 广 엄호변 — 사람 이름. 빌. 공허할. → 요 [두]

木 15 寮 宀 갓머리변 — 벼슬아치. 관리. 동료. → 요 [두]

木 15 16 撩 扌 手 재방변 손수변 — 다스릴. 움킬. 취할. → 요 [두]

자원오행	획수	한자	뜻
木	15 17 艹 艸 풀초변 초두변	蓼	여뀌 (마디풀과의 풀). 나라 이름. 姓. → 요 [두]
木	17 目 눈목변	瞭	밝을. 눈동자가 맑을. 멀리 볼. → 요 [두]
木	18 糸 실사변	繚	다듬을. 얽을. 둘릴. 감길. → 요 [두]
木	20 風 바람풍변	飂	바람소리. → 요 [두]
木	21 風 바람풍변	飉	바람. 바람소리. → 요 [두]
火	10 斗 말두변	料·	헤아릴. 값. 감. → 요 [두]
火	11 耳 귀이변	聊	이명 귀 울 (이명). 애오라지. → 요 [두]
火	14 人 사람인변	僚·	벼슬아치. 관리. 동료. 좋을. → 요 [두]
火	16 火 불화변	燎	밝을. 횃불. 불놓을. → 요 [두]
火	16 日 날일변	暸	밝을. 환할. → 요 [두]
土	15 女 계집녀변	嫽	예쁠. 여자 이름. 외조모. → 요 [두]
土	15 16 犭 犬 개사슴록변 개견변	獠	밤 사냥할. → 요 [두]
土	16 19 辶 辵 책받침변 갖은책받침변	遼	땅 이름. 강 이름. 거리가 멀. → 요 [두]
金	02 亅 갈고리궐변	了·	마칠. 밝을. 깨닫다. → 요 [두]
金	18 酉 닭유변	醪	막걸리. → 요 [두]
金	20 金 쇠금변	鐐	아름다운 금, 은. 질 좋은 금, 은. → 요 [두]
水	15 口 입구변	嘹	울. 신음할. 멀리 들리는 소리. → 요 [두]
水	15 16 氵 水 삼수변 물수변	潦	장마. 빗물. 큰비. → 요 [두] 료(요) ↔ 로(노) [통용].
水	14 16 月 肉 육달월변 고기육변	膋	발기름. 비계. 내장 지방. → 요 [두]
水	17 疒 병질엄변	療	병 고칠. 치료할. 면할. → 요 [두]

룡

자원오행	획수	한자	뜻
土	16 龍 용룡변	龍·	용. 임금. 姓. → 용 [두]
土	10 立 설립변	竜	龍자와 통용

주의 字源五行의 立변은 金에 해당되나 訓에 의거, 龍의 略字는 土에 해당 土로 기준

土 21 龍 용룡변 **龔** 용. 임금. → 용 [두] 龍의 [古字]

루

木 11 糸 실사변 **累**· 여러. 포갤. 거듭할. → 누 [두]

木 15 木 나무목변 **樓**· 망루. 다락. 다락집. 姓. → 누 [두]

木 14 扌 재방변 15 手 손수변 **摟** 끌어 모을. 잡을. 품을. 끌. 안을. → 누 [두]

木 15 艹 풀초변 17 艸 초두변 **蔞** 산쑥. → 누 [두]

木 16 衤 17 衣 옷의변 **褸** 헌 누더기. 해진 옷. 남루할. 기울. → 누 [두]

木 17 糸 실사변 **縷** 명주. 실. 올. 자세할. → 누 [두]

火 13 人 사람인변 **僂** 구부릴. 굽을. 곱사등이. → 누 [두]

火 14 忄 심방변 15 心 마음심변 **慺** 정성스러울. → 누 [두]

火 15 火 불화변 **熡** 불꽃. → 누 [두]

土 11 女 계집녀변 **婁** 끌. 아로새길. 별 이름. → 누 [두]

土 14 山 메산변 **嶁** 봉우리. → 누 [두]

土 09 阝 좌방변 14 阜 언덕부변 **陋** 작을. 좁을. 못생길. → 누 [두]

土 17 耒 쟁기뢰변 **耬** 밭 갈. 씨 뿌리는 기구. → 누 [두]

土 18 土 흙토변 **壘** 성채. 진. 보루 (적을 막기 위한 구축물). → 누 [두]

金 18 言 말씀언변 **謱** 곡진할 (매우 정성스럴). 삼갈. 서로 끌. → 누 [두]

金 19 金 쇠금변 **鏤** 아로새길. 강철. → 누 [두]

金 21 骨 뼈골변 **髏** 두개골. 해골. → 누 [두]

水 11 氵 삼수변 12 水 물수변 **淚**· 눈물. 흘릴. → 누 [두]

水 14 尸 주검시변 **屢**· 자주. 여러. 언제나. → 누 [두]

水 14 口 입구변 **嘍** 새소리. 번거로울. 시끄러울. → 누 [두]

水 14 氵 삼수변 15 水 물수변 **漏**· 샐. 스며들다. 물시계. → 누 [두]

水 14 氵 삼수변 15 水 물수변 **漯** 물 이름. → 누 [두]

오행	획수	부수	한자	뜻
水	14 15	氵 水 (삼수변 물수변)	漊	비 올. 가랑비 지적거릴. 개천. → 누 [두]
水	16	疒 (병질엄변)	瘻	부스럼. 곱사등이. → 누 [두] 僂와 통용
水	17	虫 (벌레충변)	螻	땅강아지. → 누 [두]

류

오행	획수	부수	한자	뜻
木	09	木 (나무목변)	柳·	버들. 이름. 姓. → 유 [두]
木	13	方 (모방변)	旒	깃발. 면류관 끈. → 유 [두]
木	14	木 (나무목변)	榴	석류나무. → 유 [두]
木	16	木 (나무목변)	橊	석류. 석류나무. 짐승 이름. → 유 [두]
木	17	糸 (실사변)	縲	오랏줄. 포승. 밧줄. 검은 노. → 유 [두]
木	21	糸 (실사변)	纍	맬. 얽을. 간힐. 고달플. → 유 [두]
火	19	頁 (머리혈변)	類·	무리. 같을. 종류. → 유 [두]
火	21	鳥 (새조변)	鶹	올빼미. 꾀꼬리. → 유 [두]
土	10	田 (밭전변)	留·	머무를. 묵을. 기다릴. 오랠. → 유 [두]
土	14 17	辶 辵 (책받침변 갖은책받침변)	遛	머무를. 정지할. → 유 [두]
金	10 11	王 玉 (임금왕변 구슬옥변)	琉	유리. → 유 [두]

주의 속자 12획, 본자 11획으로 혼용되나, 성명학은 11획 기준

오행	획수	부수	한자	뜻
金	14 15	王 玉 (임금왕변 구슬옥변)	瑠	琉자와 통용

오행	획수	부수	한자	뜻
金	11	石 (돌석변)	硫	유황. 광물질의 하나. → 유 [두]

주의 속자 12획, 본자 11획으로 혼용되나, 성명학은 11획 기준

오행	획수	부수	한자	뜻
金	15	刂 刀 (선칼도변 칼도변)	劉	이길. 베풀. 姓. (별칭:묘금도) → 유 [두]
金	18	言 (말씀언변)	謬	어긋날. 그릇될. 잘못. → 유 [두]
水	09 10	氵 水 (삼수변 물수변)	流·	흐를. → 유 [두]

주의 속자 10~11획, 본자 9~10획으로 혼용되나, 성명학은 9~10획 기준

오행	획수	부수	한자	뜻
水	13 14	氵 水 (삼수변 물수변)	溜	낙숫물. 떨어질. 흐를. → 유 [두]

水 15 瘤 혹.
疒 → 유 [두]
병질엄변

水 18 19 瀏 물이 맑을.
氵 水 밝을. 빠를.
삼수변 물수변 → 유 [두]

륙

土 04 06 六· 여섯.
八 → 뉴 [이]
여덟팔변 → 육 [두]

주의 필순은 4획이나, 성명학에서는 수의 의미를 획수로 하므로 6획 기준

土 13 勠 협력할.
力 힘 합할.
힘력변 → 육 [두]

土 11 16 陸· 뭍.
阝 阜 육지. 뛸. 姓.
좌방변 언덕부변 → 육 [두]

金 15 戮 죽일.
戈 육시 (戮屍)할. 죽음.
창과변 → 육 [두]

륜

木 11 12 掄 가릴.
扌 手 고를. 선택할. 분별할.
재방변 손수변 → 윤 [두]

木 14 綸 인끈.
糸 실. 다스릴.
실사변 → 윤 [두]

火 08 侖 둥글.
人 생각할. 뭉치.
사람인변 → 윤 [두]

火 10 倫· 윤리.
人 인륜. 무리.
사람인변 → 윤 [두]

火 15 輪· 바퀴.
車 둘레. 돌. 수레.
수레거변 → 윤 [두]

土 11 崙 산 이름.
山 산 모양.
메산변 → 윤 [두]

土 11 崘 崙자와 통용
山
메산변

土 11 圇 완전할.
口 둥글둥글할. 덩어리.
큰입구변 → 윤 [두]

金 16 錀 금 (金).
金 → 윤 [두]
쇠금변

水 11 12 淪 잔물결.
氵 水 빠질. 거느릴.
삼수변 물수변 → 윤 [두]

률

木 10 栗· 밤.
木 견고할.
나무목변 → 율 [두]

木 15 穊 볏가리.
禾 벼를 쌓은 모양.
벼화변 → 율 [두]

火 09 律· 법.
彳 법령. 정도. 姓.
두인변 → 율 [두]

火 11 率· 비율.
玄 → 율 [두].
검을현변 률(율) ↔ 솔 [통용]

火 13 忄 심방변 14 心 마음심변 **慄** 두려워할. 떨릴. 슬퍼할. → 율 [두]

土 12 山 메산변 **嵂** 가파를. 산 높고 험할. → 율 [두]

金 14 王 임금왕변 15 玉 구슬옥변 **瑮** 옥 무늬. 옥 문채 날. → 율 [두]

水 13 氵 삼수변 14 水 물수변 **溧** 물 이름. 물가. → 율 [두]

륭

火 11 忄 심방변 12 心 마음심변 **㦕** 뜻. 의사. → 융 [두]

土 12 阝 좌방변 17 阜 언덕부변 **隆**· 성할. 높을. 클. 풍성하고 크다. → 융 [두]

水 17 疒 병질엄변 **癃** 늙을. 파리할. → 융 [두]

水 17 穴 구멍혈변 **窿** 활꼴. 하늘 모양 (형태). → 융 [두]

륵

金 11 力 힘력변 **勒** 굴레. 새길. 억누를. → 늑 [두]

水 06 月 육달월변 08 肉 고기육변 **肋** 늑골. 갈빗대. → 늑 [두]

水 08 氵 삼수변 09 水 물수변 **泐** 돌 갈라질. 돌결 일어날. → 늑 [두]

름

木 12 艹 풀초변 14 艸 초두변 **菻** 쑥. 풀 이름. 나라 이름. → 늠 [두]

木 16 广 엄호변 **廩** 넉넉할. 곳집. 쌀 곳간. → 늠 [두]

水 15 冫 이수변 **凜** 늠름할. 찰. 의젓할. → 늠 [두]

水 15 冫 이수변 **凛** 凜자와 통용

水 16 氵 삼수변 17 水 물수변 **澟** 서늘할. 차고 맑을. → 늠 [두]

릉

木 13 木 나무목변 **楞** 모서리. 위엄. 불교용어. → 능 [두]

木 13 木 나무목변 **棱** 楞자와 통용

木 13 禾 벼화변 **稜** 모서리. → 능 [두]

木 12 艹 풀초변 14 艸 초두변 **菱** 마름풀. 마름 (마름과의 수초). → 능 [두]

오행	획수	한자	부수	뜻
木	14	綾	糸 실사변	비단. → 능 [두]
木	15 17	菱	艹 艸 풀초변 초두변	풀 이름. 마름. → 능 [두]
火	10	倰	人 사람인변	속일. 건널. 넘을. 범할. → 능 [두]
土	11 16	陵·	阝 阜 좌방변 언덕부변	왕릉. 둔덕. 언덕. → 능 [두]
水	10	凌	冫 이수변	능가할. 업신여길. 깔볼. → 능 [두]

리

오행	획수	한자	부수	뜻
木	07	李·	木 나무목변	오얏. 오얏나무. 姓. → 이 [두]
木	11	梨·	木 나무목변	(과일) 배. 배나무. → 이 [두]
木	11 13	莅	艹 艸 풀초변 초두변	임석할. 임할. 자리. → 이 [두]
木	11 13	莉	艹 艸 풀초변 초두변	말리꽃. 사과. → 이 [두]
木	13	裏·	衣 옷의변	속. 안. 내부. 옷 속. → 이 [두]
木	12 13	裡	衤 衣 옷의변	裏자와 통용
木	15	履·	尸 주검시변	이력. 신. 밟을. → 이 [두]
木	14 15	摛	扌 手 재방변 손수변	퍼질. 펼. 베풀. 알릴. → 이 [두]
木	16 17	罹	罒 网 그물망변	근심할. 병에 걸릴. → 이 [두]
木	23	黐	黍 기장서변	끈끈이. 새 잡는 풀. → 이 [두]
木	25	籬	竹 대죽변	울타리. → 이 [두]
火	09	俐	人 사람인변	영리할. 똑똑할. → 이 [두]
火	10 11	悧	忄 心 심방변 마음심변	俐자와 통용
火	09	俚	人 사람인변	상스러울. 속될. 시골. → 이 [두]
火	19	離·	隹 새추변	떠날. 불. 이별. 괘 이름. → 이 [두]
火	11	离	禸 짐승발자국유변	離자와 통용
火	21	魑	鬼 귀신귀변	도깨비. → 이 [두]
土	07	里·	里 마을리변	마을. 이수. 거리. → 이 [두]

오행	획수	한자	부수	뜻
土	10 11	狸	犭 犬 개사슴록변 개견변	너구리. → 이 [두]
土	12	犛	牛 소우변	얼룩소. 쟁기질할. 무섭다. → 이 [두]. [려]
土	11	犁	牛 소우변	犛자와 통용
土	14	嫠	女 계집녀변	과부. 홀어미. → 이 [두]
土	16	[illegible]	支 지탱할지변	반듯할. 바를. 칠할. 지울. → 이 [두]
土	18	釐	里 마을리변	다스릴. 이 (척도의 단위). → 이 [두]
土	09	厘	厂 민엄호변	釐자와 통용
土	19	羸	羊 양양변	여윌. 파리할. 고달플. 약할. → 이 [두]
土	23 26	邐	辶 辵 책받침변 갖은책받침변	이어질. 잇닿을. → 이 [두]
金	07	利·	刂 刀 선칼도변 칼도변	이로울. 이할. → 이 [두]
金	11 12	理·	王 玉 임금왕변 구슬옥변	이치. 다스릴. 깨달을. → 이 [두]
金	13	剺	刀 선칼도변 칼도변	깎을. 긁을. 그을. 벗길. → 이 [두]
金	15 16	璃	王 玉 임금왕변 구슬옥변	유리. 구슬 이름. → 이 [두]
水	06	吏·	口 입구변	관리. 아전. 관원. → 이 [두]
水	10	唎	口 입구변	작은 소리. 가는 소리. → 이 [두]
水	10	哩	口 입구변	어조사. 마일 (mile : 거리 단위). → 이 [두]
水	10 11	浬	氵 水 삼수변 물수변	해리 (海里). 해상 거리. →이[두]
水	10 11	涖	氵 水 삼수변 물수변	다다를. 다다르다. 임할. → 이 [두]
水	12	痢	疒 병질엄변	설사. 이질. → 이 [두]
水	13	蜊	虫 벌레충변	참조개. 바지락조개. → 이 [두]
水	14	貍	豸 갖은돼지시변	살쾡이. 삵. → 이 [두]
水	14 15	漓	氵 水 삼수변 물수변	스며들. 빗소리. 질펀히 흐를. → 이 [두]
水	17	螭	虫 벌레충변	교룡 (상상 속의 동물). 뿔 없는 용. → 이 [두]
水	18	鯉	魚 물고기어변	잉어. 편지. 서찰. → 이 [두]

오행	획수	부수	한자	뜻
水	22 23	氵 水 삼수변 물수변	灕	물 이름. 스며들. 질펀히 흐를. → 이 [두]

린

오행	획수	부수	한자	뜻
木	12	米 쌀미변	粦	도깨비불. 燐 [同字] → 인 [두]
木	14	米 쌀미변	粼	물 맑을. 내 모양. → 인 [두]
木	15 16	扌 手 재방변 손수변	撛	빼어날. 붙들. 구원할. → 인 [두]
木	16	木 나무목변	橉	나무 이름. → 인 [두]
木	17	目 눈목변	瞵	눈동자 (눈빛). 눈 정기. 아름다울. → 인 [두]
木	18	糸 실사변	繗	이을. 실 뽑을. → 인 [두]
木	20 22	艹 艸 풀초변 초두변	藺	골풀 (여러해살이풀). → 인 [두]
火	10 11	忄 心 심방변 마음심변	悋	아낄. 인색할. 소중할. → 인 [두]
火	12	火 불화변	焛	불꽃. 타는 모양. 불의 모양. → 인 [두]
火	16	日 날일변	暽	사람 이름. → 인 [두]
火	16	火 불화변	燐	반딧불. 인. 도깨비불. → 인 [두]
火	19	車 수레거변	轔	성할. 수렛소리. 문지방. → 인 [두]
火	22	馬 말마변	驎	얼룩말. → 인 [두]
土	15	山 메산변	嶙	깊숙할. 가파를. 산 높을. → 인 [두]
土	15 16	犭 犬 개사슴록변 개견변	獜	튼튼할. 건장할. → 인 [두]
土	15 19	阝 邑 우방변 고을읍변	鄰·	이웃. 이웃할. → 인 [두]
土	15 20	阝 阜 좌방변 언덕부변	隣	鄰자와 통용
土	23	鹿 사슴록변	麟	기린. → 인 [두]
土	17	鹿 사슴록변	麐	麟자와 통용
土	23	⻊ 足 발족변	躙	짓밟을. 수레에 깔릴. → 인 [두]
土	27	⻊ 足 발족변	躪	짓밟을. 유린. → 인 [두]
金	16	斤 날근변	斴	물소리. 물 이름. 석간수. → 인 [두]

오행	획수	부수	한자	뜻
金	17	石 돌석변	磷	옥석의 윤이 빛날. 돌 모양. 돌비늘. → 인 [두]
金	16 17	王 玉 임금왕변 구슬옥변	璘	옥 무늬. 옥빛. → 인 [두]
金	20	金 쇠금변	鏻	굳셀. 굳센 모양. → 인 [두]
水	07	口 입구변	吝	아낄. 인색할. 주저할. 소중할. → 인 [두]
水	15 16	氵 水 삼수변 물수변	潾	맑을. 석간수. 돌샘. → 인 [두]
水	18	虫 벌레충변	䗲	반딧불이. → 인 [두]
水	23	魚 물고기어변	鱗	비늘. 물고기. → 인 [두]

림

오행	획수	부수	한자	뜻
木	08	木 나무목변	林·	수풀. 숲. 빽빽할. 姓. → 임 [두]
木	12	木 나무목변	棽	무성할. → 임 [두] 림 ↔ 침 [통용]
火	12	日 날일변	晽	알고자 할. → 임 [두]
火	17	臣 신하신변	臨·	임할. 왕림할. 다스릴. → 임 [두]
金	08 09	王 玉 임금왕변 구슬옥변	玪	아름다운 옥. → 임 [두] 림 ↔ 감 [통용]
金	13	石 돌석변	碄	깊을. → 임 [두]
金	12 13	王 玉 임금왕변 구슬옥변	琳	아름다운 옥. 옥 이름. → 임 [두]
水	11 12	氵 水 삼수변 물수변	淋	(물) 뿌릴. 물방울 떨어질. → 임 [두]
水	13	疒 병질엄변	痳	임질 (病 이름). 성병. → 임 [두]
水	16	雨 비우변	霖	장마. → 임 [두]

립

오행	획수	부수	한자	뜻
木	11	竹 대죽변	笠	삿갓. 갓. → 입 [두]
木	11	米 쌀미변	粒	쌀알. 낟알. → 입 [두]
土	08	山 메산변	岦	산 높을. 산 우뚝할. → 입 [두]
金	05	立 설립변	立·	세울. 설. 굳을. 곧. → 입 [두]
金	10	石 돌석변	砬	돌 소리. 돌 무너지는 소리. → 입 [두]

♣

ㅁ

마

오행	획수	부수	한자	뜻
木	11	麻 삼마변	麻·	삼. 저릴. 姓.
木	14	麻 삼마변	麽	작을. 잘. 어찌. 그런가.
木	15	手 손수변	摩	문지를. (돌) 갈. 비빌. 만질.
火	10	馬 말마변	馬·	말. 벼슬 이름. 姓.
火	21	鬼 귀신귀변	魔	마술. 마귀. 악귀.
土	13	女 계집녀변	媽	암말. 어미.
金	15	石 돌석변	碼	야드 (yard). 마노. 저울 추.
金	14 15	王 玉 임금왕변 구슬옥변	瑪	옥돌. 마노.
金	16	石 돌석변	磨·	맷돌. 갈.
金	21	刂 刀 선칼도변 칼도변	劘	깎을. 벨. 나눌. 간절할.
水	13	疒 병질엄변	痲	홍역. 저릴. 마비될.
水	16	虫 벌레충변	螞	메뚜기. 말거머리.
水	17	虫 벌레충변	蟇	두꺼비. 개구리.

막

오행	획수	부수	한자	뜻
木	11 13	艹 艸 풀초변 초두변	莫·	고요할. 없을. 아닐. 적막.
木	14	宀 갓머리변	寞	고요할. 쓸쓸할.
木	14	巾 수건건변	幕·	장막. 군막.
木	16	目 눈목변	瞙	눈 흐릴. 눈에 백태 낄.
土	18 21	辶 辵 책받침변 갖은책받침변	邈	멀. 아득할. 근심할.
金	19	金 쇠금변	鏌	칼 이름.
水	14 15	氵 水 삼수변 물수변	漠·	아득할. 사막.

水 15 17 膜 꺼풀. 막.
月 肉
육달월변 고기육변

만

木 10 11 挽 당길. 말릴. 끌.
扌 手
재방변 손수변

木 14 幔 휘장. 장막. 천막.
巾
수건건변

木 13 15 萬· 일만. 대단히 많을. 姓.
艹 艸
풀초변 초두변

木 03 万 萬자와 통용
一
한일변

木 16 瞞 속일. 흐릴.
目
눈목변

木 17 縵 비단. 무늬 없는 비단. 명주.
糸
실사변

木 15 17 蔓 덩굴. 퍼질. 뻗어 나갈.
艹 艸
풀초변 초두변

火 11 晩· 늦을. 저물. 해 질.
日
날일변

火 14 輓 수레를 끌. 실어 나를.
車
수레거변

火 14 15 慢· 거만할. 게으를. 느릴.
忄 心
심방변 마음심변

火 21 鬘 머리꾸미개. 가발. 머리장식. 아름다울.
髟
터럭발변

土 06 卍 길상 표시. 부처의 몸에 있는 길상 표시.
十
열십변

土 10 娩 해산할. 낳을.
女
계집녀변

土 11 曼 아름다울. 멀. 길. 넓을.
日
날일변

土 14 墁 흙손. 흙 덮을. 벽. 칠할.
土
흙토변

土 14 嫚 업신여길. 더럽힐. 능욕할.
女
계집녀변

土 18 蹣 뛰어넘을. 넘을. 넘다.
𧾷 足
발족변

土 22 巒 뫼. 메. 둥글고 낮은 산.
山
메산변

金 18 謾 속일. 속이고 헐뜯을. 업신여길.
言
말씀언변

金 19 鏝 쇠 흙손. 흙 바르는 연장.
金
쇠금변

金 19 鏋 금(金). 순금.
金
쇠금변

金 22 彎 굽을. 당길.
弓
활궁변

水 14 15 氵 水 삼수변 물수변 **滿**· 찰. 가득할. 풍족할.

水 14 15 氵 水 삼수변 물수변 **漫**· 넓을. 질펀할. 흩어질.

水 20 食 밥식변 **饅** 만두.

水 22 魚 물고기어변 **鰻** 뱀장어.

水 25 虫 벌레충변 **蠻** 오랑캐.

水 25 26 氵 水 삼수변 물수변 **灣** 물굽이.

말

木 05 木 나무목변 **末**· 끝. 다할.

木 08 巾 수건건변 **帕** 머리띠. 머리 동이는 수건.

木 08 09 扌 手 재방변 손수변 **抹** 바를. 칠할.

木 10 禾 벼화변 **秣** 꼴 (소, 말이 먹는 풀). 말 먹이. 모이. 기를.

木 09 11 艹 艸 풀초변 초두변 **茉** 말리나무 (물푸레나뭇과의 상록 관목).

木 20 21 衤 衣 옷의변 **襪** 버선. 양말.

金 14 革 가죽혁변 **靺** 종족 이름. 오랑캐 이름 (말갈족).

水 08 09 氵 水 삼수변 물수변 **沫** 물거품. 비말. 침방울.

水 10 口 입구변 **唜** 끝. 우리말의 '끝'음. [국]

망

木 07 09 艹 艸 풀초변 초두변 **芒** 까끄라기. 털끝. 가시.

木 08 09 罒 网 그물망변 **罔**· 그물. 잡을. 포위망.

木 10 12 艹 艸 풀초변 초두변 **茫**· 아득할. 망망할. 멀. 넓을.

木 12 14 艹 艸 풀초변 초두변 **莽** 풀숲. 우거질. [本字]

木 10 12 艹 艸 풀초변 초두변 **莾** 莽자와 통용

木 14 糸 실사변 **網** 그물. 그물질할. 포위망.

火 06 07 忄 心 심방변 마음심변 **忙**· 바쁠.

오행	획수·부수	한자	뜻
火	07 心 마음심변	忘·	건망증. 잊을.
火	11 忄 심방변 / 12 心 마음심변	惘	멍할. 넋 잃을. 심심할. 황급할.
火	15 車 수레거변	輞	바퀴 테. 수레바퀴 테.
火	18 鬼 귀신귀변	魍	산도깨비.
土	06 女 계집녀변	妄·	망령될. 허망할. 실없을.
土	06 阝 우방변 / 10 邑 고을읍변	邙	북망산 (사람이 죽어 묻히는 곳). 산 이름.
水	03 亠 돼지해머리변	亡·	망할. 죽을. 잃을. 달아날.
水	06 氵 삼수변 / 07 水 물수변	汒	바쁠. 황급할. 총망할.
水	11 月 달월변	望·	바랄. 원할. 희망할.
水	14 月 달월변	朢	望자와 통용
水	15 氵 삼수변 / 16 水 물수변	漭	넓을. 들. 평평한.

주의 속자 14~15획, 본자 15~16획으로 혼용되나, 성명학은 15~16획 기준

매

오행	획수·부수	한자	뜻
木	07 口 입구변	呆	어리석을. 멍청이.
木	08 木 나무목변	枚	낱낱이. 줄기. 낱.
木	10 目 눈목변	眛	(눈이) 어두울. 눈 희미할. 눈 밝지 못할.
木	09 艹 풀초변 / 11 艸 초두변	苺	딸기.
木	11 木 나무목변	梅·	매화. 매실나무. 절후 이름. 姓.
木	12 宀 갓머리변	寐	잠 잘. 죽을.
木	11 艹 풀초변 / 13 艸 초두변	莓	딸기나무. 딸기.
木	13 木 나무목변	楳	매화나무.
木	15 罒 / 16 网 그물망변	罵	욕할. 꾸짖을.
火	09 日 날일변	昧	어두울. 탐할. 무릅쓸.
火	13 火 불화변	煤	그을음. 먹. 석탄.

오행	획수	한자	뜻
火	15 鬼 귀신귀변	魅	도깨비. 홀릴.
土	07 毋 말무변	每·	언제나. 매양. 마다. 늘.
土	08 女 계집녀변	妹·	(손아래) 누이.
土	10 土 흙토변	埋·	묻을. 메울. 묻힐.
土	12 女 계집녀변	媒·	중매. 중매 설. 중개.
土	17 20 辶 辵 책받침변 갖은책받침변	邁	멀리 갈. 떠날. 힘쓸. 늙을.
金	08 09 王 玉 임금왕변 구슬옥변	玫	붉은 옥 이름. 붉고 아름다운 돌. 사람 이름.
金	12 貝 조개패변	買·	구매할. 살.
金	14 酉 닭유변	酶	누룩. 술밑.
金	15 貝 조개패변	賣·	팔. 팔다. 속이다.
水	08 09 氵 水 삼수변 물수변	沬	땅 이름. 지명. 별 이름. 희미할.
水	15 雨 비우변	霉	곰팡이. 6월경의 장마. 매우 (梅雨).

맥

오행	획수	한자	뜻
木	11 麥 보리맥변	麥·	보리. 밀.
火	21 馬 말마변	驀	말 탈. 뛰어넘을. 곧장. 줄곧.
土	09 14 阝 阜 좌방변 언덕부변	陌	경계. 두렁. 길. 동서로 통하는 밭두둑.
水	10 12 月 肉 육달월변 고기육변	脈·	맥. 맥박. 혈관. 줄기.
水	12 豸 갖은돼지시변	貊	맹수 이름. 북방 종족 이름. 고요할.
水	13 豸 갖은돼지시변	貃	오랑캐. 맹수 이름. 조용할.
水	18 豸 갖은돼지시변	貘	민족 이름. 맹수 이름.

맹

오행	획수	한자	뜻
木	08 目 눈목변	盲·	소경. 장님. 눈 멀.
木	12 14 艹 艸 풀초변 초두변	萌	싹틀. 싹. 경작. 姓.
火	08 氏 각시씨변	氓	백성. 서민.

土 08 甿 田 밭전변 — 백성. 농부.

土 11 12 猛· 犭 犬 개사슴록변 개견변 — 용감할. 날랠. 사나울. 엄할.

土 13 盟· 皿 그릇명변 — 맹세할. 약속할. 믿을.

土 16 甍 瓦 기와와변 — 용마루. 지붕마루.

水 08 孟· 子 아들자변 — 맏. 맏이. 첫. 맹랑할. 姓.

水 09 虻 虫 벌레충변 — 등에 (곤충. 패모 (백합과의 다년초).

멱

木 13 幎 巾 수건건변 — 가릴. 덮을. 발. 면모.

火 11 覓 見 볼견변 — 찾을. 구할.

土 16 冪 冖 민갓머리변 — 상보. 덮을.

면

木 07 免· 儿 어진사람인변 — 면할. 허가할. 내칠. 벗을.

木 09 眄 目 눈목변 — 곁눈질. 흘길. 돌아볼.

木 10 眠· 目 눈목변 — 졸. 잠잘. 쉴.
면 ↔ 민 [통용]

木 11 冕 冂 멀경변 — 면류관.

木 12 棉 木 나무목변 — 목화. 솜. 면.

木 14 綿· 糸 실사변 — 솜. 잇닿을. 자세할. 감길.

木 15 緜 糸 실사변 — 햇솜. 새 솜. 고운 솜.

木 15 緬 糸 실사변 — 가는 실. 생각할. 가벼울.

木 15 麪 麥 보리맥변 — 밀가루. 국수.

木 20 麵 麥 보리맥변 — 麪자와 통용

火 09 俛 人 사람인변 — 힘쓸. 노력할. 구부릴.

火 09 面· 面 낯면변 — 낯. 얼굴. 대할. 볼. 겉.

金 09 勉· 力 힘력변 — 부지런할. 힘쓸.

水 07 08 氵 水 沔 물 이름.
물 흐를. 빠질.
삼수변 물수변

水 12 13 氵 水 湎 빠질.
물에 젖을. 술에 젖을.
삼수변 물수변

멸

木 15 17 艹 艸 蔑 업신여길.
어두울. 없을.
풀초변 초두변

木 17 竹 篾 대껍질.
대 이름. 덩굴.
대죽변

水 13 14 氵 水 滅· 멸할.
다할. 죽을. 불 꺼질.
삼수변 물수변

水 21 血 衊 모독할.
더럽힐. 더러운 피.
코피 흘릴.
피혈변

명

木 09 目 眀 밝을.
똑똑할. 姓. 明 [同字]
눈목변

木 10 12 艹 艸 茗 차.
차 싹. 차나무.
풀초변 초두변

木 12 木 榀 홈통.
[국]
나무목변

木 15 目 瞑 눈 감을.
어두울. 눈 멀. [면]
눈목변

木 14 16 艹 艸 蓂 명협 (상서로운 풀 이름).
책력 풀.
풀초변 초두변

火 08 日 明· 밝을.
똑똑할. 姓.
날일변

火 13 14 忄 心 慏 너그러울.
생각 깊을.
심방변 마음심변

火 14 日 暝 어두울.
잠 잘. 밤.
날일변

火 14 鳥 鳴· 새 울.
울. 울릴.
새조변

火 19 鳥 鵬 초명새 (새 이름).
(봉황 비슷한 신조神鳥).
새조변

金 05 皿 皿 그릇.
그릇명변

金 13 酉 酩 술 취할.
단술.
닭유변

金 14 金 銘· 새길.
금석에 새긴 글.
기록할. 명심할.
쇠금변

水 06 口 名· 이름.
이름날. 사람.
입구변

水 08 口 命· 목숨.
명령. 운수.
입구변

水 09 10 氵 水 洺 강 이름.
삼수변 물수변

水 10 冥· 어두울.
冖 깊숙할. 저승.
민갓머리변

水 13 14 溟 바다.
氵 水 적은 비.
삼수변 물수변

水 16 螟 해충.
虫 마디. 모기. 멸구.
벌레충변

메

木 09 10 袂 소매.
衤 衣 소맷자락.
옷의변

모

木 09 某· 익명.
木 아무.
나무목변

木 09 眊 눈 흐릴.
目 눈에 정기 적을.
눈목변

木 08 10 芼 풀 우거질.
艹 艸 나물. 솎아낼.
풀초변 초두변

木 09 11 茅 띠(포아풀과 다년초).
艹 艸 띠 벨. 띳집.
풀초변 초두변

木 11 眸 눈동자.
目 눈.
눈목변

木 12 帽 모자.
巾 두건. 붓두껍.
수건건변

木 14 15 摸 본뜰.
扌 手 모뜰. 더듬어 찾을.
재방변 손수변

木 15 摹 베낄.
手 본뜰.
손수변

木 15 模· 본보기.
木 본. 본뜰. 법.
나무목변

木 16 橅 법.
木 규범.　모 ↔ 무 [통용]
나무목변

火 04 毛· 털.
毛 가벼울. 작을. 姓.
터럭모변

火 08 侔 가지런할.
人 고를. 비등할. 같을.
사람인변

火 09 侮· 업신여길.
人 능멸할.
사람인변

火 09 10 恈 탐낼.
忄 心 탐내고 아낄.
심방변 마음심변

火 10 耗 소비할.
耒 벼. 줄(줄다). 덜. 없앨.
쟁기뢰변

火 11 軞 수레.
車 임금이 타는 수레.
수레거변

火 14 髦 긴 머리.
髟 다발머리. 준수할.
터럭발변 뛰어날.

火 14 15 慔 힘쓸.
忄 心
심방변 마음심변

火 15 慕· 사모할.
小 心 생각할.
밑마음심변 마음심변

火 15 暮· 저물.
日 해질 무렵. 늦을. 더딜.
날일변

土 05 母· 어미.
毋 근본. 유모. 암컷.
말무변

土 06 牟 클.
牛 보리. 땅 이름. 姓.
소우변

土 07 牡 수컷.
牛 열쇠.
소우변

土 07 皃 모양.
白 얼굴. 용모. 꼴. 자태.
흰백변

土 08 姆 여선생.
女 유모.
계집녀변

土 09 姥 할머니.
女 할미. 유모.
계집녀변

土 10 旄 깃대 장식.
方 기(旗). 쇠꼬리에 단 기.
모방변

土 10 耄 늙은이.
老 늙을. 90세 늙은이.
늙을로변

土 12 娼 강샘할 (질투할).
女 투기할. 노려볼.
계집녀변

土 13 募· 모을.
力 부를. 널리 구할.
힘력변

土 14 嫫 예쁠.
女 추녀. 못생길.
계집녀변

金 05 矛 창.
矛
창모변

金 13 14 瑁 서옥.
王 玉 옥홀. [매]
임금왕변 구슬옥변

金 16 謀· 꾀.
言 도모할. 계책.
말씀언변

金 18 謨 꾀.
言 계획할.
말씀언변

水 09 冒· 무릅쓸.
冂 범할. 나아갈.
멀경변

水 14 貌· 모양.
豸 용모. 거동. 꼴.
갖은돼지시변

水 15 蝥 해충.
虫 반모. → 蟊 [同字]
벌레충변

水 17 蟊 해충.
虫 뿌리 잘라먹는 벌레.
벌레충변 → 蝥 [同字]

목

木 04 木· 나무.
木
나무목변

木 05 目· 눈.
目 조목. 지목할. 볼.
눈목변

木	09 11 艹 艸 풀초변 초두변	苜	물풀 이름. 연지초. 거여목 (콩과의 풀).
木	13 目 눈목변	睦·	화목할. 친할. 믿을. 姓.
木	16 禾 벼화변	穆	화할. 아름다울. 공경할.
火	20 鳥 새조변	鶩	집오리. 달릴.
土	08 牛 소우변	牧·	목장. 칠. 기를. 다스릴.
水	07 08 氵 水 삼수변 물수변	沐	목욕. 머리 감을.

몰

水	07 08 氵 水 삼수변 물수변	沒·	빠질. 잠길. 죽을. 다할.
水	08 歹 죽을사변	歿	죽을. 떨어질. 끝날. 沒 [同字]

몽

木	14 夕 저녁석변	夢·	꿈. 꿈 꿀.
木	14 16 艹 艸 풀초변 초두변	蒙·	어릴. 입을. 괘 이름.
木	16 目 눈목변	瞢	어두울. 눈 어둘. 캄캄할.
木	17 巾 수건건변	幪	덮을. 무성한 모양.
木	19 目 눈목변	矇	소경. 청맹과니. 사리에 어둘.
木	20 舟 배주변	艨	군함. 전투용 배. 병선.
火	17 18 忄 心 심방변 마음심변	懞	두터울. 돈독할. 어두울.
火	18 日 날일변	曚	동틀. 날이 샐 녘. 어스레할.
火	25 鳥 새조변	鸏	비둘기. 열대조. 물새 이름.
水	13 雨 비우변	雺	안개. 해미 낄.
水	13 14 氵 水 삼수변 물수변	溕	이슬비. 가랑비. 흐릴.
水	17 18 氵 水 삼수변 물수변	濛	이슬비. 가랑비 올. 흐릴.
水	18 20 月 肉 육달월변 고기육변	朦	풍성할. 클. 20획. 달빛 희미할. 흐릴. 18획. [망]

참고	
	月변일 때는 → 18획 달빛 희미할. 흐릴. 肉변일 때는 → 20획 풍성할. 클.

묘

木 05 卩 **卯**· 토끼. 무성할. 넷째 지지.
병부절변

木 08 木 **杳** 아득할. 어두울. 깊을.
나무목변

木 09 目 **眇** 애꾸눈. 볼. 아득할.
눈목변

木 09 11 艹 艸 **苗**· 싹. 모종. 자손. 종족 이름.
풀초변 초두변

주의	(전산폰트) 필순에 8획이나, 字典에 9~11획 (++)이므로, 성명학은 9~11획 기준

木 12 13 扌 手 **描** 그릴. 모뜰. 묘사할.
재방변 손수변

주의	(전산폰트) 필순 11~12획이나, 字典에 12 ~ 13획(++)이므로 성명학은 12~13획 기준

木 15 广 **廟**· 사당. 종묘. 묘당.
엄호변

木 18 20 艹 艸 **藐** 멀. 아득할. 작을.
풀초변 초두변

火 09 日 **昴** 별 이름.
날일변

참고	대법원에서 선정한 인명용 한자란 성(姓)을 제외한 이름(名)의 한자를 말한다.

土 07 女 **妙**· 묘할. 예쁠. 젊을.
계집녀변

土 09 立 **玅** 妙자와 통용
설립변

土 10 田 **畝** 이랑 (전답 넓이의 단위). 두둑. 묘 ↔ 무 [통용]
밭전변

土 12 13 犭 犬 **猫** 고양이. 닻.
개사슴록변 개견변

주의	(전산폰트) 필순 11~12획이나, 字典에 12 ~ 13획(++)이므로 성명학은 12~13획 기준

土 14 土 **墓**· 무덤. 묘지.
흙토변

土 16 豸 **貓** 고양이.
갖은돼지시변

주의	(전산폰트) 필순 15획이나, 字典에 16획 (++)이므로, 성명학은 16획 기준

金 17 金 **錨** 닻. 姓.
쇠금변

주의	(전산폰트) 필순 16획이나, 字典에 17획 (++)이므로, 성명학은 17획 기준

水 12 水 **淼** 물 아득할. 큰물.
물수변

水 12 13 氵 水 **渺** 아득할. 작을.
삼수변 물수변

무

오행	획수	부수	한자	뜻
木	08 09	扌 手 재방변 손수변	拇	엄지손가락.
木	09 11	艹 艸 풀초변 초두변	茂·	무성할. 풍족할. 힘쓸. 아름다울.
木	13	木 나무목변	楙	무성할. 훌륭할. 아름다울. 茂의 [古字]
木	14	舛 어길천변	舞·	춤 출. 춤. 환롱 (幻弄)할.
木	15	广 엄호변	廡	집. 행랑. 곁채. 문간방.
木	15 16	扌 手 재방변 손수변	撫	손으로 누를. 편안할. 어루만질.
木	16	木 나무목변	橅	법. 규범.　무 ↔ 모 [통용]
木	17	糸 실사변	繆	얽을. 동여맬. 묶을. 속일.
木	16 18	艹 艸 풀초변 초두변	蕪	거칠. 달아날. 순무.
火	07	工 장인공변	巫	무당. 의사.
火	12	灬 火 연화변 불화변	無·	없을. 아닐.
火	04	无 이미기방변	无	無자와 통용
火	16	人 사람인변	儛	춤 출. 춤. 좋아 펄펄 뛸.
火	15 16	忄 心 심방변 마음심변	憮	어루만질. 누를. 멍할. 놀랄. [후. 호]
火	17	心 마음심변	懋	성대할. 힘쓸. 성대히 할.
火	18	鳥 새조변	鵡	앵무새.
火	19	馬 말마변	騖	달릴. 빠를.
土	04	毋 말무변	毋	없을. 말. 관 이름.
土	05	戈 창과변	戊·	무성할. 별. 다섯째 천간.

주의	字源五行의 戈변은 金에 해당되나 訓에 의거, 天干 戊는 土에 해당 土로 기준

오행	획수	부수	한자	뜻
土	08	止 그칠지변	武·	굳셀. 용맹. 건장할.
土	10	田 밭전변	畝	이랑 (전답 넓이의 단위). 두둑.　무 ↔ 묘 [통용]
土	11	力 힘력변	務·	직무. 힘쓸. 일.

오행	획수	한자	뜻
土	12 土 흙토변	堥	작은 언덕. 질그릇.
金	11 王 임금왕변 / 12 玉 구슬옥변	珷	옥돌. 마노.
金	12 貝 조개패변	貿·	무역할. 살. 바꿀.
金	14 言 말씀언변	誣	무고할. 속일. 거짓. 꾸밀.
水	15 口 입구변	嘸	애매할. 분명하지 않을.
水	16 月 육달월변 / 18 肉 고기육변	膴	두터울. 아름다울. 법. 포. 클. 많을. [호]
水	19 雨 비우변	霧·	안개. 어두울.

묵

오행	획수	한자	뜻
土	15 土 흙토변	墨·	먹. 姓.
水	15 口 입구변	嘿	고요할. 잠잠할. 입 다물.
水	16 黑 검을흑변	默·	조용할. 잠잠할. 말 없을.

참고	작명은 소리(音)로만, 뜻(訓)으로만, 또는 소리(音)와 뜻(訓)으로 모두 할 수 있다.

문

오행	획수	한자	뜻
木	04 文 글월문변	文·	글월. 글. 문서. 무늬. 姓.
木	07 扌 재방변 / 08 手 손수변	抆	닦을. 씻을.
木	08 門 문문변	門·	문. 집안. 전문. 姓.
木	10 糸 실사변	紋	무늬. 문채.
木	10 糸 실사변	紊	어지러울. 어지럽힐.
木	11 扌 재방변 / 12 手 손수변	捫	더듬을. 어루만질.
火	08 火 불화변	炆	따뜻할. 따스할.
火	10 人 사람인변	們	무리. 들 (인칭). 살찐.
火	10 忄 심방변 / 11 心 마음심변	悗	잊을. 짝 없는 모양. 의혹할. [만]
火	14 耳 귀이변	聞·	들을. 들릴. 소문. 이름날.
火	18 心 마음심변	懣	번민할. 번거로울. 고민할. [만]

金 06 刎 목 벨.
刂 刀 끊을.
선칼도변 칼도변

金 08 09 玧 붉은 옥.
王 玉 붉은 구슬.
임금왕변 구슬옥변
문 ↔ 윤 [통용]

金 15 16 璊 붉은 옥.
王 玉 붉은 옥빛.
임금왕변 구슬옥변

水 07 吻 입술.
口 입가.
입구변

水 07 08 汶 물 이름.
氵 水 姓.
삼수변 물수변

水 10 蚊 모기.
虫
벌레충변

水 11 問· 물을.
口 찾을. 문초할.
입구변

水 12 雯 구름 무늬.
雨 구름이 이룬 무늬.
비우변

물

土 08 物· 물건.
牛 만물. 재물. 일.
소우변

金 04 勿· 말.
勹 없을. 아닐.
쌀포변

水 07 08 沕 아득할.
氵 水 숨을. [밀]
삼수변 물수변

미

木 06 米· 쌀.
米 미터 (meter). 姓.
쌀미변

木 09 眉· 눈썹.
目 장수하여 눈썹이 긴
눈목변 사람. 가장자리.

木 11 梶 나무 끝.
木
나무목변

木 09 11 茉 맛.
艹 艸 맛볼. 뜻. 오미자.
풀초변 초두변

木 11 宷 깊을.
米 깊이 들어갈. 그물.
쌀미변

木 13 楣 처마.
木 문미. 들보.
나무목변

木 17 糜 된죽.
米 죽. 범벅.
쌀미변

木 17 縻 (소 고삐.
糸 끈. 줄. 얽어 맬.
실사변

木 17 19 薇 백일홍.
艹 艸 장미. 고비.
풀초변 초두변

木 19 靡 쓸릴.
非 쓰러질. 호사할. [마]
아닐비변

木 21 23 蘼 천궁 (川芎.
艹 艸 궁궁이.
풀초변 초두변

오행	획수	부수	한자	뜻
木	23 25	艹 艸 (풀초변 초두변)	蘼	맥문동. 천궁. 장미.
火	08	人 (사람인변)	侎	편안할. 사랑할. 어루만질.
火	13	彳 (두인변)	微·	작을. 친할.
火	13	火 (불화변)	煝	빛날.
土	05	木 (나무목변)	未·	아닐. 아직 ~하지 못하다. 여덟째 지지.

주의 字源五行의 木변은 木에 해당되나 訓에 의거, 地支 未는 土에 해당 土로 기준

오행	획수	부수	한자	뜻
土	08	冖 (민갓머리변)	冞	점점. 더욱 더. 깊을.
土	09	弓 (활궁변)	弭	활고자. 활. 쉴. 그칠. 편안할.
土	09	羊 (양양변)	美·	아름다울. 예쁠. 좋을. 맛날.
土	10	女 (계집녀변)	娓	장황할. 아름다울. 예쁠.
土	12	女 (계집녀변)	媚	사랑할. 풍치가 아름답다. 아양 떨. 아첨할.
土	12	女 (계집녀변)	媄	아름다울. 예쁘다. 빛 고울.
土	12	山 (메산변)	嵋	산 이름. 담장. 담.
土	12	山 (메산변)	嵄	산. 산 이름. 깊은 산.
土	13	女 (계집녀변)	媺	착할. 고울. 아름다울.
土	13	女 (계집녀변)	媺	착할. 고울. 아름다울.

주의 위 두 字는 변, 획수, 오행, 훈은 같으나 字形이 조금 다르다. 字典에는 별도 표시 없이 통용되니 혼동 없기를 요함

오행	획수	부수	한자	뜻
土	10 13	辶 辵 (책받침변 갖은책받침변)	迷·	미혹할. 전념할. 길 잘못들.
土	16	身 (몸신변)	躾	모양 낼. 예절 가르칠.
土	17	鹿 (사슴록변)	麋	큰 사슴. 고라니. 순록.
土	20 21	犭 犬 (개사슴록변 개견변)	獼	원숭이. 큰 원숭이.
土	22	亠 (돼지해머리변)	亹	힘쓸. 아름다울. 문채 날. 부지런할.
金	10	攵 攴 (등글월문변 칠복변)	敉	편안할. 사랑할. 어루만질.
金	13 14	王 玉 (임금왕변 구슬옥변)	瑂	옥돌.

오행	획수	부수	한자	뜻
金	17	弓 활궁변	彌	두루. 널리. 더할. 그칠.
金	08	弓 활궁변	弥	彌자와 통용
金	17	言 말씀언변	謎	수수께끼. 미혹시킬.
水	07	尸 주검시변	尾·	꼬리. 끝. 별 이름.
水	08	口 입구변	味·	맛. 맛볼. 맛들일. 뜻.
水	09 10	氵 水 삼수변 물수변	洣	강 이름. 물결.
水	12 13	氵 水 삼수변 물수변	渼	물 이름. 물. 물결 무늬.
水	12 13	氵 水 삼수변 물수변	湄	물가. 더운 물.
水	16 17	氵 水 삼수변 물수변	溦	가랑비. 물가. 가는 비.
水	17 18	氵 水 삼수변 물수변	濔	물 넘칠. 많을. 치렁치렁할. 미 ↔ 니 [통용]
水	20 21	氵 水 삼수변 물수변	瀰	물 가득할. 물 넓을.
水	23	黑 검을흑변	黴	곰팡이. 썩을. 때 낄.

민

오행	획수	부수	한자	뜻
木	09	目 눈목변	旼	볼.
木	10	目 눈목변	眠	볼. 姓. 민 ↔ 면 [통용]
木	09 11	艹 艸 풀초변 초두변	苠	속대. 댓속. 많은 모양. 늦게 여물.
木	10 11	罒 网 그물망변	罠	낚싯줄. 낚시.
木	12	門 문문변	閔	사람 이름. 힘쓸. 위문할. 姓.
木	14	糸 실사변	緍	낚싯줄. 실 끝. [면]
木	14	門 문문변	閩	종족 이름. 땅 이름.
木	15	糸 실사변	緡	낚싯줄. 실 끝. 입다. [면]
火	05	氏 각시씨변	民·	백성. 서민. 국민.
火	08	心 마음심변	忞	힘쓸. 강인할. 노력할.
火	07 08	忄 心 심방변 마음심변	忟	忞자와 통용

火 08 旻 日 날일변 — 하늘.

火 08 旼 日 날일변 — 화할. 온화할. 하늘.

火 12 悶 心 마음심변 — 번민할. 민망할. 어두울.

火 13 愍 心 마음심변 — 근심할. 가엾어 할. 불쌍할.

火 13 暋 日 날일변 — 굳셀. 강할. 노력할.

火 14 頣 頁 머리혈변 — 강할. 굳셀.

火 15 慜 心 마음심변 — 민첩할. 총명할. 영리할.

火 15 16 憫· 忄 心 심방변 마음심변 — 민망할. 근심할. 불쌍할.

火 18 顚 頁 머리혈변 — 강할.

土 08 岷 山 메산변 — 산 이름. 메.

土 13 黽 黽 맹꽁이변 — 힘쓸. 노력할.

金 08 09 玟 王 玉 임금왕변 구슬옥변 — 옥돌. 불구슬. 아름다운 돌.

金 09 敃 攵 支 등글월문변 칠복변 — 건강할. 굳셀. 힘쓸. [분]

金 09 10 珉 王 玉 임금왕변 구슬옥변 — 옥돌. 아름다운 돌.

金 09 砇 石 돌석변 — 珉자와 통용

金 13 14 瑉 王 玉 임금왕변 구슬옥변 — 珉자와 통용

金 14 碈 石 돌석변 — 珉자와 통용

金 11 敏· 攵 支 등글월문변 칠복변 — 민첩할. 총명할. 영리할.

金 12 13 琝 王 玉 임금왕변 구슬옥변 — 옥돌.

金 12 13 琘 王 玉 임금왕변 구슬옥변 — 옥돌.

金 13 鈱 金 쇠금변 — 돈끈. 철판.

金 17 鍲 金 쇠금변 — 돈꿰미. 장사 밑천. 생업. 회계할.

水 08 09 泯 氵 水 삼수변 물수변 — 망할. 멸할. 다할.

水	11 13 月 肉	脗	합할. 물결 가없는 모양. [문]
	육달월변 고기육변		
水	15 16 氵 水	潣	물 흐를. 졸졸 흐를.
	삼수변 물수변		
水	22 魚	鰵	민어. 다금바리.
	물고기어변		

참고	이름의 성(姓)은 반드시 漢字로 출생신고를 해야 하나, 이름(名)은 한자(인명용 한자 중에서) 또는 한글로 신고해야 한다.

밀

木	11 宀	密·	비밀. 빽빽할. 친할.
	갓머리변		
木	15 木	樒	침향나무. 침향 (沈香).
	나무목변		
金	17 言	謐	상세할. 조용할. 편안한 말.
	말씀언변		
水	14 虫	蜜·	꿀. 벌꿀.
	벌레충변		
水	14 15 氵 水	滵	물 흐를. 빨리 흐르는 모양.
	삼수변 물수변		

♣

참고	대법원에서 선정한 인명용 한자란 성(姓)을 제외한 이름(名)의 한자를 말한다.

ㅂ

박

오행	획수	한자	뜻
木	06 木 나무목변	朴·	순박할. 클. 후박나무. 姓.
木	08 扌 재방변 / 09 手 손수변	拍·	손뼉 칠. 두드릴. 장단. 가락.
木	11 米 쌀미변	粕	지게미. 술지게미 (찌꺼기).
木	11 舟 배주변	舶	상선. 큰 배.
木	14 片 조각편변	牔	박공널 (맞배지붕에 八자로 까는 널판지).
木	14 竹 대죽변	箔	금종이. 금속 조각. 발.
木	15 扌 재방변 / 16 手 손수변	撲	두드릴. 칠. 부딪힐. 넘어질.
木	16 木 나무목변	樸	통나무. 순박할. 근본. [복]
木	16 糸 실사변	縛	묶을. 얽을. 포승. 포박할.
木	17 艹 풀초변 / 19 艸 초두변	薄·	야박할. 엷을. 얇을. 메마를.
木	21 木 나무목변	欂	주두 (柱頭). 두공 (기둥 위의 방목 : 넓게 깔다의 뜻).
火	14 馬 말마변	駁	얼룩말. 섞일. 칠.
火	16 馬 말마변	駮	논박할. 짐승 이름. 얼룩질. 섞일.
火	20 骨 뼈골변	髆	어깻죽지. 어깨뼈.
土	10 亠 돼지해머리변	亳	땅 이름. 은나라 서울.
土	09 辶 책받침변 / 12 辵 갖은책받침변	迫·	다가올. 접근할. 핍박. 궁할.
金	10 刂 선칼도변 / 刀 칼도변	剝	깎을. 벗길. 다질. 괘 이름.
金	09 王 임금왕변 / 10 玉 구슬옥변	珀	호박. 박 ↔ 백 [통용]
金	13 金 쇠금변	鉑	금박.
金	16 王 임금왕변 / 17 玉 구슬옥변	璞	옥돌. 진실할. 소박할.
金	18 金 쇠금변	鎛	종. 쇠북. 호미. 쇠북틀 채색할.

水 08 09 **泊**· 배 댈.
氵 水 쉴. 머무를.
삼수변 물수변

水 12 **博**· 넓을.
十 넓힐. 평평할. 많을.
열십변

水 13 **雹** 우박.
雨 누리.
비우변

水 14 16 **膊** 팔뚝.
月 肉 포. 고기를 말린 것.
육달월변 고기육변

반

木 07 08 **扳** 당길.
扌 手 이끌. 끌어 잡을.
재방변 손수변

木 08 09 **拌** 섞을.
扌 手 쪼갤. 버릴.
재방변 손수변 [판]

木 09 **叛**· 배반할.
又
또우변

木 09 **盼** 눈 예쁠.
目
눈목변

木 10 **般**· 일반.
舟 많을. 돌이킬. 옮길.
배주변

木 11 **絆** 얽어맬.
糸 줄. 맬.
실사변

木 12 **斑** 얼룩.
文 얼룩얼룩한 무늬.
글월문변 아롱질.

木 14 **槃** 쟁반.
木 소반. 즐거울.
나무목변

木 13 14 **搬** 옮길.
扌 手 운반할. 이사할.
재방변 손수변

木 14 **搫** 덜.
手 옮길.
손수변

木 19 **攀** 더위잡을.
手 휘어잡을. 당길.
손수변

火 07 **伴**· 동무.
人 짝. 따를. 따라갈.
사람인변

火 13 **頒** 반쯤 셀.
頁 나눌. [분]
머리혈변

火 14 **頖** 학교 이름.
頁 반궁.
머리혈변

土 05 **半**· 절반.
十 반.
열십변

土 10 **畔** 밭두둑.
田 논밭의 경계. 지경.
밭전변

土 08 11 **返**· 돌이킬.
辶 辵 바꾸다. 도리어. 번.
책받침변 갖은책받침변

土 13 **媻** 뽐낼.
女 비틀거릴. 느리게 걷다.
계집녀변

金 08 **攽** 나눌.
攵 攴 줄.
등글월문변 칠복변

오행	획수	부수	한자	뜻
金	10 11	王 玉 (임금왕변 구슬옥변)	班·	나눌. 반열. 반. 양반. 姓.
金	15	皿 (그릇명변)	盤·	쟁반. 소반. 편안할. 굽을.
金	15	石 (돌석변)	磐	반석. 너럭바위. 넓을. 이을.
金	17	石 (돌석변)	磻	물 이름. 반 ↔ 번[통용] [파]
金	20	石 (돌석변)	礬	백반. 광물 이름. 명반. [번]
水	04	又 (또우변)	反·	돌이킬. 배반할. [번]
水	08	月 (달월변)	朌	나눌. 부세. 구실 매길. 반 ↔ 분 [통용]
水	08 09	氵 水 (삼수변 물수변)	泮	물가. 녹을. 학교. [판]
水	09 11	月 肉 (육달월변 고기육변)	胖	클. 살찔. 편안할. 관대.
水	13	食 (밥식변)	飯·	밥. 먹을. 먹일. 기를.
水	15	疒 (병질엄변)	瘢	흉터. 자국. 흠질.
水	15 16	氵 水 (삼수변 물수변)	潘	물 이름. 뜨물. 姓.
水	16	虫 (벌레충변)	螌	진딧물. 반모(螌蝥). 가뢰.
水	17	豕 (돼지시변)	豳	아롱질. 얼룩질. 반 ↔ 빈[통용]
水	18	虫 (벌레충변)	蟠	서릴. 쌓을. 돌. 두를.

발

오행	획수	부수	한자	뜻
木	08 09	扌 手 (재방변 손수변)	拔·	뽑아낼. 뺄. 뛰어날. 가릴.
木	15 16	扌 手 (재방변 손수변)	撥	다스릴. 덜. 퉁길. 없앨. [벌]
火	09	火 (불화변)	炦	불기운. 발 ↔ 별 [통용]
火	12	癶 (필발머리변)	發·	필. 일어날. 드러낼.
火	15	髟 (터럭발변)	髮·	터럭. 머리털. 길이 단위.
火	15	鬼 (귀신귀변)	魃	가뭄. 가뭄 귀신.
火	18	鳥 (새조변)	鵓	집비둘기.
土	09	力 (힘력변)	勃	우쩍 일어날. 갑자기.

土 12 𧾷 足 발족변 **跋** 밟을. 넘을.

金 13 金 쇠금변 **鈸** 방울. 동발 (銅鈸).

金 13 金 쇠금변 **鉢** 바리때. 중의 밥그릇.

金 19 酉 닭유변 **醱** 술 괴일. 빚을.

水 10 口 입구변 **哱** 숨 내쉬는 소리. 대평소. 어지러울.

水 10 11 氵 水 삼수변 물수변 **浡** 일어날. 성할. 바다 이름.

水 12 13 氵 水 삼수변 물수변 **渤** 바다 이름. 나라 이름. 발해.

水 11 13 月 肉 육달월변 고기육변 **脖** 배꼽. 목.

水 15 16 氵 水 삼수변 물수변 **潑** 물 뿌릴. 활발할. 사나울.

방

木 08 戶 지게호변 **房**· 방. 별 이름. 姓.

木 08 木 나무목변 **枋** 나무 이름. 다목. 어살. [병]

木 08 10 艹 艸 풀초변 초두변 **芳**· 꽃다울. 향기. 이름 빛날.

木 10 糸 실사변 **紡** 길쌈. 지을. 실. 걸. 비단.

木 10 舟 배주변 **舫** 뗏목. 방주. 배.

木 11 方 모방변 **旊** 옹기장이. 질그릇장이.

木 11 木 나무목변 **梆** 목탁. 목어. 대통 칠.

木 12 舟 배주변 **艕** 배. 오나라 배.

木 14 木 나무목변 **榜** 방 붙일. 고시할. 알릴.

木 13 14 扌 手 재방변 손수변 **搒** 가릴. 볼기 칠. 매질.

木 14 片 조각편변 **牓** 표할. 방 써붙일. 게시판.

木 14 16 艹 艸 풀초변 초두변 **蒡** 인동덩굴. 우엉.

木 17 巾 수건건변 **幫** 도울. 곁들.

木 12 巾 수건건변 **帮** 幫자와 통용

火 06 人 倣 비슷할. 본뜰. 모방할. 흉내.
사람인변

火 07 彳 彷 거닐. 비슷할. 방불할.
두인변

火 08 日 昉 밝을. 본받을. 비로소.
날일변

火 10 人 倣· 본받을. 본뜰. 모방할.
사람인변

火 12 人 傍· 곁. 방. 의지할.
사람인변

火 13 彳 徬 시중 들. 거닐. 배회할. 붙어갈.
두인변

火 14 髟 髣 비슷할. 닮을.
터럭발변

土 04 方 方· 모. 방위. 방향. 姓.
모방변

土 07 土 坊 동네. 골 이름. 막을. 가게.
흙토변

土 07 女 妨· 방해할. 훼방. 해로울. 거리낄.
계집녀변

土 07 尢 尨 삽살개. 얼룩얼룩할. 클.
절름발이왕변

土 10 方 旁 곁. 옆. 널리. 두루. 방. 기댈. [팽]
모방변

土 07 11 阝 邑 邦· 나라. 姓.
우방변 고을읍변

土 07 12 阝 阜 防· 둑. 방죽. 막을. 대비하다.
좌방변 언덕부변

土 19 龍 龐 클. 높을. 姓.
용룡변

金 08 攵 攴 放· 놓을. 석방. 내놓을. 방자할.
등글월문변 칠복변

金 11 言 訪· 방문하다. 찾을. 뵈올.
말씀언변

金 15 石 磅 돌 소리.
돌석변

金 17 言 謗 흉볼. 헐뜯을. 비방.
말씀언변

金 18 金 鎊 파운드. 영국 화폐 단위. 깎을.
쇠금변

水 09 厂 厖 두터울. 클. 넉넉할. 섞일.
민엄호변

水 08 10 月 肉 肪 살찔. 비계. 기름.
육달월변 고기육변

水 10 虫 蚌 민물조개. 씹조개. 방합.
벌레충변

水 13 14 氵 水 滂 비 퍼부을. 큰비.
삼수변 물수변

水 15 魚 **魴** 방어. 姓.
물고기어변

水 14 16 月 肉 **膀** 방광. 오줌통.
육달월변 고기육변

水 16 虫 **螃** 방게.
벌레충변

배

木 05 06 扌 手 **扒** 뽑을. 뺄.
재방변 손수변

木 08 木 **杯**· 잔. 술잔.
나무목변

木 09 皿 **盃** 杯자와 통용
그릇명변

木 09 手 **拜**· 절할. 감사할. 삼가고 공경할.
손수변

木 11 12 扌 手 **排**· 밀칠. 밀어낼. 물리칠.
재방변 손수변

木 14 衣 **裴** 옷 길. 옷 치렁치렁할. 姓.
옷의변

木 14 衣 **裵** 裴자와 통용
옷의변

木 14 15 衤 衣 **褙** 속적삼. 배자. 속옷.
옷의변

木 14 16 艹 艸 **蓓** 꽃망울. 꽃봉오리.
풀초변 초두변

木 15 17 艹 艸 **蓓** 꽃봉오리. 황배풀.
풀초변 초두변

火 09 人 **俖** 옳지 못할. 아니 될. 불가하다.
사람인변

火 10 人 **俳** 배우. 광대. 익살. 장난.
사람인변

火 10 人 **倍**· 갑절. 더할. 곱. 곱할.
사람인변

火 12 火 **焙** 불에 쬐다. 쬘. 배롱.
불화변

火 15 車 **輩**· 무리. 동아리. 떼 지을.
수레거변

土 07 土 **坏** 집 뒷담. 굽지 않은 기와. 흙칠할. 언덕.
흙토변

土 11 土 **培**· 복돋울. 가꿀. 다스릴.
흙토변

土 11 彳 **徘** 어정거릴. 노닐. 배회할.
두인변

土 11 16 阝 阜 **陪** 모실. 도울. 더할.
좌방변 언덕부변

金 07 貝 **貝** 조개. 재물. 姓.
조개패변
배 ↔ 패 [통용]

金 10 酉 닭유변 **配**· 짝. 배필. 나눌.

金 12 王 임금왕변 13 玉 구슬옥변 **琲** 구슬꿰미. 꿸.

金 15 貝 조개패변 **賠** 물어줄. 보상할. 배상할.

水 05 匕 비수비변 **北** 등지다. 달아나다. 배 ↔ 북 [통용]

水 09 月 육달월변 11 肉 고기육변 **胚** 잉태. 아이 밸.

水 09 月 육달월변 11 肉 고기육변 **背**· 등. 뒤. 등질. 어길. 배반할.

水 12 氵 삼수변 13 水 물수변 **湃** 물소리. 물결 칠.

백

木 08 巾 수건건변 **帛** 비단. 명주. 폐백.

木 09 木 나무목변 **柏** 잣. 크다. 다가오다.

木 10 木 나무목변 **栢** 柏자와 통용

木 09 艹 풀초변 11 艸 초두변 **苩** 성씨. 姓.

火 07 人 사람인변 **伯**· 맏. 첫. 우두머리. 작위.

火 08 人 사람인변 **佰** 일백. 우두머리.

火 12 走 달릴주변 **趙** 넘칠. 급할. 넘을.

火 15 鬼 귀신귀변 **魄** 혼. 넋. 몸. 달빛. [박. 탁]

金 05 白 흰백변 **白**· 흰. 흴. 정결할. 밝을.

金 09 王 임금왕변 10 玉 구슬옥변 **珀** 호박. 백 ↔ 박 [통용]

水 06 白 흰백변 **百**· 일백. 많을.

번

木 10 衤 11 衣 옷의변 **袢** 속옷. 등거리. 여름옷.

木 15 巾 수건건변 **幡** 깃발. 표기. 나부낄.

木 15 木 나무목변 **樊** 울타리. 에워쌀. 우리.

木 17 糸 실사변 **繁**· 성할. 많을. 번성할. 무성할.

자원오행	획수·부수	한자	뜻
木	18 糸 실사변	繙	되풀이할. 풀. 펴 볼. 번역할.
木	16 18 艹 艸 풀초변 초두변	蕃	우거질. 번성할. 불을. 많을.
木	19 21 艹 艸 풀초변 초두변	藩	울타리. 지경. 지킬. 휘장.
木	21 23 艹 艸 풀초변 초두변	蘩	산 흰쑥. 사철쑥. 새발쑥.
火	13 火 불화변	煩·	번거로울. 번민할.
火	16 火 불화변	燔	구울. 말릴. 불사를.
火	21 飛 날비변	飜·	번역할. 날. 나부낄. 뒤집을.
火	18 羽 깃우변	翻	飜자와 통용
土	12 田 밭전변	番·	차례. 번. 번들.
金	17 石 돌석변	磻	물 이름. 낚시터. 반계. [파] 번 ↔ 반[통용].
水	16 18 月 肉 육달월변 고기육변	膰	제육. 제사 지낸 삶은 고기.

참고	작명은 소리(音)로만, 뜻(訓)으로만, 또는 소리(音)와 뜻(訓)으로 모두 할 수 있다.

벌

자원오행	획수·부수	한자	뜻
木	12 竹 대죽변	筏	뗏목. 큰 배.
木	14 門 문문변	閥	공로. 공훈. 문벌. 가문.
木	14 15 罒 网 그물망변	罰·	죄. 벌 줄. 벌.
木	16 木 나무목변	橃	떼 (뗏목. 큰 배.
木	15 16 罒 网 그물망변	罸	꾸짖을. 벌. 죄.
火	06 人 사람인변	伐·	벨. 칠. 정벌. 공적.

범

자원오행	획수·부수	한자	뜻
木	06 巾 수건건변	帆	돛단배. 돛.
木	07 木 나무목변	杋	나무 이름.
木	11 木 나무목변	梵	깨끗할. 불경. 범어.
木	09 11 艹 艸 풀초변 초두변	范	풀 이름. 벌풀(풀이름). 벌(蠭). 姓.

오행	획수	부수	한자	뜻
木	11	竹 대죽변	笵	본보기. 법. 대쪽.
木	15	竹 대죽변	範·	법. 본보기. 모뜰. 떳떳.
木	19	風 바람풍변	颿	말 달릴. 돛. 빠를.
土	05 06	犭 犬 개사슴록변 개견변	犯·	죄인. 죄. 범할. 어긋날.
金	10	言 말씀언변	訉	말 많을. 수다스럴.
金	11	金 쇠금변	釩	떨칠. 털다.
水	03	几 안석궤변	凡·	무릇. 대강. 보통. 평범할. 姓.
水	05 06	氵 水 삼수변 물수변	氾	넘칠. 넓을. 땅 이름.
水	06 07	氵 水 삼수변 물수변	汎	넓을. 물에 뜰. 물 이름.
水	08 09	氵 水 삼수변 물수변	泛	뜰. 물 찰. 넓을. [봉. 핍]
水	12 13	氵 水 삼수변 물수변	渢	풍류 소리. [풍]
水	14 15	氵 水 삼수변 물수변	滼	뜰. 뜨는 모양. [반]

법

오행	획수	부수	한자	뜻
金	12 13	王 玉 임금왕변 구슬옥변	琺	법랑 (불투명 유리 물질).
水	08 09	氵 水 삼수변 물수변	法·	법. 방법. 본받을.

벽

오행	획수	부수	한자	뜻
木	17	木 나무목변	檗	황경나무. 회양목.
木	21 23	艹 艸 풀초변 초두변	蘗	檗자와 통용
木	17	手 손수변	擘	엄지손가락. 쪼갤. 당길.
木	16 17	扌 手 재방변 손수변	擗	가슴 칠. 빠갤. 쪼갤.
木	19	衣 옷의변	襞	옷 주름. 치맛주름. 옷 접을.
木	21	門 문문변	闢	열. 열릴. 개간할. 나눌. 피할. 물리칠.
火	15	人 사람인변	僻	후미질. 궁벽할. 치우칠. 간사할. [비]
火	24	鳥 새조변	鷿	논병아리. 강오리.

오행	획수	한자	뜻
土	16 土 흙토변	壁·	벽. 울타리. 진터.
土	18 瓦 기와와변	甓	벽돌. 기와.
土	20 田 밭전변	疈	쪼갤. 가를.
土	26 黽 맹꽁이변	鼊	거북.
金	13 辛 매울신변	辟	임금. 천자. 법. [피]
金	14 石 돌석변	碧·	푸를. 푸른. 옥.
金	15 刂 刀 선칼도변 칼도변	劈	쪼갤. 빼갤. 가를.
金	18 玉 구슬옥변	璧	아름다운 옥. 구슬.
水	18 疒 병질엄변	癖	버릇. 즐길. 습관. 적병 (積病:소화불량).
水	21 雨 비우변	霹	벼락. 천둥.

변

오행	획수	한자	뜻
木	05 廾 스물입발변	弁	고깔. 빠를. 급할. 서두를.[반]
木	07 08 扌 手 재방변 손수변	抃	손뼉 칠. 손장단 칠.
木	20 糸 실사변	辮	땋을. 맺을. 얽을. 엮을.
木	25 竹 대죽변	籩	제기 이름. 대 제기. 벼슬 이름.
火	07 釆 분별할변	釆	분별할. 나눌. → 辨의 [本字]
火	07 08 忄 心 심방변 마음심변	忭	좋아할. 기쁠. 즐거울.
火	09 人 사람인변	便	문득. 곧. 소식. 똥오줌. 변 ↔ 편 [통용]
火	16 馬 말마변	騈	나란히 할. 한방에 멜. 군살.
火	16 鳥 새조변	鴘	매. 두 살 된 매. 묵인 매.
火	16 骨 뼈골변	骿	통갈비. 굳은살.
土	04 卜 점복변	卞	법. 법도. 姓.
土	19 22 辶 辵 책받침변 갖은책받침변	邊·	갓 (가). 가장자리. 근처. 변방. 국경.
金	13 貝 조개패변	賆	더할.

- 金 16 辛 **辨**· 분별할. 가릴. 나누다. 매울신변
- 金 21 辛 **辯**· 말 잘할. 말. 따질. 바로잡을. 매울신변
- 金 23 言 **變**· 변할. 달라질. 고칠. 변고. 말씀언변
- 水 12 月 14 肉 **胼** 살갗 틀. 못박힐. 굳은살. 육달월변 고기육변

별

- 木 11 艹 13 艸 **莂** 모종 낼. 옮겨 심을. 풀초변 초두변
- 木 13 香 **馝** 향기 날. 향기. 향기향변
- 木 17 目 **瞥** 잠깐. 얼핏 볼. 눈목변
- 木 17 香 **馡** 향기 날. 향기향변
- 木 17 衤 18 衣 **襒** 떨치다. 떨어낼. 옷 털다. 옷의변
- 火 09 火 **炦** 불기운. 김 오를. 별↔발 [통용] 불화변
- 火 23 鳥 **鷩** 붉은 꿩. 새조변
- 土 12 力 **勡** 힘센 모양. 클. 힘력변
- 土 25 黽 **鼈** 자라. 姓. 맹꽁이변
- 水 23 魚 **鱉** 鼈자와 통용 물고기어변
- 金 07 刂 刀 **別**· 나눌. 구별. 이별. 헤어질. 선칼도변 칼도변
- 金 15 弓 **彆** 활 뒤틀릴. 꼍끄러울. 활궁변

병

- 木 08 干 **幷** 아우를. 어울릴. [本字] 방패간변
- 木 06 干 **并** 幷자와 통용 [俗字] 방패간변
- 木 08 禾 **秉** 잡을. 자루. 볏단. 벼화변
- 木 08 扌 09 手 **抦** 잡을. 재방변 손수변
- 木 09 木 **柄** 자루. 손잡이. 권세. 근본. 나무목변
- 木 12 木 **棅** 柄자와 통용 나무목변

木 14 絣 이을.
糸 튀길. 나란히 놓을. 먹줄.
실사변

火 05 丙· 남녘.
一 셋째 천간.
한일변

주의 字源五行의 一변은 木에 해당되나 訓에 의거, 天干 丙은 火에 해당 火로 기준

火 09 昞 밝을.
日 빛날.
날일변

火 09 昺 昞자와 통용
日
날일변

火 09 炳 빛날.
火 밝을.
불화변

火 10 倂 아우를.
人 나란히 할. 다툴.
사람인변

火 15 輧 수레.
車 부인의 수레. [변]
수레거변

火 18 騈 나란히 할.
馬 땅 이름.
말마변

土 13 甁 단지.
瓦 병. 두레박. 시루.
기와와변

土 10 13 迸 달아날.
辶 辵 도망할. 솟아나올.
책받침변 갖은책받침변

土 14 缾 물장군.
缶 물통. 병. 두레박.
장군부변

金 07 兵· 병졸.
八 군사. 무기.
여덟팔변

金 10 竝· 나란할.
立 아우를. 곁.
설립변

火 08 並 竝자와 통용
一
한일변

金 13 鈵 단단할.
金 굳을.
쇠금변

金 16 鉼 금덩이.
金 금화. 은화. [本字]
쇠금변

金 14 鉼 鉼자와 통용 [俗字]
金
쇠금변

水 10 病· 병.
疒 근심할. 흠. 앓을.
병질엄변

水 11 屛· 병풍.
尸 가릴. 담.
주검시변

水 17 餠 떡.
食
밥식변

보

木 12 輔 볼.
目 보다.
눈목변

木 12 13 補· 도울.
衤 衣 기울. 고칠. 수선할.
옷의변

자원오행	획수	부수	한자	뜻
木	12 14	艹 艸 (풀초변 초두변)	菩	보살. 보리. [배]
木	13 15	艹 艸 (풀초변 초두변)	葆	풀 성할. 풀 더부룩할. 감출.
木	14 15	衤 衣 (옷의변)	褓	포대기.
木	18	竹 (대죽변)	簠	제기 이름. 대 제기. 보궤.
木	19	黹 (바느질치변)	黼	수 (繡). 보불. 예복 이름.
火	09	人 (사람인변)	保·	보증. 보전할. 지킬. 기를.
火	09	人 (사람인변)	俌	도울.
火	11	火 (불화변)	烳	햇불.
火	12	日 (날일변)	普·	넓을. 두루. 클.
火	14	車 (수레거변)	輔	도울. 덧방나무.
火	15	鳥 (새조변)	鴇	능에 (새의 종류). 너새. 넉새.
土	07	止 (그칠지변)	步·	걸음. 걸을. 보병.

자원오행	획수	부수	한자	뜻
土	08	止 (그칠지변)	歩	步자와 통용
土	12	土 (흙토변)	堡	제방. 방죽. 둑.
土	12	土 (흙토변)	報·	갚을. 알릴. 대답할. 여쭐.
金	07 08	王 玉 (임금왕변 구슬옥변)	𤣰	옥그릇.
金	12	皿 (그릇명변)	盙	제기 이름. 대 제기. 보궤.
金	19	言 (말씀언변)	譜·	족보. 계보. 악보. 문서.
金	20	宀 (갓머리변)	寶·	보배. 보물. 돈.
金	08	宀 玉 (갓머리변 구슬옥변)	宝	寶자와 통용
金	10 11	王 玉 (임금왕변 구슬옥변)	珤	寶자와 통용
金	10 11	王 玉 (임금왕변 구슬옥변)	琁	寶자와 통용
金	27	雨 (비우변)	靌	보배. 서옥. 귀할. 돈. 옥새.

주의	(전산폰트) 필순이 26획으로 보이나(전산오류로 사료됨) 字典에 27획이므로 27획 기준

水 07 用 쓸용변 **甫** 클. 많을. 비로소. 아무개 (남자의 미칭).

水 09 10 氵 水 삼수변 물수변 **洑** 보 막을. 보 (흐르는 물을 막아 가두는 곳). [국]. [복]

水 12 13 氵 水 삼수변 물수변 **湺** 보. 물 이름. 사람 이름. [선]

水 13 14 氵 水 삼수변 물수변 **溥** 클. 두루. 넓을. [박] 보 ↔ 부 [통용]

水 15 16 氵 水 삼수변 물수변 **潽** 물 이름. 물 넓을.

복

木 05 06 扌 手 재방변 손수변 **扑** 칠. 회초리. 매. 사람 이름. 姓. [밀]

木 08 宀 갓머리변 **宓** 사람 이름. 편안할. 비밀. 엎드릴. 姓. [밀]

木 10 12 艹 艸 풀초변 초두변 **茯** 복령 (버섯의 일종).

木 14 示 보일시변 **福**· 복. 행복. 상서로울.

木 12 14 艹 艸 풀초변 초두변 **菔** 무. 채소.

木 14 竹 대죽변 **箙** 화살통. 전동 (화살통).

木 15 巾 수건건변 **幞** 두건. 머리동이.

木 14 15 衤 衣 옷의변 **複**· 겹칠. 거듭. 겹옷.

木 15 17 艹 艸 풀초변 초두변 **蔔** 치자꽃. 무.

木 18 香 향기향변 **馥** 향기. 향기로울.

火 02 卜 점복변 **卜**· 점. 점칠. 姓.

火 06 人 사람인변 **伏**· 엎드릴. 숨을. 굴복할. 절후.

火 12 彳 두인변 **復**· 거듭. 회복할. 돌아올. 뒤집을. 복 ↔ 부[통용]

주의	復字는 복, 또는 부로 두 가지 발음을 동시에 인정한다.

火 14 人 사람인변 **僕** 하인. 종. 마부.

火 16 車 수레거변 **輹** 바퀴통. 당토. 복토.

火 16 車 수레거변 **輻** 바퀴살. 다투어 모일. [부] 복 ↔ 폭 [통용]

火 19 鵬 鳥 새조변 새 이름. 산올빼미. 부엉이.

土 11 匐 勹 쌀포변 기어갈. 엎드릴.

土 15 墣 土 흙토변 흙덩어리.

土 13 15 腹· 月 肉 육달월변 고기육변 배. 마음. 창자.

金 17 鍑 金 쇠금변 가마솥. 아가리 큰 솥.

金 18 覆· 襾 덮을아변 뒤집을. 엎어질. 다시. [부]

水 08 服· 月 달월변 옷. 의복. 입을. 일할.

水 15 蝠 虫 벌레충변 박쥐. 노랑가오리.

水 15 蝮 虫 벌레충변 살모사. 독사.

水 17 18 濮 氵 水 삼수변 물수변 물 이름. 강 이름.

水 20 鰒 魚 물고기어변 전복. 오분자기.

참고	대법원에서 선정한 인명용 한자란 성(姓)을 제외한 이름(名)의 한자를 말한다.

본

木 05 本· 木 나무목변 근본. 밑. 뿌리. 원래의 것.

볼

木 08 乶 乙 새을변 땅 이름. 음역자. [국]

주의	우리말에서 '볼'음을 표기하는 글자로 뜻은 없음. 우리나라 한자

봉

木 04 丰 丨 뚫을곤변 예쁠. 성할. 우거질.

木 08 奉· 大 큰대변 받들. 姓.

木 07 09 芃 艹 艸 풀초변 초두변 풀 무성할.

木 11 12 捧 扌 手 재방변 손수변 받들. 들.

木 12 棒 木 나무목변 몽둥이. 봉. 두드릴. 칠.

木 13 綘 糸 실사변 꿰맬. 옷솔기. 바느질할.

木 12 14 **菶** 풀 무성할. 우거질.
艹 艸
풀초변 초두변

木 17 **篷** 뜸.
竹
대죽변

木 15 17 **蓬** 쑥. 봉래.
艹 艸
풀초변 초두변

木 17 **縫** 꿰맬. 기울.
糸
실사변

火 10 **俸** 녹. 녹봉. 봉급.
人
사람인변

火 11 **烽** 봉화.
火
불화변

火 14 **鳳**· 새. 봉황의 수컷. 姓.
鳥
새조변

火 15 **熢** 봉화. 봉화대. 연기 자욱할. → 烽 [全]
火
불화변

火 15 **鴌** 봉황. 봉황의 수컷. 꿩. [국]
鳥
새조변

土 09 **封**· 봉할. 제후 봉할.
寸
마디촌변

土 10 **峯**· 봉우리.
山
메산변

土 10 **峰** 峯자와 통용
山
메산변

土 11 14 **逢**· 만날. 맞을.
辶 辵
책받침변 갖은책받침변

金 12 13 **琫** 칼 장식. 칼 치장.
王 玉
임금왕변 구슬옥변

金 15 **鋒** 칼날. 날. 끝. 병기.
金
쇠금변

水 07 **夆** 끌어당길. 만날. 이끌.
夂
뒤져올치변

水 13 **蜂**· 벌.
虫
벌레충변

水 14 15 **漨** 물 이름.
氵 水
삼수변 물수변

水 10 11 **浲** 漨자와 통용
氵 水
삼수변 물수변

부

木 04 **夫**· 지아비. 사내. 남편. 姓.
大
큰대변

木 04 **父**· 아비. 아버지. [보]
父
아비부변

木 07 08 **扶**· 부축할. 붙들. 도울.
扌 手
재방변 손수변

木 07 08 **抔** 움킬. 줌. 움켜 쥘.
扌 手
재방변 손수변

오행	획수	획수	부수	한자	뜻
木	08 扌 재방변	09 手 손수변		拊	어루만질. 손잡이. 칠. 풍류 이름.
木		10 示 보일시변		祔	합장할. 합사할. 제사 이름.
木	08 艹 풀초변	10 艸 초두변		芣	질경이. 질장구.
木	08 艹 풀초변	10 艸 초두변		芙	연꽃. 부용.
木	09 罒	10 网 그물망변		罘	토끼그물. 그물. 병풍.
木		11 木 나무목변		桴	북채. 집 마룻대. 뜰. 떼.
木		11 竹 대죽변		符·	부적. 부신. 부호.
木	09 艹 풀초변	11 艸 초두변		苻	귀목풀. 껍질. 목풀. 姓.
木	10 衤	11 衣 옷의변		袝	외출복. 고운 옷. 나들이옷.
木		12 宀 갓머리변		富·	부자. 넉넉할.
木	11 扌 재방변	12 手 손수변		掊	잡을. 쥘. 거둘. 뽑을.
木	12 罒	13 网 그물망변		罦	새그물. 그물.
木		13 竹 대죽변		筟	대 속청. 대청. 북통.
木	11 艹 풀초변	13 艸 초두변		莩	풀 이름. 갈대청. 독말풀. [표]
木	11 艹 풀초변	13 艸 초두변		扶	연잎 이을. 무성할. 널리 퍼질.
木		13 舟 배주변		艀	거룻배.
木		13 衣 옷의변		裒	모을. 모일. 줄.
木		14 木 나무목변		榑	뽕나무. 해돋이 뽕나무. 부상.
木		15 麥 보리맥변		麩	밀기울.
木	15 艹 풀초변	17 艸 초두변		蔀	볕 가리개. 거적. 차양. 떼적.
木		19 竹 대죽변		簿·	장부. 문서.
火		05 人 사람인변		付·	부탁할. 줄. 청할. 붙일. 붙을.
火		09 人 사람인변		俘	사로잡을. 포로. 볼모.
火		09 走 달릴주변		赴·	다다를. 향할. 나아갈. 알릴.

火 10 人 俯 숙일. 누울. 숨을.
사람인변

火 12 人 傅 후견인. 스승.
사람인변

火 12 彳 復 다시. 덮을. 중복. 되풀이.
두인변 부 ↔ 복 [통용]

주의 復字는 복, 또는 부로 두 가지 발음을 동시에 인정한다.

火 13 鳥 鳧 물오리.
새조변

火 15 頁 頫 구부릴. 머리 숙일.
머리혈변

火 15 馬 駙 곁말. 접근. 가까울. 빠를.
말마변

土 06 缶 缶 질장구. 장군. 용량 이름.
장군부변

土 08 广 府· 관청. 마을. 고을.
엄호변

土 08 阜 阜 언덕. 땅. 클. 살찔. 성할.
언덕부변

土 11 土 埠 부두. 선창.
흙토변

土 11 女 婦· 아내. 며느리. 지어미.
계집녀변

土 𧾷 11 足 趺 책상다리. 받침. 발뒤꿈치. 발등.
발족변

土 12 女 媍 며느리. 아내. 지어미.
계집녀변

土 𧾷 12 足 跗 발등. 받침. 열매의 껍질.
발족변

土 08 阝 13 阜 附· 붙일. 붙을. 부착할. 의탁할. 가까이할.
좌방변 언덕부변

土 11 阝 15 邑 部· 부문. 떼. 나눌. 분류.
우방변 고을읍변

金 08 斤 斧 도끼. 찍을. 벨.
날근변

金 08 王 09 玉 玞 옥돌.
임금왕변 구슬옥변

金 09 言 訃 부고. 부음. 알릴. 이를.
말씀언변

金 09 貝 負· 빚질. 짐 질. 패할.
조개패변

金 刂 10 刀 剖 쪼갤. 가를. 갈라질.
선칼도변 칼도변

金 10 金 釜 가마. 가마솥. 용량 단위.
쇠금변

金 刂 11 刀 副· 버금. 다음. 둘째.
선칼도변 칼도변

金 12 金 쇠금변 **鈇** 도끼. 작두.

金 14 貝 조개패변 **賦·** 세금. 거둘. 구실. 부세. 부역.

金 15 攵 攴 등글월문변 칠복변 **敷** 베풀. 펼.

金 17 貝 조개패변 **賻** 부의. 부의할.

水 04 一 한일변 **不** 아닐. 아니. 아닌가.
부 ↔ 불 [통용]

水 07 口 입구변 **否·** 아닐. 아니. [비]

水 07 子 아들자변 **孚** 기를. 믿을.

水 08 口 입구변 **咐** 분부할. 숨을 내쉴. 불.

水 10 虫 벌레충변 **蚨** 파랑강충이. 청부 (靑蚨). 물나비.

水 10 11 氵 水 삼수변 물수변 **浮·** 뜰. 가벼울. 근거 없을.

水 09 11 月 肉 육달월변 고기육변 **腑** 장부. 육부. 내장.
부 ↔ 주 [통용]

주의	
주	음이 주일 때 → 팔꿈치 주
의	음이 부일 때 → 장부, 육부, 종기 부

水 11 12 氵 水 삼수변 물수변 **涪** 물거품. 물 이름.

水 13 虫 벌레충변 **蜉** 하루살이. 왕개미.

水 14 子 아들자변 **孵** 알 깔. 알 깰. 자랄.

水 13 14 氵 水 삼수변 물수변 **溥** 넓을. 클. 물 이름.
부 ↔ 보 [통용]

水 14 肉 고기육변 **腐·** 썩을. 상할.

水 12 14 月 肉 육달월변 고기육변 **腑** 오장육부. 장부.

水 16 魚 물고기어변 **鮒** 붕어.

水 15 17 月 肉 육달월변 고기육변 **膚** 피부. 살. 살갗. 얇을.

북

水 05 匕 비수비변 **北·** 북녘.
북 ↔ 배 [통용]

분

木 07 巾 수건건변 **帉** 걸레. 차는 수건. 행주.

오행	획수	한자	뜻
木	08 木 나무목변	枌	나무 이름. 흰느릅나무.
木	07 扌 재방변 / 08 手 손수변	扮	꾸밀. 쥘. 섞을. 아우를.
木	09 大 큰대변	奔·	분주할. 달아날. 패할. 달릴. 바쁠.

주의
속자 8획 본자 9획으로 혼용, (전산폰트) 필순이 8획으로 보이나, 성명학(++)은 9획 기준

오행	획수	한자	뜻
木	08 艹 풀초변 / 10 艸 초두변	芬	꽃다울. 향기.
木	10 米 쌀미변	粉·	가루. 분.
木	10 糸 실사변	紛·	어지러울. 엉클어질. 시끄러울.
木	11 竹 대죽변	笨	거칠. 추잡할. 못생길. 대나무 속껍질.
木	12 木 나무목변	棻	향나무. 나무 많을.
木	12 木 나무목변	棼	마룻대. 겹들보.
木	16 大 큰대변	奮·	성낼. 명성 떨칠. 힘쓸.
木	16 黹 바느질치변	黺	오색 수. 채색 무늬. 수놓을.
木	17 米 쌀미변	糞	똥. 대변.
木	16 艹 풀초변 / 18 艸 초두변	蕡	열매 많을. 삼씨.
火	07 人 사람인변	体	용렬할. 거칠. 상여꾼. [체]
火	08 心 마음심변	忿	성낼. 원망할.
火	08 日 날일변	昐	햇빛. 일광.
火	12 火 불화변	焚	불사를. 태울.
火	16 忄 심방변 / 17 心 마음심변	憤·	분할. 분노. 성낼.

주의
속자 15~16획, 본자 16~17획으로 혼용, (전산폰트) 필순이 15~16획으로 보이나, 성명학(++)은 16~17획 기준

오행	획수	한자	뜻
火	20 車 수레거변	轒	싸움수레. 병거. 전차.

주의
속자 19획 본자 20획으로 혼용, (전산폰트) 필순이 19획으로 보이나,성명학(++)은 20획 기준

오행	획수	한자	뜻
土	07 土 흙토변	坌	먼지. 티끌. 아우를. 모을.
土	10 田 밭전변	畚	삼태기. 가래. 삽. 흙삼태기.

土 12 牛 소우변 **犇** 소 놀라 뛸. 달릴.

土 16 土 흙토변 **墳**· 무덤. 봉분.

주의 속자 15획 본자 16획으로 혼용, (전산폰트) 필순이 15획으로 보이나,성명학(++)은 16획 기준

金 04 刀 칼도변 **分**· 구별할. 나눌.

金 09 皿 그릇명변 **盆** 화분. 동이.

金 09 石 돌석변 **砏** 큰 소리.

金 13 貝 조개패변 **賁** 클. 큰 북. [비. 륙]

주의 속자 12획 본자 13획으로 혼용, (전산폰트) 필순이 12획으로 보이나,성명학(++)은 13획 기준

水 07 口 입구변 **吩** 분부할. 명령할.

水 07 08 氵 水 삼수변 물수변 **汾** 물 이름. 물이 빙 도는 모양.

水 08 气 기운기변 **氛** 기운. 요기. 성한 모양.

水 08 10 月 肉 육달월변 고기육변 **肦** 머리 클. 머리 모양. 분 ↔ 반 [통용]

水 12 雨 비우변 **雰** 안개. 눈 날릴.

水 12 13 氵 水 삼수변 물수변 **湓** 용솟음할. 물 넘칠. 물소리.

水 16 口 입구변 **噴** 뿜을. 재채기할. 꾸짖을.

주의 속자 15획 본자 16획으로 혼용, (전산폰트) 필순이 15획으로 보이나,성명학(++)은 16획 기준

水 16 17 氵 水 삼수변 물수변 **濆** 물 솟을. 물가. 뿜을. 물 이름.

주의 속자 15~16획, 본자 16~17획으로 혼용, (전산폰트) 필순이 15~16획으로 보이나, 성명학(++)은 16~17획 기준

水 17 鼠 쥐서변 **鼢** 두더지.

水 17 19 月 肉 육달월변 고기육변 **膹** 곰국. 고깃국. 삶은 고기.

주의 (전산폰트) 16~18획으로 보이나, 字典에 (++) 17~19획이므로 성명학은 17~19획으로 기준 (참고 : 本字, 俗字가 따로 없다)

불

木 05 弓 활궁변 **弗** 달러(dollar). 美 화폐 단위. 아닐. 어길.

木 08 09 **拂**· 떨칠.
扌 手 떨어뜨릴. 도울.
재방변 손수변

木 10 **祓** 푸닥거리.
示 굿할. 소멸할. 떨.
보일시변

木 09 11 **茀** 풀 무성할.
艹 艸 우거질. 다스릴.
풀초변 초두변

木 11 **紱** 인끈.
糸 얽을.
실사변

木 17 **黻** 수.
黹 수놓은 예복. 보불.
바느질치변

火 07 **佛**· 부처.
人
사람인변

火 08 **彿** 비슷할.
彳 서로 같을.
두인변

火 15 **髴** 비슷할.
髟 부인 머리 치장할.
터럭발변

土 08 **岪** 산길
山 (산허리 빙 두른 산길).
메산변

土 11 **艴** 성낼.
色 화낼. 성 발끈 낼.
빛색변

金 14 **韍** 폐슬.
韋 슬갑. 인끈. 제사옷.
가죽위변

水 04 **不**· 아닐.
一 못할. 없을.
한일변　불 ↔ 부 [통용]

붕

木 12 **棚** 선반.
木 시렁. 누각.
나무목변

木 17 **繃** 묶을.
糸 감을. 포대기.
실사변

火 18 **鬅** 더벅머리.
髟 머리 헝클어질.
터럭발변

火 19 **鵬** 붕새.
鳥 새.
새조변

土 11 **堋** 광중.
土 장사지낼. 흙 덮을.
흙토변

土 11 **崩**· 임금 죽을.
山 무너질.
메산변

金 13 **硼** 붕사.
石 붕산. 돌 이름. [평]
돌석변

水 08 **朋**· 벗.
月 친구. 무리.
달월변

水 14 15 **漰** 물결 소리.
氵 水 묻을. 보.
삼수변 물수변

비

木 07 **庇** 덮을.
广 가릴. 보호할. 의지할.
엄호변

오행	획수	한자	부수	뜻
木	07 08	批·	扌 手 재방변 손수변	비평할. 뽑을. 깎아낼.
木	08	枇	木 나무목변	비파나무. 악기 이름. 참빗.
木	09	秕	禾 벼화변	쭉정이. 질 나쁜 쌀. 더럽힐.
木	10	匪	匚 터진입구변	대나무 상자. 담을. 아닐. [분]
木	10	祕·	示 보일시변	비밀. 숨길. 신비로울.
木	10	秘	禾 벼화변	祕자와 통용
木	08 10	芘	艹 艸 풀초변 초두변	풀 이름. 덮어 가릴.
木	08 10	芾	艹 艸 풀초변 초두변	작은 모양. 작을. 우거질. 나무 성할. [부. 불. 모]
木	10	紕	糸 실사변	가선. 꾸밀. 짤. 잘못할.
木	10	粃	米 쌀미변	쭉정이. 모를. 아닐.
木	11	庳	广 엄호변	낮을. 지붕이 낮을. 짧을. 오두막집.
木	11	奜	大 큰대변	클.
木	12	棐	木 나무목변	도지개. 돕다. 도울. 보좌할.
木	12	椑	木 나무목변	술통. 감나무.
木	12	斐	文 글월문변	문채 날. 아름다울.
木	12	扉	戶 지게호변	사립문. 문짝.
木	13	睥	目 눈목변	흘겨볼. 곁눈질할.
木	13	閟	門 문문변	문 닫을. 닫을. 신비로울.
木	14	榧	木 나무목변	비자나무.
木	12 14	萆	艹 艸 풀초변 초두변	며래 뿌리 (약초 일종). 비해. 도꼬로마. [폐. 벽. 쇄]
木	12 14	菲	艹 艸 풀초변 초두변	채소 이름. 엷을. 향초.
木	13 14	裨	衤 衣 옷의변	도울. 보탤. 줄. 붙을.
木	14	緋	糸 실사변	붉은 비단. 붉은 빛깔.
木	14 16	蓖	艹 艸 풀초변 초두변	피마자. 아주까리.

오행	획수	부수	한자	뜻
木	16	竹 대죽변	篦	참빗. 빗치개. 대칼. → 피 [本音]
木	17	香 향기향변	馡	향기로울.
木	17 19	月 肉 육달월변 고기육변	臂	팔뚝. 팔. 쇠뇌 자루.
火	04	比 견줄비변	比·	견줄. 비교. 비례. 나란할.
火	06	人 사람인변	仳	이별할. 떠날. 추한 모양. 못생긴 여자.
火	07	人 사람인변	伾	힘셀.
火	09	飛 날비변	飛·	날. 빠를. 높을. 오르다.
火	09	比 견줄비변	毗	도울. 명백할. 밝을. 배꼽.
火	09	比 견줄비변	毘	毗자와 통용
火	10	人 사람인변	俾	더할. 도울. 유익할.
火	12	人 사람인변	備·	갖출. 준비할. 예방.
火	11 12	忄 心 심방변 마음심변	悱	표현 못할. 말 나오지 아니할. 분낼.
火	12	心 마음심변	悲·	슬퍼할. 슬플. 비애.
火	14	羽 깃우변	翡	물총새. 비취.
火	16	心 마음심변	憊	고달플. 피곤할.
火	18	馬 말마변	騑	곁말. 말 쉬지 않고 달릴.
火	19	馬 말마변	騛	빠른 말. 준마. 말 뛸.
火	19 20	罒 网 그물망변	羆	큰곰. 말곰.
火	22	車 수레거변	轡	고삐. 말 잡아매 끄는 줄.
土	06	土 흙토변	圮	무너질. 언덕 무너질. 흙다리.
土	06	女 계집녀변	妃·	왕비. 배필. 짝.
土	07	女 계집녀변	妣	죽은 어미. 어미 (어머니).
土	08	十 열십변	卑·	천할. 낮을.
土	08 09	犭 犬 개사슴록변 개견변	狉	삵 새끼. 떼지어 달릴.

土 08 09 狒 원숭이.
犭 犬 짐승. 비비.
개사슴록변 개견변

土 11 埤 더할.
土 붙을. 두터울.
흙토변

土 11 婢· 여자종.
女 종. 여자의 낮춤말.
계집녀변

土 08 12 邳 클.
阝 邑 땅 이름.
우방변 고을읍변

土 12 14 脾 지라.
月 肉 비위.
육달월변 고기육변

土 11 15 郫 고을 이름.
阝 邑 땅 이름.
우방변 고을읍변

주의	阝우부방 변 3획은 성명학에서는 邑 고을 읍 변 7획으로 사용됨

土 11 16 陴 성가퀴 (성 위의 담).
阝 阜 더할. 보탤.
좌방변 언덕부변

土 14 18 鄙 더러울.
阝 邑 마을. 식읍. 두메.
우방변 고을읍변

金 02 匕 숟가락.
匕 비수.
비수비변

金 05 庀 다스릴.
广
엄호변

金 09 砒 비소.
石 비상.
돌석변

金 10 剕 발 벨.
刂 刀 발 베일. 발꿈치 벨.
선칼도변 칼도변

金 12 費· 쓸.
貝 소비할. 비용.
조개패변

金 12 13 琵 비파.
王 玉
임금왕변 구슬옥변

金 13 碑· 비석.
石 돌기둥.
돌석변

金 14 鼻· 코.
鼻 손잡이. 처음.
코비변

金 15 誹 헐뜯을.
言 비방할.
말씀언변

金 18 髀 넓적다리.
骨 넓적다리뼈.
뼈골변

金 19 鞴 풀무.
革 수레 앞 (앞턱) 가로 댄 나무.
가죽혁변

金 20 譬 비유할.
言 깨달을.
말씀언변

金 21 贔 힘쓸.
貝 기운 낼. 힘찬 모양.
조개패변

金 21 鼙 작은북.
鼓 마상고(말 타고 치는 북).
북고변

水 05 丕 클.
一 으뜸. 姓.
한일변

水 | 07 尸 주검시변 | **屁** | 방귀.

水 | 07 氵 08 水 삼수변 물수변 | **沘** | 물 이름. 강 이름.

水 | 08 非 아닐비변 | **非**· | 아닐. 그를. 나무랄. 어긋날.

水 | 08 氵 09 水 삼수변 물수변 | **沸** | 끓일. 끓는 물. [불]

주의	氵삼수 변 3획은 성명학에서는 水 물수 변 4획으로 사용됨

水 | 08 氵 09 水 삼수변 물수변 | **泌** | 샘물 흐를. 스밀. 비 ↔ 필 [통용]

水 | 09 比 견줄비변 | **毖** | 삼갈. 고달플. 멀. 알릴.

水 | 08 月 10 肉 육달월변 고기육변 | **肥**· | 거름. 살찔. 기름질.

水 | 10 虫 벌레충변 | **蚍** | 왕개미.

水 | 11 氵 12 水 삼수변 물수변 | **淝** | 물 이름. 근원이 같고 흐르는 곳이 다른 샘.

水 | 11 氵 12 水 삼수변 물수변 | **淠** | 물 이름. 많을. 무성할. 배 떠날.

水 | 12 疒 병질엄변 | **痞** | 뱃속 결릴. 아플. 뱃속 더부룩할.

水 | 13 疒 병질엄변 | **痺** | 저릴. 마비될. 암메추리.

水 | 13 疒 병질엄변 | **痹** | 습병. 저릴. 각기. 뻣뻣할.

水 | 14 虫 벌레충변 | **蜚** | 곤충 이름. 바퀴벌레. 쌕쌔기. 날.

水 | 12 月 14 肉 육달월변 고기육변 | **腓** | 장딴지. 병들. 피할.

水 | 16 雨 비우변 | **霏** | 눈 올. 눈 펄펄 내릴. 나부낄.

水 | 17 豸 갖은돼지시변 | **貔** | 맹수 이름. 비휴 (표범과 맹수).

水 | 17 氵 18 水 삼수변 물수변 | **濞** | 물소리. 물 급히 닥치는 소리.

빈

木 | 11 文 글월문변 | **斌** | 문채 날. 빛날.

주의	字典에 따라 11획, 12획으로 혼용되나, 성명학에서는 11획 기준

木 | 17 扌 18 手 재방변 손수변 | **擯** | 물리칠. 배척할. 버릴.

木 | 18 木 나무목변 | **檳** | 빈랑나무. 빈랑.

木 | 19 目 눈목변 | 矉 | 찡그릴. 이맛살 찌푸릴. →顰 [同字]

木 | 19 禾 벼화변 | 穦 | 향기.

木 | 20 糸 실사변 | 繽 | 성할. 왕성한 모양. 많을.

木 | 20 艹 풀초변 22 艸 초두변 | 蘋 | 개구리밥. 마름. 꼴풀. 네가래.

木 | 23 香 향기향변 | 馪 | 향내 날. 향기 찌를.

火 | 11 彡 터럭삼변 | 彬 | 빛날. 밝을. 姓.

火 | 06 人 사람인변 | 份 | 彬자와 통용

火 | 16 人 사람인변 | 儐 | 인도할. 대접할.

火 | 16 頁 머리혈변 | 頻· | 자주 할. 빈번할. 찡그릴.

火 | 24 頁 머리혈변 | 顰 | 찡그릴. 눈살 찌푸릴. 矉 [同字]

火 | 24 髟 터럭발변 | 鬢 | 구레나룻. 귀밑털. 살쩍.

土 | 06 牛 소우변 | 牝 | 암컷. 자물쇠. 골짜기.

土 | 07 阝 우방변 11 邑 고을읍변 | 邠 | 나라 이름. 빛날.

土 | 17 女 계집녀변 | 嬪 | 궁녀. 계집. 아내. 귀녀.

金 | 08 王 임금왕변 09 玉 구슬옥변 | 玭 | 옥. 구슬 이름.

金 | 11 貝 조개패변 | 貧· | 가난. 구차할. 모자랄.

金 | 14 貝 조개패변 | 賓· | 손님. 손. 공경할. 姓.

金 | 18 貝 조개패변 | 贇 | 예쁠. 빛날. 빈 ↔ 윤[통용] [本音]

金 | 18 王 임금왕변 19 玉 구슬옥변 | 璸 | 옥 무늬. 구슬 이름.

주의 王 구슬옥 변(임금 왕) 4획은 성명학에서는 玉 구슬옥 변 5획으로 사용됨

金 | 22 金 쇠금변 | 鑌 | 강철. 갈아 광낼. 빈철.

水 | 10 氵 삼수변 11 水 물수변 | 浜 | 갯고랑. 배 매두는 갯고랑. 물가. 濱과 통용

水 | 17 豕 돼지시변 | 豳 | 나라 이름. 빈 ↔ 반 [통용]

水 | 17 氵 삼수변 18 水 물수변 | 濱 | 가까울. 다가올. 임박할. 물가.

水 18 殯 歹 죽을사변 — 빈소. 염할. 초빈할. 파묻힐.

水 19 嚬 口 입구변 — 찡그릴. 눈살을 찌푸릴.

水 19 霦 雨 비우변 — 옥광채.

水 18 20 臏 月 肉 육달월변 고기육변 — 종지뼈. 정강이뼈. 빈형.

水 19 20 瀕 氵 水 삼수변 물수변 — 물가. 다가올.

水 20 蠙 虫 벌레충변 — 진주조개. [변]

참고	이름의 성(姓)은 반드시 漢字로 출생신고를 해야 하나, 이름(名)은 한자(인명용 한자 중에서) 또는 한글로 신고해야 한다.

빙

木 08 凭 几 안석궤변 — 기댈. 의지할. 기대 걸. 증거.

火 13 聘· 耳 귀이변 — 부를. 방문. 청할. 장가들.

火 16 憑 心 마음심변 — 기댈. 의지할. 증거. 빙자할.

火 17 騁 馬 말마변 — 달릴. 펼. 발전시킬.

土 10 娉 女 계집녀변 — 장가들. 예쁠.

水 05 氷· 水 물수변 — 얼음. 얼.

♣

참고	작명은 소리(音)로만, 뜻(訓)으로만, 또는 소리(音)와 뜻(訓)으로 모두 할 수 있다.

ㅅ

사

오행	획수	한자	뜻
木	03 士 선비사변	士·	선비. 사내. 군사. 벼슬.
木	06 寸 마디촌변	寺·	절. [시]
木	06 糸 실사변	糸	실.
木	07 二 두이변	些	적을. 조금. 어조사.
木	07 禾 벼화변	私·	개인. 사사. 사사로이 할.
木	08 亅 갈고리궐변	事·	일. 섬길.
木	08 卩 병부절변	卸	짐 부릴. (짐) 풀. (짐) 벗을.
木	08 示 보일시변	社·	단체. 모일. 토지의 신.
木	08 示 보일시변	祀·	제사. 제사지낼.
木	09 木 나무목변	查·	조사할. 사실할. 사돈.
木	09 木 나무목변	柶	숟가락. 수저. 윷. [국]
木	10 巾 수건건변	師·	스승. 군사.
木	10 示 보일시변	祠	사당. 제사. 신.
木	10 糸 실사변	紗	견직물. 깁. 무명실. [묘]
木	11 木 나무목변	梭	북 (베틀에 달린 제구).
木	11 竹 대죽변	笥	상자. 갈대 그릇.
木	12 大 큰대변	奢	자랑할. 넉넉할. 사치할. 과분할. 오만할.
木	11 扌 재방변 12 手 손수변	捨·	버릴. 놓을. 포기. 폐하다.
木	12 糸 실사변	絲·	실. 명주실. 생사. 견사.
木	13 木 나무목변	楂	나무 이름. 뗏목. 아가위. 새소리. 까치소리.
木	11 艹 풀초변 13 艸 초두변	莎	사초. 베짱이. [수]

木 13 衣 옷의변 **袈** 승려 옷. 가사.

木 14 木 나무목변 **榭** 사당. 정자. 곶집.

木 15 宀 갓머리변 **寫**· 베낄. 글씨 쓸. 본뜨다. 묘사.

木 15 示 보일시변 **褫** 복. 행복. [시. 이. 기.]

木 14 16 艹 艸 풀초변 초두변 **蓑** 도롱이. 덮을. [쇠]

木 16 竹 대죽변 **篩** 체로 칠. 체.

火 03 己 몸기변 **巳**· 뱀. 여섯째 지지.

火 05 04 口 큰입구변 **四**· 넉. 넷.

주의	필순은 5획이나, 성명학에서는 수의 의미를 획수로 하므로 4획 기준

火 05 人 사람인변 **仕**· 벼슬할. 벼슬. 섬길.

火 07 人 사람인변 **伺** 엿볼. 찾을. 살필.

火 07 人 사람인변 **似**· 닮을. 같을. 비슷할.

火 08 人 사람인변 **使**· 사신. 하여금. 가령. 시킬.

火 08 舌 혀설변 **舍**· 집. 가옥. 쉴. 놓을. 姓

火 09 人 사람인변 **俟** 기다릴. 대기할. 떼지어 갈. [기]

火 09 心 마음심변 **思**· 생각. 사상. 뜻. 그리워할.

火 11 彳 두인변 **徙** 옮길. 넘길. 귀양 보낼.

火 11 斗 말두변 **斜**· 비낄. 비스듬할. 기울.

火 11 赤 붉을적변 **赦** 사면할. 놓을. 용서할. 姓.

火 12 人 사람인변 **傞** 취중 춤.

火 12 見 볼견변 **覗** 엿볼. 훔쳐보다.

火 13 聿 붓율변 **肆** 방자할. 늘어놓을. 줄. 드디어.

火 15 人 사람인변 **傂** 잘게 부술. 가늘.

火 15 馬 말마변 **駛** 달릴. 발걸음 빠를.

오행	획수	부수	한자	뜻
火	15	馬 말마변	駟	사마. 사마 수레. 별 이름. (네 마리가 끄는 수레).
土	08	女 계집녀변	姒	손윗동서. 맏동서.
土	10	女 계집녀변	娑	가사. 춤 출. 범어의 음역.
土	10	寸 마디촌변	射·	쏠. 궁술. 빠를. [야. 석. 역]
土	07 11	阝 邑 우방변 고을읍변	邪·	간사할. [야]
土	13 14	犭 犬 개사슴록변 개견변	獅	사자.
土	21	鹿 사슴록변	麝	사향노루. 사향.
金	05	丿 삐침변	乍	잠깐. 언뜻. 차라리. [작]
金	09	石 돌석변	砂	주사 (朱砂). 모래. 약 이름.
金	10	刂 刀 선칼도변 칼도변	剚	칼 꽂을. 찌를.
金	12	斤 날근변	斯·	이것. 이 (지시대명사). 어조사. 쪼갤. 떨어질.
金	12	立 설립변	竢	기다릴.
金	12	言 말씀언변	詐·	속일. 거짓. 꾸밀.
金	12	言 말씀언변	詞·	말씀. 글. 문체의 하나.
金	14	皮 가죽피변	皻	비홍증. 빨간코. 비사증. 여드름.
金	15	貝 조개패변	賜·	하사할. 줄.
金	17	言 말씀언변	謝·	사례할. 보답할. 사죄할. 姓.
金	19	辛 매울신변	辭·	말씀. 말. 글.
水	05	口 입구변	史·	사기. 사관. 역사. 姓.
水	05	口 입구변	司·	맡을. 벼슬. 관리.
水	06	歹 죽을사변	死·	죽을. 목숨.
水	06 07	氵 水 삼수변 물수변	汜	지류. 물줄기. 물 이름.
水	08	口 입구변	咋	잠깐. 잠시. 갑자기. [색. 책]
水	07 08	氵 水 삼수변 물수변	沙·	모래. 고을 이름.

水 08 09 氵 水 **泗** 물 이름. 콧물.
삼수변 물수변

水 10 口 **唆** 부추길. 꼬드길. 꾈. 교사. 姓.
입구변

水 10 11 氵 水 **涘** 물가. 강가.
삼수변 물수변

水 11 虫 **蛇**· 뱀. 별 이름.
벌레충변

水 12 疒 **痧** 홍역. 괴질. 마진. 급성전염병.
병질엄변

水 13 口 **嗣** 상속자. 이을. 후사. 후임자.
입구변

水 12 13 氵 水 **渣** 침전물. 찌끼. 강 이름.
삼수변 물수변

水 14 虫 **蜡** 납향제. 제사 이름.
벌레충변

水 14 食 **飼** 사료. 기를. 칠.
밥식변

水 15 魚 **魦** 모래무지. 문절망둑.
물고기어변
→ 鯊 [同字]

水 18 魚 **鯊** 모래무지. 문절망둑.
물고기어변
→ 魦 [同字]

水 18 19 氵 水 **瀉** 게울. 쏟을. 설사할. 물 흐를.
삼수변 물수변

水 21 魚 **鰤** 방어. 물고기 이름.
물고기어변

삭

木 10 糸 **索** 노끈. 노. 꼴. 헤어질.
실사변
삭 ↔ 색 [통용]

木 13 14 扌 手 **搠** 바를.
재방변 손수변

木 14 木 **槊** 긴 창.
나무목변

木 14 16 艹 艸 **蒴** 말오줌나무. 풀 이름.
풀초변 초두변
삭조 (蒴藋: 다년초).

火 19 火 **爍** 빛날.
불화변

金 09 刂 刀 **削**· 깎을. 빼앗을. 지울. 없앨.
선칼도변 칼도변

金 15 攵 攴 **數** 자주 할. 빨리 할. [촉]
등글월문변 칠복변
삭 ↔ 수 [통용]

金 23 金 **鑠** 녹일. 아름다울.
쇠금변

水 10 月 **朔**· 초하루. 북쪽. 북방.
달월변

참고	작명은 소리(音)로만, 뜻(訓)으로만, 또는 소리(音)와 뜻(訓)으로 모두 할 수 있다.

산

오행	획수 / 부수	한자	뜻
木	11 生 날생변	産	낳을. 날.
木	11 生 날생변	產·	낳을. 産 [同字]
木	14 竹 대죽변	算·	셈할. 산술. 산가지. 셈할.
木	14 16 艹 艸 풀초변 초두변	蒜	달래. 마늘.
木	16 木 나무목변	橵	산자 (서까래 위 흙을 받기 위해 까는 나무). [국]
木	17 竹 대죽변	簅	큰 피리.
木	18 糸 실사변	繖	우산. 일산.
火	12 人 사람인변	傘	우산. 일산.
火	14 15 忄 心 심방변 마음심변	㦃	큰 은덕. 착할.
土	03 山 메산변	山·	뫼. 메. 산.
土	08 女 계집녀변	姍	비방할. 헐뜯을. 추할.
土	10 11 犭 犬 개사슴록변 개견변	狻	사자. [진]
金	07 刂 刀 선칼도변 칼도변	刪	깎을. 삭제할.
金	09 10 王 玉 임금왕변 구슬옥변	珊	산호. 패옥.
金	10 示 보일시변	祘	셈. 셀. 살필.
金	10 言 말씀언변	訕	헐뜯을. 꾸짖을. 비방할.
金	12 攵 支 등글월문변 칠복변	散·	헤어질. 흩을. 흩어질.
金	13 刂 刀 선칼도변 칼도변	剷	깎을. 평평하게 할.
金	14 酉 닭유변	酸	초산. 신맛. 원소 이름.
金	19 金 쇠금변	鏟	대패. 깎을.
水	06 07 氵 水 삼수변 물수변	汕	통발. 오구 (그물의 일종).
水	08 疒 병질엄변	疝	산증 (장 신경통). 아랫배가 아픈 병.
水	15 16 氵 水 삼수변 물수변	潸	눈물 흐를 (눈물이 줄줄 흐르는 모양). 비 오다.

水	15 16 氵 水 삼수변 물수변	潸	눈물 흐를.
水	20 雨 비우변	霰	싸라기눈.
水	22 子 아들자변	孿	쌍둥이.

살

木	08 乙 새을변	乷	음역자 (音譯字. 우리나라 한자. [국]
木	15 16 扌 手 재방변 손수변	撒	뿌릴. 놓을. 흩을. 姓.
木	18 20 艹 艸 풀초변 초두변	薩	보살.
火	13 灬 火 연화변 불화변	煞	죽일. → 殺 [仝]
金	11 殳 갖은등글월문변	殺·	죽일. 없앨. 죽을. 살 ↔ 쇄 [통용]

삼

木	07 木 나무목변	杉	삼나무. 스기나무.
木	08 09 衤 衣 옷의변	衫	윗도리. 적삼. 옷.
木	08 10 艹 艸 풀초변 초두변	芟	벨. 제거할. 낫.
木	12 木 나무목변	森	수풀. 삼삼할. 나무 빽빽할.
木	15 17 艹 艸 풀초변 초두변	蔘	인삼. 더덕.
木	17 米 쌀미변	糝	나물죽. 국, 죽의 건더기.
火	03 一 한일변	三·	석. 셋. 거듭.
火	11 厶 마늘모변	參	석. 셋. 삼 ↔ 참 [통용]
火	21 髟 터럭발변	鬖	머리 헝클어질.
金	11 金 쇠금변	釤	자귀. 큰 낫.
水	14 15 氵 水 삼수변 물수변	滲	물이 밸. 스며들. 샐. 스밀.

참고	대법원에서 선정한 인명용 한자란 성(姓)을 제외한 이름(名)의 한자를 말한다.

참고	이름의 성(姓)은 반드시 漢字로 출생신고를 해야 하나, 이름(名)은 한자(인명용 한자 중에서) 또는 한글로 신고해야 한다.

삽

오행	획수	부수	한자	뜻
木	12 13	扌 手 재방변 손수변	插	꽂을. 끼울. 가래.
木	12 13	扌 手 재방변 손수변	揷	插자와 통용
木	14	風 바람풍변	颯	바람소리. 성할.
金	12	金 쇠금변	鈒	창. 아로새길.
金	13	欠 하품흠변	歃	마시다. 마실.
金	17	金 쇠금변	鍤	가래 (흙 파헤치는 농기구).
水	04	十 열십변	卅	삼십. 서른.
水	11	口 입구변	唼	쪼아먹을. 새가 먹는 소리.
水	14	羽 깃우변	翣	부채. 운삽 (발인 때 영구 앞에 세우는 널판).
水	15	雨 비우변	霅	비 올. 흩어질. 빠를. [잡]
水	15 16	氵 水 삼수변 물수변	澁	떫을. 껄끄러울. 막힐. 어려울.
水	16	雨 비우변	霎	가랑비. 빗소리. 잠시.

상

오행	획수	부수	한자	뜻
木	03	一 한일변	上·	위. 오를. 앞. 첫째 임금.
木	07	广 엄호변	床·	평상. 마루.
木	08	爿 장수장변	牀	평상. 책상. 자리.
木	09	广 엄호변	庠	학교. 주대(周代)의 학교. (우리나라의 태학)
木	09	目 눈목변	相·	서로. 볼. 도울. 모습. 재상.
木	10	木 나무목변	桑·	뽕나무. 姓.
木	11	巾 수건건변	常·	항상. 늘. 떳떳할. 법. 보통.
木	12	广 엄호변	廂	행랑. 곁채. 곁방.
木	14	衣 옷의변	裳·	치마.
木	15	木 나무목변	樣	상수리나무. 도토리. 상↔양 [통용]

木 15 竹 대죽변 **箱** 상자. 곳집.

木 15 糸 실사변 **緗** 담황색. 엷게 누른빛.

木 16 木 나무목변 **橡** 상수리나무. 도토리.

木 18 角 뿔각변 **觴** 술잔. 잔 낼. 술잔의 총칭.

火 10 日 날일변 **晑** 정오. 대낮.

火 11 彳 두인변 **徜** 어정거릴. 노닐. 빈들거릴.

火 11 爻 점괘효변 **爽** 시원할. 밝을. 굳셀.

火 12 羊 양양변 羽 깃우변 **翔** 날개. 빙빙 돌아 날. 날.

火 13 人 사람인변 **傷**· 상할. 다칠. 해칠.

火 13 心 마음심변 **想**· 생각할. 상상. 형상.

火 14 人 사람인변 **像**· 형상. 본뜰. 모양.

火 14 忄 심방변 15 心 마음심변 **慡** 성품 밝을.

火 17 人 사람인변 **償**· 보상. 갚을. 배상. 상환.

火 19 頁 머리혈변 **顙** 이마.

土 08 犬 개견변 **狀**· 형상. 모양. 상 ↔ 장 [통용]

土 09 山 메산변 **峠** 산고개.

주의	일본 한자로서, 인명용 한자로 사용함에 있어 신중을 요함

土 11 示 보일시변 **祥**· 상서로울. 착할. 조짐.

土 13 甘 달감변 **嘗** 맛볼. 일찍.

土 14 土 흙토변 **塽** 높고 밝은 땅. 높은 땅.

土 20 女 계집녀변 **孀** 과부. 홀어미.

金 08 小 작을소변 **尙**· 상승할. 오히려. 높일. 姓.

金 13 言 **詳**· 자세할. 상세할. 상서로울.
말씀언변

金 15 貝 **賞**· 상. 상 줄. 칭찬할. 찬양할.
조개패변

金 18 金 **鏯** 방울소리.
쇠금변

水 11 口 **商**· 장사. 상인. 헤아릴. 짐작할.
입구변

水 12 口 **喪**· 초상. 죽을. 잃을. 복 입을.
입구변

水 12 豕 **象**· 코끼리. 형상.
돼지시변

水 12 13 氵 水 **湘** 물 이름. 끓일. 삶을.
삼수변 물수변

水 14 口 **嘗**· 맛볼. 시험할. 일찍. 姓.
입구변

水 15 歹 **殤** 일찍 죽을. 요절할.
죽을사변

水 15 16 氵 水 **潒** 세찰. 물 쏟아내릴.
삼수변 물수변

水 17 雨 **霜**· 서리. 세월.
비우변

水 21 鬲 **鬺** 삶을. 익히다.
솥력변

새

火 12 13 忄 心 **偲** 맘에 맞지 않을. 새 ↔ 시 [통용]
심방변 마음심변

土 13 土 **塞**· 요새. 변방. 새 ↔ 색 [통용]
흙토변

金 17 貝 **賽** 굿. 굿할. 주사위. 姓.
조개패변

金 19 玉 **璽** 옥새. 인장. 姓.
구슬옥변

水 20 口 **囋** 먹을. 먹다. 씹다.
입구변

水 20 魚 **鰓** 아가미.
물고기어변

색

木 10 糸 **索**· 찾을. 더듬을. 색↔삭 [통용]
실사변

木 15 木 **槭** 앙상할. 단풍나무. 나뭇가지. [축. 척]
나무목변

木 18 禾 **穡** 수확. 거둘. 농사. 곡식. 아낄.
벼화변

土 06 色 **色**· 빛. 낯빛. 색. 색정.
빛색변

土 13 土 흙토변 **塞** 막힐. 막을. 색↔새 [통용]

水 13 口 입구변 **嗇** 아낄. 인색할. 탐낼.

水 16 氵 삼수변 17 水 물수변 **濇** 꺼칠할. 껄끄러울. 깔깔할.

水 18 氵 삼수변 19 水 물수변 **瀒** 꺼칠할. 깔깔할. → 濇의 [本字]

생

木 05 生 날생변 **生**· 날. 낳을. 살. 삶. 기를. 싱싱할.

木 09 目 눈목변 **省** 덜. 생략할. 허물. 재앙. 생 ↔ 성 [통용]

木 10 目 눈목변 **眚** 백태 낄. 흐릴. 허물. 눈에 백태 낄.

木 11 竹 대죽변 **笙** 생황 (관악기의 일종). 대자리.

木 12 生 날생변 **甥** 생질. 자매의 아들. 姓.

土 09 牛 소우변 **牲** 희생 (제사에 쓰이는 짐승).

金 13 金 쇠금변 **鉎** 쇠녹. 철 갑옷.

서

木 07 广 엄호변 **序**· 차례. 실마리. 펼.

木 07 扌 재방변 08 手 손수변 **抒** 펼. 풀. 마음 털어놓을.

木 10 曰 가로왈변 **書**· 글. 책. 문서. 쓸.

木 08 艹 풀초변 10 艸 초두변 **芧** 상수리나무.

木 10 糸 실사변 **紓** 느슨할. 풀어질. 풀.

木 11 广 엄호변 **庶**· 뭇. 여러. 무리. 백성. 서민.

木 12 士 선비사변 **壻** 사위. 남편. 벗. 사내.

土 12 女 계집녀변 **婿** 壻자와 통용

木 12 木 나무목변 **棲** 깃들일. 쉴.

木 10 木 나무목변 **栖** 棲자와 통용

木 11 12 扌 手 **捿** 棲자와 통용
재방변 손수변

木 12 糸 **絮** 솜.
솜옷. 버들개지. [처]
실사변

木 12 黍 **黍** 기장 (한해살이풀).
메기장.
기장서변

木 13 木 **楈** 나무 이름.
쟁기. 야자나무.
나무목변

木 12 13 扌 手 **揟** 물 품을.
고을 이름.
재방변 손수변

木 13 竹 **筮** 점대.
점. 점칠.
대죽변

木 14 禾 **稰** 가을걷이.
추수할.
거두어들인 곡식.
벼화변

木 14 15 罒 网 **署·** 관청.
마을.
그물망변

木 15 糸 **緒·** 실마리.
찾을.
실사변

木 15 16 扌 手 **撕** 훈계할.
이끌. 찢을. [시]
재방변 손수변

木 18 20 艹 艸 **薯** 감자.
마. 산약(山藥).
풀초변 초두변

木 18 20 艹 艸 **藇** 고울.
아름다울. [여]
풀초변 초두변

火 10 彳 **徐·** 천천히.
모두. 평온할. 姓.
두인변

火 10 心 **恕·** 용서.
어질. 깨닫다. 동정할.
마음심변

火 07 心 **恣** 恕자와 통용
마음심변

火 11 心 **悆** 기쁠.
느슨해질.
서 ↔ 여 [통용]
마음심변

火 11 人 **偦** 재주 있을.
사람인변

火 12 火 **焈** 밝을.
불화변

火 12 舌 **舒** 펼.
퍼질. 조용할.
혀설변

火 12 13 忄 心 **惰** 지혜.
슬기로울.
심방변 마음심변

火 13 日 **暑·** 더울.
더위.
날일변

火 18 日 **曙** 새벽.
샐. 밝을.
날일변

土 09 11 月 肉 **胥** 서로.
기다릴. 도울. 나비.
땅 이름.
육달월변 고기육변

木 15 糸 **緕** 胥자와 통용
실사변

土 12 犀 牛 소우변 — 무소. 무소뿔. 굳을.

土 13 耡 耒 쟁기뢰변 — 호미. 조세. 함께 갈. [조]

土 14 嫬 女 계집녀변 — 여자 이름. [차]

土 14 墅 土 흙토변 — 농막. 별장. 교외. 별업.

土 11 14 逝 · 辶 辵 책받침변 갖은책받침변 — 죽음. 갈. 떠날. 이에.

土 17 嶼 山 메산변 — 작은 섬. 섬.

土 17 ⿱山與 山 메산변 — 嶼자와 통용

土 17 20 澨 辶 辵 책받침변 갖은책받침변 — 닿을. 미칠. 다다를.

金 06 西 · 襾 덮을아변 — 서녘. 姓.

金 11 敍 · 攴 칠복변 — 차례. 순서. 베풀. 펼.

金 09 叙 又 또우변 — 敍자와 통용

金 11 敘 攵 攴 등글월문변 칠복변 — 敍자와 통용

金 13 鉏 金 쇠금변 — 김맬. 호미. 어긋날.

金 13 14 瑞 王 玉 임금왕변 구슬옥변 — 상서로울. 상서. 길조.

金 14 誓 · 言 말씀언변 — 맹세할. 경계. 알릴.

金 15 鋤 金 쇠금변 — 호미. 김맬. 없애 버릴.

金 16 諝 言 말씀언변 — 슬기로울. 지혜 있을.

金 15 ⿰言⿱口月 言 말씀언변 — 諝자와 통용

水 12 13 湑 氵 水 삼수변 물수변 — 거를. 맑을.

水 13 鼠 鼠 쥐서변 — 쥐. 좀도둑. 근심할.

水 16 噬 口 입구변 — 씹을. 깨물. 물다. 먹을.

水 16 豫 豕 돼지시변 — 펼. 서 ↔ 예 [통용]

水 16 17 澨 氵 水 삼수변 물수변 — 물가.

참고	작명은 소리(音)로만, 뜻(訓)으로만, 또는 소리(音)와 뜻(訓)으로 모두 할 수 있다.

석

오행	획수	부수	한자	뜻
木	08	木 나무목변	析·	나눌. 쪼갤. 가를.
木	10	巾 수건건변	席·	자리. 앉을 자리. 姓.
木	10	禾 벼화변	秙	섬 (열 말). 120근.
木	14 16	艹 艸 풀초변 초두변	蓆	자리. 클.
木	15 16	衤 衣 옷의변	褯	자리. 어린아이 옷. 석 ↔ 자 [통용]
火	08	日 날일변	昔·	옛. 어제. 오랠. 姓.
火	11 12	忄 心 심방변 마음심변	惜·	아낄. 아깝게 여길.
火	12	日 날일변	晳	밝을. 분명할. 분석할.
火	12	日 날일변	晰	晳자와 통용
火	15	大 큰대변	奭	클. 성낼. [혁]
火	20	釆 분별할변	釋·	풀이. 놓을. 깨달을. 부처. 姓.
土	12	臼 절구구변	舃	신발. 주춧돌. 석 ↔ 작 [통용]
金	05	石 돌석변	石·	돌. 섬. 열 말. 姓.
金	08	石 돌석변	矽	규소 (원소 이름). 석비레.
金	13	金 쇠금변	鉐	놋쇠.
金	14	石 돌석변	碩	클. 충실할.
金	16	金 쇠금변	錫	주석. 백철.
金	17	石 돌석변	磶	주춧돌.
水	03	夕 저녁석변	夕·	저녁. 밤.
水	06 07	氵 水 삼수변 물수변	汐	썰물. 저녁 조수.
水	11 12	氵 水 삼수변 물수변	淅	쌀 일. 빗소리. 사미.
水	12 14	月 肉 육달월변 고기육변	腊	포. 육포. 건어.
水	14	虫 벌레충변	蜥	도마뱀.

水 15 氵 16 水 潟 개펄. 소금밭.
삼수변 물수변

水 18 鼠 鼫 석서. 날다람쥐.
쥐서변

선

木 06 儿 先· 먼저. 앞설. 앞.
어진사람인변

木 08 禾 秈 메벼 (낟알에 찰기 없는 벼). 籼(선) [同字]
벼화변

木 10 戶 扇 부채. 부채질할.
지게호변

木 11 舟 船· 배. 선박.
배주변

木 12 竹 筅 솥 씻는 솔. 솔.
대죽변

木 14 糸 綫 가는 실. 실. 줄. 노선. 범위.
실사변

木 15 糸 線· 줄. 실. 금.
실사변

木 16 目 璇 눈 예쁠. 아름다울.
눈목변

木 17 示 禪· 좌선할. 선 (정신집중 수행방법).
보일시변

木 18 糸 繕 기울. 다스릴. 갖출.
실사변

木 21 艹 23 艸 蘚 이끼. 김.
풀초변 초두변

火 05 人 仙· 신선.
사람인변

火 06 二 亘 베풀. 펼. 돌. 널리 알림. 선 ↔ 긍 [통용]
두이변

火 09 宀 宣· 베풀. 널리. 펼. 姓.
갓머리변

火 10 火 烍 들불. 풀 베어 불사를.
불화변

火 12 忄 13 心 愃 쾌할. 너그러울. 선 ↔ 훤 [통용]
심방변 마음심변

火 13 人 僊 춤 출. 신선. 姓. → 仙 [仝]
사람인변

火 14 火 煽 부채질할. 일. 부칠.
불화변

火 15 日 暶 밝을. 아름다운 모양.
날일변

火 16 欠 歚 고울. 다스릴. [국]
하품흠변

주의	통용되는 字이나, 우리나라 한자라서 대부분 字典에는 나타나 있지 않음

火 | 20 馬 말마변 | **騸** | 거세할. 불깐. 불알 깐 말.

土 | 05 山 메산변 | **仚** | 신선. 선인. → 仙 [同字]

土 | 12 羊 양양변 | **羡** | 부러워할.

土 | 13 羊 양양변 | **羨** | 부러울. 넉넉할.

土 | 13 𧾷 足 발족변 | **跣** | 맨발. 맨발로 돌아다닐.

土 | 14 女 계집녀변 | **嫙** | 예쁠. 아리따울.

土 | 15 土 흙토변 | **墡** | 하얀 흙. 백토. 좋은 흙.

土 | 15 女 계집녀변 | **嬋** | 고울. 선연할. 아름다울.

土 | 16 19 辶 辵 책받침변 갖은책받침변 | **選**· | 가릴. 뽑을. 선거할. 뺄.

金 | 10 11 王 玉 임금왕변 구슬옥변 | **珗** | 옥돌.

金 | 11 12 王 玉 임금왕변 구슬옥변 | **琁** | 아름다운 옥. 옥.

金 | 13 言 말씀언변 | **詵** | 많을. 모일. [신]

金 | 13 14 王 玉 임금왕변 구슬옥변 | **瑄** | 구슬. 여섯 치 구슬 (큰 옥).

金 | 14 金 쇠금변 | **銑** | 무쇠. 윤이 나는 쇠.

金 | 15 16 王 玉 임금왕변 구슬옥변 | **璇** | 옥 이름. 옥.

金 | 16 攵 攴 등글월문변 칠복변 | **敾** | 수선할. 다스릴. 기울.

金 | 17 18 王 玉 임금왕변 구슬옥변 | [illegible] | 아름다운 옥. 선 ↔ 수 [통용]

金 | 18 19 王 玉 임금왕변 구슬옥변 | **璿** | 아름다운 옥. 구슬.

金 | 19 言 말씀언변 | **譔** | 가르칠. 기릴. 이야기할.

金 | 19 金 쇠금변 | **鏇** | 갈이틀 (자르거나 깎는 기계). 고패.

金 | 20 言 말씀언변 | **譱** | 착할. 클. 옳게 여길. → 善의 [古字]

金 | 20 金 쇠금변 | **鐥** | 복자 (기름을 되는 데 쓰는 쇠그릇). [국]

水 | 09 10 氵 水 삼수변 물수변 | **洒** | 엄숙할. 삼갈. 놀랄. 선 ↔ 세 [통용]

水 | 09 10 氵 水 삼수변 물수변 | **洗** | 씻을. 깨끗할. 선 ↔ 세 [통용]

오행	획수·부수	한자	뜻
水	11 方 모방변	旋·	회전할. 빙빙 돌.
水	12 口 입구변	善·	착할. 좋을. 옳게 여길.
水	13 小 작을소변	尟	적을. 드물.
水	12 13 氵 水 삼수변 물수변	渲	바림 (수묵화의 기법). 개칠할. 물 적실.
水	13 15 月 肉 육달월변 고기육변	腺	샘. 멍울.
水	17 魚 물고기어변	鮮·	고울. 빛날. 생선. 姓.
水	18 虫 벌레충변	蟬	매미. 이을. 아름다울.
水	16 18 月 肉 육달월변 고기육변	膳	선물. 반찬. 올릴. 먹을.
水	21 食 밥식변	饍	膳자와 통용
水	22 疒 병질엄변	癬	옴 (피부병의 일종). 버짐.
水	23 魚 물고기어변	鱓	드렁허리 (민물고기과 일종). [타]
水	33 魚 물고기어변	鱻	생선. 물고기의 날것.

설

오행	획수·부수	한자	뜻
木	09 大 큰대변	契	사람 이름. 설 ↔ 계. 글 [통용]
木	09 木 나무목변	枻	도지개. (활을 바로잡는 틀). 활꽂이. 설 ↔ 예 [통용]
木	11 糸 실사변	紲	고삐. 맬. 말고삐.
木	13 木 나무목변	楔	문설주. 쐐기. 앵두나무.
木	12 13 扌 手 재방변 손수변	揲	맥 짚을. 세다. 셀.
木	14 禾 벼화변	稧	볏짚. 벤 벼. [계. 결. 혜]
木	14 15 扌 手 재방변 손수변	⿰扌彗	쓸어버릴. 없앨.
木	15 17 艹 艸 풀초변 초두머리변	蔎	향기로울. 향풀. 풀 이름.
木	17 衣 옷의변	褻	평복. 사복. 속옷. 더러울.
木	17 19 艹 艸 풀초변 초두변	薛	다북쑥. 나라 이름. 姓.
火	06 舌 혀설변	舌·	혀. 말.

火 11 人 사람인변 偰 맑을. 깨끗할.

火 15 日 날일변 暬 무례할. 거만하다. 모실.

火 19 灬 火 연화변 불화변 爇 불사를. [열]

土 12 女 계집녀변 媟 깔볼. 거만할. 친압할.

土 12 禸 짐승발자국유변 禼 은나라. 은나라 시조. 사람 이름.

土 11 卜 점복변 卨 禼자와 통용

金 11 言 말씀언변 設· 베풀. 세울. 찾을.

金 14 石 돌석변 碟 가죽 다룰. → 혈 [本音]. [접]

金 14 言 말씀언변 說· 말씀. 언론. 설 ↔ 열. 세 [통용]

金 21 齒 이치변 齧 깨물. 씹을. 이 갈.

水 08 09 氵 水 삼수변 물수변 泄 물 샐. 샐. 발설할. [예]

水 09 10 氵 水 삼수변 물수변 洩 샐. 줄. 덜. 姓. [예]

水 10 尸 주검시변 屑 가루. 부서질. 잔달.

水 11 雨 비우변 雪· 눈. 씻을.

水 12 13 氵 水 삼수변 물수변 渫 더러울. 칠. 그칠. [접]

섬

木 10 門 문문변 閃 번득일. 엿볼. 언뜻 보일.

木 13 目 눈목변 睒 언뜻 볼. 깜박거릴.

木 14 15 扌 手 재방변 손수변 摻 잡을. 손길 고울. 가늘. [삼. 참]

木 17 韭 부추구변 韱 가늘. 산부추.

木 23 糸 실사변 纖 가늘. 고운 천. 작을. 자세할.

火 16 日 날일변 暹 해 돋을. 나아갈.

火 16 17 忄 心 심방변 마음심변 憸 간사할. 아첨할. [험]

土 10 15 阝 阜 좌방변 언덕부변 陜 땅 이름. 姓.

오행	획수	한자	뜻
土	20 女 계집녀변	孅	가냘플. 가늘. 약할.
金	刂 선칼도변 10 刀 칼도변	剡	땅 이름. [염]
金	14 金 쇠금변	銛	쟁기. 가래. 날카로울.
金	20 貝 조개패변	贍	넉넉할. 진휼할. 姓.
金	20 言 말씀언변	譫	헛소리. 중얼거릴.
水	19 虫 벌레충변	蟾	두꺼비.
水	21 歹 죽을사변	殲	섬멸할. 멸할.

섭

오행	획수	한자	뜻
木	14 糸 실사변	緤	비단.
木	13 艹 풀초변 15 艸 초두변	葉	고을 이름. 姓.　섭 ↔ 엽 [통용]
木	21 木 나무목변	欆	돗자리. 삿자리 (갈대로 엮은 자리).
木	21 扌 재방변 22 手 손수변	攝·	다스릴. 잡을. 겸할. 대신할.
火	17 火 불화변	燮	불꽃. 화할.
火	18 耳 귀이변	聶	소곤거릴. 수군거릴.
火	21 忄 심방변 22 心 마음심변	懾	두려울. 겁낼.
土	⻊ 21 足 발족변	躞	걸을. 걸어가는 모양.
土	⻊ 25 足 발족변	躡	밟을. 따를.
土	27 頁 머리혈변	顳	관자놀이. 귀밑뼈.
金	26 金 쇠금변	鑷	족집게. 뽑을. 못뽑이.
水	10 氵 삼수변 11 水 물수변	涉·	건널. 물 건널. 겪을. 관계할.
水	21 口 입구변	囁	소곤거릴. 속삭일. 중얼거릴.
水	21 氵 삼수변 22 水 물수변	灄	물 이름. 흠치르르할.

성

오행	획수	한자	뜻
木	09 目 눈목변	省·	살필. 볼. 마을.　성 ↔ 생 [통용]

오행	획수	한자	뜻
木	10 宀 갓머리변	宬	서고 (書庫). 사고.
木	13 竹 대죽변	筬	베틀. 바디. 대나무 이름.
火	06 戈 창과변	成	이룰. 成의 [俗字]
火	07 戈 창과변	成·	이룰. 될. 姓. [本字]
火	08 忄 심방변 09 心 마음심변	性·	성품. 바탕. 성. 마음.
火	09 日 날일변	星·	별. 세월. 姓.
火	11 日 날일변	晟	밝을. [本字]
火	10 日 날일변	晟	晟자와 통용 [俗字]
火	11 日 날일변	晠	晟자와 통용
火	11 皿 그릇명변	盛	성할. 盛 의 [俗字]
火	12 皿 그릇명변	盛·	성할. 많을. 담을. [本字]
火	12 忄 심방변 13 心 마음심변	惺	영리할. 깨달을. 슬기롭다.
火	13 耳 귀이변	聖·	성인. 거룩할.
火	13 耳 귀이변	聖	聖자와 통용
火	15 耳 귀이변	䎗	귀 밝을. 들을.
火	17 耳 귀이변	聲·	소리. 말소리. 풍류 소리.
火	17 馬 말마변	騂	붉은 말. 누른 말.
土	08 女 계집녀변	姓·	성. 씨. 백성.
土	10 女 계집녀변	娍	아름다울. 헌칠할. 여자 이름.
土	09 土 흙토변	城	재. 城의 [俗字]
土	10 土 흙토변	城·	재. 성. [本字]
土	12 犭 개사슴록변 13 犬 개견변	猩	성성이 (동물 이름). 개 짖는 소리. 붉은색.
金	11 王 임금왕변 12 玉 구슬옥변	珹	옥 이름. 옥.

金 12 貝 조개패변 **賍** 넉넉할. 재물.

金 13 言 말씀언변 **誠** 정성. 誠의 [俗字]

金 14 言 말씀언변 **誠**· 정성. 진실. [本字]

金 13 14 王 玉 임금왕변 구슬옥변 **瑆** 옥빛.

金 16 酉 닭유변 **醒** 깨달을. 술 깰.

水 09 11 月 肉 육달월변 고기육변 **胜** 비린내. 비릴. 개기름. 성 ↔ 정 [통용]

水 13 15 月 肉 육달월변 고기육변 **腥** 날고기. 누릴. 비릴.

세

木 10 巾 수건건변 **帨** 수건. 차는 수건.

木 11 竹 대죽변 **笹** 조릿대. 가는 대. 기뻐할.

木 11 糸 실사변 **細**· 가늘. 작을. 자세할.

木 12 禾 벼화변 **稅**· 세금. 부세. 놓을. 징수. [태. 탈]

木 18 糸 실사변 **繐** 베. 가늘고 설핀 베. [혜]

火 05 一 한일변 **世**· 인간. 세대. 세상.

火 06 07 忄 心 심방변 마음심변 **忕** 익숙할. 익힐. [태. 설]

火 11 彐 튼가로왈변 **彗** 살별. 풀 이름. 세 ↔ 혜 [통용]

土 09 女 계집녀변 **婗** 여자의 이름. 조용할. 고요할.

土 13 止 그칠지변 **歲**· 해. 나이. 세월.

金 12 貝 조개패변 **貰** 세 낼. 외상으로 살. 놓아줄.

金 13 力 힘력변 **勢**· 형세. 권세. 위세.

金 14 言 말씀언변 **說** 달랠. 머무를. [탈] 세 ↔ 설. 열. [통용]

金 15 金 쇠금변 **鏊** 구리 녹. 오색 구리. 수레 버팀나무 맬 끈.

水 09 10 氵 水 삼수변 물수변 **洒** 씻을. 깨끗할. 물 뿌릴. 세 ↔ 선 [통용]

水 09 10 氵 水 삼수변 물수변 **洗**· 씻을. 깨끗할. 다듬을. 세 ↔ 선 [통용]

水 10 氵 삼수변 11 水 물수변 涚 잿물.

水 13 虫 벌레충변 蜕 허물. 매미, 뱀 등 허물 벗을. [태]

소

木 07 力 힘력변 劭 힘쓸. 아름다울. [교]

木 08 戶 지게호변 所· 곳. 처소. (~하는) 바.

木 09 木 나무목변 柖 흔들릴. 과녁. 나무 흔들릴. 욕상(浴牀).

木 10 竹 대죽변 笑· 웃을.

水 09 口 입구변 咲 笑자와 통용

木 10 糸 실사변 素· 흴. 흰 깁. 흰빛. 소박할. 본디. 바탕.

木 11 木 나무목변 梳 얼레빗. 빗을.

木 10 扌 재방변 11 手 손수변 捎 제거할. 없앨. 추릴. 털. 뿌릴.

木 11 糸 실사변 紹 이을. 소개할.

木 11 扌 재방변 12 手 손수변 掃· 비로 쓸(청소). 쓸.

木 13 竹 대죽변 筱 가는 대. 작은 대. 조릿대(줄기가 가는 대나무).

木 13 扌 재방변 14 手 손수변 搔 긁을. 떠들. 소란할.

木 15 木 나무목변 樔 풀막. 움막.

木 15 竹 대죽변 箾 퉁소 (가는 대로 만든 목관 악기). 상소. 피리. 음악.

木 16 禾 벼화변 穌 깨어날. 기뻐할.

水 12 生 날생변 甦 穌자와 통용

木 16 舟 배주변 艘 배. 배의 총칭. 척.

木 16 竹 대죽변 篠 조릿대. 가는 대. 삼태기.

木 15 艹 풀초변 17 艸 초두변 蔬· 나물. 채소. 푸성귀.

木 17 糸 실사변 繅 고치 켤. 고치실 뽑을.

木 17 艹 풀초변 19 艸 초두변 蕭 대쑥. 시끄러울. 바쁠.

주의	字典에 따라 16~18획, 17~19획으로 혼용, 성명학에서는 17~19획 기준

木 19 竹 대죽변 **簫** 퉁소. 조릿대.

주의	字典에 따라 18획, 19획으로 혼용, 성명학에서는 19획 기준

木 20 22 艹 艸 풀초변 초두변 **蘇**· 회생할. 깨어날. 나라 이름. 차조기 (일년초). 姓.

火 07 人 사람인변 **佋** 소개할. 이을. 소목(昭穆).

火 07 卩 병부절변 **卲** 높을. 뛰어날.

火 09 日 날일변 **昭**· 소명할. 밝을. 소 ↔ 조 [통용]

火 09 火 불화변 **炤** 밝을. 환할. [조. 작] 소 ↔ 조 [통용]

火 11 火 불화변 **焇** 녹일. 말릴. 쬐일. 姓.

火 12 人 사람인변 **傃** 향할.

火 13 羽 깃우변 **翛** 날개 칠. 날개 찢어질. 깃소리.

火 13 14 忄 心 심방변 마음심변 **愫** 정성. 참뜻.

火 14 心 마음심변 **愬** 하소연할. 고할. [색]

火 16 火 불화변 **燒**· 불사를. 사를. 태우다.

火 16 行 다닐행변 **衞** 깨끗할. 정결할. 소 ↔ 어 [통용]

火 17 鬼 귀신귀변 **魈** 산도깨비. 이매 (산의 요괴).

火 20 馬 말마변 **騷**· 소동할. 시끄러울. 떠들. 풍류.

土 11 土 흙토변 **埽** 쓸. 쓸다. 털다. 둑.

土 11 疋 필필변 **疏**· 소통할. 글. 상소할. → 疎 [소]

土 12 疋 필필변 **疎**	疏자와 통용

土 08 12 阝 邑 우방변 고을읍변 **邵** 땅 이름. 높을. 姓.

土 13 土 흙토변 **塐** 흙 빚을. 허수아비.

土 13 土 흙토변 **塑** 토우. 흙 이겨 만들.

土 11 14 辶 辵 책받침변 갖은책받침변 **逍** 노닐. 거닐.

오행	획수	부수	한자	뜻
土	14 17	⻌ 辵 책받침변 갖은책받침변	遡	거스를. 거슬러 올라갈. 따라 내려갈.
水	13 14	氵 水 삼수변 물수변	溯	遡자와 통용
金	09 10	王 玉 임금왕변 구슬옥변	玿	아름다운 옥.
金	10	金 쇠금변	釗	힘쓸. 보일. 사람 이름. 姓. 소 ↔ 쇠 [통용]
金	12	言 말씀언변	訴·	하소연할. 호소할. 송사할. 아뢸.
金	12	酉 닭유변	酥	연유. 양유로 만든 죽. 우유. [수]
金	14	音 소리음변	韶	아름다울. 풍류.
金	15	金 쇠금변	銷	녹일. 녹을. 꺼질. 쇠할.
金	15 16	王 玉 임금왕변 구슬옥변	璅	옥돌. [쇄]
水	03	小 작을소변	小·	작을. 적을. 조금.
水	04	小 작을소변	少·	젊을. 적을.
水	05	口 입구변	召·	부를. 알릴. 청할. 姓.
水	08 09	氵 水 삼수변 물수변	沼	늪. 못.
水	08 09	氵 水 삼수변 물수변	泝	거슬러 갈. 물 거슬러 올라갈.
水	10	宀 갓머리변	宵	밤 (夜). 어두울. 작을.
水	10 11	氵 水 삼수변 물수변	消·	사라질. 꺼질. 삭일. 끌. 물러설.
水	11	巛 개미허리변	巢	새집. 깃들일. 보금자리.
水	13	口 입구변	嗉	모이주머니. 멀떠구니. 새 목구멍.
水	13	虫 벌레충변	蛸	사마귀 알. 거미 알. 갈거미.
水	15	疒 병질엄변	瘙	피부병. 옴.
水	15	雨 비우변	霄	하늘 기운. 하늘. 사람 이름.
水	19	雨 비우변	䨭	霄자와 통용
水	16	口 입구변	嘯	휘파람. 부르짖을. 읊조릴. [질]

주의: 字典에 따라 15획, 16획으로 혼용되나, 성명학에서는 16획 기준

水 14 16 月 肉 **膆** 목구멍. 멀떠구니. 살찔. (모이주머니).
육달월변 고기육변

水 18 魚 **鮹** 문어. 낙지. 물고기 이름.
물고기어변

水 18 鹵 **䴛** 소금 구울. 소금굴.
소금밭변

水 20 21 氵 水 **瀟** 물 이름. 맑을. 비바람칠.
삼수변 물수변

주의	字典에 따라 19~20획, 20~21획으로 혼용, 성명학에서는 20~21획 기준

金 17 言 **謖** 일어날. 여밀. 뛰어날.
말씀언변

金 22 貝 **贖** 속죄할. 속바칠. 바꿀.
조개패변

水 09 10 氵 水 **泝** 비 올. 큰 비바람.
삼수변 물수변

水 10 11 氵 水 **涑** 물 이름. [수]
삼수변 물수변

水 21 尸 **屬**· 무리. 붙을. 이을.
주검시변

속

木 07 木 **束**· 묶을. 묶음. 약속할.
나무목변

木 12 米 **粟**· 조. 오곡.
쌀미변

木 21 糸 **續**· 계속. 이을. 붙을.
실사변

火 09 人 **俗**· 풍속. 풍습. 속될. 인간 세상.
사람인변

土 11 14 辶 辵 **速**· 빠를. 신속할.
책받침변 갖은책받침변

土 15 18 辶 辵 **遬** 빠를. 움츠릴. 줄어들.
책받침변 갖은책받침변

손

木 12 己 **巽** 부드러울. 공손할. 사양할. 괘 이름. 姓.
몸기변

木 13 14 扌 手 **損**· 손해. 감소. 덜. 감할. 잃을.
재방변 손수변

木 14 16 艹 艸 **蓀** 향초. 향초 이름. 창포.
풀초변 초두변

土 14 17 辶 辵 **遜** 겸손할. 사양할. 양보할.
책받침변 갖은책받침변

水 10 子 **孫**· 자손. 손자. 姓.
아들자변

水 12 食 **飧** 저녁밥. 밥. 익힌 음식.
밥식변

水	11 食 밥식변	飡	飧자와 통용

솔

木	09 巾 수건건변	帥	거느릴. 좇을. 솔 ↔ 수 [통용]
木	15 18 辶 辵 책받침변 갖은책받침변	逹	군사 거느릴.
火	11 玄 검을현변	率	거느릴. 앞설. 솔 ↔ 률(율) [통용]
火	17 行 다닐행변	衛	거느릴. 인도할.
水	09 乙 새을변	乺	솔 (먼지나 때를 닦는). 도쇄구(塗刷具). 땅 이름.
水	13 穴 구멍혈변	窣	갑자기. 갑작스러울. [졸]
水	17 虫 벌레충변	蟀	귀뚜라미.

송

木	07 宀 갓머리변	宋	나라 이름. 송나라. 姓.
木	08 木 나무목변	松·	솔. 소나무.
火	10 11 忄 心 심방변 마음심변	悚	두려울. 당황할.
火	13 頁 머리혈변	頌·	기릴. 칭송할. 문체 이름.
火	16 17 忄 心 심방변 마음심변	憽	똑똑할. [숭]
火	18 髟 터럭발변	鬆	더벅머리. 헝클어질. 거칠. 느슨할.
土	10 13 辶 辵 책받침변 갖은책받침변	送·	보낼. 전송.
金	11 言 말씀언변	訟·	송사. 고소할. 시비할. 다툴.
金	12 立 설립변	竦	공경할. 삼갈.
金	14 言 말씀언변	誦·	암송할. 외울. 소리 내어 읽을.
水	11 12 氵 水 삼수변 물수변	淞	물 이름.

쇄

火	23 日 날일변	曬	햇빛 쬘. 쬘. 말리다.
金	08 刂 刀 선칼도변 칼도변	刷·	인쇄할. 문지를. 솔질할. 씻을.

金 11 殳 갖은등글월문변 **殺** 감할.
덜. 빠를.
쇄 ↔ 살 [통용]

金 13 石 돌석변 **碎** 깨뜨릴.
부술. 부서질. 잘.

金 14 王 임금왕변 15 玉 구슬옥변 **瑣** 세분할.
자질구레할. 잘. 옥가루.

金 18 金 쇠금변 **鎖**· 자물쇠.
잠글. 쇠사슬.

金 18 金 쇠금변 **鎻** 鎖자와 통용

水 22 氵 삼수변 23 水 물수변 **灑** (물) 뿌릴.
깨끗할. 가를. 던질.

쇠

木 10 衣 옷의변 **衰**· 쇠할.
약할. [최. 사]

金 10 金 쇠금변 **釗** 사람 이름 (예 : 돌쇠).
(금속) 쇠. 철. [국]
쇠 ↔ 소 [통용]

수

木 04 手 손수변 **手**· 손.
손수 할. 재주. 수단.

木 06 宀 갓머리변 **守**· 지킬.
살필. 벼슬 이름. 姓.

木 07 禾 벼화변 **秀**· 빼어날.
뛰어날. 팰. 이삭 나올.

木 09 巾 수건건변 **帥**· 장수.
거느릴. 수 ↔ 솔 [통용]

木 11 宀 갓머리변 **宿** 별자리.
수 ↔ 숙 [통용]

木 10 衤 11 衣 옷의변 **袖** 소매.
소매에 넣을. 姓.

木 11 扌 재방변 12 手 손수변 **授**· 줄.
수여할. 가르칠.

木 10 艹 풀초변 12 艸 초두변 **茱** 수유나무.

木 13 广 엄호변 **廋** 숨길.
숨기다. 찾을.

木 13 目 눈목변 **睡**· 졸음.
졸. 잠 잘.

木 13 目 눈목변 **睟** 바로 볼.
눈 밝을. 윤택할.

木 13 目 눈목변 **睢** 물 이름.
[휴]

水 16 氵 삼수변 17 水 물수변 **濉** 睢자와 통용

木 13 糸 실사변 **綏** 편안할.
끈. 갓끈. [유. 타]

木 13 14 扌 手 **搜**· 찾을. 가릴. 수색. [소]
재방변 손수변

> 주의 (전산폰트) 필순이 12~13획으로 보이나, 밑터진절구 구 7획으로 字典에 13~14획이므로 성명학은 13~14획 기준

木 14 米 **粹** 순수할. 순전할. 정할.
쌀미변

木 14 糸 **綬** 인끈. 끈. 문채 옷.
실사변

木 15 目 **瞍** 장님. 소경. 봉사.
눈목변

> 주의 (전산폰트) 필순이 14획으로 보이나, 밑터진절구 구 7획으로 字典에 15획이므로 성명학은 15획 기준

木 15 豆 **豎** 세울. 설. 곧을. 더벅머리.
콩두변

金 13 立 **竪** 豎자와 통용 [俗字]
설립변

木 16 木 **樹**· 심을. 나무. 세울.
나무목변

木 14 16 艹 艸 **蓚** 기쁠. 수산 (식품제조 첨가물).
풀초변 초두변

木 14 16 艹 艸 **蒐** 모을. 숨길. 꼭두서니.
풀초변 초두변

木 17 禾 **穗** (벼) 이삭. 보리 이삭.
벼화변

木 15 禾 **穂** 穗자와 통용
벼화변

木 19 糸 **繡** 수놓을. 비단.
실사변

> 주의 字典에 따라 18획, 19획으로 혼용되나, 성명학은 19획 기준

木 13 糸 **綉** 繡자와 통용
실사변

木 19 風 **颼** 바람소리.
바람풍변

木 19 21 艹 艸 **藪** 수풀. 큰 늪. 덤불.
풀초변 초두변

木 21 竹 **籔** 휘 (16말들이 용량). 조리. 똬리.
대죽변

火 10 人 **修**· 닦을. 익힐. 다스릴.
사람인변

水 11 13 月 肉 **脩** 修자와 통용
육달월변 고기육변

火 12 日 **晬** 일주년. 돌. 생일. [쉬]
날일변

火 12 頁 **須**· 모름지기. 잠깐. 턱수염. 사람 이름.
머리혈변

오행	획수	한자	뜻
火	13 心 마음심변	愁·	근심. 수심. 시름.
火	16 車 수레거변	輸·	옮길. 실을. 실어 낼. 보낼.
火	17 火 불화변	燧	봉화. 부싯돌. 불.
火	17 隹 새추변	雖·	비록.
火	19 鳥 새조변	鵐	새매 (수릿과의 새).
火	22 髟 터럭발변	鬚	아랫수염.
土	08 土 흙토변	垂·	드리울. 베풀. 거의.
土	08 山 메산변	岫	산굴. 암굴산. 산봉우리.
土	08 山 메산변	峀	岫자와 통용
土	09 10 犭 犬 개사슴록변 개견변	狩	사냥할. 순행. 돌. 정벌할.
土	11 羊 양양변	羞	부끄럼. 수치스러울.
土	13 女 계집녀변	嫂	형수. 노부인.
土	13 16 辶 辵 책받침변 갖은책받침변	遂·	마침내. 드디어. 이룰. 성취.
土	11 16 阝 阜 좌방변 언덕부변	陲	변방. 위태할.
土	12 17 阝 阜 좌방변 언덕부변	隋	수나라. 나라.
土	19 犬 개견변	獸·	짐승. 가축 말린 고기.
土	18 21 辶 辵 책받침변 갖은책받침변	邃	깊을. 현묘할. 심오할. 멀.
土	16 21 阝 阜 좌방변 언덕부변	隧	길. 굴 (터널). 뚫은 굴. 회전할. [추]
土	16 21 阝 阜 좌방변 언덕부변	隨·	따를. 추종. 때에 따라.
金	04 殳 갖은등글월문변	殳	창. 몽둥이. 지팡이.
金	06 戈 창과변	戍	둔영. 지킬. 수자리 (변방을 지키는 일).
金	06 攵 攴 등글월문변 칠복변	收·	거둘. 잡을.
金	10 示 보일시변	祟	동토 (귀신이 내리는 재앙). 빌미.
金	11 12 王 玉 임금왕변 구슬옥변	琇	옥돌. 아름다울.

金 13 **酬** 酉 닭유변
보답할.
갚을.

金 14 **銖** 金 쇠금변
저울눈.
무게 단위 (중량 이름).

金 15 **數**· 攵 支 등글월문변 칠복변
셈할.
셈. 수 ↔ 삭 [통용]

金 15 **賥** 貝 조개패변
재물.
재화.

金 15 **誰**· 言 말씀언변
누구.
무엇. 발어사.

金 15 **銹** 金 쇠금변
녹슬.
녹.

金 17 18 **璲** 王 玉 임금왕변 구슬옥변
패옥
(관복 띠에 차는 옥).
서옥. 노리개.

金 17 18 **瓗** 王 玉 임금왕변 구슬옥변
옥 이름.
수 ↔ 선 [통용]

金 20 21 **瓍** 王 玉 임금왕변 구슬옥변
구슬.

金 23 **讎** 言 말씀언변
원수.
대답할. 갚을.

金 23 **讐** 言 말씀언변
讎자와 통용

金 23 **髓** 骨 뼈골변
골수
(뼛속에 차있는 물질).

水 04 **水**· 水 물수변
물.
별 이름.

水 05 **囚**· 口 큰입구변
가둘.
죄수.

水 06 07 **汓** 氵 水 삼수변 물수변
헤엄칠.

水 08 **受**· 又 또우변
받을.
입을. 이을. 배울.

水 08 09 **泅** 氵 水 삼수변 물수변
헤엄칠.

水 09 **首**· 首 머리수변
우두머리.
머리. 첫째. 임금.

水 10 **叟** 又 또우변
늙은이.
어른.

水 09 10 **洙** 氵 水 삼수변 물수변
물가.
물 이름.

水 10 **殊**· 歹 죽을사변
뛰어날.
다를.

水 11 **售** 口 입구변
팔아넘길.
팔. 갚을.

水 14 **壽**· 士 선비사변
목숨.
수명. 나이.

土 07 **寿** 寸 마디촌변
壽자와 통용 [俗字]

水 | 14 口 입구변 | **嗽** | 기침. 양치질할. [삭]

水 | 13 氵 삼수변 14 水 물수변 | **溲** | 반죽할. 적시다. 일.

주의 (전산폰트) 필순이 12~13획으로 보이나, 밑터진절구 구 7획으로 字典에 13~14획이므로 성명학은 13~14획 기준

水 | 12 月 육달월변 14 肉 고기육변 | **脺** | 윤택할. 얼굴에 윤기 있을.

水 | 14 雨 비우변 | **需**· | 기다릴. 머뭇거릴. 구할. 음식. 수 ↔ 유 [통용]

水 | 14 氵 삼수변 15 水 물수변 | **漱** | 양치질할. 빨. 씻을.

水 | 15 疒 병질엄변 | **瘦** | 여윌. 파리할. 야윌. 마르다.

水 | 14 月 육달월변 16 肉 고기육변 | **膄** | 여윌. 파리할.

水 | 17 月 육달월변 19 肉 고기육변 | **髓** | 골수. 뼛속 기름.

水 | 20 食 밥식변 | **饈** | 반찬. 맛좋은 음식. 드릴.

숙

木 | 06 夕 저녁석변 | **夙** | 이를. 일찍. 빠를. 삼갈. 姓.

木 | 11 宀 갓머리변 | **宿**· | (잠) 잘. 묵을. 숙박할. 지킬. 숙 ↔ 수 [통용]

木 | 12 艹 풀초변 14 艸 초두변 | **菽** | 콩. 대두. 흰콩.

木 | 17 木 나무목변 | **橚** | (나무) 줄지어 설. 밋밋할. 무성할.

주의 字典에 따라 16획, 17획으로 혼용되나, 성명학에서는 17획 기준

火 | 10 人 사람인변 | **倏** | 갑자기. 빠를. 매우 짧은 시간. 문득. → 儵[同字]

火 | 10 人 사람인변 | **俶** | 비로소. 비롯할. 성돈할. 착할. [척]

火 | 13 聿 붓율변 | **肅**· | 엄숙할. 공경할. 삼갈.

火 | 15 灬 연화변 火 불화변 | **熟**· | 익을. 성숙할. 낮익을.

火 | 19 人 사람인변 | **儵** | 빠를. 잿빛. 물결 번득거릴. → 倏 [同字]

火 | 23 馬 말마변 | **驌** | 좋은 말. 양마 이름.

주의 字典에 따라 22획, 23획으로 혼용되나, 성명학에서는 23획 기준

火 | 24 鳥 새조변 | **鷫** | 신조 (새 이름). 서방을 지킨다는 신조 (神鳥).

주의	字典에 따라 23획, 24획으로 혼용되나, 성명학에서는 24획 기준

土	11 女 계집녀변	婌	궁녀. 궁녀 벼슬 이름.
土	14 土 흙토변	塾	서당. 글방.
金	12 王 임금왕변 / 13 玉 구슬옥변	琡	옥 이름. 구슬.
金	18 王 임금왕변 / 19 玉 구슬옥변	璹	옥 그릇. 옥 이름.
水	08 又 또우변	叔·	아저씨. 아재비.
水	11 子 아들자변	孰·	누구. 어느. 무엇.
水	11 氵 삼수변 / 12 水 물수변	淑·	맑을. 착할. 얌전할. 어질.
水	16 氵 삼수변 / 17 水 물수변	潚	빠를. 姓. [축. 소]

주의	字典에 따라 15~16획, 16~17획으로 혼용되나, 성명학에서는 16~17획 기준

순

木	09 目 눈목변	盾	방패. 피하다.
木	09 目 눈목변	盹	졸다. 눈 게슴츠레할. 선잠.
木	09 糸 실사변	紃	끈. 실띠. 줄.
木	10 木 나무목변	栒	가름대 (가로지른 막대). (악기) 다는 틀. 나무 이름.
木	10 糸 실사변	純·	순수할. 순정. 천진할. 좋을. 순 ↔ 준[통용]
木	11 目 눈목변	眴	눈 깜빡일. 눈짓할. [현]
木	10 艹 풀초변 / 12 艸 초두변	荀	풀 이름. 사람 이름.
木	12 竹 대죽변	筍	죽순. 대싹. 姓.
木	12 舛 어길천변	舜	순임금. 임금 이름. 뛰어날. 姓.
木	13 木 나무목변	楯	난간. 방패. 뽑을. 빼낼. [준]
木	16 木 나무목변	橓	무궁화. 근화.
木	15 艹 풀초변 / 17 艸 초두변	蓴	순나물. 순채 (수련과 풀). 부들 이삭.
木	17 目 눈목변	瞬·	눈 깜짝할. 잠깐.

오행	획수	부수	한자	뜻	부수명
木	16 18	++ 艸	蕣	무궁화. 목근.	풀초변 초두변
火	06	日	旬·	열흘. 10년. 꽉 찰. 두루 펼.	날일변
火	08	人	侚	재빠를. 따를. 좇을.	사람인변
火	09	彳	徇	두루. 돌. 경영할. 부릴.	두인변
火	09 10	忄 心	恂	정성. 믿을. 진실할. [준]	심방변 마음심변

> 주의: 忄 심방 변 3획은 성명학에서는 心 마음심 변 4획으로 사용됨

오행	획수	부수	한자	뜻	부수명
火	12	彳	循·	빙빙 돌. 돌. 어루만질. 좇을.	두인변
火	12	火	焞	밝을. [퇴] 순 ↔ 돈 [통용]	불화변
火	12	頁	順·	순할. 유순할. 따를.	머리혈변
火	13	馬	馴	길들일. 순할. 익숙할. [훈]	말마변
火	16	馬	駨	말 달릴. 말 달리는 모양.	말마변
火	19	鳥	鶉	메추라기. 새 이름.	새조변
火	19	髟	鬊	헝클어질. 머리 풀어헤칠.	터럭발변
土	08	田	畇	사귈. 시킬. 하여금.	밭전변
土	09	山	峋	깊숙할. 후미질.	메산변
土	09	女	姰	다다를. 미칠. 닿을. [균]	계집녀변
金	10 11	王 玉	珣	옥돌. 옥 이름.	임금왕변 구슬옥변
金	13	言	詢	상의할. 물을. 믿을. 같을.	말씀언변
金	15	言	諄	가르칠. 도울. 정성.	말씀언변
金	15	酉	醇	전국술. 진할. 순수할. 두터울.	닭유변
金	16	金	錞	악기 이름. 쇠북 악기.	쇠금변
水	07	川 巛	巡·	순행. 돌. 두루 돌. 돌아다닐.	개미허리변

> 주의: 巛 (川) 변에 속하므로 7획에 해당, 辶(辵)변에 속하지 않으므로 10획이 아님

오행	획수	부수	한자	뜻	부수명
水	08 10	月 肉	肫	정성스러울. 광대뼈. 포. 포육.	육달월변 고기육변

水 09 10 洵 믿을. 氵 水 진실로. [현]
삼수변 물수변

水 10 殉· 따라 죽을. 歹 순장.
죽을사변

水 11 12 淳 순박할. 氵 水 맑을. 깨끗할.
삼수변 물수변

水 11 13 脣· 입술. 月 肉 언저리.
육달월변 고기육변

술

木 11 絉 노끈. 糸 끈. 줄.
실사변

火 11 術· 기술. 行 재주. 꾀. 계략.
다닐행변

土 06 戌· 개. 戈 열한 번째 지지.
창과변

주의	字源五行의 戈변은 金에 해당되나 訓에 의거, 地支 戌은 土에 해당 土로 기준

土 08 㐬 높을. 土
흙토변

土 09 12 述· 기록. 辶 辵 책 씀. 저술. 펼. 말할.
책받침변 갖은책받침변

金 13 鉥 긴 바늘. 金 돗바늘. 인도할. 이끌.
쇠금변

숭

木 12 14 菘 배추. 艹 艸 숭채.
풀초변 초두변

土 11 崇· 높을. 山 존중할. 우뚝 솟을.
메산변

土 11 崧 우뚝 솟을. 山 숭산. 산 이름. 姓.
메산변

土 13 嵩 높을. 山 숭산. 산 이름. 姓.
메산변

쉬

火 10 倅 다음. 人 버금. [졸]
사람인변

火 12 焠 담금질. 火 담글. 물들일. 태울.
불화변

水 11 12 淬 담금질. 氵 水 물들일. 범할.
삼수변 물수변

슬

木 21 䨩 붉고 푸를. 青 적청색.
푸를청변

金 13 14 瑟 비파. 王 玉 악기 이름. 고울.
임금왕변 구슬옥변

金 15 16 王 玉 琗 푸른 구슬.
임금왕변 구슬옥변

金 17 18 王 玉 瑟 푸른 구슬.
아름다운 옥.
임금왕변 구슬옥변

水 08 虫 虱 이 (피 빨아먹는 해충.
반풍자(半風子).
벌레충변

水 15 虫 蝨 이.
폐해 (관官이 끼치는
피해를 이에 비유한 말).
벌레충변

水 15 17 月 肉 膝 무릎.
육달월변 고기육변

습

木 09 10 扌 手 拾· 주울.
습득할. 모을.
습 ↔ 십 [통용]
재방변 손수변

木 15 木 槢 쐐기.
단단한 나무.
나무목변

木 16 17 衤 衣 褶 주름.
사마치 (기마복). [첩]
옷의변

木 22 衣 襲· 엄습할.
인할. 姓.
옷의변

火 11 羽 習· 익힐.
연습. 배울. 익숙할.
깃우변

火 14 15 忄 心 慴 두려워할.
겁낼. 굴복할. 협박.
→ 접 [本音]
심방변 마음심변

土 17 22 阝 阜 隰 진펄.
지세가 낮고 습한 땅.
좌방변 언덕부변

水 17 18 氵 水 濕· 습기.
젖을. 축축할.
삼수변 물수변

승

木 04 十 升 오를.
되. 괘 이름.
열십변

木 06 一 丞 정승.
이을. 도울. 벼슬 이름.
한일변

木 08 手 承· 이을.
계승. 받들. 姓.
손수변

木 14 木 榺 바디집.
잉아. 도투마리(베틀의
한 기구 이름).
나무목변

木 19 糸 繩 먹줄.
노끈. 법. 묶을. [잉. 민]
실사변

火 08 日 昇· 오를.
올릴. 해 돋을. 姓.
날일변

火 10 丿 乘· 탈.
오를. 의지할. 곱할.
삐침변

火 14 人 僧· 승려.
중.
사람인변

火 22 髟 鬙 머리 헝클어질.
터럭발변

土 08 山 메산변 丞 공경할. 도울. 벼슬 이름.

土 12 力 힘력변 勝· 이길. 뛰어날. 훌륭할. 姓.

土 13 土 흙토변 塍 논두둑. 밭두렁.

土 10 15 阝 阜 좌방변 언덕부변 陞 나아갈. 오를.

土 07 12 阝 阜 좌방변 언덕부변 阩 陞자와 통용

土 11 16 阝 阜 좌방변 언덕부변 陼 해 돋을.

주의 阝 좌방 변 3획은 성명학에서는 阜 언덕부 변 8획으로 사용됨

水 05 水 물수변 丞 이을. 받들. 구할.

水 11 12 氵 水 삼수변 물수변 涨 땅 이름. 지명 (地名).

水 19 虫 벌레충변 蠅 파리. 파리잡이거미.

시

木 05 巾 수건건변 市· 저자 (시장). 장. 시가. 장사.

木 05 示 보일시변 示· 보일. 볼. 고시. 알릴.

木 08 儿 어진사람인변 兕 외뿔소. [사]

木 09 木 나무목변 枲 모시풀 (쐐기풀 이름). 수삼.

木 09 木 나무목변 柹 감나무. 감.

木 09 木 나무목변 柿 柹자와 통용

木 09 木 나무목변 柿 柹자와 통용

木 09 木 나무목변 柴 섶나무. 섶. 땔나무. 姓. [채]

木 09 目 눈목변 眂 볼. 보다.

木 10 目 눈목변 眎 볼. 보일. 사람 이름. 視의 [古字]

木 11 糸 실사변 絁 명주. 깁.

木 14 木 나무목변 榯 나무 곧게 설. 문설주.

木 14 示 **禔** 편안할. 복. 행복.
보일시변 시 ↔ 제. 지 [통용]

木 15 广 **廝** 하인. 종. 천할. → 厮 [同字]
엄호변

木 15 糸 **緦** 상복에 쓰는 베. 시마. 시마복.
실사변

木 14 16 艹 艸 **蒔** 모종할. 이식할. 소회향.
풀초변 초두변

木 14 16 艹 艸 **蓍** 톱풀 (엉거싯과 풀). 시초.
풀초변 초두변

火 08 人 **侍·** 모실. 받들.
사람인변

火 08 日 **旹** 때. 철. 계절.
날일변 時의 [古字]

火 09 日 **是·** 옳을. 이. 바를.
날일변

火 09 10 忄 心 **恃** 믿을. 어미.
심방변 마음심변

火 10 日 **時·** 때. 철. 계절.
날일변

火 10 羽 **翅** 날개. 지느러미.
깃우변

火 11 人 **偲** 굳셀. 재주 많을. 똑똑할.
사람인변

火 12 彳 **徥** 걷는 모양. 슬슬 걸을. [대. 치. 태]
두인변

火 12 見 **視·** 볼. 보일. 살필.
볼견변

火 12 13 忄 心 **愢** 겸손할. 시 ↔ 새 [통용]
심방변 마음심변

火 13 毛 **毸** 날개 칠. 날개 벌릴.
터럭모변

火 14 羽 **翤** 깃. 새의 날개.
깃우변

火 18 頁 **顋** 뺨. 볼. 볼따구니.
머리혈변 → 새 [本音]

土 08 女 **始·** 처음. 비로소. 비롯할. 근본.
계집녀변

土 09 方 **施·** 베풀. 줄. 전할. 姓.
모방변

土 11 12 犭 犬 **猜** 시기할. 샘낼. 투기할. 의심할.
개사슴록변 개견변

土 12 女 **媤** 시집. 남편의 집.
계집녀변

土 12 女 **媞** 자세할. 살필. 볼. 행복.
계집녀변 시 ↔ 제 [통용]

土 13 土 **塒** 횃대. 홰.
흙토변

金 05 矢 **矢**· 화살. 바를. 맹세. 화살시변

金 11 匕 **匙** 숟가락. 열쇠. 姓. 비수비변

金 13 弋 **弑** 죽일. 윗사람 죽일. [本字] 주살익변

주의 12획은 속자, 13획은 본자.
성명학은 13획 기준

金 13 言 **詩**· 글. 시. 말씀언변

金 13 言 **試**· 시험. 시험할. 검사. 말씀언변

金 16 言 **諡** 시호. 시호 내릴. 말씀언변

金 16 言 **諟** 바로잡을. 이. 시 ↔ 체 [통용] 말씀언변

金 16 言 **諰** 생각할. 두려워할. 말씀언변

金 17 金 **鍉** 열쇠. 숟가락. 쇠금변

金 26 酉 **釃** 술 거를. 거를. 나눌. 닭유변

水 03 尸 **尸** 주검. 시체. 위패. 시동. 주검시변

水 07 豕 **豕** 돼지. 돝. 돼지시변

水 08 09 氵 水 **浉** 현 이름. 고을 이름. 삼수변 물수변

水 09 尸 **屍** 주검. 송장. 주검시변

水 09 尸 **屎** 똥. 대변. 시 ↔ 히 [통용] 주검시변

水 10 豸 **豺** 승냥이 (갯과의 동물). 갖은돼지시변

水 11 豆 **豉** 메주. 된장. 콩두변

水 12 口 **啻** 뿐 (다만 ~ 뿐만 아니라). 입구변

水 14 厂 **厮** 하인. 종. 천할. → 廝 [同字] 민엄호변

水 15 口 **嘶** 울. 말이 울. 널리 울. 목 쉴. 입구변

水 15 水 **漦** 흐를. 침거품. 물수변

水 15 16 氵 水 **澌** 다할. 망할. 목 쉰 소리. 삼수변 물수변

참고 작명은 소리(音)로만, 뜻(訓)으로만, 또는
소리(音)와 뜻(訓)으로 모두 할 수 있다.

식

오행	획수	부수	한자	뜻
木	09 10	扌 手 재방변 손수변	拭	닦을. 지울. 씻을.
木	10	木 나무목변	栻	점통. 점치는 판.
木	12	宀 갓머리변	寔	진실로. 이. 이것. 참.
木	12	木 나무목변	植·	심을. 식물.
木	15	竹 대죽변	篒	대나무 밥통. 땅 이름.
火	10	心 마음심변	息·	(휴식) 쉴. 숨 쉴. 자식.
火	13	車 수레거변	軾	수레 난간. 수레 앞턱.
火	14	火 불화변	熄	불 꺼질. 사라질. 없어질.
土	11	土 흙토변	埴	진흙. 찰흙.
土	13	女 계집녀변	媳	며느리.
金	06	弋 주살익변	式·	의식. 법. 제도.
金	19	言 말씀언변	識·	지식. 알. 판별할. 인정할. 식 ↔ 지 [통용] [치]
水	09	食 밥식변	食·	밥. 음식. 먹을. [사]
水	12	歹 죽을사변	殖	번식할. 번성할. 불을. 불릴.
水	12 13	氵 水 삼수변 물수변	湜	물 맑을. 맑을.
水	14	食 밥식변	飾·	치장할. 꾸밀. 가선 두를.
水	15	虫 벌레충변	蝕	좀먹을. 벌레먹을. 일식, 월식할.

신

오행	획수	부수	한자	뜻
木	10	宀 갓머리변	宸	대궐. 집. 하늘.
木	11	糸 실사변	紳	띠. 점잖은 사람. 신사. 벼슬아치.
木	11 13	艹 艸 풀초변 초두변	莘	풀. 약 이름. 나라 이름.
木	17 19	艹 艸 풀초변 초두변	薪	섶나무. 섶. 땔나무.
木	18 20	艹 艸 풀초변 초두변	藎	조개풀. 나아갈. 나머지.

火 | 06 臣 신하신변 | **臣**· | 신하. 백성.

火 | 07 人 사람인변 | **伸**· | 펼. 늘일. 기지개. 말할.

火 | 07 身 몸신변 | **身**· | 몸. 신체. 자신.

火 | 08 人 사람인변 | **侁** | 걷는 모양. 갈. 떼지어 갈. 姓.

火 | 09 人 사람인변 | **信**· | 믿을. 진실.

火 | 11 日 날일변 | **晨**· | 새벽. 때. 샛별.

火 | 13 忄 심방변 / 14 心 마음심변 | **愼**· | 진실. 삼갈. 정성스럴. 姓.

火 | 15 頁 머리혈변 | **頣** | 볼. 눈 크게 뜨고 볼.

火 | 16 火 불화변 | **燊** | (불꽃) 성할. 부릴.

火 | 16 馬 말마변 | **駪** | 말의 무리. 많을. 말(馬)이 많을. 빨리 갈.

火 | 18 火 불화변 | **燼** | 불 탄 나머지. 깜부기.

土 | 07 辰 별신변 | **辰** | 때. 일월성. 날 (하루). 신 ↔ 진 [통용]

土 | 09 女 계집녀변 | **姺** | 나라 이름. [선]

土 | 07 辶 책받침변 / 10 辵 갖은책받침변 | **迅** | 빠를. 신속할. 억셀.

土 | 10 女 계집녀변 | **娠** | 잉태할. 아이 밸. 움직일.

金 | 05 田 밭전변 | **申**· | 납. 원숭이. 아홉째 지지. 姓.

주의	字源五行의 田변은 土에 해당되나 訓에 의거, 地支 申은 金에 해당 金으로 기준

金 | 07 辛 매울신변 | **辛**· | 매울. 괴로울. 姓.

金 | 09 矢 화살시변 | **矧** | 하물며.

金 | 10 示 보일시변 | **神**· | 귀신. 신령. 정신.

金 | 10 言 말씀언변 | **訊** | 신문할. 고문. 물을. 죄 조사할.

金 | 13 斤 날근변 | **新**· | 처음. 새로울. 새.

金 | 18 王 임금왕변 / 19 玉 구슬옥변 | **璶** | 옥돌.

金 | 21 貝 조개패변 | **贐** | 전별할. 노자. 보배.

水 06 囟 정수리.
口 아이 숨구멍.
큰입구변

水 06 07 汛 물 뿌릴.
氵 水 조수.
삼수변 물수변

水 08 呻 신음할.
口 끙끙거릴. 읊조릴.
입구변

水 09 哂 비웃을.
口 빙그레 웃을.
입구변

水 13 蜃 큰 조개.
虫 대합조개.
벌레충변

水 11 13 脤 제육.
月 肉 세사에 쓰는 날고기.
육달월변 고기육변

水 12 14 腎 콩팥.
月 肉 신장. 불알. 고환.
육달월변 고기육변

실

木 09 室· 방.
宀 집. 아내. 별 이름.
갓머리변

木 14 實· 열매.
宀 실제. 사실. 참될. 찰.
갓머리변 실 ↔ 지 [통용]

木 08 実 實자와 통용 [俗字]
宀
갓머리변

火 05 失· 잃을.
大 그르칠. 잘못할.
큰대변

火 11 悉 다할.
心 다. 모두. 알. 깨달을.
마음심변

水 17 蟋 귀뚜라미.
虫
벌레충변

심

木 08 10 芯 골풀.
艹 艸 등심초. 중심.
풀초변 초두변

木 15 審· 살필.
宀 조사할. 자세할. 알.
갓머리변 밝힐.

木 13 15 葚 오디.
艹 艸 뽕나무 열매.
풀초변 초두변

火 04 心· 마음.
心 생각. 심장. 별 이름.
마음심변

火 16 燖 삶을.
火 삶다. 데치다.
불화변

土 09 甚· 심할.
甘 더욱. 매우.
달감변

金 12 尋· 찾을.
寸 궁구할. 발. 생각할.
마디촌변

金 16 諶 믿을.
言 참. 참으로. 姓.
말씀언변

金 20 鐔 날밑
金 (칼날과 자루 사이 끼는
쇠금변 테). 칼자루 끝쇠.

水	07 08 氵 水 삼수변 물수변	沁	물 적실. 물 이름. 밸. 스며들.	
水	07 08 氵 水 삼수변 물수변	沈	즙액. 가라앉을. 姓. 심 ↔ 침 [통용]	
水	11 12 氵 水 삼수변 물수변	深·	깊을. 깊이. 짙을.	
水	15 16 氵 水 삼수변 물수변	潯	물가. 소. 못. 물 이름.	
水	18 19 氵 水 삼수변 물수변	瀋	즙액. 물 이름.	
水	23 魚 물고기어변	鱏	철갑상어. 심어. 가오리.	

십

木	09 10 扌 手 재방변 손수변	拾	열. 십 ↔ 습 [통용]
火	04 人 사람인변	什	열. 열 사람. 십 ↔ 집 [통용]
水	02 10 十 열십변	十·	열. 열 번.

주의	필순은 2획이나, 성명학에서는 수의 의미를 획수로 하므로 10획 기준

쌍

火	18 隹 새추변	雙·	쌍. 둘. 짝. 한 벌.
水	04 又 또우변	双	雙자와 통용 [俗字]

씨

火	04 氏 각시씨변	氏·	성. 씨(사람의 호칭). 각시. 땅 이름. 姓.

♣

ㅇ

아

자원	획수	부수	한자	뜻
木	08	木 나무목변	枒	가장귀 (나뭇가지 갈라진 부분). [야]
木	08 10	艹 艸 풀초변 초두변	芽·	싹 틀. 움. 싹.
木	10	竹 대죽변	笌	죽순. 대순.
木	12	木 나무목변	椏	가장귀. 나뭇가지의 아귀.
木	11 13	艹 艸 풀초변 초두변	莪	쑥. 다북쑥.
火	03	丨 뚫을곤변	丫	두 갈래. 가닥날. 가장귀.
火	08	二 두이변	亞·	버금. 작을. 아시아.
火	07	二 두이변	亜	亞자와 통용
火	09	人 사람인변	俄	갑자기. 아까. 잠시. 높을. 러시아(아라사)의 약칭.
火	12	隹 새추변	雅·	맑을. 아담할. 바를. 선비.
火	13	行 다닐행변	衙	관청. 마을. 대궐.
火	15	鳥 새조변	鴉	갈까마귀. 큰부리까마귀. 검을.
火	18	鳥 새조변	鵝	거위. 진(陣) 이름. 姓.
火	18	鳥 새조변	鵞	거위.
土	08	女 계집녀변	妸	고울. 아름다울. 여자의 요염한 모양.
土	08	女 계집녀변	妿	여선생. 여자를 가르치는 선생.
土	10	女 계집녀변	娥	예쁠. 계집. 미녀. 여자 이름.
土	10	山 메산변	峨	산 높을.
土	10	山 메산변	峩	峨자와 통용
土	11	女 계집녀변	婀	아리따울.
土	11	女 계집녀변	婐	婀자와 통용

土 11 女 婭 계집녀변
동서.
일가.

土 08 11 辶 辵 迓 책받침변 갖은책받침변
마중할.
맞을. 영접할.

土 11 12 犭 犬 猗 개사슴록변 개견변
부드러울.
온순할. 아름다울.
아 ↔ 의 [통용]

土 08 13 阝 阜 阿 좌방변 언덕부변
언덕.
아름다울. 姓.

金 04 牙 牙· 어금니아변
어금니.
상아. 대장기.

주의 (전산폰트) 필순이 5획으로 보이나 字典에 4획이므로 성명학은 4획 기준

金 07 戈 我· 창과변
나.
우리.

金 09 石 砑 돌석변
맷돌.
갈.

金 11 言 訝 말씀언변
맞을.
의아할. 의심할.

金 12 白 皒 흰백변
흰빛.
흰색.

金 12 石 硪 돌석변
바위.

金 14 言 誐 말씀언변
착할.
아름다울. 사람 이름.
간사할. 교활할.

金 16 金 錏 쇠금변
목가림.
목가림 투구.

水 08 儿 兒· 어진사람인변
아이.
아 ↔ 예 [통용]

水 07 儿 児 어진사람인변
兒자와 통용

水 10 口 哦 입구변
읊을.
읊조릴.

水 10 疒 痾 병질엄변
질병.
병. 입앓이 병.

水 11 口 啞 입구변
벙어리.
까마귀 소리. [액]

水 11 口 啊 입구변
사랑할.
사랑하고 미워하는 소리.

水 13 虫 蛾 벌레충변
나방.
누에나비. 눈썹. [의]

水 16 食 餓· 밥식변
굶주릴.
굶을. 기아.

악

木 12 巾 幄 수건건변
휘장.
장막. 군막.

木 12 13 扌 手 握 재방변 손수변
쥘.
잡을. 한움큼. 손잡이.

자원오행	획수	부수	한자	뜻
木	15	木 나무목변	樂	풍류. 노래. 악기. 악 ↔ 락. 요 [통용]
木	13 15	艹 풀초변 艸 초두변	蕚	꽃받침.
火	11	人 사람인변	偓	거리낄. 악착스러울.
火	12	心 마음심변	惡·	악할. 나쁠. 악 ↔ 오 [통용]
火	12 13	忄 심방변 心 마음심변	愕	놀랄. 갑자기.
火	16	見 볼견변	覨	오래 볼.
火	18	頁 머리혈변	顎	턱. 근엄할. 엄숙할.
火	20	鳥 새조변	鶚	독수리 (물수릿과의 맹수).
土	08	山 메산변	岳·	큰 산. 메뿌리.
土	11	土 흙토변	堊	흰 흙. 백토.
土	12 16	阝 우방변 邑 고을읍변	鄂	땅 이름. 나타날. 한계.
土	17	山 메산변	嶽	큰 산.
金	16	言 말씀언변	諤	직언할. 바른말 할. 곧은말.
金	17	金 쇠금변	鍔	칼날. 가장자리.
金	24	齒 이치변	齷	작을. 잔달. 악착할.
金	24	齒 이치변	齶	잇몸. 입천장. → 腭 [同字]
水	09	口 입구변	咢	놀랄. 깜짝 놀랄.
水	12	口 입구변	喔	닭소리. 울. 억시로 웃을.
水	12 13	氵 삼수변 水 물수변	渥	두터울. 짙을. 젖을. 윤택할.
水	13 15	月 육달월변 肉 고기육변	腭	잇몸. 입천장. → 齶 [同字]
水	16	口 입구변	噩	엄숙할. 놀랄.
水	20	魚 물고기어변	鰐	악어.

안

자원오행	획수	부수	한자	뜻
木	06	宀 갓머리변	安·	편안할. 어찌. 姓.

木 09 10 扌 手 **按** 어루만질. 누를. 살필.
재방변 손수변

木 10 木 **案**· 기안할. 책상. 생각할.
나무목변

木	10 木 **桉** 나무목변	案자와 통용

참고	통용자는 획수, 부수, 자원오행에 관계없이 정자 밑에 배열하였음

木 11 目 **眼**· 눈. 볼. 요점.
눈목변

火 08 人 **侒** 편안할. 늦을.
사람인변

火 10 日 **晏** 편안할. 맑을. 늦을. 姓.
날일변

火 12 隹 **雁**· 기러기.
새추변

火	15 鳥 **鴈** 새조변	雁자와 통용

火 16 灬 火 **㷻** 불빛. 불.
연화변 불화변

火 18 頁 **顔**· 얼굴. 낯. 안면. 빛.
머리혈변

土 07 女 **妟** 편안할. 선명할. 맑은 하늘. 晏(안)과 같음.
계집녀변

土 06 07 犭 犬 **犴** 들개 (野犬). 옥 (獄).
개사슴록변 개견변

土 08 山 **岸**· 낭떠러지. 언덕. 기슭. 뛰어날.
메산변

土 09 女 **姲** 여자 이름. 종용 (從容)할.
계집녀변

土 11 女 **婩** 고울.
계집녀변

金 08 石 **矸** 깨끗할. 돌이 희고 깨끗한 모양. 안 ↔ 간 [통용]
돌석변

金 15 革 **鞍** 안장. 안장 지울.
가죽혁변

金 16 金 **鴈** 연한 쇠. 무른 쇠.
쇠금변

水 09 10 氵 水 **洝** 물 이름. 더운 물. 끓는 물. [알]
삼수변 물수변

水 17 魚 **鮟** 아귀.
물고기어변

水 19 食 **饐** 배부를. 안 ↔ 온 [통용]
밥식변

알

木 12 13 扌 手 **揠** 뽑을. 뺄.
재방변 손수변

木 16 閼 門 문문변
가로막을.
틀어막을. [어. 연]

火 08 軋 車 수레거변
삐걱거릴.
형벌 이름. 姓.

火 14 斡 斗 말두변
돌이킬.
구를. 돌. 姓. [간]

火 15 頞 頁 머리혈변
콧대.
콧마루.

火 17 鴶 鳥 새조변
뻐꾸기.

土 13 16 遏 辶 辵 책받침변 갖은책받침변
막을.
머무를. 정지할.

金 10 訐 言 말씀언변
들추어 낼.
발각. 비방. 폭로.
→ 갈 [本音]

金 16 謁· 言 말씀언변
아뢸.
뵈올. 보일.

水 06 穵 穴 구멍혈변
구멍 클.
깊을. 더듬을.

水 14 嘎 口 입구변
새소리.
두루미 소리.
→ 갈 [本音]

암

木 11 庵 广 엄호변
암자.
초막.

木 12 14 菴 艹 艸 풀초변 초두변
암자.
사찰. 초막. 가릴.

木 13 15 葊 艹 艸 풀초변 초두변
암자.
쑥. 맑은 대쑥. 풀 이름.

木 15 17 蓭 艹 艸 풀초변 초두변
암자.
초막.

木 17 馣 香 향기향변
향기로울.
향내.

火 12 晻 日 날일변
어두울.
날 흐릴. 햇빛 침침할.

火 13 暗· 日 날일변
어두울.
밤. 가만히.

火 16 頷 頁 머리혈변
끄덕거릴.
[함]

土 12 媕 女 계집녀변
머뭇거릴.
결단치 못할.

土 12 嵒 山 메산변
바위.
험할. 높을.

土 23 巖· 山 메산변
바위.

土 08 岩 山 메산변
巖자와 통용 [俗字]

金 16 諳 言 말씀언변
암송할.
욀. 기억할. 알. 깨달을.

水 11 口 입구변 **唵** 머금을. 움켜 먹을.

水 12 口 입구변 **噾** 잠꼬대. 말 아니할.

水 13 15 月 肉 육달월변 고기육변 **腤** 삶을. 고기 구울.

주의	月 육달월 변 4획은 성명학에서는 肉 고기육 변 6획으로 사용됨

水 17 疒 병질엄변 **癌** 암. 악성 종양.

水 17 門 문문변 **闇** 문 닫을. 어두울. 밤. 여막. 숨을.

水 21 黑 검을흑변 **黯** 어두울. 검을. 슬퍼할. 아득할.

압

木 08 09 扌 手 재방변 손수변 **押**· 누를. 수결. 주관할. [갑]

火 16 鳥 새조변 **鴨** 오리. 집오리.

土 08 09 犭 犬 개사슴록변 개견변 **狎** 익숙할. 익을. 친압할. 업신여길.

土 17 土 흙토변 **壓**· 억압. 누를. 막을.

앙

木 10 禾 벼화변 **秧** 벼의 모. 심을. 모내기. 재배할.

火 04 卩 병부절변 **卬** 나. 자신. 오를. 우러를.

火 06 人 사람인변 **仰**· 우러를. 사모할. 姓.

火 08 日 날일변 **昂** 밝을. 오를. 높을.

火 09 日 날일변 **昻** 昂자와 통용 [俗字]

火 08 09 忄 心 심방변 마음심변 **怏** 원망할. 섭섭할. 불만.

火 16 鳥 새조변 **鴦** 원앙새.

土 05 大 큰대변 **央**· 가운데.

土 08 土 흙토변 **坱** 먼지. 티끌. 편할.

金 10 皿 그릇명변 **盎** 동이 (질그릇). 넘치는 모양. 성할.

金 14 革 가죽혁변 **鞅** 가슴걸이 끈. 마, 소의 가슴걸이 끈.

水 | 08 氵 삼수변 | 09 水 물수변 | **泱** | 끝없을. 깊을. 구름 피어오를.

水 | 09 歹 죽을사변 | **殃**· | 재앙. 해칠.

애

木 | 06 艹 풀초변 | 08 艸 초두변 | 艾 | 쑥. 쑥빛. 예쁠. 편안할. 애 ↔ 예 [통용]

木 | 06 艹 풀초변 | 08 艸 초두변 | **艾** | 쑥. 약쑥. 쑥빛. 미모. 기를. 편안할. 애 ↔ 예 [통용]

木 | 10 扌 재방변 | 11 手 손수변 | **挨** | 떠밀다. 밀칠. 등칠. 맞댈.

木 | 11 扌 재방변 | 12 手 손수변 | **捱** | 막을. 저지하다.

木 | 13 目 눈목변 | **睚** | 눈초리. 눈가.

木 | 18 目 눈목변 | **曖** | 눈 흐릴. 눈 흐릿할.

木 | 17 艹 풀초변 | 19 艸 초두변 | **薆** | 초목 성할. 우거질. 향내 날. 숨길.

木 | 20 艹 풀초변 | 22 艸 초두변 | **藹** | 우거질. 열매 많이 열릴.

火 | 11 火 불화변 | **焥** | 빛날. 더울.

火 | 13 心 마음심변 | **愛**· | 사랑. 사모. 아낄.

火 | 15 人 사람인변 | **僾** | 어렴풋이 보일. 안경. 방불케 할.

火 | 17 日 날일변 | **曖** | 희미할. 가릴. 날 흐릴.

火 | 17 馬 말마변 | **騃** | 어리석을.

土 | 08 厂 민엄호변 | **厓** | 언덕. 물가.

土 | 10 土 흙토변 | **埃** | 티끌. 먼지.

土 | 10 女 계집녀변 | **娭** | 계집종. 하녀. 희롱할.

土 | 11 山 메산변 | **崖** | 언덕. 벼랑. 낭떠러지.

土 | 11 山 메산변 | **崕** | 언덕. 벼랑. 낭떠러지.

土 | 14 犬 개견변 | **獃** | 어리석을. 우두커니 서있을. 못생길.

土 | 13 阝 좌방변 | 18 阜 언덕부변 | **隘** | 좁을. 험할. [액]

金 | 11 欠 하품흠변 | **欸** | 한숨 쉴. 탄식할.

오행	획수	한자	뜻
金	15 白 흰백변	皚	흰 모양. 흴. 희다. 눈, 서리 흴.
金	15 石 돌석변	磑	맷돌. 단단할.
金	15 貝 조개패변	賹	넉넉할. 사람 이름.
金	19 石 돌석변	礙	거리낄. 막을. 방해. 장애될.
金	13 石 돌석변	碍	礙자와 통용 [俗字]
水	09 口 입구변	哀·	슬플. 아플. 불쌍할.
水	10 口 입구변	唉	대답 소리. 그래. 물을.
水	11 口 입구변	啀	물어뜯을. 개가 물려고 할.
水	11 氵 삼수변 12 水 물수변	涯·	물가. 가. 끝. 근처.
水	14 氵 삼수변 15 水 물수변	漄	물언덕. 물가. 근처.
水	16 口 입구변	噯	숨. 더운 기운.
水	24 雨 비우변	靄	아지랑이. 놀. 오를.
水	25 雨 비우변	靉	구름 낄. 안경.

액

오행	획수	한자	뜻
木	05 戶 지게호변	戹	좁을. 곤할. 재앙.
木	07 扌 재방변 08 手 손수변	扼	누를. 멍에. 잡을.
木	11 扌 재방변 12 手 손수변	掖	겨드랑이. 낄. 곁들.
木	13 扌 재방변 14 手 손수변	搤	잡을. 쥘. 움킬. 누를.
木	16 糸 실사변	縊	목 맬. [예]
火	18 頁 머리혈변	額·	일정한 액수. 이마. 머릿수. 수량.
土	07 阝 좌방변 12 阜 언덕부변	阨	좁을. 험할. 고생할. 재앙.
水	04 厂 민엄호변	厄·	재앙. 액.
水	08 口 입구변	呃	새소리. 울. 딸꾹질할. [악]
水	11 氵 삼수변 12 水 물수변	液	즙. 진액. 진.

水 12 14 月 肉 **腋** 겨드랑이.
육달월변 고기육변

앵

木 21 木 **櫻** 앵두나무.
나무목변

火 21 鳥 **鶯** 꾀꼬리.
새조변

火 28 鳥 **鸚** 앵무새. 구욕새.
새조변

土 13 女 **嫈** 예쁠. 아름다울. 여자 이름. 어린 지어미.
계집녀변

土 16 缶 **罃** 물독. 목 긴 병. 술단지.
장군부변

土 20 缶 **罌** 항아리. 병의 총칭. 양병.
장군부변

水 20 口 **嚶** 새소리. 울. 방울소리.
입구변

야

木 09 11 艹 艸 **若** 반야. 난야. 姓.
풀초변 초두변
야 ↔ 약 [통용]

木 10 11 扌 手 **挪** 야유할. 빈정거릴. 놀릴.
재방변 손수변

木 12 13 扌 手 **揶** 挪자와 통용
재방변 손수변

참고	통용자는 획수, 부수, 자원오행에 관계없이 정자 밑에 배열하였음

木 13 木 **椰** 야자나무.
나무목변

木 13 父 **爺** 아비. 아버지.
아비부변

火 09 耳 **耶**· 어조사. 그런가.
귀이변

火 11 人 **倻** 나라 이름. 땅 이름.
사람인변

火 13 心 **惹** 이끌. 끌어당길. 엉겨붙다.
마음심변

土 11 里 **野**· 들. 들판. 거칠. 분야. 성밖.
마을리변

土 11 土 **埜** 野자와 통용
흙토변

水 03 乙 **也**· 잇기. 어조사. 또한.
새을변

水 07 冫 **冶** 단련할. 쇠 불릴. 대장간. 꾸밀.
이수변

水 08 夕 **夜**· 밤. 姓.
저녁석변

약

木 09 糸 실사변 **約**· 맺을. 약속할. 언약. 약 ↔ 요 [통용]

木 09 艹 풀초변 11 艸 초두변 **若**· 만약. 같을. 너. 약 ↔ 야 [통용]

木 13 艹 풀초변 15 艸 초두변 **葯** 어수리 잎. [적]

木 14 艹 풀초변 16 艸 초두변 **蒻** 구약나물.

木 16 竹 대죽변 **篛** 죽순 껍질. 대(竹) 껍질.

木 19 艹 풀초변 21 艸 초두변 **藥**· 약. 고칠.

木 22 示 보일시변 **禴** 제사 이름 (옛 종묘 사시 제사 중 하나).

木 23 竹 대죽변 **籥** 피리.

火 17 龠 피리약변 **龠** 피리.

火 21 火 불화변 **爚** 빛나고 밝을. 빛. 불사를.

火 21 鳥 새조변 **鶸** 댓닭. 몸집이 큰 닭. 곤계.

土 21 ⻊ 足 발족변 **躍**· 뛸. 뛰어넘다. 빠를.

金 10 弓 활궁변 **弱**· 약할. 쇠약할. 나이 젊을.

金 25 金 쇠금변 **鑰** 자물쇠. 열쇠. 지킬.

掠→ 략 [본]　略→ 략 [본]

양

木 11 目 눈목변 **眻** 미간(눈썹 사이. 예쁜 눈. 눈이 아름다울.

木 12 木 나무목변 **椋** 나무 이름. 푸조나무. 박달나무.

木 12 扌 재방변 13 手 손수변 **揚**· 날릴. 높일. 나타날. 칭찬할.

金 13 攵 등글월문변 攴 칠복변 **敭** 揚자와 통용

木 13 木 나무목변 **楊**· 버드나무. 버들. 姓.

木 15 木 나무목변 **樣**· 모양. 본. 형상. 상태. 양 ↔ 상 [통용]

오행	획수	한자	뜻
木	17 衣 옷의변	襄	오를. 도울. 멍에. 姓.
木	18 風 바람풍변	颺	바람에 날릴. 날. 날릴.
木	20 扌 재방변 21 手 손수변	攘	물리칠. 걷을. 뺏을. [녕]
木	22 示 보일시변	禳	푸닥거리. 물리칠. 기도할.
木	22 禾 벼화변	穰	넉넉할. 짚. 풍년.
木	21 艹 풀초변 23 艸 초두변	蘘	양하 (생강과 풀).
火	08 人 사람인변	佯	거짓. 속일.
火	09 彳 두인변	徉	노닐. 머뭇거릴. 배회할.
火	10 火 불화변	烊	구울. 굽다. 녹일.
火	10 心 마음심변	恙	걱정할. 병. 근심.
火	13 日 날일변	暘	해돋이. 밝을. 말릴.
火	13 火 불화변	煬	쬘. 말리다. 불 땔. 향할.
火	16 車 수레거변	輰	수레. 소가 끄는 수레. 치장한 수레.
火	27 馬 말마변	驤	머리 들. 말 뛸. 달릴.
土	06 羊 양양변	羊·	양.
土	12 阝 좌방변 17 阜 언덕부변	陽·	볕. 해. 밝을. 양지. 양기.
火	09 日 날일변	昜	陽자와 통용
土	20 土 흙토변	壤·	흙덩이. 땅. 부드러운 흙.
土	20 女 계집녀변	孃	아가씨. 어미. 어머니. [낭]
金	24 言 말씀언변	讓·	겸손할. 사양.
金	24 酉 닭유변	釀	술 빚을. 술.
金	25 金 쇠금변	鑲	거푸집 속. 선 두를.
水	09 氵 삼수변 10 水 물수변	洋·	바다. 물결. 넓을.
水	11 疒 병질엄변	痒	종기. 옴. 병. 앓을. 가려울.

오행	획수	한자	뜻
水	14 疒 병질엄변	瘍	머리 헐. 두창. 부스럼.
水	14 氵 삼수변 / 15 水 물수변	漾	물결. 출렁거릴. 물 이름.
水	15 食 밥식변	養·	기를. 양육할. 봉양할.
水	18 氵 삼수변 / 19 水 물수변	瀁	넓을. 물 이름.
水	20 疒 병질엄변	癢	가려울. 근질거릴.
水	20 氵 삼수변 / 21 水 물수변	瀼	이슬 많이 내릴.

亮→ 량 [본]　倆→ 량 [본]
兩→ 량 [본]　涼→ 량 [본]
梁→ 량 [본]　樑→ 량 [본]
量→ 량 [본]　糧→ 량 [본]
良→ 량 [본]　諒→ 량 [본]

어

오행	획수	한자	뜻
木	16 示 보일시변	禦	방어. 막을. 지킬. 굳셀.
火	11 彳 두인변	御·	모실. 어거할. 거느릴.
火	12 馬 말마변	馭	말을 몰다. 말 부릴.
火	16 行 다닐행변	衙	그칠. 막을. 멈출. 어 ↔ 소 [통용]
土	08 方 모방변	於·	어조사. 늘 ~에서. 姓.
金	攵 등글월문변 / 11 攴 칠복변	敔	막을. 금할. 악기 이름.
金	14 言 말씀언변	語·	말씀. 말할.
金	22 齒 이치변	齬	이 어긋날. 맞지 않을.
水	10 口 큰입구변	圄	감옥. 가둘.
水	11 口 입구변	唹	웃을.
水	11 口 큰입구변	圉	마부. 마구간.
水	11 魚 물고기어변	魚·	물고기. 姓.
水	11 氵 삼수변 / 12 水 물수변	淤	진흙. 진탕.
水	13 疒 병질엄변	瘀	어혈 (충격으로 몸속 피가 맺힌 상태). 병. 질병.

水 13 食 밥식변 **飫** 포식할. 물릴. 실컷 먹을.

水 14 15 氵 水 삼수변 물수변 **漁·** 고기 잡을. 낚을. 빼앗을.

억

木 07 08 扌 手 재방변 손수변 **抑·** 누를. 문득. 억울할. 대체.

木 17 木 나무목변 **檍** 참죽나무. 싸리.

木 19 糸 실사변 **繶** 땋은 끈. 끈. 무늬 끈. 묶을.

火 15 人 사람인변 **億·** 억 (수의 단위. 많은 수.

火 16 17 忄 心 심방변 마음심변 **憶·** 기억할. 생각.

火 17 19 月 肉 육달월변 고기육변 **臆** 가슴. 기막힐.

언

火 09 彡 터럭삼변 **彥** 선비. 클. 재덕이 뛰어난. 훌륭한 사람.

火 09 彡 터럭삼변 **彦** 彥자와 통용

火 11 人 사람인변 **偃** 쓰러질. 누울. 쉴.

火 11 灬 火 연화변 불화변 **焉·** 어찌. 어조사.

火 13 人 사람인변 **傿** 값 정할. 에누리할. 땅 이름. 신선 이름.

火 20 鳥 새조변 **鶠** 봉새. 작은 새. 姓.

土 12 土 흙토변 **堰** 방죽. 보. 둑.

土 14 女 계집녀변 **嫣** 예쁠. 방긋 웃을. 아름다울.

土 14 18 阝 邑 우방변 고을읍변 **鄢** 고을 이름. 땅 이름.

金 07 言 말씀언변 **言·** 말씀. 말. 언어.

金 16 言 말씀언변 **諺** 속어. 언문. 속담. 상말.

金 27 言 말씀언변 **讞** 평의할. 죄 물을. 물을.

水 09 匚 감출혜변 **匽** 엎드릴. 도랑. 숨길.

水 14 口 입구변 **嗎** 즐거울. 빙그레할. 웃는 모양. [헌. 현]

水 22 鼹 두더지.
鼠
쥐서변

水 23 鼴 두더지.
鼠
쥐서변

얼

木 10 臬 말뚝.
自 과녁. 문지방. 해시계.
스스로자변

木 22 糱 누룩.
米 빚을.
쌀미변

木 23 糵 糱자와 통용
米
쌀미변

木 21 23 蘖 그루터기.
艹 艸 싹. 움. 누룩.
풀초변 초두변

土 09 乻 땅 이름.
乙 얼↔늘 [통용]
새을변

주의 字源五行의 乙변은 木에 해당되나 訓에 의거, 土에 해당 土로 기준

水 19 孼 서자.
子 천민. 첩의 자식.
아들자변

엄

木 03 广 집.
广 암자. 마룻대.
엄호변 한자 부수 (엄호부).

木 11 12 掩 가릴.
扌 手 닫을. 걷을.
재방변 손수변

木 13 14 罨 그물.
罒 网 덮을.
그물망변

木 16 閹 내시.
門 환관. 고자. 숨길.
문문변

火 10 俺 나.
人 자신. 클. [암]
사람인변

火 22 儼 의젓할.
人 근엄할. 공경할.
사람인변

火 24 曮 해가 돌.
日 해 다니는 길. 엄전할.
날일변

土 11 崦 산 이름.
山 해 지는 산 이름.
메산변

土 20 龑 높고 밝을.
龍
용룡변

金 15 醃 절인 채소.
酉 소금에 절일.
닭유변

水 08 奄 문득.
大 덮을. 가리다.
큰대변

水 11 12 淹 담글.
氵 水 적실. 머무를. 넓을.
삼수변 물수변

水 20 嚴· 엄할.
口 엄숙할. 공경할. 姓.
입구변

水	17 厂 민엄호변	巗	巖자와 통용

참고	통용자는 획수, 부수, 자원오행에 관계없이 정자 밑에 배열하였음

업

木	13 木 나무목변	業·	일. 직업. 업. 선악의 소행.
土	16 山 메산변	嶪	산 높을. 산 웅장한 모양.
土	16 山 메산변	嶫	높고 험할. 산 웅장한 모양.
土	16 阝 우방변 20 邑 고을읍변	鄴	땅 이름. 姓.

에

火	10 心 마음심변	恚	성낼. 분노.
火	16 日 날일변	曀	음산할. 어두울. 구름 낄.

엔

土	04 冂 멀경변	円	둥글. 일본 화폐 단위. 圓과 통용

여

木	10 艹 풀초변 12 艸 초두변	茹	먹을. 연할. 채소.
木	13 舟 배주변	艅	배 이름. 나룻배.
火	06 人 사람인변	伃	아름다울. 벼슬 이름. 클.
火	07 人 사람인변	余·	나. 자신. 姓.
火	08 人 사람인변	伽	온순할. 순하게 할. 같을.
火	10 忄 심방변 11 心 마음심변	悇	즐거울. 기쁠. 근심할. 의심할. [도. 서]
火	11 心 마음심변	悆	기쁠. 잊을. 여 ↔ 서 [통용]
火	17 車 수레거변	輿·	수레. 가마.
火	21 車 수레거변	轝	수레. 가마.
土	06 女 계집녀변	如·	같을. 어찌. 만일.
土	07 女 계집녀변	妤	아름다울. 궁녀 벼슬 이름. 여관 (女官).

土 10 臼 절구구변 **舁** 마주 들. 들것.

土 14 臼 절구구변 **與**· 참여할. 무리. 줄. 더불어.

金 04 亅 갈고리궐변 **予**· 허락할. 나. 줄. 취할.

金 18 欠 하품흠변 **歟** 어조사. 그런가. 편안한 기운 (安氣).

金 18 王 임금왕변 19 玉 구슬옥변 **璵** 보배 옥. 아름다운 옥.

金 19 石 돌석변 **礖** 사람 이름. 돌 이름.

水 06 氵 삼수변 07 水 물수변 **汝**· 너. 물 이름. 姓.

水 16 食 밥식변 **餘**· 남을. 여유. 나머지.

侶→ 려 [본] 勵→ 려 [본]
呂→ 려 [본] 慮→ 려 [본]
旅→ 려 [본] 麗→ 려 [본]
黎→ 려 [본] 女→ 녀 [본]

참고	작명은 소리(音)로만, 뜻(訓)으로만, 또는 소리(音)와 뜻(訓)으로 모두 할 수 있다.

역

木 16 門 문문변 **閾** 문지방. 한계. 한정.

木 19 糸 실사변 **繹** 풀릴. 당길. 찾을. 통할. 다스릴. [석]

火 07 彳 두인변 **役**· 부역. 역사. 부릴. 일.

火 08 日 날일변 **易**· 바꿀. 변할. 역 ↔ 이 [통용]

火 12 日 날일변 **暘** 해 밝을. 별 날. 해 반짝 날.

火 16 忄 심방변 17 心 마음심변 **懌** 기뻐할. 즐거워할.

火 23 馬 말마변 **驛**· 역. 역참. 역말. 정거장.

土 11 土 흙토변 **域**· 구역. 지경. 경계.

土 10 辶 책받침변 13 辵 갖은책받침변 **逆**· 거역할. 거스를. 거꾸로. 어긋날.

土 16 山 메산변 **嶧** 산 이름.

金 20 言 말씀언변 **譯**· 번역할. 통역할. 통변할.

水 06 亠 돼지해머리변 **亦**· 또. 또한. 다.

水 09 疒 병질엄변 **疫**· 전염병. 돌림병. 염병.

水 11 氵 삼수변 12 水 물수변 **減** 빨리 흐를.

力→ 력 [본]　曆→ 력 [본]
歷→ 력 [본]

연

木 07 廴 민책받침변 **延**· 맞을. 끌. 늘일. 이을. 姓.

木 10 宀 갓머리변 **宴**· 잔치. 편안할.

木 11 扌 재방변 11 手 손수변 **挻** 당길. 이끌. 늘일. 오래. [선]

木 10 扌 재방변 11 手 손수변 **捐** 버릴. 덜. 기부. 헌납.

木 13 木 나무목변 **椽** 서까래. 기어오를. 사다리.

木 12 扌 재방변 13 手 손수변 **掾** 인연. 도울. 아전.

木 11 艹 풀초변 13 艸 초두변 **莚** 뻗을. 이름. 만연할. 연속할.

木 13 竹 대죽변 **筵** 대자리. 자리.

木 15 糸 실사변 **緣**· 인연. 인할. 가장자리.

木 17 糸 실사변 **縯** 길 (長). 당길.　[인]

木 19 木 나무목변 **櫞** 구연나무. 구연. 레몬.

火 10 忄 심방변 11 心 마음심변 **悁** 성낼. 분해 성낼. 근심할.

火 11 車 수레거변 **軟**· 연할. 부드러울.

火 16 車 수레거변 **輭** 軟자와 통용

火 12 灬 연화변 火 불화변 **然**· 그러할. 옳을. 허락할.

火 13 火 불화변 **煙**· 연기. 그을음. 안개.

火 10 火 불화변 **烟** 煙자와 통용

火 14 鳥 새조변 **鳶** 솔개. 연.

오행	획수	한자	뜻
火	16 火 불화변	燃·	불 탈. 불 태울. 사를.
火	16 灬 火 연화변 불화변	燕·	제비. 나라. 편안할. 姓.
火	20 日 날일변	曣	청명할. 구름 없을. 더울.
土	07 土 흙토변	均	따를. 연 ↔ 균 [통용]
土	09 儿 어진사람인변	兗	믿을. 단정할. 바를. 고을 이름.
土	08 儿 어진사람인변	兖	兗자와 통용
土	09 女 계집녀변	姸	고울. 아름다울. 사랑스러울.
土	07 女 계집녀변	妍	姸자와 통용
土	10 土 흙토변	埏	땅끝. 땅 가장자리.
土	10 女 계집녀변	娟	어여쁠. 고울. 아름다울.
土	09 女 계집녀변	娮	娟자와 통용
土	10 女 계집녀변	娫	빛날. 환할.
土	12 土 흙토변	堧	빈 터. 강가.
土	15 女 계집녀변	嬈	여자 모습. 아리따운 자태. 姓.
土	19 女 계집녀변	嬿	아름다울. 안존할.
金	11 石 돌석변	研·	갈. 문지를. 연구할. 벼루.
金	12 石 돌석변	硯	벼루. 벼룻돌.
金	11 石 돌석변	砚	硯자와 통용
金	13 金 쇠금변	鉛·	납. 분.
金	13 王 임금왕변 14 玉 구슬옥변	瑌	옥돌.
金	15 戈 창과변	戭	사람 이름. 연 ↔ 인 [통용]
金	18 王 임금왕변 19 玉 구슬옥변	瓀	옥돌.
金	23 言 말씀언변	讌	잔치. 모여 이야기할. 주연.
金	23 酉 닭유변	醼	잔치.

水 07 口 큰입구변 **囦** 못. 소. 연못.

水 07 08 氵 水 삼수변 물수변 **沇** 물 흐를. 물 이름. 연 ↔ 윤 [통용]

주의	氵삼수 변 3획은 성명학에서는 水 물수 변 4획으로 사용됨

水 08 09 氵 水 삼수변 물수변 **沿**· 따를. 좇을. 물 따라 내려갈.

水 09 行 다닐행변 **衍** 넓을. 퍼질. 넉넉할.

水 10 11 氵 水 삼수변 물수변 **涓** 물 이름. 흐를. 물방울. 깨끗할. 벼슬 이름.

水 10 11 氵 水 삼수변 물수변 **涎** 침. 점액. 졸졸 흐를.

水 12 13 氵 水 삼수변 물수변 **淵** 못. 소. 깊을.

주의	字典에 따라 11~12획, 12~13획으로 혼용, 성명학에서는 12~13획 기준

水 11 12 氵 水 삼수변 물수변 **渊** 淵자와 통용 [俗字]

水 12 13 氵 水 삼수변 물수변 **渷** 물 이름.

水 14 15 氵 水 삼수변 물수변 **演**· 넓을. 펼. 윤택할.

水 15 虫 벌레충변 **蜵** 애벌레. 벌레 이름. 우렁찰. 깊고 넓은 모양.

주의	字典에 따라 14획, 15획으로 혼용되나, 성명학에서는 15획 기준

水 19 口 입구변 **嚥** 삼킬. 마실.

水 20 虫 벌레충변 **蠕** 꿈틀거릴. 벌레 길.

水 20 22 月 肉 육달월변 고기육변 **臙** 목구멍. 연지(볼에 찍는 화장품). (예 : 연지 곤지)

年→ 년 [본] 憐→ 련 [본]
戀→ 련 [본] 煉→ 련 [본]
璉→ 련 [본] 練→ 련 [본]
聯→ 련 [본] 蓮→ 련 [본]
連→ 련 [본] 鍊→ 련 [본]

열

火 10 11 忄 心 심방변 마음심변 **悅**· 기쁠. 기뻐할. 즐거울.

火 15 灬 火 연화변 불화변 **熱**· 더울. 뜨거울. 열. 더욱.

金 14 言 말씀언변 **說** 기뻐할. 셈. 姓. 열 ↔ 세. 설. [통용]

오행	획수/부수	한자	뜻
金	15 門 문문변	閱·	볼. 분간할. 살필. 읽을. 겪을.
水	09 口 입구변	咽	목 멜. 막힐. [연] 열 ↔ 인 [통용]
水	15 口 입구변	噎	목 멜. 목이 막힐.
水	15 氵 삼수변 / 16 水 물수변	澺	물 흐를. 물 흐르는 모양. [일]

列→ 렬 [본]　劣→ 렬 [본]
冽→ 렬 [본]　烈→ 렬 [본]
裂→ 렬 [본]

염

오행	획수/부수	한자	뜻
木	09 木 나무목변	染·	염색할. 물들일. 적실.
木	09 艹 풀초변 / 11 艸 초두변	苒	우거질. 성할. 천연할.
木	12 戶 지게호변	扊	빗장. 문 자물쇠.
木	16 門 문문변	閻	마을. 마을의 문. 촌락. 姓.
木	18 木 나무목변	檿	산뽕나무.
火	08 火 불화변	炎·	불꽃. 불 탈. 더울. 염 ↔ 담 [통용]
火	12 火 불화변	焰	불꽃. 불빛. 불 당길.
火	14 髟 터럭발변	髥	구레나룻. 수염.
火	18 心 마음심변	懕	편안할. 넉넉할.
火	24 鬼 귀신귀변	魘	잠꼬대 할. 가위눌릴 (악몽에 시달림).
土	05 冂 멀경변	冉	나아갈.
土	24 色 빛색변	艶	고울. 아름다울. 광택. 윤.
土	19 色 빛색변	豔	艶자와 통용
金	12 王 임금왕변 / 13 玉 구슬옥변	琰	비취 옥. 홀. 서옥.
水	14 厂 민엄호변	厭	싫을. 막을. [암. 엽. 읍]
水	23 食 밥식변	饜	포식할. 배부를. 물릴.
水	24 鹵 소금밭변	鹽·	소금.

水 26 黶 黑 검을흑변 — 검은 사마귀.

水 31 32 灩 氵 水 삼수변 물수변 — 출렁거릴. 물 가득할. 물결.

念→ 념 [본]　廉→ 렴 [본]
斂→ 렴 [본]　濂→ 렴 [본]
簾→ 렴 [본]

엽

木 09 枼 木 나무목변 — 모진 나무. 나뭇잎 얇을. [삽]

木 13 15 葉· 艹 艸 풀초변 초두변 — 잎. 대. 세(世). 엽↔섭 [통용]

火 14 熀 火 불화변 — 환한 모양. 엽 ↔ 황 [통용]

火 16 曄 日 날일변 — 빛날. 성할.

火 16 燁 日 날일변 — 빛날. 성할. 밝을.

火 16 爗 火 불화변 — 빛날. 번쩍거릴.

火 20 爗 火 불화변 — 빛날. 환할.

火 23 靨 面 낯면변 — 보조개.

영

木 09 柍 木 나무목변 — 나무 이름.

木 09 11 英· 艹 艸 풀초변 초두변 — 꽃부리. 영웅. 재주. 뛰어날.

木 13 楹 木 나무목변 — 굵고 둥근 기둥. 굄목.

木 14 榮· 木 나무목변 — 영화. 성할. 명예. 빛날.

木 09 栄 木 나무목변 — 榮자와 통용

木 09 荣 木 나무목변 — 榮자와 통용

木 16 穎 禾 벼화변 — 이삭. 빼어날. 훌륭할.

木 16 縈 糸 실사변 — 얽힐. 둘러쌀. 두를. 굽을.

木 23 纓 糸 실사변 — 갓끈. 노. 새끼.

오행	획수	부수	한자	뜻
火	07	日 날일변	旲	햇빛. 날빛. 클. 영 ↔ 대 [통용]
火	09	日 날일변	映·	비칠. 비출.
火	13	日 날일변	暎	映자와 통용
火	12	目 눈목변	䁝	똑바로 볼.
火	13	火 불화변	煐	빛날. 사람 이름.
火	15	彡 터럭삼변	影·	그림자. 초상.
火	17	火 불화변	營·	경영할. 다스릴. 헤아릴.
火	20 21	忄 心 심방변 마음심변	濴	지킬.
土	08 11	辶 辵 책받침변 갖은책받침변	迎·	맞이할. 맞을.
土	13	土 흙토변	塋	무덤. 뫼.
土	10 14	阝 邑 우방변 고을읍변	郢	땅 이름. 절기 이름. 초하 (初夏).
土	16	女 계집녀변	嬴	찰. 가득할.
土	17	女 계집녀변	嬰	갓난아이. 닿을. 두를.
土	17	山 메산변	嶸	산 높을. 가파를.
金	12	言 말씀언변	詠·	읊을. 노래할.
金	13 14	王 玉 임금왕변 구슬옥변	瑛	옥 광채. 옥빛. 수정.
金	14	石 돌석변	碤	화반석. 물속 돌. 무늬 있는 돌.
金	14	貝 조개패변	賏	목걸이. 목 치장. (조개로 만든 목걸이).
金	15	玉 구슬옥변	瑩	구슬. 밝을. 영 ↔ 형 [통용]
金	17	金 쇠금변	鍈	방울소리.
金	18	音 소리음변	韺	풍류 이름. 꽃부리.
金	20	貝 조개패변	贏	남을. 이익. 잉여. 퍼질.
金	21 22	王 玉 임금왕변 구슬옥변	瓔	옥돌. 구슬 목걸이.
水	05	水 물수변	永·	길. 오랠. 姓.

水 08 口 **咏** 읊을. 노래할.
입구변

水 08 09 氵 水 **泳**· 헤엄칠. 울.
삼수변 물수변

水 09 皿 **盈** 찰. 가득 찰. 넘칠.
그릇명변

水 10 11 氵 水 **浧** 거침없이 흐를. 통할. 물 흐를.
삼수변 물수변

水 12 13 氵 水 **渶** 물 맑을. 맑을.
삼수변 물수변

水 13 月 朠 달빛.
달월변

水 15 水 **潁** 물 이름.
물수변

水 17 雨 **霙** 진눈깨비. 눈꽃. 싸라기.
비우변

水 17 18 氵 水 **濚** 물 흐를. 샘솟을. 물 돌아 나갈.
삼수변 물수변

水 19 20 氵 水 **瀛** 바다. 큰 바다.
삼수변 물수변

水 20 虫 **蠑** 영원. 도롱뇽.
벌레충변

水 20 21 氵 水 **瀯** 물소리. 물 졸졸 흐를.
삼수변 물수변

水 17 18 氵 水 **濚** 瀯자와 통용
삼수변 물수변

水 22 疒 **癭** 혹. 목의 혹.
병질엄변

寗→ 녕 [본]　令→ 령 [본]
伶→ 령 [본]　嶺→ 령 [본]
玲→ 령 [본]　鈴→ 령 [본]
零→ 령 [본]　靈→ 령 [본]
領→ 령 [본]　齡→ 령 [본]

예

木 08 木 **枘** 장부. 자루. 기둥.
나무목변

木 06 08 艹 艸 乂 다스릴. 모양. 거둘. 벨.
풀초변 초두변
예 ↔ 애 [통용]

木 06 08 艹 艸 **艾** 다스릴. 모양. 거둘. 벨.
풀초변 초두변
예 ↔ 애 [통용]

木 09 巾 帠 법. 법칙.
수건건변

木 09 木 枻 노. 돛대. 배 키.
나무목변
예 ↔ 설 [통용]

木 09 10 扌 手 **拽** 끌. 당길.
재방변 손수변

오행	획수	부수	한자	뜻
木	08 10	艹 艸 (풀초변 초두변)	芮	물가. 나라. 姓.
木	11 12	扌 手 (재방변 손수변)	掜	비길. 견주다.
木	13	目 (눈목변)	睨	노려볼. 흘겨볼.
木	13	衣 (옷의변)	裔	옷깃. 옷 뒷자락.
木	15	土 (흙토변)	埶	심을.
木	16	木 (나무목변)	橤	꽃술. 꽃술 방울.
木	16	目 (눈목변)	瞖	백태 낄. 안질. 흐릴.
木	15 17	艹 艸 (풀초변 초두변)	蓺	심을.
木	17	糸 (실사변)	繄	창 전대. 검붉은 비단. 어조사.
木	18	禾 (벼화변)	穢	더러울. 악할. 거칠. 잡초.
木	16 18	艹 艸 (풀초변 초두변)	蕊	꽃술.
木	20 22	艹 艸 (풀초변 초두변)	蘂	蕊자와 통용
木	17 19	艹 艸 (풀초변 초두변)	薉	거친 풀. 잡초. 예맥족.
木	19 21	艹 艸 (풀초변 초두변)	藝·	재주. 기술. 기예. 학문.
木	08 10	艹 艸 (풀초변 초두변)	芸	藝자와 통용 (예 ↔ 운 [통용])
土	11	土 (흙토변)	埶	藝자와 통용
火	10	人 (사람인변)	倪	어린아이. 흘겨볼. 끝.
火	13	頁 (머리혈변)	預	맡길. 미리.
火	16	又 (또우변)	叡	밝을. 명철할.
火	14	目 (눈목변)	睿	叡자와 통용
火	19	土 (흙토변)	壡	叡자와 통용
水	12	口 (입구변)	容	叡자와 통용 (예 ↔ 준 [통용])

자원오행	획수/부수	한자	뜻
火	17 羽 깃우변	翳	깃 일산. 가릴. 그늘. 덮을.
火	22 鳥 새조변	鷖	갈매기. 검푸른빛. 감색.
土	07 匚 감출혜변	医	동개 (활과 화살을 넣는 기구). 활집. 예 ↔ 의 [통용]
土	11 土 흙토변	堄	성가퀴 (성 위에 낮은 담).
土	11 12 犭 犬 개사슴록변 개견변	猊	사자.
土	14 女 계집녀변	嫕	유순할.
土	14 女 계집녀변	嫛	유순할. 갓난아이.
土	11 15 阝 邑 우방변 고을읍변	郳	나라 이름.
土	16 17 犭 犬 개사슴록변 개견변	獩	종족 이름. 동쪽 오랑캐.
土	19 鹿 사슴록변	麑	사슴 새끼. 사자.
金	02 丿 삐침변	乂	벨. 깎을. 다스릴. 평온할. [애]
金	04 刂 刀 선칼도변 칼도변	刈	낫. 벨. 자를. 姓.
金	06 曰 가로왈변	曳	끌다. 끌. 당길. 고달플.
金	09 羽 깃우변	羿	사람 이름. 평탄할.
金	09 10 王 玉 임금왕변 구슬옥변	玴	옥돌.
金	13 言 말씀언변	詣	이르다. 이를. 도착.
金	15 金 쇠금변	銳·	날카로울. 빠를. 날쌜.
金	15 辛 매울신변	嬖	다스릴. 편안할.
金	19 殳 갖은등글월문변	蘙	아름다울.
金	21 言 말씀언변	譽·	명예. 기릴.
水	07 08 氵 水 삼수변 물수변	汭	물굽이. 물속. 물가.
水	08 儿 어진사람인변	兒	아이. 연약할. 어릴. 姓. 예 ↔ 아 [통용]
水	10 虫 벌레충변	蚋	독충. 모기. 파리매.
水	11 12 氵 水 삼수변 물수변	涀	물가. 끝.

水 14 蜺 虫 벌레충변 — 애매미. 무지개.

水 16 瘱 疒 병질엄변 — 고요할. 편안할.

水 16 豫· 豕 돼지시변 — 미리. 먼저. 참여할. 예 ↔ 서 [통용]

水 16 霓 雨 비우변 — 무지개. 姓.

水 16 17 濊 氵 水 삼수변 물수변 — 깊을. 더러울. [활]

水 19 鯢 魚 물고기어변 — 도롱뇽.

水 22 囈 口 입구변 — 잠꼬대할. 헛소리.

例→ 례 [본] 禮→ 례 [본]

오

木 07 08 扜 扌 手 재방변 손수변 — 헤아릴. 잴. 양(量)을 달다.

木 11 梧 木 나무목변 — 벽오동나무. 오동.

木 10 11 捂 扌 手 재방변 손수변 — 접촉할. 닿을. 가릴. 버틸. 괼.

木 13 奧 大 큰대변 — 깊을. 속. 그윽할. 아랫목.

木 11 13 莫 艹 艸 풀초변 초두변 — 풀 이름.

木 13 篗 竹 대죽변 — 버들고리. 조. 버들.

木 18 19 襖 衤 衣 옷의변 — 저고리. 웃옷. 두루마기. 도포.

火 04 午· 十 열십변 — 낮. 일곱째 지지.

주의	字源五行의 十변은 水에 해당되나 訓에 의거, 地支 午는 火에 해당 火로 기준

火 06 伍 人 사람인변 — 다섯. 항오. 대오. 姓.

火 06 仵 人 사람인변 — 짝.

火 08 旿 日 날일변 — 대낮. 낮. 한낮. 낮 밝을.

火 07 08 忤 忄 心 심방변 마음심변 — 거스를. 거역할.

火 09 俉 人 사람인변 — 맞이할. 맞을.

火 09 人 **俁** 갈래질. 가지.
사람인변

火 10 灬 火 **烏**· 까마귀. 검을. 어찌.
연화변 불화변

火 10 11 忄 心 **悟**· 깨달을. 슬기로울. 총명할. 깰.
심방변 마음심변

火 11 日 **晤** 총명할. 밝을. 만날.
날일변

火 12 心 **惡** 미워할. 헐뜯을.
마음심변
오 ↔ 악 [통용]

火 13 人 **傲**· 거만할. 업신여길.
사람인변

火 14 宀 **寤** (잠에서) 깰. (꿈) 깰. 깨달을. 각성할.
갓머리변

火 15 灬 火 **熬** 볶을. 볶다. 탈.
연화변 불화변

火 14 15 忄 心 **慠** 교만할. 거만할. 오만할.
심방변 마음심변

火 16 17 忄 心 **懊** 괴로울. 한할. 번뇌할.
심방변 마음심변

火 17 火 **燠** 따뜻할. 뜨거울.
불화변
오 ↔ 우. 욱 [통용]

火 17 耳 **聱** 말 듣지 않을.
귀이변

火 20 頁 **顤** 높고 클. 높을. 굵을.
머리혈변

火 21 馬 **驁** 준마. 말이 날뛸. 깔볼. 거만할.
말마변

土 04 05 二 **五**· 다섯. 다섯 번.
두이변

주의	필순은 4획이나, 성명학에서는 수의 의미를 획수로 하므로 5획으로 기준

土 06 土 **圬** 흙손. 바를.
흙토변

土 10 女 **娛**· 즐길. 즐거워할. 기쁠.
계집녀변

土 07 10 辶 辵 **迃** 굽을. 멀. → 우 [本音]
책받침변 갖은책받침변

土 08 11 辶 辵 **迕** 상봉할. 만날. 거스를.
책받침변 갖은책받침변

土 12 女 **嫯** 업신여길.
계집녀변

주의	土 밑에 力으로 표시되나, 土 밑에 方으로 구성되는 업신여길 오 嫯 字가 전산폰트상, 오류로 사료되고, 위 嫯字는 字典에 없는 字이므로 인명용 한자로 사용해서는 안됨

土 13 土 **塢** 둑. 마을. 촌락. 보루.
흙토변

土 15 犬 **獒** 맹견. 사나운 개.
개견변

土 16 土 **墺** 물가. 땅 이름. [욱]
흙토변

土 15 18 辶 辵 **遨** 놀다. 노닐.
책받침변 갖은책받침변

土 16 21 阝 阜 **隩** 물굽이. 감출. 숨길. 은닉.
좌방변 언덕부변

土 24 黽 **鼇** 바다의 큰 자라.
맹꽁이변

水 22 魚 **鰲** 鼇자와 통용
물고기어변

金 11 攵 攴 **敖** 거만할. 희롱할. 놀. 시끄러울.
등글월문변 칠복변

金 11 12 王 玉 **珸** 옥돌.
임금왕변 구슬옥변

金 14 言 **誤**· 틀릴. 그르칠. 잘못.
말씀언변

金 18 言 **謷** 헐뜯을. 농담할.
말씀언변

金 19 金 **鏊** 번철 (지짐질, 부침 할 때 쓰는 철판).
쇠금변

金 19 金 **鏖** 무찌를.
쇠금변

水 07 口 **吾**· 나. 자신.
입구변

水 07 口 **吳** 나라 이름. 姓.
입구변

水 06 07 氵 水 **汚**· 더러울. 낮을. 깊을. 추할.
삼수변 물수변

水 06 07 氵 水 **汙** 오물. 더러울.
삼수변 물수변

水 10 口 **唔** 글 읽을. 글 읽는 소리.
입구변

水 10 11 氵 水 **浯** 물 이름.
삼수변 물수변

水 13 虫 **蜈** 지네.
벌레충변

水 13 口 **嗚**· 슬플. 탄식할.
입구변

水 14 口 **嗷** 시끄러울. 근심할.
입구변

水 15 口 **噁** 성낼. 화낼.
입구변

水 16 穴 **窹** 부엌. 아궁이. 부뚜막. 굴뚝.
구멍혈변

水 16 17 氵 水 **澳** 깊을. 물 이름. [욱]
삼수변 물수변

| 水 | 20 鼠 쥐서변 | 鼯 | 날다람쥐. 박쥐. |

옥

木	09 尸 주검시변	屋·	집. 덮개.
土	14 犬 개견변	獄·	감옥.
金	05 玉 구슬옥변	玉·	구슬. 옥. 아름다울. 姓.
金	13 金 쇠금변	鈺	보배. 금. 보물.
水	07 氵 삼수변 08 水 물수변	沃	윤택할. 기름질.

온

木	14 木 나무목변	榲	기둥. 팥배나무.
木	15 禾 벼화변	稳	번성할. 향기로울.
木	16 糸 실사변	縕	묵은 솜. 헌솜. 솜옷.
木	19 禾 벼화변	穩	편안할. 평온할. 온자할.
木	14 禾 벼화변	稳	穩자와 통용
木	16 禾 벼화변	穏	穩자와 통용
木	17 艹 풀초변 19 艸 초두변	薀	붕어 마름 (水草). 쌓을.
木	19 香 향기향변	馧	향기로울.
木	20 艹 풀초변 22 艸 초두변	蘊	쌓을. 모을. 마름.
火	13 忄 심방변 14 心 마음심변	慍	성낼. 심란할.
火	14 火 불화변	熅	숯불. 따뜻할.
火	16 人 사람인변	㝧	편안할. 안온할. 기댈. 온 ↔ 은 [통용]
火	17 車 수레거변	轀	영구차. 수레. 와거. 상여.
土	12 女 계집녀변	媪	할머니. 노파. 늙은 여자. → 오 [本音]
土	13 女 계집녀변	媼	노파. 할머니. 땅의 신 (神).
金	14 王 임금왕변 15 玉 구슬옥변	瑥	사람 이름.

金 17 醞 술 빚을.
酉
닭유변

金 19 韞 감출.
韋 넣을. 적황색.
가죽위변

水 10 昷 따뜻할.
皿 어질. 온화할.
그릇명변

火 09 昷 昷자와 통용
日
날일변

水 13 14 溫· 부드러울.
氵 水 따뜻할. 姓.
삼수변 물수변

水 14 氳 기운 왕성할.
气 천지 기운 합할.
기운기변

水 15 瘟 염병 (장티푸스.
疒 온역 (급성전염병).
병질엄변 돌림병.

水 19 饂 배부를.
食 보리를 서로 먹을.
밥식변 온 ↔ 안 [통용]

올

木 07 杌 등걸.
木 걸상. 위태로울.
나무목변

土 03 兀 우뚝할.
儿 무식할. 민둥민둥할.
어진사람인변

水 13 嗢 목 멜.
口 웃을. 크게 웃다.
입구변

水 14 16 膃 살찔.
月 肉 살쪄 연할. 물개.
육달월변 고기육변

옹

木 14 16 蓊 장다리 (야채 꽃줄기.
艹 艸 초목 성할. 우거질.
풀초변 초두변

木 16 17 擁· 안을.
扌 手 낄. 품을. 가질.
재방변 손수변

木 21 廱 화평할.
广 화목할.
엄호변

火 10 翁· 늙은이.
羽 어른. 아버지. 姓.
깃우변

火 13 雍 화목할.
隹 화할. 姓.
새추변

火 18 雝 화락할.
隹 화할. 할미새.
새추변

火 18 顒 공경할.
頁 엄숙할. 우러를. 클.
머리혈변

土 09 瓮 항아리.
瓦 독.
기와와변

土 09 禺 땅 이름.
内 구역. 짐승 이름.
짐승발자국유변

土 10 邕 막을.
邑 화락할. 화목할. 姓.
고을읍변

오행	획수	한자	뜻
土	16 土 흙토변	壅	막을. 막힐. 姓.
土	18 瓦 기와와변	甕	항아리. 독. 단지.
土	19 缶 장군부변	罋	두레박. 독. 항아리.
水	12 口 입구변	喁	숨 쉴. 입 벌름거릴. 소리. 화답할.
水	13 氵 삼수변 / 14 水 물수변	滃	구름 피어오를. 큰물.
水	18 疒 병질엄변	癕	종기. 악창. 등창. 부스럼.
水	22 食 밥식변	饔	아침밥. 요리할.
水	23 疒 병질엄변	癰	종기. 등창. 악창. → 癕의 [本字]

와

오행	획수	한자	뜻
木	08 木 나무목변	枙	옹이. 나무 마디. [액]
木	13 艹 풀초변 / 15 艸 초두변	萵	상추.
土	05 瓦 기와와변	瓦·	기와. 질그릇.
土	07 口 큰입구변	囮	어리새. 후림새 (새를 잡기 위해 매어둔 새).
土	08 臣 신하신변	臥·	누울. 굽힐.
土	09 女 계집녀변	娃	예쁠. 미인. 미녀. 와 ↔ 왜 [통용]
土	11 女 계집녀변	婐	정숙할. 예쁠. 날씬할. 시녀.
土	12 犭 개사슴록변 / 13 犬 개견변	猧	발바리. 작은 개 이름.
金	11 言 말씀언변	訛	잘못될. 그릇될. 속일. 사두리.
金	19 言 말씀언변	譌	거짓말. 속일. 잘못.
水	09 口 입구변	哇	토할. 게울.
水	09 氵 삼수변 / 10 水 물수변	洼	웅덩이. 물 고일. 깊을.
水	10 穴 구멍혈변	窊	우묵한 땅. 웅덩이.
水	12 虫 벌레충변	蛙	개구리. [왜]
水	12 氵 삼수변 / 13 水 물수변	渦	소용돌이 칠.

水 14 窩 穴 구멍혈변 — 움집. 굴. 움.

水 14 窪 穴 구멍혈변 — 구덩이. 웅덩이. 우묵할. 고인물.

水 15 蝸 虫 벌레충변 — 달팽이. 고둥.

완

木 07 完· 宀 갓머리변 — 완전. 완전히 할. 온전할.

木 07 08 抗 扌 手 재방변 손수변 — 꺾을.

木 08 宛 宀 갓머리변 — 완연할. 굽을. 쌓을. [원] 완 ↔ 울 [통용]

木 08 杬 木 나무목변 — 몸 주무를. 어루만질. 완 ↔ 원 [통용]

木 11 梡 木 나무목변 — 나무 이름. 완 ↔ 관 [통용]

木 12 椀 木 나무목변 — 식기. 주발. 바리.

木 11 13 莞 艹 艸 풀초변 초두변 — 빙그레 웃을. 웃을. 왕골.

木 12 14 腕 月 肉 육달월변 고기육변 — 손목. 팔뚝. 팔. [국]

木 15 緩· 糸 실사변 — 느릴. 느슨할. 늦을.

木 15 豌 豆 콩두변 — 완두. 콩엿.

火 07 08 忨 忄 心 심방변 마음심변 — 욕심부릴. 탐할.

火 11 12 惋 忄 心 심방변 마음심변 — 한탄할. 탄식할.

火 13 頑 頁 머리혈변 — 완고할.

火 14 輐 車 수레거변 — 둥글. 둥굴릴. 모난 데를 깎을.

火 15 翫 羽 깃우변 — 갖고 놀. 즐길. 탐할. 아낄.

土 07 妧 女 계집녀변 — 좋을. 고울.

土 07 岏 山 메산변 — 산 높을. 산 뾰죽한 모양.

土 10 垸 土 흙토변 — 바를. 회 섞어 칠할.

土 11 婉 女 계집녀변 — 어여쁠. 예쁠. 순할. 완 ↔ 원 [통용]

土 11 婠 女 계집녀변 — 점잖을. 품성 좋을. 예쁠.

土 07 12 阮 나라 이름.
阝 阜 姓.　완 ↔ 원 [통용]
좌방변 언덕부변

土 11 13 脘 밥통.
月 肉 위. 중완 (胃가 있는 자리).
육달월변 고기육변

주의	字源五行의 肉변은 水에 해당되나 訓에 의거, 위, 밥통은 土에 해당 土로 기준

金 06 刓 깎을.
刂 刀 닳을. 끊을.
선칼도변 칼도변

金 08 09 玩 희롱.
王 玉 놀. 즐길. 장난할.
임금왕변 구슬옥변

金 10 盌 밥그릇.
皿 작은 바리. 주발.
그릇명변

金 11 12 琓 옥 이름.
王 玉 서옥. 구슬.
임금왕변 구슬옥변

金 12 13 琬 서옥.
王 玉 아름다운 옥.
임금왕변 구슬옥변

金 13 碗 주발.
石 그릇.　盌과 통용
돌석변

金 16 鋺 저울.
金 완 ↔ 원 [통용]
쇠금변

水 10 11 浣 세탁할.
氵 水 빨. 씻을.
삼수변 물수변

水 11 12 涴 물 굽이칠.
氵 水
삼수변 물수변

왈

火 04 曰· 말할.
曰 가로 (가로되, 말하되).
가로왈변

왕

木 08 枉 굽을.
木 굽어 나아갈.
나무목변

火 08 往· 갈.
彳 옛. 이따금.
두인변

火 08 旺 왕성할.
日
날일변

土 09 12 迋 보낼.
辶 辵 갈. 옛. 향할.
책받침변 갖은책받침변

주의	辶 책받침 변 4획은 성명학에서는 辵 갖은책받침 변 7획으로 사용됨

金 04 王· 임금.
王 玉 성할. 클. 姓.
임금왕변 구슬옥변

水 07 08 汪 넓을.
氵 水 못. 물 깊고 넓을.
삼수변 물수변

水 18 19 瀇 물 깊고 넓을.
氵 水 깊을.
삼수변 물수변

참고	작명은 소리(音)로만, 뜻(訓)으로만, 또는 소리(音)와 뜻(訓)으로 모두 할 수 있다.

왜

오행	획수	부수	한자	뜻
火	10	人 사람인변	倭	왜국. 나라. 일본.
土	09	女 계집녀변	娃	예쁠. 미인. 왜 ↔ 와 [통용]
土	09	止 그칠지변	歪	비뚤어질. 기울. [외. 의]
土	12	女 계집녀변	媧	신녀 (神女). 여자 이름. → 과 [本音] [와. 관. 괘]
金	13	矢 화살시변	矮	난쟁이. 작을. 짧을. 짧게 할.

외

오행	획수	부수	한자	뜻
火	05	夕 저녁석변	外·	바깥. 외국. 외가. 멀리할.

주의	字源五行의 夕변은 水에 해당되나 訓에 의거, 火에 해당 火로 기준

오행	획수	부수	한자	뜻
火	11	人 사람인변	偎	가까이할. 어렴풋할.
火	13	火 불화변	煨	화롯불. 불씨.
火	18	耳 귀이변	聵	배냇 귀머거리.
土	09	田 밭전변	畏·	두려워할. 협박할. 으르다.
土	12	山 메산변	嵬	산 높을. 구불구불할. [위. 의]
土	12	山 메산변	崴	산 높고 험할. 평평치 아니할.
土	13	山 메산변	嵬	산 높을. 평탄치 않을.
土	12 13	犭 犬 개사슴록변 개견변	猥	뒤섞일. 더러울.
土	13 18	阝 阜 좌방변 언덕부변	隗	산 높고 험할.
土	21	山 메산변	巍	높고 클. 산이 웅장할.
金	14	石 돌석변	碨	자갈땅. 돌 고르지 않을.
金	15	石 돌석변	磈	높고 험한 모양. 돌산.
水	12 13	氵 水 삼수변 물수변	渨	빠질. 잠길. 더러울.

요

오행	획수	부수	한자	뜻
木	08 09	扌 手 재방변 손수변	拗	비꼬일. 꺾을. [욱]

오행	획수	한자	부수	뜻
木	09	祅	示 보일시변	재앙. 괴이할.
木	09	約	糸 실사변	약속할. 맺을. 믿을. 요 ↔ 약 [통용]
木	13 14	搖·	扌 手 재방변 손수변	흔들릴. 움직일.
木	15	樂	木 나무목변	좋아할. 요 ↔ 락. 악 [통용]
木	16	橈	木 나무목변	굽을. 꺾일. [뇨]
木	17	繇	糸 실사변	부역. 우거질. 근심할. [유. 주]
木	16 18	蕘	艹 艸 풀초변 초두변	땔나무 풀. 풋나무.
木	18	繞	糸 실사변	얽힐. 감길. 두를. 포장.
木	18 19	擾	扌 手 재방변 손수변	어지러울. 요란할. 시끄러울.
火	11	偠	人 사람인변	날씬할. 예쁠. 허리 가늘.
火	13	徭	彳 두인변	구실. 역사 (役事). 부릴.
火	14	僥	人 사람인변	요행. 바랄. 姓.
火	14	暚	日 날일변	햇빛. 밝을.
火	16	徼	彳 두인변	순찰 돌다. 돌. 변방.
火	18	曜	日 날일변	요일. 비칠. 빛날.
火	18	燿	火 불화변	비칠. 빛날. [삭]
火	20	耀	羽 깃우변	빛날. 빛.
火	21	鷂	鳥 새조변	오색의 꿩. 새매. 익더귀.
土	07	妖	女 계집녀변	요염할. 고울. 아리따울. 괴이할.
土	08	坳	土 흙토변	웅덩이. 푹 패인 곳. 우묵할.
土	09	姚	女 계집녀변	예쁠. 멀. 날랠. [조]
土	12	堯	土 흙토변	임금. 높을.
土	15	嬈	女 계집녀변	아리따울. 예쁠.
土	15	墝	土 흙토변	메마른 땅. 평탄치 못한 땅.

土 15 山 嶢 산 높을.
메산변

土 14 17 ⻌ 辵 遙· 멀. 멀리. 거닐.
책받침변 갖은책받침변

土 16 19 ⻌ 辵 遶 두를. 얽을.
책받침변 갖은책받침변

土 17 20 ⻌ 辵 邀 맞이할. 불러들일. 구할.
책받침변 갖은책받침변

金 09 襾 要· 중요. 요긴할.
덮을아변

金 14 15 王 玉 瑤 아름다운 옥.
임금왕변 구슬옥변

金 17 言 謠· 노래. 가요. 소문. 풍문.
말씀언변

水 03 幺 幺 작을. 어릴. 곡조 이름.
작을요변

水 04 大 夭 일찍 죽을. 요절할.
큰대변

주의	字源五行의 大변은 木에 해당되나 訓에 의거, 水에 해당 水로 기준

水 05 凵 凹 오목할.
위터진입구변

水 08 歹 殀 일찍 죽을. 단명할. 요절할.
죽을사변

水 09 穴 窔 깊숙할. 으슥할. 골방.
구멍혈변

水 10 穴 窈 고요할. 얌전할. 그윽할. 어두울.
구멍혈변

水 10 穴 窅 깊을. 검을. 그윽할.
구멍혈변

水 12 口 喓 풀벌레 소리.
입구변

水 15 穴 窯 오지 그릇. 기와 굽는 가마.
구멍혈변

水 13 15 月 肉 腰· 허리.
육달월변 고기육변

水 15 16 氵 水 澆 물 댈. 물 뿌릴. 엷을.
삼수변 물수변

水 18 虫 蟯 요충. 촌충. 기생충.
벌레충변

水 21 食 饒 넉넉할. 너그러울. 기름질.
밥식변

了→ 료 [본] 僚→ 료 [본]
料→ 료 [본]

참고	대법원에서 선정한 인명용 한자란 성(姓)을 제외한 이름(名)의 한자를 말한다.

욕

木	15 16 衤 衣 옷의변	褥	요 (까는 침구).
木	16 糸 실사변	縟	무늬 채색 꾸밀. 번다할.
木	14 16 艹 艸 풀초변 초두변	蓐	깔개. 자리. 요.
火	15 心 마음심변	慾·	욕심 낼. 탐낼. 욕정.
土	10 辰 별신변	辱·	욕될. 욕. 수치. 더럽힐.
金	11 欠 하품흠변	欲·	하고자 할. 바랄. 욕심.
水	10 11 氵 水 삼수변 물수변	浴·	목욕. 미역 감을.
水	13 14 氵 水 삼수변 물수변	溽	젖을. 무르녹을. 무더울.

용

木	05 宀 갓머리변	宂	번거로울. 번잡할. 쓸데없을.
木	04 冖 민갓머리변	冗	宂자와 통용
木	10 宀 갓머리변	容·	얼굴. 모습. 형용. 용납할.
木	11 广 엄호변	庸·	떳떳할. 쓸. 고용할. 화할.
木	10 12 艹 艸 풀초변 초두변	茸	녹용. 무성할. 아름다울.
木	14 木 나무목변	榕	보리수. 용나무.
木	15 木 나무목변	槦	병기 꽂는 틀. 살대나무.
木	14 16 艹 艸 풀초변 초두변	蓉	부용. 연꽃. 목련.
火	09 人 사람인변	俑	허수아비. 목우 (木偶).
火	12 人 사람인변	傛	익숙할. 여자 벼슬 (女官) 이름.
火	13 人 사람인변	傭	품팔이할. 품 살. 품삯. [총]
火	14 心 마음심변	慂	권할. 종용할. 조를.
火	15 心 마음심변	惷	어리석을. 천치. [창. 송. 충]
火	14 15 忄 心 심방변 마음심변	慵	게으를.

오행	획수	한자	뜻
火	17 耳 귀이변	聳	솟을. 솟게 할. [송]
土	09 力 힘력변	勇·	용맹할. 날쌜. 굳셀.
土	10 土 흙토변	埇	길 돋울. 골목길.
土	13 山 메산변	嵱	봉우리 모양. 우뚝할. 산 이름.
土	14 土 흙토변	墉	담. 보루. 성. 벽.
土	14 𧾷 足 발족변	踊	뛸. 도약하다.
土	16 𧾷 足 발족변	踴	무용할. 춤 출. 뛸.
金	10 戈 창과변	戜	날랠. 사나울.
金	11 臼 절구구변	舂	방아 찧을. 절구질 할.
金	12 石 돌석변	硧	숫돌. 연마하는 돌.
金	14 15 王 玉 임금왕변 구슬옥변	瑢	옥 소리. 패옥 소리.
金	18 金 쇠금변	鎔	쇠 녹일. 거푸집.
火	14 火 불화변	熔	鎔자와 통용
金	19 金 쇠금변	鏞	큰 쇠북. 큰 종.
水	05 用 쓸용변	用·	쓸. 쓰일. 써.
水	07 用 쓸용변	甬	골목길. 휘. 물 솟아오를.
水	10 11 氵 水 삼수변 물수변	涌	물 솟을.
水	12 13 氵 水 삼수변 물수변	湧	涌자와 통용
水	13 虫 벌레충변	蛹	번데기.
水	13 14 氵 水 삼수변 물수변	溶	녹을. 질펀히 흐를. 성대할.

龍→ 룡 [본]

우

오행	획수	한자	뜻
木	06 宀 갓머리변	宇·	집. 하늘. 세계.
木	12 宀 갓머리변	寓	宇자와 통용

오행	획수	부수	한자	뜻
木	07	木 나무목변	杅	물그릇. 잔.
木	06 07	扌 手 재방변 손수변	扜	지휘할. 당길. 가질.
木	08	目 눈목변	盱	눈 부릅뜰. 쳐다볼.
木	09	竹 대죽변	竽	피리. 큰 생황. 악기 이름.
木	07 09	艹 艸 풀초변 초두변	芋	토란. 클. 우 ↔ 후 [통용]
木	09	糸 실사변	紆	굽을. 굽힐. 얽힐.
木	10	示 보일시변	祐	도울. 다행할. 복. 행복.
木	12	宀 갓머리변	寓	머무를. 붙어살다. 부칠. 보내다.
木	12	广 엄호변	庽	머무를. 붙어살다. 부칠. 맡길. → 寓 [同字]
木	14	示 보일시변	禑	복. 사람 이름.
木	19 21	艹 艸 풀초변 초두변	藕	연근. 연.
火	06	人 사람인변	优	곡식 쓿을 (곡식을 찧어서 희게 하다).
火	06	羽 깃우변	羽·	깃. 날개. 새. 도울.
火	07	人 사람인변	佑	도울. 도움.
火	07	日 날일변	旴	클. 해 뜰. 새벽.
火	09	人 사람인변	俁	클. 모양 장대할.
火	11	人 사람인변	偶·	짝. 배필. 우연.
火	11	人 사람인변	偊	홀로 걸을. 몸 굽힐.
火	13	亠 돼지해머리변	亴	날. 날아갈. 날을.

주의 (전산폰트) 필순이 13획으로 보이나, 字典엔 12획 亴字形은 유사하고 訓과 字源五行은 동일하나 획수에 혼동되니 사용에 주의

오행	획수	부수	한자	뜻
火	12 13	忄 心 심방변 마음심변	惆	기쁠. 반가울.
火	13	心 마음심변	愚·	어리석을.
火	13	虍 범호변	虞	생각할. 근심할. 염려할. 걱정.
火	14 15	忄 心 심방변 마음심변	慪	삼갈. 공경할.

火 15 憂· 근심. 상제 될.
心
마음심변

火 17 優· 뛰어날. 넉넉할. 도타울.
人
사람인변

火 17 燠 위로할. 괴로울. 끙끙 앓을. 우 ↔ 오. 욱 [통용]
火
불화변

土 04 尤· 더욱. 허물. 탓할.
尢
절름발이왕변

土 04 牛· 소. 별 이름.
牛
소우변

土 06 圩 웅덩이. 언덕.
土
흙토변

土 09 禹 임금. 하우씨. 姓.
禸
짐승발자국유변

土 06 10 邘 나라 이름.
阝 邑
우방변 고을읍변

土 07 10 迂 멀. 돌. 굽을.
辶 辵
책받침변 갖은책받침변

土 12 堣 모퉁이.
土
흙토변

土 12 嵎 산모퉁이. 산 굽이.
山
메산변

土 13 麀 암사슴.
鹿
사슴록변

土 11 15 郵· 파발. 우편. 역. 역말.
阝 邑
우방변 고을읍변

土 16 踽 외로울. 홀로 갈. 곱사등이.
⻊ 足
발족변

土 13 16 遇· 만날. 대접할.
辶 辵
책받침변 갖은책받침변

土 12 17 隅 구석. 모퉁이.
阝 阜
좌방변 언덕부변

土 18 麌 수사슴. 큰 사슴.
鹿
사슴록변

金 07 08 玗 옥돌.
王 玉
임금왕변 구슬옥변

金 08 盂 사발. 밥그릇. 진(陣) 이름. 姓.
皿
그릇명변

金 10 訏 클. 거짓. 속일.
言
말씀언변

金 11 訧 사람 이름. 과실. 잘못. 허물.
言
말씀언변

金 11 釪 요령. 악기 이름. 창고달.
金
쇠금변

金 13 14 瑀 옥돌. 패옥.
王 玉
임금왕변 구슬옥변

金 15 耦 나란히 할. 짝. 쟁기.
耒
쟁기뢰변

오행	획수·부수	한자	뜻
金	17 金 쇠금변	鍝	귀고리.
金	18 言 말씀언변	謣	망언. 망령된 말.
金	21 耒 쟁기뢰변	耰	씨 덮을. 써레. 곰방메.
金	24 齒 이치변	齵	충치. 잇병.
水	02 又 또우변	又·	또. 다시.
水	03 二 두이변	于·	어조사. 갈. 가다. 행할. 姓.
水	04 又 또우변	友·	벗. 벗할. 우애.
水	05 口 입구변	右·	오른쪽. 옳을. 숭상할.
水	06 口 입구변	吁	탄식할.
水	08 雨 비우변	雨·	비. 비 올.
水	07 水 물수변	⿱宀水	雨자와 통용
水	09 疒 병질엄변	疣	혹. 사마귀.
水	11 雨 비우변	雩	기우제. 기우제 지낼.
水	11 皿 그릇명변	盓	물 소용돌이. 흐를.
水	14 雨 비우변	霘	물소리.

욱

오행	획수·부수	한자	뜻
木	10 木 나무목변	栯	산앵두.
木	13 禾 벼화변	稢	서직 (黍稷) 무성할.
木	15 禾 벼화변	稶	稢자와 통용
火	06 日 날일변	旭	빛날. 날빛. 밝을.
火	09 日 날일변	昱	햇빛 밝을. 날빛. 빛날.
火	10 彡 터럭삼변	彧	문채. 빛날. 무성할.
火	13 火 불화변	煜	빛날. 불꽃.
火	13 頁 머리혈변	頊	삼갈. 사람 이름.

주의	頁변일 때 13획, 玉변일 때 14획으로 혼용되나, 성명학에서는 頁변 13획 기준

오행	획수	부수	한자	뜻
火	16	彡 터럭삼변	㦛	문채 날. 빛날.
火	17	火 불화변	燠	따뜻할. 욱 ↔ 오. 우 [통용]
土	11	力 힘력변	勖	힘쓸. 권면할.
土	09 13	阝 邑 우방변 고을읍변	郁	빛날. 성할. 姓.

운

오행	획수	부수	한자	뜻
木	07	大 큰대변	夽	높을. 높은. 클.
木	10	糸 실사변	紜	어지러울. 성할. 부산할.
木	08 10	艹 艸 풀초변 초두변	芸	향초. 많을. 성할. 운향. 운 ↔ 예 [통용]
木	16	木 나무목변	橒	나무 무늬. 나무 이름.
木	16	竹 대죽변	篔	대 이름.
木	18	竹 대죽변	簹	篔자와 통용
木	16 18	艹 艸 풀초변 초두변	蕓	평지 (식물 이름). 장다리. 향풀.
火	12 13	忄 心 심방변 마음심변	惲	도타울. 중후할. 의논할. 꾀할.
火	13	日 날일변	暈	햇무리. 어지러울. 현기증 날. 운 ↔ 훈 [통용]
火	14	火 불화변	熉	빛이 노란. 노란 모양. 누런빛.
火	19	頁 머리혈변	顚	둥글. 성낼. 얼굴빛 다급할. 운 ↔ 혼 [통용]
土	07	女 계집녀변	妘	성(姓) 씨. 여자의 자.
土	13 16	辶 辵 책받침변 갖은책받침변	運·	옮길. 나를. 운수.
土	13 17	阝 邑 우방변 고을읍변	鄖	나라 이름.
土	13 18	阝 阜 좌방변 언덕부변	隕	떨어질. 잃을. 무너질. [원]
金	10	耒 쟁기뢰변	耘	김맬. 없앨. 제거할.
金	13	音 소리음변	韵	울림. 운. 화할.
金	16	貝 조개패변	賱	넉넉할. 재운이 있다.

오행	획수	한자	뜻
金	19 音 소리음변	韻·	운치. 운. 음. 음향.
水	04 二 두이변	云·	이를. 말할. 어조사.
水	07 氵 삼수변 08 水 물수변	沄	물. 물 돌아 흐를. 끓는 모양. 소용돌이칠.
水	10 口 입구변	員	더할. 姓. 운 ↔ 원 [통용]
水	12 雨 비우변	雲·	구름. 습기. 姓.
水	14 歹 죽을사변	殞	죽을. 떨어질. 떨어뜨릴. 훼손할.
水	15 穴 구멍혈변	篔	구름이 일. 떨어질.
水	15 氵 삼수변 16 水 물수변	澐	큰 물결.
水	18 雨 비우변	霣	비 올. 떨어질.

울

오행	획수	한자	뜻
木	04 乙 새을변	乯	땅 이름. 우리말 '울'음을 표시. 뜻은 없다.
木	12 艹 풀초변 14 艸 초두변	菀	무성할. 우거질.
木	15 艹 풀초변 17 艸 초두변	蔚	고을 이름. 땅 이름.
木	29 鬯 술창변	鬱	답답할. 막힐. 우거질. 산앵두나무.
土	08 宀 갓머리변	宛	쌓일. 쌓을. 울 ↔ 완 [통용]
水	18 黑 검을흑변	黦	깊을. 검을.

웅

오행	획수	한자	뜻
火	12 隹 새추변	雄·	수컷. 웅장할. 씩씩할.
火	灬 연화변 14 火 불화변	熊	곰.

원

오행	획수	한자	뜻
木	04 儿 어진사람인변	元·	으뜸. 처음. 시작. 근본. 姓.
木	08 木 나무목변	杬	나무 이름. 이팝나무. 모탕. 원 ↔ 완 [통용]
木	09 爪 손톱조변	爰	느즈러질. 이에. 성낼. 바꿀.
木	10 竹 대죽변	笎	대무늬.

木 08 10 芫 팥꽃나무. 풀. 여뀌.
艹 艸 풀초변 초두변

木 10 袁 옷이 긴. 옷이 길다. 姓.
衣 옷의변

木 09 11 苑 동산.
艹 艸 풀초변 초두변

木 13 園· 동산. 정원. 뜰.
口 큰입구변

木 13 楥 느티나무. 떡갈나무. 울타리.
木 나무목변

木 12 13 援· 구원할. 도울. 끌.
扌 手 재방변 손수변

木 14 15 褑 패옥 띠. 노리개 띠.
衤 衣 옷의변

木 17 19 薗 동산. 땅 이름.
艹 艸 풀초변 초두변

火 09 怨· 원망. 미워할. 원수.
心 마음심변

火 10 惋 즐거울. 기쁠. 권할.
人 사람인변

火 14 愿 성실할. 정성. 착할.
心 마음심변

火 16 鴛 원앙. 姓.
鳥 새조변

火 17 轅 끌채. 멍에. 수레.
車 수레거변

火 19 願· 원할. 바랄. 소원. 청원.
頁 머리혈변

火 19 鵷 원추새. 봉황.
鳥 새조변

火 20 騵 배가 흰 말. 배가 희고 갈기가 검은 말.
馬 말마변

土 09 垣 담. 낮은 담.
土 흙토변

土 10 原· 언덕. 근원. 근본.
厂 민엄호변

土 11 婉 순할. 아름다울. 예쁠. 원 ↔ 완 [통용]
女 계집녀변

土 07 12 阮 나라 이름. 姓. 원 ↔ 완 [통용]
阝 阜 좌방변 언덕부변

土 12 媛 어여쁠. 예쁠. 미녀.
女 계집녀변

土 13 嫄 사람 이름.
女 계집녀변

土 13 圓· 둥글. 원. 둘레. 온전할.
口 큰입구변

土 12 13 猨 원숭이.
犭 犬 개사슴록변 개견변

土 13 14 犭 犬 **猿** 원숭이.
개사슴록변 개견변

土 10 15 阝 阜 **院**· 집.
좌방변 언덕부변

土 14 17 辶 辵 **遠**· 멀. 심오할. 깊을.
책받침변 갖은책받침변

土 17 黽 **黿** 큰 자라. 영원. 별 이름.
맹꽁이변

土 20 23 辶 辵 **邍** 넓은 언덕. 넓은 들.
책받침변 갖은책받침변

金 13 14 王 玉 **瑗** 도리옥. 구멍 큰 옥. 구슬. [환]
임금왕변 구슬옥변

金 16 金 **鋺** 저울. 원 ↔ 완 [통용]
쇠금변

金 17 言 **謜** 천천히 말할. 기꺼울.
말씀언변

水 07 08 氵 水 **沅** 물 이름.
삼수변 물수변

水 08 月 **朊** 달빛 희미할.
달월변

水 09 10 氵 水 **洹** 물 이름. 원 ↔ 환 [통용]
삼수변 물수변

水 10 口 **員**· 관원. 인원. 둥글. 원 ↔ 운 [통용]
입구변

金 09 貝 **貟** 員자와 통용
조개패변

水 10 冖 **冤** 원통할. 원한. 원수.
민갓머리변

水 11 宀 **寃** 冤자와 통용
갓머리변

水 12 13 氵 水 **湲** 물 흐를. 물소리. [완]
삼수변 물수변

水 13 14 氵 水 **源**· 근원.
삼수변 물수변

水 13 14 氵 水 **溒** 물 흐를. 물 흐르는 모양.
삼수변 물수변

水 14 虫 **蜿** 꿈틀거릴. 용의 모양.
벌레충변

월

木 12 米 **粤** 어조사. 감탄사. 생각할. 나라 이름.
쌀미변

火 12 走 **越**· 넘을. 건널. 추월할.
달릴주변

金 06 刂 刀 **刖** 발 벨. 발꿈치 벨.
선칼도변 칼도변

金 13 金 **鉞** 도끼.
쇠금변

오행	획수	한자	뜻
水	04 月 달월변	月·	달. 세월.

위

오행	획수	한자	뜻
木	12 巾 수건건변	幃	향낭. 주머니. 휘장.
木	12 艹 풀초변 / 14 艸 초두변	萎	시들다. 앓을. 병들.
木	13 艹 풀초변 / 15 艸 초두변	葦	갈대. 거룻배. 작은 배.
木	13 艹 풀초변 / 15 艸 초두변	葳	초목 무성할. 우거질. 능소화.
木	14 衤 / 15 衣 옷의변	褘	아름다울. 향낭. [휘]
木	15 糸 실사변	緯·	씨줄. 가로. 경위 (經緯).
木	17 門 문문변	闈	작은 문. 문. 대궐 중문.
木	16 艹 풀초변 / 18 艸 초두변	蔿	애기풀. 땅 이름. 姓.
火	07 人 사람인변	位·	지위. 자리. 위치. 벼슬.
火	11 人 사람인변	偉·	훌륭할. 거룩할. 위대할. 클.
火	13 日 날일변	暐	햇빛. 빛날.
火	13 火 불화변	煒	빨갈. 밝을. 환할. 위 ↔ 휘 [통용]
火	14 人 사람인변	僞·	거짓. 속일.
火	15 火 불화변	熨	찜질할. 눌러 덥게 할. 고약 붙일. 다리미.
火	15 心 마음심변	慰·	위로할.
火	15 行 다닐행변	衛·	호위. 지킬. 衞의 [俗字]
火	16 行 다닐행변	衞	지킬. 호위. 막을. 나라 이름. 衛의 [本字]
火	18 鬼 귀신귀변	魏	나라 이름. 姓.
土	08 女 계집녀변	委·	맡길. 자세할. 의젓할.
土	09 女 계집녀변	威·	위엄. 세력.
土	11 寸 마디촌변	尉	벼슬 이름. 편안할. 위로할.
土	09 月 육달월변 / 11 肉 고기육변	胃·	밥통. 비위. 위.

주의	字源五行의 肉변은 水에 해당되나 訓에 의거, 위, 밥통은 土에 해당 土로 기준

土 12 囗 큰입구변 **圍**· 둘레. 두를. 둘러쌀.

土 12 辶 책받침변 15 辵 갖은책받침변 **逶** 구불구불할. 비틀거릴.

土 13 辶 책받침변 16 辵 갖은책받침변 **違**· 어긋날. 어길. 잘못. 위반할.

金 06 㔾 卩 병부절변 **危**· 위태할. 두려워할.

金 09 韋 가죽위변 **韋** 연할. 부드러울. 가죽.

金 12 爪 손톱조변 **爲**· 위할. 할. 만들. 행위.

金 13 骨 뼈골변 **骪** 뼈 굽을. 굽힐.

金 13 王 임금왕변 14 玉 구슬옥변 **瑋** 아름다울. 구슬. 옥 이름.

金 15 言 말씀언변 **諉** 번거로울. 귀찮을. 핑계할.

金 16 言 말씀언변 **謂**· 이를. 일컬을. 고할. 설명.

金 18 韋 가죽위변 **韙** 바를. 옳을. 좋을. 아름답게 여길.

金 21 韋 가죽위변 **韡** 꽃 활짝 필. 환할.

水 12 口 입구변 **喟** 한숨 쉴.

水 12 氵 삼수변 13 水 물수변 **渭** 물 이름. 위수.

水 13 疒 병질엄변 **痿** 손발이 마비될. 저릴. 습병.

水 15 虫 벌레충변 **蝟** 고슴도치.

水 17 食 밥식변 **餧** 먹일. 기를. 주릴.

유

木 04 冖 민갓머리변 **冘** 머뭇거릴. 망설일.

木 05 田 밭전변 **由**· 말미암을. 까닭. 인연.

木 09 囗 큰입구변 **囿** 동산. 정원.

木 09 宀 갓머리변 **宥** 너그러울. 용서할. 도울.

木 09 木 나무목변 **柚** 유자나무. [축]

오행	획수	부수	한자	뜻
木	09	木 나무목변	柔·	부드러울. 순할.
木	10	禾 벼화변	秞	무성할. 곡식 무성할.
木	11	巾 수건건변	帷	휘장. 장막. 가릴.
木	12	广 엄호변	庾	곳집. 노적가리. 곡식 창고. 姓.

주의	11획으로 보이나(전산폰트), 밑터진절구 구 7획으로 필순 12획, 字典에 12획 기준

오행	획수	부수	한자	뜻
木	13	木 나무목변	楡	나무 이름. 느릅나무. 별 이름.
木	13	木 나무목변	楢	나무 이름. 졸참나무.
木	12 13	扌 手 재방변 손수변	揉	주무를. 휠. 바로잡을.
木	12 13	扌 手 재방변 손수변	揄	빈정거릴. 끌. 퍼낼. [요]
木	11 13	艹 艸 풀초변 초두변	莠	강아지풀. 가라지. 추할.
木	12 13	衤 衣 옷의변	裕·	넉넉할. 너그러울.
木	14	糸 실사변	緌	갓끈. 갓끈 늘어질. 기.
木	14	糸 실사변	維·	벼리. 얽을. 맬. 오직. 밧줄.
木	15	片 조각편변	牖	깨우칠. 인도할. 들창. 바라지창 (들어서 여는 창 형태).
木	13 15	艹 艸 풀초변 초두변	萸	수유 (약초 이름). 풀 이름.

주의	12~14획으로 보이나 (전산폰트), (++) 변에 속하므로 밑터진절구 구 7획으로 필순 13~15획, 字典에 13~15획 기준

오행	획수	부수	한자	뜻
木	14 15	衤 衣 옷의변	褕	고울. 쾌자. 꿩 깃털 옷. 황후 옷.
木	15	米 쌀미변	糅	섞을. 잡곡밥. 섞일.
木	16 18	艹 艸 풀초변 초두변	蕤	꽃. 꽃술. 장식. 늘어질. 더부룩할.
木	16 18	艹 艸 풀초변 초두변	蕕	누린내 풀. 썩어 냄새 날.
木	32	竹 대죽변	籲	부를. 부르짖을. 화할.
火	05	幺 작을요변	幼·	어릴. 어린이.
火	08	人 사람인변	侑	권할. 너그러울. 도울.
火	09	幺 작을요변	幽·	그윽할. 깊을. 숨을.

오행	획수	부수	한자	뜻	부수 이름
火	11	心	悠·	멀. 아득할. 생각할.	마음심변
火	11	耳	聈	고요할.	귀이변
火	11 12	忄 心	惟·	생각할. 오직. 한갓.	심방변 마음심변
火	12 13	忄 心	愉	즐거울. 기뻐할. [투]	심방변 마음심변
火	13	心	愈·	병 나을. 나을. 더욱.	마음심변
火	16	人	儒·	선비. 학자. 유교. 유학.	사람인변
火	18	日	曘	햇빛. 해 빛깔.	날일변
火	18	火	燸	따뜻할. 불사를.	불화변
火	26	龠	籲	부를. 부르짖을. 화할.	피리약변
土	08	臼	臾	잠깐. 잠시. 착할. 姓. [용]	절구구변

주의 字典에 따라 8, 9획으로 혼용, 일부 자전에 밑터진절구 구 7획으로 필순 9획이라도 臼 절구 구 변 6획에 속하므로 성명학은 8획 기준

오행	획수	부수	한자	뜻	부수 이름
土	09	入	兪	맑을. 그러할. 대답할. 姓.	들입변
土	09	人	俞	兪자와 통용	사람인변
土	09	女	姷	짝.	계집녀변
土	11	女	婑	예쁠. 아름다울.	계집녀변
土	12 13	犭 犬	猶·	오히려. 다만. 같을. 머뭇거릴.	개사슴록변 개견변
土	13	犬	猷	꾀할. 방도. 방법. 그릴. 같을.	개견변
土	11 14	辶 辵	逌	웃을. 빙그레 웃는 모양.	책받침변 갖은책받침변
土	13 15	月 肉	腴	살찔. 아랫배 살찔.	육달월변 고기육변

주의 12~14획으로 보이나 (전산폰트), 밑터진 절구 구 7획으로 필순 13~15획, 字典에 13~15획 기준

오행	획수	부수	한자	뜻	부수 이름
土	13 16	辶 辵	遊·	놀. 즐길. 여행할.	책받침변 갖은책받침변
土	13 16	辶 辵	逾	넘을. 지날.	책받침변 갖은책받침변
土	16	⻊ 足	踰	건널. 넘을. 이길. [요]	발족변

土 | 𧾷 足 16 | 蹂 | 밟을. 짓밟을. | 발족변

土 | 土 19 | 壝 | 제단. 토담. 둘러 쌓은 담. | 흙토변

土 | ⻌ 辵 16 19 | 遺· | 남길. 끼칠. 남을. | 책받침변 갖은책받침변

金 | 夂 攴 07 | 攸 | 바 (일의 방법이나 방도). 곳. 장소. 다스릴. | 등글월문변 칠복변

金 | 酉 07 | 酉· | 닭. 열째 지지. | 닭유변

金 | 釆 12 | 釉 | 광택. 윤. 빛날. | 분별할변

金 | 欠 13 | 歈 | 노래 이름. 기뻐할. 희학질할. | 하품흠변

金 | 王 玉 12 13 | 琟 | 옥돌. | 임금왕변 구슬옥변

金 | 王 玉 13 14 | 瑜 | 옥빛. 옥. | 임금왕변 구슬옥변

金 | 王 玉 13 14 | 瑈 | 옥 이름. | 임금왕변 구슬옥변

金 | 言 14 | 誘· | 꾈. 이끌. 당길. 인도할. | 말씀언변

金 | 言 16 | 諛 | 아첨할. | 말씀언변

주의	15획으로 보이나 (전산폰트), 밑터진절구 구 7획으로 필순 16획, 字典에 16획 기준

金 | 言 16 | 諭 | 깨우칠. 간할. 비유할. [투] | 말씀언변

金 | 金 17 | 鍮 | 놋쇠. 자연동. 姓. | 쇠금변

金 | 言 18 | 讙 | 나아갈. 꾸짖을. [추. 최] | 말씀언변

金 | 革 18 | 鞣 | 부드러운 가죽. 무두질할. | 가죽혁변

金 | 言 23 | 讉 | 성낼. 꾸짖을. | 말씀언변

水 | 月 06 | 有· | 있을. 가질. 존재할. | 달월변

水 | 乙 08 | 乳· | 젖. 유방. 젖 먹이다. 낳다. | 새을변

水 | 口 08 | 呦 | 울. 흐느낄. 우는 소리. | 입구변

水 | 氵 水 08 09 | 油· | 기름. | 삼수변 물수변

水 | 氵 水 08 09 | 泑 | 검은 물빛. 잿 물. 물 이름. | 삼수변 물수변

水 | 氵 水 09 10 | 洧 | 물 이름. | 삼수변 물수변

水	11	口 입구변	唯·	오직. 대답할.
水	11	虫 벌레충변	蚰	땅지네. 노래기. 그리마.
水	11	虫 벌레충변	蚴	용, 뱀이 꿈틀거릴.
水	12	口 입구변	喩	깨우칠. 비유할. 좋아할.
水	12	生 날생변	甤	꽃술. 열매 많이 열릴.
水	12 13	氵 水 삼수변 물수변	游	헤엄칠. 뜰. 놀이. [류]
水	12 13	氵 水 삼수변 물수변	湵	물. 물 이름.
水	14	疒 병질엄변	瘉	병 나을. 경미할. 나을.
水	14	疒 병질엄변	瘐	병들. 근심하여 앓을.

주의	13획으로 보이나 (전산폰트), 밑터진절구 구 7획으로 필순 14획, 字典에 14획 기준

水	14	穴 구멍혈변	窬	협문. 판장문. 담 넘을.
水	14	雨 비우변	需	부드러울 (다른 가죽 부드러울). 유 ↔ 수 [통용]
水	15	穴 구멍혈변	窳	비뚤어질. 흠집. 이지러질.
水	15	虫 벌레충변	蝤	하루살이. [추]
水	17	子 아들자변	孺	젖먹이. 사모할. 낳을.
水	17	魚 물고기어변	鮪	다랑어. 철갑상어.
水	17	黑 검을흑변	黝	검푸른빛. 땅빛.
水	17 18	氵 水 삼수변 물수변	濡	적실. 젖을. 베풀. 습기.
水	12 13	氵 水 삼수변 물수변	渪	濡자와 통용
水	18	疒 병질엄변	癒	병 나을. 瘉와 통용
水	18	鼠 쥐서변	鼬	족제비.
水	18 19	氵 水 삼수변 물수변	遺	물고기 놀. 물고기 떼지어 놀. [대]

주의	字典에 따라 辶 辶 책받침 변 字形이 혼용되고, 같은 字이나 대법원 발표 인명용한자 字形이 辶 3획이고, 水 물수 변에 속하므로 성명학은 18, 19획 기준

紐→ 뉴 [본] 劉→ 류 [본]
柳→ 류 [본] 類→ 류 [본]
流→ 류 [본] 留→ 류 [본]
琉→ 류 [본]

육

오행	획수	한자	뜻
火	17 人 사람인변	儥	팔. 사다.
土	11 土 흙토변	堉	기름진 땅. 흙.
土	14 毋 말무변	毓	기를. 기르다. 어릴. 姓.
水	06 肉 고기육변	肉·	고기. 살. 몸. 혈연.
水	08 月 육달월변 / 10 肉 고기육변	育·	기를. 칠.

주의 月 육달월 변 4획은 성명학에서는 肉 고기 육 변 6획으로 사용. 위 글자 育의 字典과 필순 획수는 8획이라도, 성명학에서는 10획 기준

六→ 륙 [본] 陸→ 륙 [본]

윤

오행	획수	한자	뜻
木	11 艹 풀초변 / 13 艸 초두변	玧	연뿌리.
木	16 木 나무목변	橍	나무 이름.
火	08 日 날일변	昀	햇빛. 빛날.
火	12 門 문문변	閏·	윤달. 윤년.
火	13 門 문문변	閠	閏자와 통용
火	15 門 문문변	潤	閏자와 통용
土	04 儿 어진사람인변	允	진실로. 만. 믿을. 허락할. 마땅할.
土	07 阝 좌방변 / 12 阜 언덕부변	阭	높을. [연]
金	04 勹 쌀포변	匀	나눌. 가지런할. 균형 잡힐. 윤 ↔ 균 [통용]
金	04 勹 쌀포변	勻	나눌. 가지런할. 균형 잡힐. 윤 ↔ 균 [통용]

金 08 09 王 玉 임금왕변 구슬옥변 **玧** 옥빛. 붉을. 붉은 구슬. 윤 ↔ 문 [통용]

金 12 金 쇠금변 **銃** 병기. 창.

金 15 金 쇠금변 **鋆** 금(金).

金 18 貝 조개패변 **贇** 예쁠. 아름다운 모양. 윤 ↔ 빈 [통용]

水 04 尸 주검시변 **尹** 맏. 믿을. 姓.

水 07 08 氵 水 삼수변 물수변 **沇** 향나무. 윤 ↔ 연 [통용]

水 09 11 月 肉 육달월변 고기육변 **胤** 맏아들. 자손. 이을.

火 11 彳 두인변 **徿** 胤자와 통용

水 15 大 큰대변 **奫** 물 깊을. 물 충충할. 샘물.

水 15 16 氵 水 삼수변 물수변 **潤**· 윤택할. 젖을. 불을.

侖→ 륜 [본]　倫→ 륜 [본]
崙→ 륜 [본]　綸→ 륜 [본]
輪→ 륜 [본]

율

木 13 風 바람풍변 **颶** 큰 바람.

火 06 聿 붓율변 **聿** 붓. 마침내. 이에. 스스로.

火 16 火 불화변 **燏** 빛날. 빛나는 모양.

火 16 鳥 새조변 **鴥** 빨리 날. 빠르다.

土 10 13 辶 辵 책받침변 갖은책받침변 **逮** 걸어가는 모양. 흩어져 퍼질. 율 ↔ 건 [통용]

金 12 矛 창모변 **矞** 꽃구름. 송곳으로 뚫을.

水 07 08 氵 水 삼수변 물수변 **汩** 흐를. 맑을.

水 15 16 氵 水 삼수변 물수변 **潏** 물 흐를. 물 흐르는 모양.

水 20 雨 비우변 **霱** 상서로운 구름. 삼색 구름. 율 ↔ 휼 [통용]

律→ 률 [본]　栗→ 률 [본]
率→ 률 [본]

융

- 木 | 12 | 糸 실사변 | **絨** | 융. 발 고운 베.
- 土 | 09 10 | 犭 犬 개사슴록변 개견변 | **狨** | 원숭이 이름.
- 金 | 06 | 戈 창과변 | **戎** | 병장기. 싸움 수레.
- 水 | 16 | 虫 벌레충변 | **融** | 융통할. 화할. 밝을. 화합할.
- 水 | 19 20 | 氵 水 삼수변 물수변 | **瀜** | 물 깊을.

隆→ 륭 [본]

은

- 木 | 14 16 | 艹 艸 풀초변 초두변 | **蒑** | 풀빛 푸른.
- 木 | 14 16 | 艹 艸 풀초변 초두변 | **蒽** | 풀 이름.
- 木 | 17 | 木 나무목변 | **檃** | 바로잡을. 휠. 도지개 (활을 바로잡는 틀).
- 木 | 18 | 木 나무목변 | **檼** | 겹들보. 대마루.
- 木 | 21 23 | 艹 艸 풀초변 초두변 | **蘟** | 인동덩굴. 은인 (蘟荵, 나물 이름).
- 火 | 10 | 心 마음심변 | **恩**· | 은혜. 사랑할. 姓.
- 火 | 14 | 心 마음심변 | **慇** | 은근할. 공손할. 근심.
- 火 | 16 | 人 사람인변 | **㒚** | 의지할. 남에게 기댈. 은 ↔ 온 [통용]
- 火 | 16 | 心 마음심변 | **憖** | 힘쓸. 억지로. 마음에 맞을.
- 土 | 07 | 土 흙토변 | **圻** | 언덕. 지경. 은 ↔ 기 [통용]
- 土 | 09 | 土 흙토변 | **垠** | 언덕. 지경. 가장자리.
- 土 | 10 | 土 흙토변 | **垽** | 앙금. 해감. 찌꺼기. 가라앉을.
- 土 | 10 11 | 犭 犬 개사슴록변 개견변 | **狺** | 으르렁거릴. 개 짖는 소리.
- 土 | 17 | 山 메산변 | **嶾** | 산 높을. 산 가파를.
- 土 | 14 18 | 阝 邑 우방변 고을읍변 | **鄞** | 땅 이름. 고을 이름.

오행	획수	한자	뜻
土	17 22 阝 阜 좌방변 언덕부변	隱·	숨을. 기댈. 은퇴할. 근신할.
金	10 殳 갖은등글월문변	殷	성할. 나라. 많을. 姓.
金	10 言 말씀언변	訔	논쟁할. 시비할. 토론할.
金	10 11 王 玉 임금왕변 구슬옥변	珢	옥돌. 옥 무늬.
金	11 言 말씀언변	訢	공손한 모양. 화평할. [흔]
金	14 金 쇠금변	銀·	은. 은빛. 돈. 화폐.
金	14 15 王 玉 임금왕변 구슬옥변	璁	옥. 사람 이름.
金	15 言 말씀언변	誾	온화할. 화평할. 즐거울.
金	19 門 문문변	闉	誾자와 통용
金	19 齒 이치변	齗	잇몸. 이뿌리.
金	27 齒 이치변	齾	웃을. 이 가지런할.
水	07 口 입구변	听	웃는 모양. 방긋거릴.
水	10 囗 큰입구변	圁	물 이름.
水	09 10 氵 水 삼수변 물수변	泿	물가. 물 흐르는 동쪽.
水	13 14 氵 水 삼수변 물수변	溵	물소리. 물 이름. 濦과 통용
水	13 14 氵 水 삼수변 물수변	滬	물 이름.
水	18 口 입구변	嚚	미련할. 어리석을.
水	17 18 氵 水 삼수변 물수변	濦	물 이름. 물소리.
水	22 疒 병질엄변	癮	두드러기. 인박힐.

을

오행	획수	한자	뜻
木	01 乙 새을변	乙·	새. 제비. 둘째 천간.
火	12 鳥 새조변	鳦	제비. 현조(玄鳥).
土	06 土 흙토변	圪	흙더미. 담 높은 모양.

참고	작명은 소리(音)로만, 뜻(訓)으로만, 또는 소리(音)와 뜻(訓)으로 모두 할 수 있다.

음

木 14 广 엄호변 **廕** 보호할. 덮을. 그늘.

木 15 17 艹 艸 풀초변 초두변 **蔭** 그늘. 해그림자. 가릴. 음덕.

火 12 13 忄 心 심방변 마음심변 **愔** 고요할. 조용할. 화평할.

土 11 山 메산변 **崟** 험준할. 산 높고 험할. 메. 가파를.

土 11 16 阝 阜 좌방변 언덕부변 **陰**· 음기. 음. 그늘. 姓.

金 09 音 소리음변 **音**· 소리. 음악.

金 20 音 소리음변 **韾** 소리 화할. 화음 소리.

水 07 口 입구변 **吟**· 신음할. 끙끙 앓을. 읊을.

水 12 口 입구변 **喑** 소리 지를. 목 쉴. 목 잠길. 입 다물.

水 17 口 입구변 **噾** 喑자와 통용

水 11 12 氵 水 삼수변 물수변 **淫**· 음란할. 간음할. 심할.

水 13 食 밥식변 **飮**· 마실. 마실 것. 음료.

水 19 雨 비우변 **霪** 장마.

읍

木 10 11 扌 手 재방변 손수변 **挹** 뜰. 꺼낼. 당길. 잔질할.

木 12 13 扌 手 재방변 손수변 **揖** 읍할. 사양할. [집]

火 10 11 忄 心 심방변 마음심변 **悒** 답답할. 근심할.

土 07 邑 고을읍변 **邑**· 고을. 마을. 도읍.

水 08 09 氵 水 삼수변 물수변 **泣**· 울. 울음. 눈물.

水 10 11 氵 水 삼수변 물수변 **浥** 젖을. 축축할.

응

木 22 目 눈목변 **䁝** 물끄러미 볼. 정하고 볼.

火 17 心 마음심변 **應**· 응할. 대답할. 응당. 姓.

火 24 鳥 새조변 **鷹** 매. 송골매.

土 17 月 육달월변 19 肉 고기육변 **膺** 가슴. 흉부. 받을. 안을.

水 16 冫 이수변 **凝**· 엉길. 얼. 굳힐. 이룰.

의

木 06 衣 옷의변 **衣**· 옷. 웃옷.

木 08 宀 갓머리변 **宜**· 마땅할. 옳을.

木 12 木 나무목변 **椅** 의나무. 벽오동나무.

木 17 扌 재방변 18 手 손수변 **擬** 헤아릴. 추측할. 비길. 흉내낼. 본뜰.

木 17 艹 풀초변 19 艸 초두변 **薏** 율무. [억]

木 19 舟 배주변 **艤** 배 댈. 정박. 차릴 (출항 준비).

火 08 人 사람인변 **依**· 의지할. 도울. 따를.

火 10 人 사람인변 **倚** 의지할. 기댈. 믿을.

火 13 心 마음심변 **意**· 뜻. 생각.

火 15 人 사람인변 **儀**· 거동. 모양. 법도. 본받을.

火 16 人 사람인변 **儗** 서로 의심할. 견줄. 참담할.

火 22 心 마음심변 **懿** 아름다울. 클. 훌륭하다.

土 09 女 계집녀변 **妶** 여자 이름. 빛날.

土 11 犭 개사슴록변 12 犬 개견변 **猗** 불깐 개. 아름다울. 어조사. 의 ↔ 아 [통용]

土 13 羊 양양변 **義**· 옳을. 바를. 정의. 의리.

土 14 疋 필필변 **疑**· 의심할. 의심. 의혹.

土 17 山 메산변 **嶷** 산 이름.

金 07 矢 화살시변 **矣**· 어조사.

金 12 欠 하품흠변 **欹** (아~) 감탄사. 어조사. 거룩할. 아름답다고 할.

金 15 殳 갖은등글월문변 **毅** 굳셀. 의지 강할.

金 15 言 **誼** 정의. 옳을. 도타울.
말씀언변

金 16 刂 刀 **劓** 코 벨.
선칼도변 칼도변

金 18 石 **礒** 돌 모양. 바위.
돌석변

金 18 酉 **醫**· 의원. 병 고칠.
닭유변

土 07 匸 **医** 醫자와 통용 [略字]
감출혜변 의↔ 예 [통용]

金 20 言 **議**· 의논할. 의논. 말할.
말씀언변

水 12 冫 **溰** 눈, 서리 쌓일. 눈, 서리 흰 모양.
이수변

水 14 15 氵 水 **漪** 잔물결. 물놀이.
삼수변 물수변

水 16 虫 **螘** 개미. 술구더기.
벌레충변

水 19 虫 **蟻** 개미. 검을.
벌레충변

水 21 食 **饐** 밥 쉴. 쉴. 음식 상할.
밥식변

이

木 02 二 **二**· 둘. 두. 둘째. 두 번.
두이변

木 07 木 **杝** 피나무.
나무목변

木 10 木 **栮** 목이 (木耳). 버섯. 느타리.
나무목변

木 11 禾 **移**· 옮길. 바꿀. 모낼.
벼화변

木 09 11 ++ 艸 **苡** 질경이. 율무.
풀초변 초두변

木 10 12 ++ 艸 **荑** 벨. 깎을. [제]
풀초변 초두변

木 15 广 **廙** 공경할. 삼갈.
엄호변

주의 (전산폰트)필순은 14획으로 보이나, 字典에는 15획이므로, 성명학 (++)은 15획 기준

木 18 20 ++ 艸 **薾** 꽃 번성할. 화할.
풀초변 초두변

火 05 人 **以**· 써. 부터. 까닭. 또.
사람인변

火 06 人 **伊** 저. 어조사. 姓.
사람인변

火 06 大 **夷**· 동이족. 평평할. 클. 기쁠. 온화할.
큰대변

오행	획수	부수	한자	뜻
火	06	耳 귀이변	耳·	귀. 따를. 뿐.
火	08	人 사람인변	佴	버금. 다음.
火	08	日 날일변	易	쉬울. 바꿀. 편할. 이 ↔ 역 [통용]
火	08 09	忄 心 심방변 마음심변	怡	화할. 기쁠.
火	12	耳 귀이변	聏	화할.
火	13	聿 붓율변	肄	익힐. 노력. 수고.
火	14	爻 점괘효변	爾	너. 그. 어조사.
火	15	頁 머리혈변	頤	턱 (아래, 윗턱 총칭). 기를. 괘 이름.
火	17	鳥 새조변	鴯	제비.
火	18	彑 彐 튼가로왈변	彝	떳떳할. 법. 제기. [本字]
火	16	彐 튼가로왈변	彛	彝자와 통용 [俗字]
土	03	己 몸기변	已·	이미. 그칠. 말. 너무. 뿐.
土	09	女 계집녀변	姨	이모. 처형제. 서모.
土	09	女 계집녀변	姐	여자 이름.
土	09	己 몸기변	巸	아름다울. 즐거울. 이 ↔ 희 [통용]
土	12	女 계집녀변	嫛	기쁠. 즐거워할.
土	12	田 밭전변	異·	다를. 이상할. 딴것. 姓.

주의	속자 11획, 본자 12획, (전산폰트) 필순이 11획으로 보이나, 성명학 (++)은 12획 기준

오행	획수	부수	한자	뜻
土	12	羊 양양변	羡	고을 이름. 넓을.
土	09 12	辶 辵 책받침변 갖은책받침변	迤	비스듬할. 경사질. 연할. 굽을. 잇닿을.
土	18 21	辶 辵 책받침변 갖은책받침변	邇	가까울. 가까이할.
金	06	弓 활궁변	弛	느슨할. 풀릴. 활 부릴. [치]
金	09 10	王 玉 임금왕변 구슬옥변	珆	옥돌. 이 ↔ 태 [통용]
金	10	言 말씀언변	訑	자랑할. 으쓱거릴.

오행	획수	한자	뜻
金	10 貝 조개패변	貤	거듭. 겹칠. 뻗을. [시]
金	10 11 王 玉 임금왕변 구슬옥변	珥	귀고리. 햇무리. 날밑.
金	12 貝 조개패변	貽	증여. 줄. 전할. 끼칠.
金	12 貝 조개패변	貳	둘. 두. 버금.
水	05 小 작을소변	尔	어조사. 그렇다 할. 말 이을.
水	06 而 말이을이변	而·	말 이을. 어조사. 너. 뿐.
水	08 隶 미칠이변	隶	밑. 근본. 미칠. 이를.
水	09 口 입구변	咿	선웃음칠. 책 읽는 소리.
水	09 10 氵 水 삼수변 물수변	洟	콧물 흘릴. 콧물.
水	11 疒 병질엄변	痍	상처. 다칠. 부상.
水	10 12 月 肉 육달월변 고기육변	胹	힘줄이 강할. 힘줄이 질길.
水	14 食 밥식변	飴	엿. 단맛. [사]

泥→ 니 [본] 利→ 리 [본]
吏→ 리 [본] 履→ 리 [본]
李→ 리 [본] 梨→ 리 [본]
理→ 리 [본] 璃→ 리 [본]
离→ 리 [본] 莉→ 리 [본]
裏→ 리 [본] 裡→ 리 [본]
里→ 리 [본] 離→ 리 [본]
尼→ 니 [본]

익

오행	획수	한자	뜻
火	11 羽 깃우변	翌	이튿날. 다음날. 명일.
火	11 羽 깃우변	翊	도울. 공경할. 나는 모양.
火	15 火 불화변	熤	사람 이름.
火	18 羽 깃우변	翼·	날개. 도울. 호위할.

주의	속자 17획, 본자 18획, (전산폰트) 필순이 17획으로 보이나, 성명학 (++)은 18획 기준

오행	획수	한자	뜻
火	21 鳥 새조변	鷁	새 이름. 익조.
金	03 弋 주살익변	弋	주살. 취할. 오랑캐.

오행	획수	부수	한자	뜻
金	17	言 말씀언변	謚	웃을. [시]
水	10	皿 그릇명변	益·	이익. 더할. 유익할.
水	21 22	氵 水 삼수변 물수변	瀷	강 이름. 스며 흐를.

주의: 속자 20~21획, 본자 21~22획, (전산폰트) 필순이 20~21획으로 보이나, 성명학 (++)은 21~22획 기준

오행	획수	부수	한자	뜻
木	11 12	衤 衣 옷의변	裀	요. 까는 침구. 겹옷.
木	14	夕 저녁석변	夤	공손할. 공경할. 조심할.
木	14	示 보일시변	禋	정성껏 제사지낼.
木	11	示 보일시변	䄄	禋자와 통용

인

오행	획수	부수	한자	뜻
木	02	儿 어진사람인변	儿	어진 사람.
木	06	卩 병부절변	印·	도장. 찍을. 새길. 묻을. 姓.
木	08 10	++ 艸 풀초변 초두변	茌	풀 이름.
木	11	宀 갓머리변	寅·	범. 동방. 셋째 지지.
木	11	禾 벼화변	秵	벼꽃.
木	10 12	++ 艸 풀초변 초두변	茵	깔개. 자리. 사철쑥.
木	12	糸 실사변	絪	기운 왕성할. 원기.
火	02	人 사람인변	人·	사람. 백성. 인품.
火	04	人 사람인변	仁·	어질. 인자할.
火	06	心 마음심변	忈	仁자와 통용
火	07	心 마음심변	忎	仁자와 통용
火	04	弓 활궁변	引·	당길. 이끌. 맡을. 끌.
火	05	人 사람인변	仞	길. 깊을. 잴. 여덟 자 (높이, 깊이를 재는 단위).
火	07	心 마음심변	忍·	참을. 모질.

오행	획수	부수	한자	뜻
土	07	牛 소우변	牣	찰. 가득할. 꽉 막힐.
土	09	女 계집녀변	姻·	혼인할.
土	12	土 흙토변	堙	막을. 쌓아 만든 흙산.
土	12	女 계집녀변	婣	혼인할. 인연. → 姻 [同字]
金	03	刀 선칼도변 칼도변	刃	칼날. 날. 칼질할.
金	12	金 쇠금변	銦	주석. 백철. 무쇠 그릇. 철(鐵).
金	12	韋 가죽위변	韌	질길 (끊어지지 않을).
金	12	革 가죽혁변	靭	韌자와 통용
金	13	革 가죽혁변	靷	(말) 가슴걸이.
金	14	日 가로왈변	朄	작은북. 소고 치며 풍류 끄는 소리.
金	14	日 가로왈변	⿰申柬	朄자와 통용
金	14	言 말씀언변	認·	알. 인정할. 허락할.
金	15	戈 창과변	戭	창. 긴 창. 姓. 인↔연[통용]
金	15 16	王 玉 임금왕변 구슬옥변	璌	마당. 사람 이름.
金	16	言 말씀언변	諲	공경할.
水	06	口 큰입구변	因·	인할. 까닭. 이어받을.
水	06 07	氵 水 삼수변 물수변	⿰氵刃	젖어 맞붙을.
水	09	口 입구변	咽	목구멍. 목. 인 ↔ 열 [통용]
水	09 10	氵 水 삼수변 물수변	洇	빠질. 잠길.
水	10	气 기운기변	氤	기운. 천지 기운 합할.
水	10	虫 벌레충변	蚓	지렁이.
水	12 13	氵 水 삼수변 물수변	湮	잠길. 빠질. [연]
水	15 17	月 肉 육달월변 고기육변	䏶	등심. 등골뼈.
水	17 18	氵 水 삼수변 물수변	濥	물줄기. 물문.

潾→ 린 [본]　璘→ 린 [본]
隣→ 린 [본]　麟→ 린 [본]

일

오행	획수	부수	한자	뜻
木	01	一 (한일변)	一·	하나. 한. 첫째. 오로지.
木	12	士 (선비사변)	壹	하나. 한. 오직. 오로지.
火	04	日 (날일변)	日·	날. 해. 낮.
火	07	人 (사람인변)	佚	편안할. 숨을. 허물. 실수. [질]
火	08	人 (사람인변)	佾	춤추는 줄. 춤. 가로줄.
火	08	欠 (하품흠변)	欥	기뻐할. 기쁠.
火	12	車 (수레거변)	軼	앞지를. 지나칠. 지날. [질. 절]
火	14	馬 (말마변)	馹	역마. 역말.
土	07	力 (힘력변)	劮	기쁠. 외람할 일. 음란할.
土	12 15	辶 辵 (책받침변 갖은책받침변)	逸·	편안. 뛰어날.
土	11 14	辶 辵 (책받침변 갖은책받침변)	逸	逸자와 통용
金	18	金 (쇠금변)	鎰	중량 (무게 단위.
水	08 09	氵 水 (삼수변 물수변)	泆	끓을. 넘칠. 음탕할. 방탕할.
水	13 14	氵 水 (삼수변 물수변)	溢	넘칠. 가득할.

임

오행	획수	부수	한자	뜻
木	09 10	衤 衣 (옷의변)	衽	옷깃. 옷섶.
木	10 12	艹 艸 (풀초변 초두변)	荏	들깨. 왕콩. 부드러울.
木	12	糸 (실사변)	絍	짤. 길쌈할.
木	13	禾 (벼화변)	稔	풍년들. 여물. [념]
火	06	人 (사람인변)	任·	맡길. 맡을. 믿을. 姓.
火	10	心 (마음심변)	恁	생각할. 이러할. 믿을.

土 07 女 **妊** 아이 밸. 임신할. 계집녀변

土 09 女 **姙** 妊자와 통용 계집녀변

金 11 言 **訨** 생각할. 말씀언변

金 13 貝 **賃**· 품삯. 품팔이. 빌. 세 낼. 조개패변

金 13 言 **誑** 믿을. 생각할. 말 많을. 말씀언변

金 14 金 **鉒** 젖을. 젖다. 쇠금변

水 04 士 **壬**· 북방. 아홉째 천간. 선비사변

주의 字源五行의 士변은 木에 해당되나 訓에 의거, 天干 壬은 水에 해당 水로 기준

水 13 食 **飪** 익힐. 삶을. 너무 익을. 밥식변

林→ 림 [본] 琳→ 림 [본]
臨→ 림 [본] 霖→ 림 [본]

참고 이름의 성(姓)은 반드시 漢字로 출생신고를 해야 하나, 이름(名)은 한자(인명용 한자 중에서) 또는 한글로 신고해야 한다.

입

木 02 入 **入**· 들. 들일. 들어갈. 수입. 들입변

水 04 十 **廿** 스물. 이십(20). 열십변

水 03 十 **卄** 廿자와 통용 열십변

立→ 립 [본] 笠→ 립 [본]
粒→ 립 [본]

잉

木 08 10 艹 艸 **芿** 새 풀싹. 움풀. 풀. 풀초변 초두변

火 04 人 **仍** 인할. 기댈. 오히려. 자주. 사람인변

土 13 女 **媵** 보낼. 전송할. 물건 부칠. 따라보낼. 시녀. 몸종. 계집녀변

金 12 刂 刀 **剩** 잉여. 남을. 남다. 넉넉할. 선칼도변 칼도변

水 05 子 **孕** 아이 밸. 잉태. 품을. 아들자변

ㅈ

자

오행	획수	한자	뜻
木	06 自 스스로자변	自·	자기. 스스로. 몸소. ~로 부터.
木	08 禾 벼화변	秄	북돋을.
木	09 木 나무목변	柘	산뽕나무.
木	10 目 눈목변	眥	눈 흘겨볼. 흘길. 눈가. → 眦와 [同字]
木	10 目 눈목변	眦	눈 흘겨볼. 흘길. 눈가. → 眥와 [同字]
木	09 11 艹 艸 풀초변 초두변	茈	패랭이꽃. 능소화풀. 지치 (다년초).
木	11 糸 실사변	紫·	자줏빛. 붉을.
木	10 12 艹 艸 풀초변 초두변	茲·	무성할. 더할. 돗자리. 이.
火	10 玄 검을현변	玆	茲자와 통용
木	10 12 艹 艸 풀초변 초두변	茨	새 이엉. 새로 지붕 일. 모을. 띠. 남가새.
木	12 米 쌀미변	粢	기장. 피. 곡식.
木	12 角 뿔각변	觜	별 이름. 털뿔.
木	12 14 艹 艸 풀초변 초두변	莿	풀가시.
木	15 16 衤 衣 옷의변	褯	포대기. 어린아이 옷. 자 ↔ 석 [통용]
木	15 17 艹 艸 풀초변 초두변	蔗	사탕수수. 맛날.
木	18 20 艹 艸 풀초변 초두변	藉	깔개. 자리. 깔. 빌릴.
火	05 人 사람인변	仔	자세할.
火	08 火 불화변	炙	구울. 고기구이. 친근할. 자 ↔ 적 [통용]
火	10 心 마음심변	恣·	방자할. 내키는 대로 하다.
火	13 灬 火 연화변 불화변	煮	삶을. 끓일. 익을. 구울.
火	13 隹 새추변	雌	암컷. 암. 약할.

火 14 心 慈· 인자할. 어머니. 사랑.
마음심변

주의 약자 13획, 본자 14획으로 혼용되나, 성명학 (艹) 에서는 14획 기준

火 15 髟 髭 코밑수염. 윗수염.
터럭발변

火 16 赤 赭 붉은 흙. 붉은빛.
붉을적변

火 17 頁 頾 코밑수염.
머리혈변

火 21 鳥 鷟 가마우지. 노자 (鸕鷀). 더펄새 (물새의 일종).
새조변

火 22 鳥 鷓 자고새. 자고 (꿩의 일종).
새조변

土 08 女 姊· 맏누이.
계집녀변

土 08 女 姉 姊자와 통용
계집녀변

土 09 女 姿· 맵시. 모양. 태도.
계집녀변

土 10 牛 牸 암소. 암컷.
소우변

土 11 瓦 瓷 사기 그릇. 오지 그릇.
기와와변

土 09 11 耂 老 者· 놈. 사람. 것. 어조사.
늙을로변

주의 老 6획 변과 耂 4획 변은 혼용, 字典과 學者에 따라 9, 10, 11획으로 혼용되나, 성명학에서는 老 6획 변에 속하므로 11획 기준

土 17 女 嬨 너그러울. 성품 너그럽고 순할.
계집녀변

金 08 刂 刀 刺· 찌를. 가시. 자 ↔ 척 [통용]
선칼도변 칼도변

金 12 貝 貲 재물. 재화.
조개패변

金 12 言 訾 흉 볼. 헐뜯을.
말씀언변

金 13 貝 資· 재물. 재화. 자본.
조개패변

金 15 石 磁 자석. 지남석. 자기.
돌석변

주의 속자 14획, 본자 15획으로 혼용되나, 성명학(艹)에서는 15획 기준

金 16 言 諮 물을. 상의할. 자문.
말씀언변

金 18 金 鎡 호미.
쇠금변

水 03 子 **子**· 아들. 첫째 지지. 자식. 작위.
아들자변

水 06 子 **字**· 글자. 문자. 사랑할. 기를.
아들자변

水 06 子 **孖** 쌍둥이.
아들자변

水 07 子 **孜** 힘쓸. 부지런할. 사랑할.
아들자변

水 08 口 **呰** 헐뜯을. 꾸짖을. 구차할. 흠.
입구변

水 09 口 **咨** 물을. 상의할. 탄식할.
입구변

水 08 09 氵 水 **泚** 물 이름. 물 맑을. [차. 체]
삼수변 물수변

水 09 耒 **耔** 북돋을. 김맬.
쟁기뢰변

水 09 虫 **虸** 며루. 해충. 마디충. 자방벌레.
벌레충변

水 10 疒 **疵** 흉터. 결점. 허물.
병질엄변

水 12 肉 **胾** 큰 고깃점. 산적.
고기육변

水 13 子 **孶** 부지런할. 새끼 칠. 우거질.
아들자변

水 13 14 氵 水 **滋** 번식할. 우거질. 불을.
삼수변 물수변

주의	약자 12~13획, 본자 13~14획으로 혼용되나, 성명학 (⁺⁺)은 13~14획 기준

水 16 魚 **鮓** 물고기 젓갈. 젓.
물고기어변

작

木 09 木 **柞** 나무 이름. 굴참나무.
나무목변

木 07 09 艹 艸 **芍** 작약.
풀초변 초두변

木 14 糸 **綽** 너그러울. 여유. 얌전할. 많을.
실사변

火 07 人 **作**· 지을. 일할. 일으킬.
사람인변

火 07 火 **灼** 밝을. 불사를. 쬐일.
불화변

火 08 09 忄 心 **怍** 부끄러울. 무안할.
심방변 마음심변

火 09 日 **昨**· 어제. 지난날. 작년. 姓.
날일변

火 09 火 **炸** 터질. 폭발할. 화약 터질.
불화변

火 11 雀 隹 새추변 — 참새.

火 12 焯 火 불화변 — 밝을. 빛날. 불기운.

火 19 鵲 鳥 새조변 — 까치.

土 06 07 犳 犭 犬 개사슴록변 개견변 — 짐승 이름. 표범. 아롱짐승.

土 08 岝 山 메산변 — 산 높을.

土 12 舃 臼 절구구변 — 까치. 작 ↔ 석 [통용]

金 03 勺 勹 쌀포변 — 구기 (자루 달린 용기). 잔질할. 용량 단위.

金 09 斫 斤 날근변 — 베다. 찍을. 칠. 姓.

金 10 酌· 酉 닭유변 — 술 따를. 잔질할.

金 13 斮 斤 날근변 — 쪼갤. 쪼개다. 칠. 찍을.

金 13 碏 石 돌석변 — 공경할. 삼갈. 사람 이름.

金 18 爵· 爪 손톱조변 — 벼슬. 작위. 술잔.

水 06 07 汋 氵 水 삼수변 물수변 — 물결 소리. 퍼낼.

水 21 嚼 口 입구변 — 씹을. 맛볼.

잔

木 12 棧 木 나무목변 — 사다리. 비계. 잔교. [전]

火 22 驏 馬 말마변 — 안장 없는 말.

金 10 剗 刂 刀 선칼도변 칼도변 — 깎을. 벨. 다스릴.

金 13 盞 皿 그릇명변 — 작은 술잔. 옥으로 만든 술잔.

水 12 孱 子 아들자변 — 나약할. 잔약할. 신음할.

水 12 殘· 歹 죽을사변 — 쇠잔할. 해칠. 악할. 나머지.

水 15 16 潺 氵 水 삼수변 물수변 — 물 졸졸 흐를. 눈물 흐를.

잠

木 15 箴 竹 대죽변 — 경계할. 바늘. 침.

오행	획수	부수	한자	뜻
木	18	竹 (대죽변)	簪	비녀. 꽂을. 빠를.
火	15	日 (날일변)	暫·	잠깐. 잠시.
土	07	山 (메산변)	岑	봉우리. 높을. 날카로울.
水	10 11	氵 水 (삼수변 물수변)	涔	고인 물. 괸 물. 웅덩이.
水	15 16	氵 水 (삼수변 물수변)	潛·	잠길. 감출.
水	15 16	氵 水 (삼수변 물수변)	潜	潛자와 통용
水	24	虫 (벌레충변)	蠶	누에. 양잠.

잡

오행	획수	부수	한자	뜻
木	10	目 (눈목변)	眨	애꾸눈. 눈 깜박일. 윙크할.
木	17 18	衤 衣 (옷의변)	襍	섞일. 섞을. → 雜 [同字]
火	18	隹 (새추변)	雜·	섞일. 섞을. 잡될. 번거로울.
金	05	卜 (점복변)	卡	지킬.
金	17	石 (돌석변)	磼	산 높을.
水	21	口 (입구변)	囃	장단 맞출. 춤 도울. 어릿광대.

장

오행	획수	부수	한자	뜻
木	03	一 (한일변)	丈·	길. 어른. 길이의 단위.
木	07	士 (선비사변)	壯·	장할. 씩씩할. 굳셀. 웅장할.
木	06	士 (선비사변)	壮	壯자와 통용
木	07	木 (나무목변)	杖	지팡이. 몽둥이. 짚을.
木	08	長 (길장변)	長·	긴. 길. 어른. 오랠.
木	10	大 (큰대변)	奘	클. 장대할. 성할.
木	10	爿 (장수장변)	牂	암컷 양. 성(盛)할.
木	11	巾 (수건건변)	帳·	장막. 휘장. 천막. 치부책.
木	12	手 (손수변)	掌·	손바닥. 주장할. 솜씨. 맡을.

오행	획수	부수	한자	뜻
木	12	米 쌀미변	粧·	화장할. 단장할.
木	11 13	艹 艸 풀초변 초두변	莊·	씩씩할. 단정할. 姓.
土	06	广 엄호변	庄	莊자와 통용
木	13	衣 옷의변	裝·	꾸밀. 차릴. 행장. 치장할.
木	12 14	艹 艸 풀초변 초두변	萇	장초나무 (양도羊桃의 딴 이름. 괭이밥과 다년초).
木	15	木 나무목변	樟	녹나무. 예장나무.
木	15	犬 개견변	奬·	장려할. 권면할. 클. 권할.
木	14	大 큰대변	獎	奬자와 통용
木	13 15	艹 艸 풀초변 초두변	葬·	장사 지낼. 장사.
木	16	广 엄호변	廧	담장. 담. 둘러 막을.
木	17	木 나무목변	檣	돛대.
木	17	米 쌀미변	糚	화장할. 단장할. 꾸밀.
木	15 17	艹 艸 풀초변 초두변	蔣	줄 (볏과 풀). 나라 이름. 姓.
木	17 19	艹 艸 풀초변 초두변	薔	장미.
木	18 20	艹 艸 풀초변 초두변	藏·	감출. 간직할. 곳간. 광.
木	22	木 나무목변	欌	장롱. 의장. [국]
火	05	人 사람인변	仗	의장 (의식에 쓰는 무기). 병장기. 기댈. 지팡이.
火	13	人 사람인변	傽	두려울. 놀랄. 손위 시숙.
火	15	日 날일변	暲	밝을. 햇살 올라올.
土	06	匚 터진입구변	匠	장인. 기술자. 만들.
土	07	女 계집녀변	妝	단장할. 꾸밀. 모양낼.
土	08	犬 개견변	狀	문서. 편지. 모양. 형상. 장 ↔ 상 [통용]
土	10	羊 양양변	牂	숫양.
土	11	寸 마디촌변	將·	장수. 장차. 나아갈.

오행	획수	부수	한자	뜻
土	10	寸 마디촌변	将	將자와 통용
土	12	土 흙토변	場·	마당. 곳. 장소.
土	14	山 메산변	嶂	산봉우리. 높고 가파른 산.
土	14 15	犭 犬 개사슴록변 개견변	獐	노루.
土	16	土 흙토변	墻·	경계. 담장.
木	17	爿 장수장변	牆	墻자와 통용
土	16	女 계집녀변	嬙	궁녀. 여자 이름. 예쁜 계집.
土	14 18	阝 邑 우방변 고을읍변	鄣	고을 이름. 가리는 물건. 막을.
土	14 19	阝 阜 좌방변 언덕부변	障·	가로막을. 거리낄. 막힐.
土	22	鹿 사슴록변	麞	노루.
金	08	戈 창과변	戕	죽일. 무찌를. 상할.
金	11	弓 활궁변	張·	베풀. 벌일. 당길. 姓.
金	11	立 설립변	章·	글. 문장. 밝을. 도장. 姓.
金	15 16	王 玉 임금왕변 구슬옥변	璋	구슬. 아들 낳은 경사.
金	18	酉 닭유변	醬	장 (된장, 간장 등).
金	19	金 쇠금변	鏘	금옥 소리. 울리는 소리. 높을.
金	21	貝 조개패변	贓	장물. 뇌물 받을.
水	14	臣 신하신변	臧	착할. 두터울. 감출. 숨을.
水	14 15	氵 水 삼수변 물수변	漳	물 이름.
水	15	水 물수변	漿	미음. 마실 것. 즙. 음료.
水	13 15	月 肉 육달월변 고기육변	腸·	창자.
水	16	疒 병질엄변	瘴	풍토병. 장기 (瘴氣 : 습지에 생기는 병).
水	17	食 밥식변	餦	산자. 말린 기장 엿. 경단.
水	22 24	月 肉 육달월변 고기육변	臟·	내장. 오장.

재

오행	획수	한자	부수	뜻
木	03 04	才·	扌 手 재방변 손수변	재주. 재간. 근본.
木	06	再·	冂 멀경변	거듭. 다시. 두 번.
木	07	材·	木 나무목변	재목. 감. 재료.
木	06 07	扗	扌 手 재방변 손수변	있을. 살. 곳.
木	10	宰·	宀 갓머리변	재상. 벼슬아치. 다스릴.
木	10	栽·	木 나무목변	심을. 묘목. 가꾸다.
土	09	㦳	土 흙토변	栽자와 통용
木	10 11	捚	扌 手 재방변 손수변	손바닥에 받을.
木	11	梓	木 나무목변	가래나무. 판목. 목수. → 榟 [同字]
木	12	裁·	衣 옷의변	마름 (맞게 재단할). 끊을. 결단할. 판결할.
木	14	榟	木 나무목변	가래나무. 판목. 목수. → 梓 [同字]
木	16	縡	糸 실사변	일 (事). 일할. 실을.
木	23	纔	糸 실사변	겨우. 잠깐. 적을. 비로소.
火	07	災·	火 불화변	재앙. 화재.
火	07	灾	火 불화변	재앙. 횡액. 천벌. → 災 [同字]
火	13	載·	車 수레거변	실을. 해. 싣다. 실어서 운반할.
土	06	在·	土 흙토변	있을. 존재. 살. 살필.
土	12	崽	山 메산변	자식. 새끼. [사]
土	17	齋	齊 가지런할제변	엄숙할. 재계. 집. 성결할.
土	21	齎	齊 가지런할제변	가져갈. 가져올. 가질. 아 (탄식 소리). [자. 제]
金	10	財·	貝 조개패변	재물.
金	16	賳	貝 조개패변	재물.
水	09	哉·	口 입구변	어조사. 비롯할. 비로소.

水 09 夂 뒤져올치변 **粲** 공경할. 집. 재계할.

水 12 氵 삼수변 13 水 물수변 **滋** 맑을. 물 이름.

水 13 氵 삼수변 14 水 물수변 **滓** 찌꺼기. 침전물. 때. 앙금.

水 13 氵 삼수변 14 水 물수변 **濊** 물 이름.

쟁

木 14 竹 대죽변 **箏** 풍경. 쟁. 악기.

火 08 爪 손톱조변 **爭**· 다툴. 경쟁. 간할.

土 11 山 메산변 **崢** 산 높을. 가파를.

土 11 犭 개사슴록변 12 犬 개견변 **猙** 짐승 이름. 사나울.

金 12 王 임금왕변 13 玉 구슬옥변 **琤** 옥 소리.

金 15 言 말씀언변 **諍** 간할. 간하는 말. 다툴.

金 16 金 쇠금변 **錚** 꽹과리. 징. 쇳소리.

金 18 金 쇠금변 **鎗** 종소리. 금석 소리.

저

木 05 宀 갓머리변 **宁** 쌓을. 멈출. 우두커니 섰을.

木 08 广 엄호변 **底**· 밑. 바닥. 속. 구석.

木 08 木 나무목변 **杵** 절굿공이. 다듬이 방망이.

木 08 木 나무목변 **杼** 베틀의 북. 얇을. 물통. 개수통.

木 09 木 나무목변 **柢** 뿌리. 기초. 밑. 싹틀.

木 08 扌 재방변 09 手 손수변 **抵**· 거스릴. 밀쳐 낼. 막을. 겨룰. 닥뜨릴.

木 09 艹 풀초변 11 艸 초두변 **苴** 꾸러미. 신바닥 창. 삼씨. 마른 풀. 검을. 깔.

木 09 艹 풀초변 11 艸 초두변 **苧** 모시풀. 모시.

木 11 糸 실사변 **紵** 모시풀. 모시.

木 10 罒 11 网 그물망변 **罝** 그물. 토끼그물. 짐승그물.

오행	획수	부수	한자	뜻
木	10 11	衤 衣 (옷의변)	袛	속적삼. 땀받이.
木	12	角 (뿔각변)	觝	맞닥뜨릴. 던질. 저촉.
木	13	木 (나무목변)	楮	닥나무. 종이. 돈. 姓.
木	12 14	艹 艸 (풀초변 초두변)	菹	김치. 절일. 채소 절일. [자]
木	15	木 (나무목변)	樗	가죽나무.
木	13 15	艹 艸 (풀초변 초두변)	著·	편찬. 글 지을. 나타날. [착]
木	15	竹 (대죽변)	箸	젓가락. 나타날. 두드러질. [착]
木	14 15	衤 衣 (옷의변)	褚	솜옷. 주머니.
木	20 22	艹 艸 (풀초변 초두변)	藷	마. 감자. 고구마.
火	05	氏 (각시씨변)	氐	근본. 이를. 오랑캐 이름.
火	07	人 (사람인변)	佇	기다릴. 우두커니 설.
火	07	人 (사람인변)	低·	낮을. 구부릴. 밑. 속. 안.
火	13	隹 (새추변)	雎	물수리. 저구(雎鳩).
火	18	人 (사람인변)	儲	쌓을. 저축할. 동궁. 황태자.
土	08	山 (메산변)	岨	돌산. 돌산에 흙 덮힐.
土	08	女 (계집녀변)	姐	누이. 계집아이.
土	09	牛 (소우변)	牴	닿을. 부딪힐. 뿔로 받을.
土	08 09	犭 犬 (개사슴록변 개견변)	狙	긴팔원숭이. 노릴. 엿볼. 찾을.
土	11	羊 (양양변)	羝	숫양.
土	08 12	阝 邑 (우방변 고을읍변)	邸	저택. 객사. 묵다. 姓.
土	12 13	犭 犬 (개사슴록변 개견변)	猪	돼지. 豬와 통용
土	11 14	辶 辵 (책받침변 갖은책받침변)	這	이것. 이. (此와 뜻이 같음)
土	12 17	阝 阜 (좌방변 언덕부변)	陼	삼각주. 모래섬. 둔덕.
土	20	𧾷 足 (발족변)	躇	머뭇거릴. 망설일. 밟을. [착]

오행	획수	한자	뜻
金	12 言 말씀언변	詛	저주할. 헐뜯을. 막을.
金	12 言 말씀언변	詆	꾸짖을. 헐뜯을. 흉볼.
金	12 貝 조개패변	貯·	저축. 쌓을. 저장할.
金	20 齒 이치변	齟	이 어긋날. 맞지 않을.
水	08 口 입구변	咀	씹을. 방자할. 저주.
水	08 氵 삼수변 09 水 물수변	沮	막을. 그칠. 꺾일. 샐.
水	10 疒 병질엄변	疽	악창 (악성 종기).
水	11 虫 벌레충변	蛆	구더기.
水	12 氵 삼수변 13 水 물수변	渚	물가. 모래섬.
水	15 氵 삼수변 16 水 물수변	潴	웅덩이. 물 고일. 방죽.
水	19 氵 삼수변 20 水 물수변	瀦	웅덩이. 방죽. 물 고일.

적

오행	획수	한자	뜻
木	11 宀 갓머리변	寂·	고요할. 평온할. 쓸쓸할.
木	11 竹 대죽변	笛	피리. 저.
木	11 艹 풀초변 13 艸 초두변	荻	물억새. 갈대. 갈피리. 姓.
木	12 艹 풀초변 14 艸 초두변	菂	연밥.
木	15 木 나무목변	樀	처마. 추녀.
木	14 扌 재방변 15 手 손수변	摘·	지적할. 따다. 들추어 낼. 요점만 가려 쓸.
木	16 禾 벼화변	積·	쌓을. 모을. 저축. 거듭할.
木	17 糸 실사변	績·	공. 공적. 길쌈할.
木	20 竹 대죽변	籍·	등록부. 호적. 서적. 문서.
木	22 米 쌀미변	糴	쌀 사들일. 곡식 살. 빠를.
火	07 赤 붉을적변	赤·	붉을. 빌. 아무것도 없을.
火	08 火 불화변	炙	구울. 고기구이. 적 ↔ 자 [통용]

火 | 08 白 흰백변 | **的**· | 과녁. 목표. 접미사. 적실할.

火 | 13 馬 말마변 | **馰** | 별박이 말. 준마.

火 | 14 羽 깃우변 | **翟** | 꿩. 무적. 깃옷. [책. 탁]

火 | 22 見 볼견변 | **覿** | 볼. 면회할. 알현할.

土 | 07 犭 개사슴록변 08 犬 개견변 | **狄** | 오랑캐. 악공. 아전. 빠를.

土 | 09 辶 책받침변 12 辵 갖은책받침변 | **迪** | 나아갈. 길. 이끌.

土 | 13 力 힘력변 | **勣** | 공적. 업적. → 績 [통용]

土 | 10 辶 책받침변 13 辵 갖은책받침변 | **迹** | 자취. 행적. 좇을.

土 | 𧾷 13 足 발족변 | **跡**· | 발자취. 흔적. 업적. →蹟 [통용]

土 | 14 女 계집녀변 | **嫡** | 아내. 정실. 본처. 맏아들.

土 | 11 辶 책받침변 14 辵 갖은책받침변 | **逖** | 멀. 멀리. 두려워할. → 척 [本音]

土 | 15 辶 책받침변 18 辵 갖은책받침변 | **適**· | 마침. 맞을. 마땅할. 갈.

土 | 𧾷 18 足 발족변 | **蹟** | 사적. 발자취. 따르다.

金 | 13 貝 조개패변 | **賊**· | 도적. 도둑질. 해칠.

金 | 15 攵 등글월문변 攴 칠복변 | **敵**· | 대적할. 대등할. 상대. 원수.

金 | 16 石 돌석변 | **磧** | 자갈. 돌무더기. 서덜. 모래펄.

金 | 18 言 말씀언변 | **謫** | 귀양갈. 유배. 꾸짖을. 죄 줄.

金 | 19 金 쇠금변 | **鏑** | 화살촉. 살촉.

水 | 06 口 입구변 | **吊** | 다다를. 이를. [조]

水 | 14 氵 삼수변 15 水 물수변 | **滴**· | 물방울. 물방울 떨어질.

전

木 | 10 木 나무목변 | **栓** | 나무 못. 빗장.

木 | 10 木 나무목변 | **栴** | 향나무.

木 | 12 大 큰대변 | **奠** | 정할. 둘. 전 올릴. 제수.

오행	획수	부수	한자	뜻
木	12	片 조각편변	牋	장계 문서. 편지. 상소. 부전.
木	10 12	艹 艸 풀초변 초두변	荃	향초. 겨자. 통발. 가는 베.
木	12	竹 대죽변	筌	통발. 물고기 잡는 기구. 섶. 다래끼.
木	12 13	扌 手 재방변 손수변	揃	자를. 가지런할. 깎을. 뽑을.
木	14	竹 대죽변	箋	부전. 간단한 메모. 편지. 찌지. 전지. 문서.
木	15	广 엄호변	廛	상점 (가게). 터. 전방.
木	15	竹 대죽변	箭	화살. 이대 (대나무 일종).
木	15	竹 대죽변	篆	전자. 한자 서체 이름. 姓.
木	16	青 푸를청변	靛	검푸른 물감. 청대.
木	21	糸 실사변	纏	얽힐. 묶을. 줄. 새끼.
木	22	竹 대죽변	籛	대 이름. 팽조의 성. 姓.
火	07	人 사람인변	佃	밭 갈. 밭. 소작인.
火	08	人 사람인변	佺	신선 이름.
火	10 10	忄 心 심방변 마음심변	悛	고칠. 이을.
火	13	人 사람인변	傳·	전할. 펼. 옮길. 전기.
火	13	灬 火 연화변 불화변	煎	달일. 졸일. 끓일. 지질.
火	13	隹 새추변	雋	살찐 고기. 姓. 전 ↔ 준 [통용]
火	13	車 수레거변	輇	상여. 수레. 저울질할.
火	15	羽 깃우변	翦	자를. 벨. 멸할. 없앨.
火	16	面 낯면변	靦	부끄러워할. 무안할. 볼.
火	17	毛 터럭모변	氈	양탄자. 모전. 담요. 姓.
火	17	車 수레거변	輾	구를. 돌. 타작. [국]. [년]
火	18	車 수레거변	轉·	구를. 굴릴. 돌. 옮길. 회전할.
火	18	頁 머리혈변	顓	오로지. 어리석을. 전단할.

오행	획수	한자	부수	뜻
火	19	顚	頁 머리혈변	이마. 머리. 정수리. 꼭대기.
火	19	鬋	髟 터럭발변	귀밑머리 늘어질. 살쩍 늘어질.
火	22	顫	頁 머리혈변	떨릴. 냄새 잘 맡을.
火	24	鸇	鳥 새조변	새매. 송골매.
土	05	田·	田 밭전변	밭. 경작지. 姓.
土	06	全·	入 들입변	온전. 모두. 전부. 姓.
土	07	甸	田 밭전변	경기. 왕터 5백 리.
土	09	畑	田 밭전변	화전. 밭. → 田 [同字]
土	09	畋	田 밭전변	밭 갈. 평밭. 사냥할.
土	10	旃	方 모방변	기. 자루 굽은 깃발.
土	11	專·	寸 마디촌변	오로지. 마음대로 할.
土	13	塡	土 흙토변	메울. 채울. 오랠. 편안할. 전 ↔ 진 [통용]
土	14	塼	土 흙토변	벽돌.
土	14	嫥	女 계집녀변	아름다울. 전일할. 온전할.
土	16	甎	瓦 기와와변	벽돌. 벽돌 구울. → 磚 [同字]
土	19	羶	羊 양양변	누린내 날. 양의 냄새.
土	17 20	邅	辶 책받침변 辵 갖은책받침변	머뭇거릴. 좇을.
土	22	巓	山 메산변	산꼭대기. 산이마.
土	22	躔	𧾷 足 발족변	궤도. 밟을. 자취. 행할.
土	18 22	鄽	阝 우방변 邑 고을읍변	가게. 터.
金	08	典·	八 여덟팔변	법. 법식. 규정. 기준. 책. 의식.
金	09	前·	刂 선칼도변 刀 칼도변	앞. 먼저. 앞서다.
金	11	剪	刂 선칼도변 刀 칼도변	가위. 벨. 자르다.
金	12 13	琠	王 임금왕변 玉 구슬옥변	옥 이름. 구슬.

金	13	殳 갖은등글월문변	殿·	대궐. 전각. 큰 집.
金	13	言 말씀언변	詮	설명할. 의논할. 갖출.
金	13	金 쇠금변	鈿	비녀. 나전 세공. 금장식.
金	14	戈 창과변	戩	다할. 멸할.
金	14	金 쇠금변	銓	저울질할. 사람 가릴. 전형할. 뽑을.
金	15	貝 조개패변	賟	넉넉할.
金	15	金 쇠금변	鋑	새길. 조각할. 팔. 뚫을.
金	16	戈 창과변	戰·	싸울. 싸움. 전쟁. 두려워 떨.
金	16	石 돌석변	磚	벽돌. 기와. 벽돌 구울. → 甎 [同字]
金	16	金 쇠금변	錢·	금전. 돈. 무게 단위. 姓.
金	16	金 쇠금변	錪	가마솥. 쇠. 무거울.
金	21	金 쇠금변	鐫	새길. 조각. 깎을. 물리칠.

水	07	口 입구변	吮	빨. 빨을. 숨 들이쉴. [연]
水	08	尸 주검시변	屇	구멍.
水	10	尸 주검시변	展·	펼. 벌일. 살필. 나아갈.
水	11	疒 병질엄변	痊	병 나을.
水	12	食 밥식변	飦	죽. 된죽. 미음.
水	12 13	氵 水 삼수변 물수변	湔	씻을. 빨. 빨다.
水	13	雨 비우변	電·	번개. 전기.
水	12 14	月 肉 육달월변 고기육변	腆	두터울. 착할.
水	16 17	氵 水 삼수변 물수변	澱	앙금. 찌끼. 고일. 얕은 물.
水	16 17	氵 水 삼수변 물수변	澶	물 고요할. 물 이름. 땅 이름.
水	15 17	月 肉 육달월변 고기육변	膞	저민 고기. 창자. 모래주머니.
水	17	食 밥식변	餞	보낼. 전송할.

오행	획수	부수	한자	뜻
水	18	疒 병질엄변	癜	어루러기 (피부병의 일종).
水	18	食 밥식변	餰	죽. 된죽. 범벅.
水	21	口 입구변	囀	새 지저귈. 소리 굴릴. 새 울.
水	24	疒 병질엄변	癲	미칠. 광증. 지랄병(간질). → 瘨 [仝]
水	24	魚 물고기어변	鱣	철갑상어. [선]
金	04	刀 칼도변	切·	끊을. 간절. 절 ↔ 체 [통용]
金	14	戈 창과변	截	다스릴. 말 잘할. 끊을.
水	10 11	氵 水 삼수변 물수변	浙	물 이름. 땅 이름.
水	20	疒 병질엄변	癤	부스럼. → 癤 [同字]
水	22	穴 구멍혈변	竊·	도둑질. 훔칠.

절

오행	획수	부수	한자	뜻
木	07 08	扌 手 재방변 손수변	折·	꺾을. 굽힐. 타협할.
木	12	糸 실사변	絕·	끊을. 떨어질.
木	12	糸 실사변	絶	絕자와 통용
木	15	竹 대죽변	節·	마디. 토막. 예절. 절개. → 節 [同字]
火	11	日 날일변	晢	밝을. 총명할. 슬기로울. 절 ↔ 제 [통용]
土	07	山 메산변	岊	산기슭. 산굽이. 산모퉁이.

점

오행	획수	부수	한자	뜻
木	08	广 엄호변	店·	가게. 상점. 주점.
木	09 11	艹 艸 풀초변 초두변	苫	이엉. 거적. 짚 이을.
木	11	竹 대죽변	笘	회초리. 채찍.
木	11	米 쌀미변	粘	끈끈할. 차질. 붙을. 붙일. 姓.
木	14	風 바람풍변	颭	물결 일. 바람에 펄렁거릴.
木	15 17	艹 艸 풀초변 초두변	蕲	우거질. 풀 더부룩할.

자원오행	획수	부수	한자	뜻
木	17	黍 기장서변	黏	차질. 풀. 달라붙을.
木	18	竹 대죽변	簟	대자리. 삿자리. 대 이름.
火	05	卜 점복변	占·	점. 점칠. 차지할. 姓.
火	07	人 사람인변	佔	볼. 차지할. → 覘 [同字]
火	12	見 볼견변	覘	엿볼. 몰래 볼. → 佔 [同字]
土	08	山 메산변	岾	땅 이름. 고개. [국] [재]
土	14	土 흙토변	墊	빠질. 젖을. 눌릴.
金	09 10	王 玉 임금왕변 구슬옥변	玷	이지러질. 흠질. 허물. 옥티.
水	11	虫 벌레충변	蛅	쐐기 (애벌레). [염]
水	14 15	氵 水 삼수변 물수변	漸·	차츰. 점점. 스밀. 번질.
水	16	雨 비우변	霑	젖을. 적실. 은혜를 베풂.
水	16	魚 물고기어변	鮎	메기.
水	17	黑 검을흑변	點·	점 찍을. 점. 검은 점.
木	08	大 큰대변	奌	點자와 통용
火	09	灬 火 연화변 불화변	点	點자와 통용

접

자원오행	획수	부수	한자	뜻
木	12	木 나무목변	椄	나무 접붙일. 이을. 형벌 틀.
木	11 12	扌 手 재방변 손수변	接·	이을. 접할. 댈. 맞을. 대접할.
木	13	木 나무목변	楪	평상. 널평상. 마루.
木	14 15	扌 手 재방변 손수변	摺	주름. 접을. [랍]
土	12	𧾷 足 발족변	跕	떨어질. 미끄러질. 밟을. → 첩 [本音]
土	16	𧾷 足 발족변	蹀	밟을. 종종걸음.

> **주의** 𧾷, 足 발족 변 7획은 혼용 사용됨

자원오행	획수	부수	한자	뜻
水	14	虫 벌레충변	蜨	나비. 들나비.

水 15 蝶· 나비. 들나비.
虫 벌레충변

水 20 鰈 가자미. 넙치. [탑]
魚 물고기어변

정

木 06 朾 칠. 두드릴. 깃대.
木 나무목변

木 07 廷· 조정. 법정. 공정할.
廴 민책받침변

木 08 定· 정할. 반듯이. 그칠.
宀 갓머리변

木 09 柾 나무 바를. 사람 이름.
木 나무목변

木 10 庭· 뜰. 집안.
广 엄호변

木 10 盯 바라볼.
目 눈목변

木 10 11 挺 곧을. 빼어날. 나아갈.
扌 手 재방변 손수변

木 11 旌 기. 나타낼. 표할. 姓.
方 모방변

木 11 桯 기둥. 탁자. 걸상.
木 나무목변

木 11 梃 막대기. 지팡이. 외줄기. 꼿꼿한 모양.
木 나무목변

木 11 彭 조촐하게 꾸밀.
靑 푸를청변

木 12 幀 그림 족자. 화상.
巾 수건건변

木 12 棖 문설주. 기둥. 막대기.
木 나무목변

木 11 12 掟 펼칠. 펼. 둘러칠.
扌 手 재방변 손수변

木 12 程· 과정. 길. 법식. 한정. 姓.
禾 벼화변

木 13 楨 광나무. 단단한 나무.
木 나무목변

木 13 睛 눈알. 안구. 눈망울.
目 눈목변

木 11 13 莛 풀 줄기. 줄거리.
艹 艸 풀초변 초두변

木 13 筳 가는 대. 셈대. 구릿대. 대쪽.
竹 대죽변

木 13 綎 인끈. 실 인끈. 떳술.
糸 실사변

木 13 艇 거룻배. 길고 작은 배.
舟 배주변

오행	획수/부수	한자	뜻
木	13 靑 푸를청변	竫	편안할. 고요할.
木	14 示 보일시변	禎	상서로울. 복. 행복. 바를.
木	14 米 쌀미변	精·	정할. 깨끗할. 정신.
木	14 靑 푸를청변	靘	검푸른 빛. 치장 환희할.
木	15 靑 푸를청변	靚	단장할. 안존할. 조용할. 밝을.
木	16 靑 푸를청변	靜·	고요할. 조용할. 맑다. 밝다.
木	14 靑 푸를청변	静	靜자와 통용
木	17 木 나무목변	檉	능수버들. 위성류나무.
火	02 一 한일변	丁·	고무래. 장정. 성할. 넷째 천간. 姓.

주의	字源五行의 一변은 木에 해당되나 訓에 의거, 天干 丁은 火에 해당 火로 기준

오행	획수/부수	한자	뜻
火	06 火 불화변	灯	열화 (烈火). 촛불. 등잔.
火	07 人 사람인변	佂	바삐 갈. 급히 가는 모양. 황급할. 허둥댈.
火	08 彳 두인변	征·	정벌할. 칠. 취할.
火	09 亠 돼지해머리변	亭·	정자. 집. 머무를.
火	09 人 사람인변	侹	긴 모양. 곧을. 평평하다.
火	09 火 불화변	炡	빛날. 불 번쩍거릴.
火	08 忄 심방변 09 心 마음심변	怔	두려워할. 황급할. 두근거릴.
火	11 人 사람인변	停·	머무를. 머무르게 할.
火	11 人 사람인변	偵	탐문할. 염탐. 정탐. 묻다.
火	11 頁 머리혈변	頂·	정상. 꼭대기. 이마. 정수리.
火	11 忄 심방변 12 心 마음심변	情·	뜻. 정. 사랑.
火	12 日 날일변	晶	맑을. 밝을. 수정. 결정.
火	12 日 날일변	晸	해 뜰. 해 돋는 모양.
火	13 鼎 솥정변	鼎	솥. 세발솥.

오행	획수	한자	뜻
火	16 頁 머리혈변	頲	곧을. 머리가 곧을. 사람 이름.
火	17 頁 머리혈변	⿰爭頁	아름다울. 연예인 (광대).
土	05 止 그칠지변	正·	바를. 옳을. 바로잡을.
土	07 女 계집녀변	妌	안존할. 엄전할. 덕성스러울.
土	07 田 밭전변	町	밭두둑. 밭 지경.
土	08 女 계집녀변	姃	단정할.
土	11 土 흙토변	埩	밭 갈. (흙을) 다스릴.
土	11 女 계집녀변	婧	날씬할. 가냘플. 여자 정결할. 정 ↔ 청 [통용] [청]
土	12 女 계집녀변	婷	예쁠. 아리따울.
土	13 16 辶 辵 책받침변 갖은책받침변	遉	엿볼. 염탐할. 순라꾼.
土	15 19 阝 邑 우방변 고을읍변	鄭	나라. 중할. 姓.
金	06 07 王 玉 임금왕변 구슬옥변	玎	옥 소리.
金	08 攵 攴 등글월문변 칠복변	政·	정사 (정치, 행정 업무). 다스릴. 바로잡을. (9획 아님)

주의	(전산폰트) 필순이 9획으로 보이나 字典에 8획이므로 8획 기준

오행	획수	한자	뜻
金	09 言 말씀언변	訂·	바로잡을. 고칠.
金	09 貝 조개패변	貞·	곧을. 바를. 곧다.
金	09 酉 닭유변	酊	술 취할. 비틀거릴.
金	10 金 쇠금변	釘	못. 박을.
金	11 12 王 玉 임금왕변 구슬옥변	珵	옥돌. 패옥. 옥 이름.
金	11 12 王 玉 임금왕변 구슬옥변	珽	옥홀. 홀. 옥 이름.
金	12 言 말씀언변	証	증거. 증명할. 간할.
金	13 金 쇠금변	鉦	징.
金	13 石 돌석변	碇	닻. 닻 내릴.
金	14 酉 닭유변	酲	숙취. 술병 (酒病). 술 깰.

金 15 金 鋌 쇳덩이. 판금. 쇠금변

金 15 金 鋥 칼날 세울. 칼 갈. 쇠금변

金 16 攵 攴 整· 정돈할. 가지런할. 정제할. 등글월문변 칠복변

金 16 言 諪 조정할. 고를. 말씀언변

金 16 金 錠 촛대. 등자. 신선로. 제기 그릇. 쇠금변

水 04 二 井· 우물. 정자. 취락. 姓. 두이변

水 05 口 叮 정성스러울. 부탁할. 물을. 입구변

水 05 06 氵 水 汀 물가. 물 이름. 모래섬. 삼수변 물수변

水 07 口 呈 드릴. 바칠. 보일. 드러낼. 입구변

水 07 疒 疔 부스럼. 헌데. 종기. 병질엄변

水 09 穴 穽 함정. 구덩이. 허방다리. 구멍혈변

水 10 11 氵 水 涏 곧을. 물길이 곧은 모양. [전] 삼수변 물수변

水 09 11 月 肉 胜 새 이름. 정 ↔ 성 [통용] 육달월변 고기육변

水 11 12 氵 水 淀 얕은 물. 얕은 웅덩이. 배 댈. 삼수변 물수변

水 11 12 氵 水 淨· 깨끗할. 맑을. 삼수변 물수변

水 12 13 氵 水 渟 물 고일. 머무를. 물가. 삼수변 물수변

水 12 13 氵 水 湞 물 이름. 삼수변 물수변

水 15 雨 霆 천둥소리. 번개. 비우변

水 19 20 氵 水 瀞 깨끗할. 맑을. 정결할. 삼수변 물수변

水 19 20 氵 水 瀞 깨끗할. 맑을. 정결할. 삼수변 물수변

제

木 09 巾 帝· 임금. 수건건변

木 11 木 梯 사다리. 나무 어릴. 나무목변

木 11 竹 第· 차례. 순서. 집. 시험. 대죽변

오행	획수	부수	한자	뜻
木	12	禾 벼화변	稊	돌피 (벗과 한해살이풀). 강아지풀. 버들개지. 싹.
木	12	目 눈목변	睇	흘깃 볼. 곁눈으로 볼.
木	12 13	扌 手 재방변 손수변	提·	끌. 들. 내놓을. [리]
木	14	示 보일시변	禔	편안할. 복. 제 ↔ 시. 지 [통용]
木	14	衣 옷의변	製·	지을. 만들. 마를.
木	15	糸 실사변	緹	붉은 비단. 붉은빛. 명주.
木	17 18	扌 手 재방변 손수변	擠	물리칠. 밀칠. 떨어질.
木	19	韭 부추구변	齏	양념할. 섞을. 무침. 회.
木	18 20	艹 艸 풀초변 초두변	薺	냉이.
火	11	人 사람인변	偙	준걸 (지혜와 풍채가 뛰어남).
火	10 11	忄 心 심방변 마음심변	悌	공손할. 공경. 부드러울.
火	11	日 날일변	晢	별이 빛날. 반짝일. 제 ↔ 절 [통용]
火	16	人 사람인변	儕	무리. 벗. 동아리. 짝. 함께.
火	18	頁 머리혈변	題·	제목. 표제. 문제. 글제.
土	09	女 계집녀변	姼	예쁠. 아름답다. [시. 치]
土	10	女 계집녀변	娣	여동생. 제수. 손아랫동서.
土	11	示 보일시변	祭·	제사. 제사 지낼. 제 ↔ 채 [통용]
土	12	土 흙토변	堤·	언덕. 방죽. 둑. 제방.
土	12	女 계집녀변	媞	안존할. 예쁠. 제 ↔ 시 [통용]
土	11 12	犭 犬 개사슴록변 개견변	猘	미친 개.
土	14	齊 가지런할제변	齊·	모두. 가지런할. 나라. [재]
土	10 15	阝 阜 좌방변 언덕부변	除·	덜. 버릴. 제할. 나눗셈.
土	16	𧾷 足 발족변	蹄	굽. 말발굽. 발. 올무.
土	16	𧾷 足 발족변	踶	찰. 발로 차다. 밟을. 발굽.

土 17 𧾷 足 발족변 **蹏** 굽. 발. 올무.

土 12 17 阝 阜 좌방변 언덕부변 **隄** 둑. 방죽. 제방. 막을.

土 14 19 阝 阜 좌방변 언덕부변 **際**· 사이. 즈음. 사귈. 만날. 가. 끝.

土 21 𧾷 足 발족변 **躋** 오를. 올릴.

土 17 22 阝 阜 좌방변 언덕부변 **隮** 오를. 무지개. 구름 피어오를.

金 08 刂 刀 선칼도변 칼도변 **制**· 제도. 법. 억제할. 지을.

金 13 14 王 玉 임금왕변 구슬옥변 **瑅** 옥 이름. 제당 (瑅瑭).

金 16 刂 刀 선칼도변 칼도변 **劑** 약 지을. 약제. 조제할. [자]

金 16 言 말씀언변 **諸**· 모두. 여러. 무릇. 姓.

金 16 酉 닭유변 **醍** 맑은 술. 약주. 우락 (牛酪).

金 17 金 쇠금변 **鍗** 가마솥. 쇠 이름.

水 07 弓 활궁변 **弟**· 아우. 동생. 제자.

水 12 口 입구변 **啼** 울. 울부짖을.

水 17 魚 물고기어변 **鮧** 큰 메기. 창자젓. [이]

水 17 18 氵 水 삼수변 물수변 **濟**· 나루. 건널. 구제할. 이룰.

水 11 12 氵 水 삼수변 물수변 **済** 濟자와 통용

水 18 20 月 肉 육달월변 고기육변 **臍** 배꼽. 꼭지.

水 20 魚 물고기어변 **鯷** 메기.

水 22 雨 비우변 **霽** 갤. 비 갤. 쾌청. 풀릴.

조

木 07 08 扌 手 재방변 손수변 **找** 채울. 보충할. 찾을.

木 10 禾 벼화변 **租**· 세금. 부세. 구실. 세 낼.

木 10 竹 대죽변 **笊** 조리 (쌀 이는 데 쓰는 기구). 광주리.

木 11 木 나무목변 **條**· 가지. 곁가지. 조리. 조목.

오행	획수	부수	한자	뜻
木	11	目 눈목변	眺	바라볼. 조망. 살필.
木	11	米 쌀미변	粗	거칠. 클. 대강. 엉성할.
木	11	糸 실사변	組·	짤. 인끈. 조직. 만들.
木	12	木 나무목변	棗	대추. 대추나무. 姓.
木	08	木 나무목변	枣	棗자와 통용
木	11 12	扌 手 재방변 손수변	措·	두다. 둠. 놓다. 베풀.
木	12	糸 실사변	絩	오색실. 비단실. 색실.
木	13	禾 벼화변	稠	빽빽할. 진할. 많을. 움직일. 姓.
木	13	糸 실사변	條	끈. 엮은 줄. 실 띠.

주의 속자 12획, 본자 13획 혼용되나 성명학에서는 13획 기준

오행	획수	부수	한자	뜻
木	15	木 나무목변	槽	구유 (가축 먹이 그릇). 홈통. 술통. 물통. 술 거르는 틀.
木	16 17	扌 手 재방변 손수변	操·	잡을. 곡조. 다룰. 지조.
木	15 17	艹 艸 풀초변 초두변	蔦	담쟁이. 담쟁이덩굴. 겨우살이.
木	17	米 쌀미변	糙	현미. 거친 쌀. 애찧은 쌀.
木	17	米 쌀미변	糟	지게미. 찌끼. 막걸리.
木	17	舟 배주변	艚	거룻배. 작은 배.
木	19	糸 실사변	繰	감색 비단. 야청 통견. 견사. 야청빛. [소]
木	20 22	艹 艸 풀초변 초두변	藻	꾸밈. 무늬. 조류. 바닷말.
木	25	米 쌀미변	糶	곡식 팔. 쌀 내어 팔.
火	06	儿 어진사람인변	兆·	억조 (수의 단위). 조. 점괘. 빌미. 조짐.
火	06	日 날일변	早·	이를. 일찍. 새벽.
火	08	人 사람인변	佻	방정맞을. 경박할. 좀도둑.
火	08	彳 두인변	徂	있을. 겨눌. 갈. 가다.
火	09	人 사람인변	俎	도마. 적대 (炙臺).

五行	획수	한자	부수	뜻
火	09	昭	日 날일변	밝을. 조 ↔ 소 [통용]
火	09	炤	火 불화변	밝을. 환한 모양. 姓. 조 ↔ 소 [통용]
火	10	晁	日 날일변	아침. 고을 이름. → 朝의 [古字]
火	10	晀	日 날일변	밝을.
火	11	彫	彡 터럭삼변	새길. 그릴. 꾸밀.
火	11	鳥·	鳥 새조변	새.
火	13	傮	人 사람인변	마칠. 끝내다.
火	13	照·	灬 연화변 火 불화변	비출. 비출. 햇빛. 대조할.
火	14	肇	聿 붓율변	비로소. 비롯할. 민첩할.
火	14	趙	走 달릴주변	나라 이름. 아침. 오랠. 姓.
火	16	雕	隹 새추변	독수리. 새길. 옥 다듬을. 姓.
火	17	燥·	火 불화변	마를. 건조할. 불에 말릴.
火	16 17	懆	忄 심방변 心 마음심변	근심할.
火	19	鵰	鳥 새조변	독수리. 보라매. 수리새.
土	04	弔·	弓 활궁변	조상할. 조문할. 불쌍히 여길.
土	07	助·	力 힘력변	도울. 구조.
土	11	曹	曰 가로왈변	무리. 짝. 나라. 姓.
土	10	曺	曰 가로왈변	曹자와 통용. 한국의 姓. [국]
土	11	祧	示 보일시변	천묘할. 조묘 (고조 이상의 묘).
土	08 13	阻	阝 좌방변 阜 언덕부변	험할. 떨어질. 막을. 막힐.
土	14	嶆	山 메산변	깊을. 깊다. 산골 깊을.
土	11 14	造·	辶 책받침변 辵 갖은책받침변	지을. 만들. 세울. 이를.
土	17	嬥	女 계집녀변	날씬할. 곧고 예쁠. 아리따울.
土	15 18	遭	辶 책받침변 辵 갖은책받침변	만날. 상봉할. 두를. 번.

土 18 黽 맹꽁이변 **鼂** 아침. 고운 옥. 벌레 이름. 바다거북. *姓*.

土 𧾷 20 足 발족변 **躁** 성급할. 조급할. 시끄러울. 떠들.

金 02 刀 칼도변 **刁** 조두 (ㄱ솨). 바라.

金 04 爪 손톱조변 **爪** 손톱. 깍지. 긁을. 할퀼.

金 10 厂 민엄호변 **厝** 둘 (置). 두다. 방치하다. [착]

金 10 示 보일시변 **祖·** 할아비. 선조. 조상. 시초.

金 10 示 보일시변 **祚** 복. 지위. 자리.

金 11 金 쇠금변 **釣** 낚시. 낚을.

金 12 言 말씀언변 **詔** 조서. 고할. 알리다.

金 12 金 쇠금변 **鈟** 낚을. 낚시. 구할.

金 12 王 임금왕변 13 玉 구슬옥변 **琱** 새길. 옥 다듬을.

金 13 言 말씀언변 **誂** 꾈. 꾀할. 희롱할.

金 14 金 쇠금변 **銚** 가래. 쟁개비. 냄비.

金 15 言 말씀언변 **調·** 고를. 고루. 조절할. 뽑을. 조 ↔ 주 [통용]

金 16 金 쇠금변 **鋽** 쇠. 불리지 않은 쇠.

金 17 王 임금왕변 18 玉 구슬옥변 **璪** 무늬. 면류관 드림 옥.

金 20 言 말씀언변 **譟** 시끄러울. 떠들썩할. 기뻐할.

水 07 白 흰백변 **皁** 하인. 검을. 구유.

水 09 歹 죽을사변 **殂** 죽을. 임금의 죽음.

水 10 冫 이수변 **凋** 시들. 여윌. 느른할. *姓*.

水 10 虫 벌레충변 **蚤** 벼룩. 일찍. 손톱.

水 11 穴 구멍혈변 **窕** 정숙할. 안존할. 얌전할. 고울.

水 09 月 육달월변 11 肉 고기육변 **胙** 제사 고기. 제육. 복 (福).

水 12 月 달월변 **朝·** 아침. 조정. 임금 뵐. 왕조.

오행	획수	한자	뜻
水	14 口 입구변	嘈	지껄일. 시끄러울.
水	14 虫 벌레충변	蜩	매미. 매미 허물. 쓰르라미.
水	15 口 입구변	嘲	비웃을. 조롱할. 지저귈.
水	14 氵 삼수변 15 水 물수변	漕	배 저을. 배로 실어 나를. 뱃길.
水	16 口 입구변	噪	떠들썩할. 시끄러울. 뭇 새 지저귈.
水	15 氵 삼수변 16 水 물수변	潮·	조수. 밀물. 썰물.
水	16 氵 삼수변 17 水 물수변	澡	씻을. 깨끗이 닦을.
水	17 月 육달월변 19 肉 고기육변	臊	누린내. 개, 돼지 기름. [소]
水	19 魚 물고기어변	鯛	도미 (바다 물고기).
水	21 穴 구멍혈변	竈	부엌. 부엌 귀신. 조왕.

족

오행	획수	한자	뜻
木	11 方 모방변	族·	겨레. 일가. 친족. 동족.
木	17 竹 대죽변	簇	조릿대. 모일. 떼. [주. 착]
土	07 足 발족변	足·	발. 근본. 넉넉할.
金	19 金 쇠금변	鏃	화살촉. 살촉.
水	16 疒 병질엄변	瘯	피부병. 옴. 진버짐.

존

오행	획수	한자	뜻
木	09 扌 재방변 10 手 손수변	拵	꽂을. 지을. 만들. 의지할.
木	12 寸 마디촌변	尊·	높을. 높일. 어른. 공경할.
水	06 子 아들자변	存·	있을. 존재. 보전할.

졸

오행	획수	한자	뜻
木	08 扌 재방변 09 手 손수변	拙·	옹졸할. 못생길. 서두르다.
土	11 犭 개사슴록변 12 犬 개견변	猝	갑자기. 갑작스러울. 빠르다.
金	08 十 열십변	卒·	마칠. 군사. 갑자기. 죽을.

종

木 08 宀 갓머리변 **宗**· 마루. 으뜸. 종묘. 근본. 姓.

木 09 木 나무목변 **柊** 나무 이름. 방망이.

木 11 糸 실사변 **終**· 마칠. 마침. 다할. 끝날.

木 13 木 나무목변 **椶** 종려나무.

木 12 木 나무목변 **棕** 椶자와 통용

木 14 禾 벼화변 **種**· 종자. 씨. 심을. 종류.

木 14 糸 실사변 **綜** 모을. 자세할.

木 15 木 나무목변 **樅** 전나무.

木 17 糸 실사변 **縱**· 세로. 놓을. 놓아줄.

火 06 人 사람인변 **伀** 두려워할. 겁내다. 급할.

火 10 人 사람인변 **倧** 신인 (神人). 옛 신인.

火 11 彳 두인변 **從**· 따를. 쫓을. 모실. 모일.

火 11 12 忄 心 심방변 마음심변 **悰** 즐거울. 즐길. 생각.

火 15 心 마음심변 **慫** 권할. 종용할. 놀랄.

火 14 15 忄 心 심방변 마음심변 **慒** 생각할. 심란할. 꾀할.

土 16 𧾷 足 발족변 **踵** 발꿈치. 뒤밟을. 이를. 자주.

土 18 𧾷 足 발족변 **蹤** 발자취. 행적. 흔적. 행방.

土 15 𧾷 足 발족변 **踪** 蹤자와 통용

金 12 13 王 玉 임금왕변 구슬옥변 **琮** 옥돌. 서옥 이름.

金 15 16 王 玉 임금왕변 구슬옥변 **瑽** 패옥 소리. 옥 소리.

金 17 金 쇠금변 **鍾** 술잔. 모일. 쇠북. → 鐘 [통용]

金 20 金 쇠금변 **鐘**· 쇠북. 종. 인경. 姓. → 鍾 [통용]

水 11 12 氵 水 삼수변 물수변 **淙** 물소리. 물 댈.

水 14 瘇 广 병질엄변 — 발 종기. 수종다리. 다리가 붓다.

水 13 15 腫 月 肉 육달월변 고기육변 — 종기. 부스럼. 부르틀.

水 17 螽 虫 벌레충변 — 베짱이. 메뚜기. 누리.

좌

木 10 座· 广 엄호변 — 자리. 위치. 지위.

木 10 11 挫 扌 手 재방변 손수변 — 꺾을. 꺾일. 부러질.

木 11 13 莝 艹 艸 풀초변 초두변 — 여물. 저밀. 꼴.

火 05 左· 工 장인공변 — 왼. 왼쪽. 증거. 도울.

火 07 佐· 人 사람인변 — 도울. 보좌관. 권할.

火 17 髽 髟 터럭발변 — 북상투 (대충 올린 상투). 복머리.

土 07 坐· 土 흙토변 — 앉을. 지킬. 자리.

金 09 剉 刂 刀 선칼도변 칼도변 — 꺾을. 꺾일. 썰. 저밀. 부술.

水 12 痤 疒 병질엄변 — 뾰루지. 부스럼. 멍울. 종기.

죄

木 13 14 罪· 罒 网 그물망변 — 허물. 죄. 죄인. 형벌.

주

木 05 主· 丶 점주변 — 주인. 임금. 주장할.

木 06 朱· 木 나무목변 — 붉을. 姓.

木 06 舟· 舟 배주변 — 배.

木 08 宙· 宀 갓머리변 — 집. 하늘. 무한한.

木 09 奏· 大 큰대변 — 아뢸. 연주할. 모이다. 나아갈.

木 09 柱· 木 나무목변 — 기둥. 버틸. 기러기발.

木 08 09 拄 扌 手 재방변 손수변 — 버틸. 떠받칠.

木 09 紂 糸 실사변 — 말고삐. 끈. 껑거리끈. 수레고삐.

오행	획수 / 부수	한자	뜻
木	10 木 나무목변	株·	뿌리. 그루. 나무. 주식.
木	11 糸 실사변	紬	명주. 모을. 철할.
木	11 糸 실사변	紸	댈. 이을. 서로 닿게 하다.
木	12 寸 마디촌변	尌	세울. 아이 종. 놈. 姓.
木	12 木 나무목변	椆	나무 이름. 삿대. 영수목 (상록수 일종).
木	12 糸 실사변	絑	붉을. 붉은 비단.
木	14 糸 실사변	綢	얽힐. 얽을. 동여맬. [도]
木	13 衤 14 衣 옷의변	裯	홑이불. 속적삼. 소매.
木	15 广 엄호변	廚	부엌. 주방. 상자. 姓.
木	17 巾 수건건변	幬	휘장. 커튼. 덮다. 수레 휘장. [도]
木	15 艹 풀초변 17 艸 초두변	蔟	태주 (12율의 하나). 모을. 정월 율명. 정월.
木	20 竹 대죽변	籌	산가지. 살. 꾀. 계책. [도]
木	21 竹 대죽변	籒	주문 (한자 서체 이름). 큰 전자. 글 읽을.
火	07 人 사람인변	住·	살. 머무를. 거처.
火	07 走 달릴주변	走·	달릴. 달아날. 빨리 갈.
火	08 人 사람인변	侏	난쟁이. 광대. 속일.
火	08 人 사람인변	侜	속일. 가리울.
火	09 火 불화변	炷	심지. 불사를. 피울.
火	11 人 사람인변	做	지을. 만들.
火	11 日 날일변	晝·	낮.
火	12 日 날일변	[illegible]	밝을.
火	12 日 날일변	晭	햇빛.
火	13 走 달릴주변	趎	사람 이름.
火	13 車 수레거변	輈	수레채. 끌채. 굳셀.

火 14 耳 귀이변 **聙** 귀밝을. 귀.

火 15 馬 말마변 **駐** 머무를. 체류할. 주재할.

火 16 人 사람인변 **儔** 짝. 무리. 동아리.

火 16 車 수레거변 **輳** 모일. 사물이 한 곳에 모일.

火 18 火 불화변 **燽** 드러날. 현저할. 밝을.

土 08 女 계집녀변 **妵** 예쁠. 여자 이름.

土 09 女 계집녀변 **姝** 예쁠. 꾸밀. 빛깔 고울. 순종.

土 09 13 阝 邑 우방변 고을읍변 **邾** 나라 이름.

土 12 15 辶 辵 책받침변 갖은책받침변 **週** 두루. 주일. 돌. 회전.

土 13 16 辶 辵 책받침변 갖은책받침변 **遒** 닥칠. 다가설. 굳을. 모일.

土 11 14 辶 辵 책받침변 갖은책받침변 **逎** 遒자와 통용

土 19 田 밭전변 **疇** 밭두둑. 무리. 이랑.

土 21 𧾷 足 발족변 **躊** 머뭇거릴. 주저할. 망설일.

金 10 11 王 玉 임금왕변 구슬옥변 **玽** 옥. 구슬. 사람 이름.

金 10 11 王 玉 임금왕변 구슬옥변 **珠**· 구슬. 진주. 姓.

金 11 石 돌석변 **硃** 주사.

金 12 言 말씀언변 **註** 주 낼. 글뜻 풀.

金 12 言 말씀언변 **詋** 저주할. 빌. 방자할.

金 12 貝 조개패변 **貯** 재물.

金 13 白 흰백변 **皗** 밝을. 비단 흴.

金 13 言 말씀언변 **誅** 벨. 칠. 멸할. 덜. 다스릴.

金 13 金 쇠금변 **鉒** 쇳돌. 광석.

金 15 言 말씀언변 **調** 아침. 주 ↔ 조 [통용]

金 15 貝 조개패변 **賙** 진휼 (賑恤)할. 기민 (飢民) 먹일. 보탤. 도와줄.

金 22 金 쇠금변 **鑄**· 쇠 불릴. 지을. 부어 만들.

水 06 一 한일변 **丟** 잃어버릴. 갈. 떠날.

水 06 川 巛 개미허리변 **州**· 고을. 골. 삼각주.

水 08 口 입구변 **呪** 빌. 기원할. 방자할. 저주할.

水 08 口 입구변 **周**· 두루. 둘레. 골고루. 姓.

水 08 09 氵 水 삼수변 물수변 **注**· 물 댈. 부을. 주의할. 주 낼.

水 09 冂 멀경변 **冑** 투구.

주의	
	冑 冂 (멀경 변) 일 때는 9획 투구 주.
	胄 肉 (고기육 변) 일 때는 11획 자손, 맏아들 주로 사용.

水 09 10 氵 水 삼수변 물수변 **洲**· 물가. 섬. 대륙.

水 10 酉 닭유변 **酒**· 술.

水 10 酉 닭유변 **酎** 진한 술. 전국술 (세 번 빚은 술). 소주.

水 11 虫 벌레충변 **蛀** 나무좀. 나무굼벵이.

水 09 11 月 肉 육달월변 고기육변 **胕** 팔꿈치. → 부 [本音] 주 ↔ 부 [통용]

주의	
	주 음일 때 → 팔꿈치 주
	부 음일 때 → 장부, 육부, 종기 부

水 09 11 月 肉 육달월변 고기육변 **胄** 맏아들. 자손. 후손. 姓.

주의	
	冑 冂 (멀경 변) 일 때는 9획 투구 주.
	胄 肉 (고기육 변) 일 때는 11획 자손, 맏아들 주로 사용.

水 12 虫 벌레충변 **蛛** 거미.

水 12 13 氵 水 삼수변 물수변 **湊** 모일. 물 모일. 항구.

水 11 冫 이수변 **凑** 湊자와 통용

水 14 口 입구변 **嗾** 부추길. 선동할. [수]

水 13 15 月 肉 육달월변 고기육변 **腠** 살결. 살갗. 피부.

水 15 16 氵 水 삼수변 물수변 **澍** 단비. 적실. 물 댈. 姓.

水 16 雨 비우변 **霔** 비 모양. 운우 (雲雨) 모양. 구름.

水 16 雨 비우변 **霪** 장마. 비 오래 내릴.

水 19 鼊 거미.
黽 맹꽁이변

죽

木 06 竹· 대나무.
竹 대.
대죽변

木 12 粥 죽.
米 미음. 죽 먹을. 姓.
쌀미변

준

木 10 純 테두리.
糸 선 두를. 가선. 가장자리.
실사변 준 ↔ 순 [통용]

木 12 睃 볼.
目
눈목변

木 14 綧 피륙 넓이.
糸 비단 폭 넓이. 표준.
실사변 준할. 어지러울.

木 13 15 葰 왕성할.
艹 艸 클. 꽃술. 생강.
풀초변 초두변 향채 이름.

木 16 寯 모일.
宀 모을. 재주 좋을.
갓머리변

木 16 樽 술통.
木 술그릇. 술단지.
나무목변

木 15 16 撙 누를.
扌 手 꺾을. 억제할. 모일.
재방변 손수변 → 존 [本音]

木 18 儁 뛰어날.
門 빼어날.
문문변

火 09 俊· 준걸.
人 뛰어날. 큰. 姓.
사람인변

火 10 逡 물러갈.
彳
두인변

火 10 隼 송골매.
隹 맹수의 총칭.
새추변

火 11 偆 부유하다.
人 부(富)할. 두터울. [춘]
사람인변

火 11 焌 불 당길.
火 태울. 불 땔.
불화변

火 11 晙 밝을.
日 이른 아침. 이를.
날일변

火 13 惷 어수선할.
心 산란할.
마음심변

火 13 雋 영특할. 준걸.
隹 우수할. 준 ↔ 전 [통용]
새추변

火 14 僔 모을.
人 모일. 무리.
사람인변

火 14 僎 돕는 사람.
人 향음주인 돕는 사람.
사람인변 [선]

火 15 儁 준걸.
人 뛰어날.
사람인변

오행	획수	한자	뜻
火	16 17 忄 心 심방변 마음심변	儁	똑똑할. 슬기로울. 민첩할.
火	17 馬 말마변	駿	준마. 뛰어난 사람.
火	18 鳥 새조변	鵔	금계. 꿩 비슷한 새 이름.
土	10 山 메산변	峻	높을. 가파를.
土	11 土 흙토변	埻	과녁. 살받이 터. 쌓은 흙. 법. 표준. 기준.
土	12 田 밭전변	畯	농부. 권농관. 준걸.
土	12 立 설립변	竣	마칠. 그칠. 끝낼.
土	10 13 辶 辵 책받침변 갖은책받침변	逡	먼저. 앞설.
土	14 𧾷 足 발족변	踆	그칠. 마칠. 일 마칠. 찰.
土	11 14 辶 辵 책받침변 갖은책받침변	逡	뒷걸음. 뒷걸음질 칠. 머뭇거릴.
土	15 土 흙토변	墫	무성할. 그칠. 술단지. <선비 士 변과는 별개>

주의	土 흙토변 墫 무성할 준과 士 선비 사변 壿 기쁠 준과 字形이 비슷하나 土 흙토변 字가 맞다.

오행	획수	한자	뜻
土	10 15 阝 阜 좌방변 언덕부변	陖	높을. 가파를.
土	10 土 흙토변	埈	陖자와 통용
土	18 缶 장군부변	罇	술통. 술그릇. 술두루미.
土	19 𧾷 足 발족변	蹲	웅크릴. 걸터앉을. 쭈그릴.
土	16 19 辶 辵 책받침변 갖은책받침변	遵·	쫓을. 행할. 순종할. 따라갈.
金	12 皮 가죽피변	皴	주름질. 트다. 틀. 살 터질.
金	17 立 설립변	竴	기쁠.
金	20 金 쇠금변	鐏	창고달.
水	10 冫 이수변	准	승인할. 평할. 견줄. 법. 비준할. → 準의 [俗字]
水	10 11 氵 水 삼수변 물수변	浚	깊을. 빼앗을. 취할.
水	13 14 氵 水 삼수변 물수변	準·	고를. 법. 평평할. 준하다.
水	12 冫 이수변	凖	準자와 통용

水 16 餕 食 밥식변 — 대궁 (먹고 남은 음식). 제사 퇴물. 턱찌끼.

水 17 18 濬 氵 水 삼수변 물수변 — 깊을. 심오할.

水 12 㕙 口 입구변 — 濬자와 통용 준 ↔ 예 [통용]

水 21 蠢 虫 벌레충변 — 꿈틀거릴. 어리석을. 일어날.

水 23 鱒 魚 물고기어변 — 송어 (松魚). 물고기 이름.

줄

木 09 乼 乙 새을변 — 줄 (묶는 데 쓰는 긴 줄). 음역자. [국]

木 09 11 茁 艹 艸 풀초변 초두변 — 풀싹. 싹. 풀 성할. 姓.

중

木 罒 11 眾 目 눈목변 — 무리. 많을. 여럿.

火 06 仲· 人 사람인변 — 버금. 다음. 둘째. 가운데.

土 04 中· 丨 뚫을곤변 — 가운데. 속. 사이. 맞출.

土 09 重· 里 마을리변 — 무거울. 중요할. 거듭할.

水 12 衆· 血 피혈변 — 무리. 많을. 백성. 대중.

즉

水 09 卽· 卩 병부절변 — 곧. 이제. 만약. 나아갈.

水 07 即 卩 병부절변 — 卽자와 통용

水 12 喞 口 입구변 — 두런거릴. 소곤거릴. 물 댈. 벌레소리. [즐. 질]

즐

木 19 櫛 木 나무목변 — 빗질할. 빗. 촘촘히 설.

火 20 騭 馬 말마변 — 수말 (수컷 말). 오를. 이룰. 정할.

즙

木 13 楫 木 나무목변 — 노. 노 저을. 즙 ↔ 집 [통용]

木 13 15 葺 艹 艸 풀초변 초두변 — 지붕을 일. 기울. 겹칠. → 집 [本音]

木 17 木 **檝** 노. 삿대. → 집 [本音]
나무목변

木 17 19 艹 艸 **蕺** 삼백초. 메밀나물. → 집 [本音]
풀초변 초두변

水 05 06 氵 水 **汁** 즙. 진액. 국물. [협]
삼수변 물수변

증

木 09 10 扌 手 **拯** 건질. 도울. 구원. 구조. 들.
재방변 손수변

木 14 16 艹 艸 **蒸·** 찔. 무더울. 증발할.
풀초변 초두변

木 18 糸 **繒** 비단. 명주.
실사변

木 17 18 罒 网 **罾** 그물. 어망.
그물망변

火 10 灬 火 **烝** 찔. 불기운. 김 오를.
연화변 불화변

火 12 曰 **曾·** 일찍. 곧. 거듭. 이에.
가로왈변

火 15 16 忄 心 **憎·** 증오할. 미워할.
심방변 마음심변

土 15 土 **增·** 더할. 늘릴. 많아질.
흙토변

土 15 山 **嶒** 산 높고 험할. 산 모양.
메산변

土 17 瓦 **甑** 시루 (떡 찌는 질그릇).
기와와변

金 17 矢 **矰** 주살 (살에 매어 새를 잡는 화살).
화살시변

金 19 言 **證·** 증거. 증명할. 증험할. 보증할.
말씀언변

金 19 貝 **贈·** 줄. 보낼. 선사. 선물하다.
조개패변

水 10 疒 **症·** 병 증세. 병세.
병질엄변

지

木 08 木 **枝·** 가지. 버틸.
나무목변

木 07 08 扌 手 **抵** 손바닥. 칠. 손벽 칠. 옆으로 칠.
재방변 손수변

木 09 木 **枳** 탱자나무.
나무목변

木 09 示 **祉** 복록. 복. 하늘에서 내리는 행복.
보일시변

木 09 10 扌 手 **指·** 손가락. 가리킬.
재방변 손수변

- 木 | 09 扌 재방변 | 10 手 손수변 | **持·** 가질. 잡을. 지닐. 보전할.
- 木 | 10 禾 벼화변 | **秖** 벼 익을. 마침. 다만.
- 木 | 08 艹 풀초변 | 10 艸 초두변 | **芝** 지초 (神草). 영지. 버섯.
- 木 | 08 艹 풀초변 | 10 艸 초두변 | **芷** 어수리 (미나릿과 풀). 구릿대. 지초.
- 木 | 10 糸 실사변 | **紙·** 종이.
- 木 | 09 衤 | 10 衣 옷의변 | **衹** 마침. 다만. 이따금. 때마침. [기]
- 木 | 08 月 육달월변 | 10 肉 고기육변 | **肢** 팔다리. 사지. 수족.
- 木 | 11 角 뿔각변 | **觗** 만날. 합할. [치]
- 木 | 14 宀 갓머리변 | **實** 이를. 이르다. 도달할. 姓. 지 ↔ 실 [통용]
- 木 | 14 木 나무목변 | **榰** 주춧돌. 기둥 밑. 버틸.
- 木 | 13 扌 재방변 | 14 手 손수변 | **搘** 버틸. 괼. 괴다. 기둥 받침.
- 木 | 14 示 보일시변 | **禔** 복. 편안할. 지 ↔ 시. 제 [통용]
- 木 | 15 手 손수변 | **摯** 잡을. 올릴. 지극할.
- 木 | 16 竹 대죽변 | **篪** 피리. 젓대. 저. 저 이름. 대 이름 (竹名).
- 火 | 06 日 날일변 | **旨** 뜻. 생각. 맛좋을. (임금의 뜻 : 교지)
- 火 | 07 心 마음심변 | **志·** 뜻. 뜻할. 마음. 기록할.
- 火 | 07 忄 심방변 | 08 心 마음심변 | **忯** 믿을. 지 ↔ 기 [통용]
- 火 | 10 舌 혀설변 | **舐** 핥을. → 시 [本音]
- 火 | 12 日 날일변 | **智·** 지혜. 슬기로울. 姓.
- 金 | 16 矢 화살시변 | **[illegible]** 智자와 통용
- 火 | 12 車 수레거변 | **軹** 굴대 머리. 바퀴 굴대 끝.
- 火 | 14 馬 말마변 | **馶** 굳셀.
- 火 | 22 鳥 새조변 | **鷙** 맹금 (육식하는 새). 날쌔다. 굳셀. 칠.
- 土 | 04 丿 삐침변 | **之·** 갈. 이를. 어조사.

土 04 支 **支**· 지탱할. 가를. 헤아릴.
지탱할지변

土 04 止 **止**· 그칠. 막을. 고요할.
그칠지변

土 06 力 **劧** 굳건할. 굳을.
힘력변

土 06 土 **地**· 땅. 곳. 지위. 처지.
흙토변

土 06 至 **至**· 이를. 지극할. 도래하다.
이를지변

土 07 厂 **底** 숫돌. 정할.
민엄호변

土 07 土 **址** 터.
흙토변

土 07 土 **坻** 모래섬. 머무를.
흙토변

土 08 土 **坻** 머무를. 모래섬. 작은 섬.
흙토변

土 11 𧾷 足 **趾** 발꿈치. 복사뼈 아랫부분.
발족변

土 07 12 阝 阜 **阯** 터. 땅 이름.
좌방변 언덕부변

土 15 土 **墀** 섬돌 위 뜰. 섬뜰. 지대 뜰.
흙토변

주의	字典에 따라 14, 15획으로 혼용되나, 성명학에서는 15획으로 기준

土 15 𧾷 足 **踟** 머뭇거릴.
발족변

土 16 19 辶 辵 **遲**· 더딜. 늦을. 기다릴.
책받침변 갖은책받침변

주의	字典에 따라 15~18획, 16~19획으로 혼용되나, 성명학에서는 16~19획 기준

土 22 𧾷 足 **躓** 넘어질. 쓰러질. 밟을.
발족변

金 08 矢 **知**· 알. 분별할. 깨달을. 주장할.
화살시변

金 10 矢 **知**可 知자와 통용
화살시변

金 10 石 **砥** 숫돌. 갈. 평평할.
돌석변

金 10 示 **祗** 공경할. 존경할.
보일시변

金 14 言 **誌**· 기록. 기록할.
말씀언변

金 15 金 **鋕** 새길. 명심. 마음에 새기다.
쇠금변

金 18 貝 **贄** 폐백. [얼]
조개패변

金 19 言 말씀언변 **識** 표할. 표. 적을.
지 ↔ 식 [통용]

水 05 口 입구변 **只**· 다만. 단지. 뿐. 오직. 어조사.

水 07 口 입구변 **吱** 가는 소리. 소리. 목소리.

水 06 07 氵 水 삼수변 물수변 **池**· 못. 연못. 姓.

水 07 08 氵 水 삼수변 물수변 **沚** 모래톱 (물, 강 가운데의 조그만 섬). 물가.

水 07 08 氵 水 삼수변 물수변 **泜** 달라붙을. 멈출. 가지런할.

水 09 口 입구변 **咫** 여덟 치. 8촌. 길이.

水 08 09 氵 水 삼수변 물수변 **泜** 강 이름.

水 09 10 氵 水 삼수변 물수변 **洔** 섬. 작은 섬. 물 벽찰. 갑자기 불은 물.

水 12 疒 병질엄변 **痣** 검은사마귀.

水 10 12 月 肉 육달월변 고기육변 **脂** 기름기. 비계. 진. 연지.

水 14 虫 벌레충변 **蜘** 거미.

水 14 15 氵 水 삼수변 물수변 **漬** 담글. 잠길. 젖을. 물들.

水 15 16 忄 心 삼수변 물수변 **滍** 물 이름.

水 17 魚 물고기어변 **鮨** 젓갈. 젓.　[기. 시. 예]

직

木 08 目 눈목변 **直**· 곧을. 바를. 바로.

木 13 禾 벼화변 **稙** 올벼 (일찍 심은 벼). 벼.

木 15 禾 벼화변 **稷** 기장. 메기장. 피.

木 15 示 보일시변 **禝** 사람 이름. 오곡신 (五穀神). 요임금의 신하.

木 18 糸 실사변 **織**· 짤. 만들.

火 18 耳 귀이변 **職**· 직분. 벼슬. 직품. 맡을.

진

木 08 木 나무목변 **枃** 바디. 사침대.

오행	획수	부수	한자	뜻
木	08 09	扌 手 재방변 손수변	抮	되돌릴. 휘어잡을. 거머잡을. 껴안을.
木	10	目 눈목변	眞·	참. 진리. 진실. 바를. 姓.
木	10	目 눈목변	真	眞자와 통용 [俗字]
木	10	禾 벼화변	秦	나라. 벼슬 이름. 姓.
木	11	木 나무목변	桭	평고대. 처마. 기둥 사이. 대청.
木	10 11	扌 手 재방변 손수변	振·	떨칠. 떨. 움직일. 진동할.
木	11	目 눈목변	眹	눈동자. 조짐.
木	10 11	衤 衣 옷의변	袗	홑옷. 수놓은 옷. 고운 옷. 아름다울.
木	13	靑 푸를청변	靕	바를.
木	13 14	扌 手 재방변 손수변	搢	꽂을. 끼울. 흔들.
木	14	木 나무목변	榛	개암나무. 가시나무. 덤불.
木	14	木 나무목변	槇	나뭇결이 고울. 나뭇결이 단단할.
木	15	禾 벼화변	稹	빽빽할. 밀접할. 촘촘할.
木	15	目 눈목변	瞋	눈 부릅뜰. 성낼.
木	15	示 보일시변	禛	복 받을. 삼실.
木	14 16	艹 艸 풀초변 초두변	蓁	우거질. 많을. 풍성할.
木	16	糸 실사변	縉	분홍빛. 붉은 비단. 꽂을.
木	16	糸 실사변	縝	고울. 맺을. 찬찬할. 촘촘할.
木	15 17	艹 艸 풀초변 초두변	蔯	사철쑥. 약쑥. 더위지기.
火	09	人 사람인변	侲	어린이. 동자. 착할.
火	09	日 날일변	昣	밝을.
火	10	日 날일변	晉	나아갈. 나라.
火	10	日 날일변	晋	晉자와 통용
火	11	臣 신하신변	⿰臣尔	밝을. 환할. 명랑할.

오행	획수	부수	한자	뜻
火	12	走 달릴주변	趁	쫓을. 머뭇거릴.
火	12	車 수레거변	軫	수레 난간. 수레.
火	13 14	忄 心 심방변 마음심변	愼	땅 이름 (지명). [신]
火	12 13	忄 心 심방변 마음심변	慎	愼자와 통용
火	16	人 사람인변	儘	다할. 완수할.
火	17	車 수레거변	轃	이를. 도달할. 수레바탕.
火	20	髟 터럭발변	鬒	머리숱 많을.
土	07	辰 별신변	辰·	별. 다섯째 지지. 진 ↔ 신 [통용]
土	10	田 밭전변	畛	두둑. 경계. 밭 사이 길. 밭 지경. 본바탕.
土	13	土 흙토변	塡	진정할. 평정할. 다할. 누를. 진 ↔ 전 [통용]
土	14	土 흙토변	塵	먼지. 티끌.
土	10 15	阝 阜 좌방변 언덕부변	陣·	진 칠. 진.
土	12 15	辶 辵 책받침변 갖은책받침변	進·	나아갈. 오를. 올릴.
土	11 16	阝 阜 좌방변 언덕부변	陳·	베풀. 벌일. 말할. 姓.
土	16	至 이를지변	臻	이를. 도달할. 모일.
金	09 10	王 玉 임금왕변 구슬옥변	珍·	보배. 보배로울. 진귀할.
金	13	金 쇠금변	鉁	珍자와 통용
金	09 10	王 玉 임금왕변 구슬옥변	珎	珍자와 통용 [俗字]
金	11	攵 攴 등글월문변 칠복변	敒	다스릴. [신]
金	10 11	王 玉 임금왕변 구슬옥변	琎	옥 이름.
金	12	言 말씀언변	診	진찰할. 볼. 맥을 봄.
金	14	皿 그릇명변	盡·	다할. 극진할. 빌.
金	06	尸 주검시변	尽	盡자와 통용
金	14	貝 조개패변	賑	넉넉할. 풍부할. 구휼할. 줄.

오행	획수	한자	뜻
金	14 言 말씀언변	誫	움직일. [정]
金	14 15 王 玉 임금왕변 구슬옥변	瑱	귀고리. 귀막이 옥. 옥 이름.
金	14 15 王 玉 임금왕변 구슬옥변	瑨	옥돌. 아름다운 옥돌.
金	14 15 王 玉 임금왕변 구슬옥변	璡	瑨자와 통용
金	16 17 王 玉 임금왕변 구슬옥변	璡	옥돌.
金	18 金 쇠금변	鎭·	진압할. 진정할. 편안케 할.
水	09 歹 죽을사변	殄	다할. 끊어질. 면할. 죽을.
水	10 口 입구변	唇	놀랄. 경악. [순]
水	09 10 氵 水 삼수변 물수변	津	나루. 언덕. 인연.
水	10 疒 병질엄변	疹	홍역. 열병. 앓을. 역질.
水	13 口 입구변	嗔	성낼. [전]
水	13 14 氵 水 삼수변 물수변	溱	많을. 펼. 펴질. 성할. 이를. 姓. 물 이름.
水	13 14 氵 水 삼수변 물수변	滇	고을 이름. 현 이름.
水	15 雨 비우변	震·	우레. 진동. 천둥. 괘 이름.
水	17 虫 벌레충변	螴	가슴 설렐. 불안감. 벌레 굽실거릴.

질

오행	획수	한자	뜻
木	08 巾 수건건변	帙	책갑. 책. 책권. 차례. 姓.
木	10 木 나무목변	桎	차꼬 (죄수의 형구. 족쇄. 쐐기.
木	10 禾 벼화변	秩·	차례. 녹. 관직. 벼슬.
木	12 糸 실사변	絰	질 (상복에 두른 삼베 띠. 수질(상복 머리띠. 요질(허리띠.
木	14 16 艹 艸 풀초변 초두변	蒺	남가새 (풀. 질려(일년초 이름.
火	08 人 사람인변	侄	어리석을. 단단할. 조카.
土	09 土 흙토변	垤	개미집. 개밋둑.
土	09 女 계집녀변	姪·	조카.

오행	획수	한자	뜻
土	09 12 辶 辵 책받침변 갖은책받침변	迭	번갈아 들. 교대. 갈마들. 姓. [일]
土	12 𧾷 足 발족변	跌	넘어질. 꺼꾸러질. 지나칠.
土	13 女 계집녀변	嫉	시기할. 미워할. 시새움할.
土	09 13 阝 邑 우방변 고을읍변	郅	고을 이름. 이를. 오를.
金	15 貝 조개패변	質·	바탕. 근본. 본질. 품성. 품질.
金	19 20 王 玉 임금왕변 구슬옥변	瓆	사람 이름.
金	23 金 쇠금변	鑕	모루. 도끼. 모탕 (대장간 작업대 밑의 받침 쇠).
水	05 口 입구변	叱	꾸짖을. 책망할. 욕할.
水	10 疒 병질엄변	疾·	병. 아플. 괴로워할.
水	11 穴 구멍혈변	窒	막을. 막힐. 머물. 멈출. [절]
水	12 虫 벌레충변	蛭	거머리. 그리마. 姓.
水	15 17 月 肉 육달월변 고기육변	膣	새살 날. 음문. 여자의 생식기.

짐

오행	획수	한자	뜻
火	13 斗 말두변	斟	짐작할. 머뭇거릴. 姓.
火	15 鳥 새조변	鴆	짐새 (깃을 술에 담갔다가 마시면 죽는 독조毒鳥).
水	10 月 달월변	朕	나. 조짐. 짐(임금이 자신을 칭하는 말).

집

오행	획수	한자	뜻
木	13 木 나무목변	楫	배 젓는 노. 돛대. 집 ↔ 즙 [통용]
木	15 糸 실사변	緝	모일. 모을. 낳을. [즙]
火	04 人 사람인변	什	세간. 물건. 가구. 시편. 집 ↔ 십 [통용]
火	12 隹 새추변	集·	모을. 나아갈. 문집.
火	16 車 수레거변	輯	모일. 모을. 얻을. 화목할.
土	11 土 흙토변	執·	잡을. 모을. 가질. 姓.
金	13 戈 창과변	戢	거둘. 모을. 그칠. [즙]

오행	획수	한자	뜻
金	20 金 쇠금변	鏶	판금. 쇳조각.
水	09 口 입구변	咠	귓속말. 소곤거릴. 참소할. [즙]
水	15 16 氵 水 삼수변 물수변	濈	샘날. 샘솟을.
水	15 16 氵 水 삼수변 물수변	潗	濈자와 통용

징

오행	획수	한자	뜻
木	17 目 눈목변	瞪	똑바로 볼. 직시할.
火	15 彳 두인변	徵·	거둘. 부를. 구할. [치]
火	19 心 마음심변	懲·	징계할. 응징. 혼날.
水	15 16 氵 水 삼수변 물수변	澄	맑을.
水	15 16 氵 水 삼수변 물수변	澂	(물 맑을.
水	18 19 氵 水 삼수변 물수변	瀓	맑을. 깨끗할.
水	20 疒 병질엄변	癥	어혈. 적병. 적취.

♣

ㅊ

차

오행	획수	한자	부수	뜻
木	05	且·	一 한일변	또. 또한. 만일. 우선.
木	10 12	茶	艹 艸 풀초변 초두변	차. 차나무. 차↔다 [통용]
木	14	槎	木 나무목변	엇깎다. 비스듬히 자를. 뗏목. 떼.
木	14	箚	竹 대죽변	찌를. 이를. 오다. 닿을. 적을.
木	24	奲	大 큰대변	너그러울. 관대할. 차 ↔ 다 [통용]
火	06	次·	欠 하품흠변	버금. 다음. 둘째. 차례.
火	07	車	車 수레거변	수레. 姓. 차 ↔ 거 [통용]
火	08	侘	人 사람인변	자랑할. 뽐낼. 낙망할.
火	08	佽	人 사람인변	도울. 나란할. 편리할. 빠를.
火	10	借·	人 사람인변	빌릴. 꾸어 줄. 도울. 가령.
火	10	差·	工 장인공변	어긋날. 다를. 층질. [치]
火	11	徣	彳 두인변	빌릴. 꿀(꾸다). 기댈. → 借 [同字]
土	06	此·	止 그칠지변	이. 이에. 이어. 이것.
土	07	岔	山 메산변	갈림길. 산길 나뉠.
土	09	姹	女 계집녀변	아름다울. 자랑할. 예쁜 여자.
土	13	嵯	山 메산변	우뚝 솟을. 산 울뚝불뚝할. [치]
土	17	蹉	⻊ 足 발족변	넘어질. 미끄러질. 지날. 틀릴.
土	15 18	遮	⻌ 辵 책받침변 갖은책받침변	가릴. 막을. 덮다. [자]
金	12	硨	石 돌석변	옥돌. 조개 껍데기. 차거(硨磲 : 7보의 하나).
金	14 15	瑳	王 玉 임금왕변 구슬옥변	고울. 옥빛 깨끗할. 웃을.
金	15	磋	石 돌석변	갈. 연마할. 학문을 닦음.

水 03 叉 又 또우변 — 양갈래. 깍지 낄.

水 13 嗟 口 입구변 — 탄식할. 감탄할.

水 21 鹺 鹵 소금밭변 — 소금. 몹시 짤.

착

木 10 11 捉· 扌 手 재방변 손수변 — 잡을. 낄.

木 13 14 搾 扌 手 재방변 손수변 — 짤. 짜낼.

木 16 17 擉 扌 手 재방변 손수변 — 찌를. 꽂을. 작살.

土 12 着· 羊 양양변 — 붙을. 다다를. 부딪칠.

金 14 斲 斤 날근변 — 깎을. 쪼갤.

金 16 錯· 金 쇠금변 — 섞일. 어긋날. 그르칠. 잘못할.

金 18 戳 戈 창과변 — 찍을. 창으로 찌를. 도장 찍을.

金 22 齪 齒 이치변 — 악착할. 작을. 잔달.

金 28 鑿 金 쇠금변 — 뚫을. 끌. 파다. [조]

水 10 窄 穴 구멍혈변 — 좁을. 닥칠.

찬

木 13 粲 米 쌀미변 — 흰 쌀. 정미. 빛날. 선명할.

木 15 16 撰 扌 手 재방변 손수변 — 글 지을. 가릴. 갖출.

木 16 簒 竹 대죽변 — 빼앗을. 잡을.

木 17 簒 竹 대죽변 — 簒자와 통용

木 20 纂 糸 실사변 — 모을. 이을. 편찬할.

木 21 22 攛 扌 手 재방변 손수변 — 던질. 펼. 후릴.

木 22 23 攢 扌 手 재방변 손수변 — 모일. 옹기종기 모일.

木 23 欑 木 나무목변 — 모을. 모일.

木 25 纘 糸 실사변 — 이을. 잇다. 계승. 모을.

火 17 火 불화변 **燦** 빛날. 번쩍번쩍할.

火 21 人 사람인변 **儧** 모을. 일 공론할.

火 17 人 사람인변 **儹** 儧자와 통용

火 26 走 달릴주변 **趲** 놀라 흩어질. 흩어져 달아날.

火 29 火 불화변 **爨** 부뚜막. 불 땔. 아궁이.

土 22 山 메산변 **巑** 산이 높을. 뾰족한 산.

土 22 女 계집녀변 **孏** 희고 환할. 예쁠.

金 17 王 임금왕변 18 玉 구슬옥변 **璨** 옥빛. 옥 광채.

金 19 貝 조개패변 **贊**· 찬성할. 도울.

金 15 貝 조개패변 **賛** 贊자와 통용

金 21 刂 선칼도변 刀 칼도변 **劗** 머리 깎을. 덜. 벨. 끊을.

金 23 王 임금왕변 24 玉 구슬옥변 **瓚** 옥그릇. 옥잔. 큰 홀.

金 26 言 말씀언변 **讚**· 기릴. 칭찬할. 찬양할. 도울.

金 22 言 말씀언변 **讃** 讚자와 통용

金 27 金 쇠금변 **鑽** 뚫을. 송곳. 끌.

水 16 食 밥식변 **餐** 먹을. 음식물. 거둘.　[손]

水 16 氵 삼수변 17 水 물수변 **澯** 맑을. 물 맑을. 물 모양.

水 18 穴 구멍혈변 **竄** 숨을. 숨길. 도망할. 내칠.

水 21 食 밥식변 **饌** 반찬. 차려낼. 음식.　[반. 선]

찰

木 05 木 나무목변 **札** 편지. 패. 적을. 미늘 (갑옷의 비늘.

木 04 扌 재방변 05 手 손수변 **扎** 뺄. 뽑을.　札의 [俗字]

木 11 糸 실사변 **紮** 감을. 묶을. 동여맬.

木 14 宀 갓머리변 **察**· 살필. 상고할. 자세할.

木 17 18 擦 扌 手 재방변 손수변 — 문지를. 비빌. 마찰할.

金 08 刹 刂 刀 선칼도변 칼도변 — 절. 사원. 탑. 기둥.

참

木 15 槧 木 나무목변 — 판목. 분판. 판. 편지.

木 17 毚 比 견줄비변 — 토끼. 약은 토끼. 별 이름.

木 20 21 攙 扌 手 재방변 손수변 — 찌를. 날카로울.

木 21 欃 木 나무목변 — 살별 (혜성 이름). 혜성. 수통. 박달나무.

火 11 參· 厶 마늘모변 — 참여할. 낄. 뵐. 간여할. 참 ↔ 삼 [통용]

火 14 僭 人 사람인변 — 참담할. 주제넘을. 사치. 어그러질.

火 14 15 慘· 忄 心 심방변 마음심변 — 참혹할. 비참. 슬플.

火 15 慙· 心 마음심변 — 부끄러울. 수치스러울.

火 14 15 慚 忄 心 심방변 마음심변 — 慙자와 통용

火 15 16 憯 忄 心 심방변 마음심변 — 슬퍼할. 비통할. 미워할. 아플.

火 19 儳 人 사람인변 — 어긋날. 빠를. 경솔한 말.

火 20 21 懺 忄 心 심방변 마음심변 — 뉘우칠. 회개할.

火 21 驂 馬 말마변 — 곁말. 곁마. 곁말 세울.

土 14 塹 土 흙토변 — 구덩이 팔. 팔. 해자 (성밖 둘레를 둘러싼 연못).

土 14 嶄 山 메산변 — 산 높을. 가파를. 뾰족할.

土 20 巉 山 메산변 — 가파를. 낭떠러지.

金 10 站 立 설립변 — 역 마을. 역참. 우두커니 설.

金 11 斬 斤 날근변 — 벨. 끊어질. 목 베일.

金 19 譖 言 말씀언변 — 참소할. 거짓. 속일.

金 19 鏨 金 쇠금변 — 새길. 작은 끌.

金 24 讖 言 말씀언변 — 예언. 조짐. 징조. 비결.

金 24 讒 言 말씀언변 — 헐뜯을. 사특할. 속일. 해칠.

金 25 鑱 金 쇠금변 — 보습 쇠 (쟁기 날. 침. 송곳.

水 23 黲 黑 검을흑변 — 검푸를. 검푸르죽죽할.

水 26 饞 食 밥식변 — 탐할.

창

木 10 鬯 鬯 술창변 — 울창주 (기장으로 빚은 제주. 술 이름.

木 13 14 搶 扌 手 재방변 손수변 — 닿을. 부딪칠. 어지러울.

木 14 槍 木 나무목변 — 무기. 창. 소총. 다다를. 姓.

木 12 14 菖 艹 艸 풀초변 초두변 — 창포.

木 15 廠 广 엄호변 — 헛간. 곳집. 공장.

木 16 艙 舟 배주변 — 선창. 선실. 갑판 밑.

木 14 16 蒼· 艹 艸 풀초변 초두변 — 푸를. 무성할. 우거질.

木 16 閶 門 문문변 — 하늘 문. 궁문. 천상의 문.

火 08 昌· 日 날일변 — 창성할. 번성할. 아름다울.

火 09 昶 日 날일변 — 밝을. 통할. 해 길.

火 10 倉· 人 사람인변 — 창고. 곳집. 姓.

火 10 倀 人 사람인변 — 미칠. 창귀(倀鬼, 虎鬼).

火 10 倡 人 사람인변 — 광대. 여배우. 가무.

火 12 傖 人 사람인변 — 천할. 시골뜨기. 놈. [쟁]

火 12 晿 日 날일변 — 사람 이름.

火 11 12 悵 忄 心 심방변 마음심변 — 슬퍼할. 한탄할. 섭섭할.

火 11 12 惝 忄 心 심방변 마음심변 — 경황없을. 실망할. 멍할.

火 14 彰 彡 터럭삼변 — 빛날. 나타낼. 선명할. 뚜렷할.

火 13 14 愴 忄 心 심방변 마음심변 — 슬플. 서러울. 비통할.

오행	획수/부수	한자	뜻
火	14 日 날일변	暢·	통할. 화창할. 자랄. 펼.
火	16 毛 터럭모변	氅	새털. 새털 옷.
火	21 鳥 새조변	鶬	왜가리. 재두루미.
土	11 女 계집녀변	娼	창녀. 노는 계집.
土	11 犭 개사슴록변 12 犬 개견변	猖	미쳐 날뛸. 놀랄.
土	17 𧾷 足 발족변	蹌	추창할. 춤 출. 비틀거릴.
金	08 刂 선칼도변 刀 칼도변	刱	비롯할. 처음. 시작할. 상할.
金	12 刂 선칼도변 刀 칼도변	創·	비롯할. 시작할. 성할.
金	12 攵 등글월문변 攴 칠복변	敞	시원할. 넓을. 높을. 열.
金	14 戈 창과변	戧	다칠. 상할. 거스릴. 創의 [古字]

주의	
	創으로 쓰일 때는 비로소 창, 비롯할 창의 뜻으로 쓰임

오행	획수/부수	한자	뜻
金	14 王 임금왕변 15 玉 구슬옥변	瑲	옥 소리. 풍류 소리.
金	16 金 쇠금변	鋹	날카로울. 예리할.
水	11 口 입구변	唱·	부를. 노래 부를.
水	11 穴 구멍혈변	窓·	창문. 창. 바라지. 굴뚝.
水	12 冫 이수변	滄	찰. 추울.
水	11 氵 삼수변 12 水 물수변	淐	물 이름.
水	11 氵 삼수변 12 水 물수변	淌	큰 물결. 흐르는 모양.
水	12 穴 구멍혈변	窗	창. 지게문. 굴뚝.
水	12 月 육달월변 14 肉 고기육변	脹	팽창할. 복창증. 부풀. 배부를.
水	13 氵 삼수변 14 水 물수변	滄	바다. 푸를. 찰. 서늘할.
水	14 氵 삼수변 15 水 물수변	漲	물 넘칠. 물 불을. 물 넘쳐흐를.
水	15 疒 병질엄변	瘡	종기. 부스럼. 상처.

참고	
	작명은 소리(音)로만, 뜻(訓)으로만, 또는 소리(音)와 뜻(訓)으로 모두 할 수 있다.

채

木 08 采 釆 분별할변 — 캘. 취할. 가릴. 姓.

木 11 寀 宀 갓머리변 — 녹봉. 동관(同官). 식읍.

木 11 扌 재방변 12 手 손수변 採· — 캘. 가려낼. 딸(따다). 채취할.

木 12 棌 木 나무목변 — 참나무.

木 10 艹 풀초변 12 艸 초두변 茝 — 구릿대. 어수리(다년초). 궁궁이 싹(芎藭).

木 13 睬 目 눈목변 — 주목할. 속된 말. 속언(俗言).

木 12 艹 풀초변 14 艸 초두변 菜· — 나물. 야채. 푸성귀. 姓.

木 14 寨 宀 갓머리변 — 나무 우리. 목책. 울타리.

木 14 綵 糸 실사변 — 비단. 채색 비단. 무늬.

木 15 艹 풀초변 17 艸 초두변 蔡 — 거북. 나라 이름. 복 받을. 姓.

火 11 彩· 彡 터럭삼변 — 채색. 광채. 무늬.

火 13 債· 人 사람인변 — 빚. 빚질. 빌릴.

土 11 埰 土 흙토변 — 사패지(임금이 하사한 논, 밭). 채지. 무덤.

土 11 婇 女 계집녀변 — 여자 이름.

土 11 祭 示 보일시변 — 나라 이름. 땅 이름. 姓. 채 ↔ 제 [통용]

金 10 砦 石 돌석변 — 진터. 진 칠. 보루. 울타리.

金 11 責 貝 조개패변 — 빚. 부채. 채 ↔ 책 [통용] [책]

金 11 釵 金 쇠금변 — 비녀. [차]

金 12 王 임금왕변 13 玉 구슬옥변 琗 — 옥빛. 옥 무늬. 옥 문채.

책

木 05 冊· 冂 멀경변 — 책. 서적. 칙서.

木 05 册 冂 멀경변 — 冊자와 통용

木 09 柵 木 나무목변 — 성채. 목책. 말뚝. 울타리.

木 11 竹 대죽변 **簀** 책. 권책. 姓.

木 12 竹 대죽변 **策**· 계책. 꾀. 대쪽.

木 14 巾 수건건변 **幘** 건. 머릿수건. 망건.

木 17 竹 대죽변 **簀** 평상발. 갈대발. 대자리.

金 11 貝 조개패변 **責**· 꾸짖을. 책망할. 책임. 임무.
책 ↔ 채 [통용] [채]

金 15 石 돌석변 **磔** 찢을. 능지할. 책형.

水 11 虫 벌레충변 **蚱** 벼메뚜기. 말매미.

水 14 口 입구변 **嘖** 외칠. 혀 찰. 말 많을.

처

木 12 14 艹 艸 풀초변 초두변 **萋** 풀 무성할. 우거질. 문채 모양.

火 11 12 忄 心 심방변 마음심변 **悽** 슬플. 애통할. 애처로울.

火 19 見 볼견변 **覰** 엿볼.

土 08 女 계집녀변 **妻**· 아내.

土 11 虍 범호변 **處**· 곳. 살. 있을. 머무를. 처할.

土 05 几 안석궤변 **処** 處자와 통용 [略字]

土 11 15 阝 邑 우방변 고을읍변 **郪** 땅 이름.

水 10 冫 이수변 **凄** 쓸쓸할. 찰. 싸늘할.

水 11 12 氵 水 삼수변 물수변 **淒** 쓸쓸할. 서글플. 찰. 찬바람.

척

木 04 尸 주검시변 **尺**· 자. 길이. 길이의 단위.

木 08 09 扌 手 재방변 손수변 **拓**· 넓을. 넓힐. 주울. 열.
척 ↔ 탁 [통용]

木 10 11 扌 手 재방변 손수변 **捗** 칠. 때릴. 두드릴. 나갈.

木 14 15 扌 手 재방변 손수변 **摭** 습득할. 취할. 주울.

木 18 19 扌 手 재방변 손수변 **擲** 던질. 버릴.

오행	획수	한자	뜻
火	10 人 사람인변	倜	대범할. 기개 있을. 뛰어날.
火	10 隹 새추변	隻	외짝. 하나. 짝. 척.
火	11 忄 심방변 / 12 心 마음심변	惕	두려워할. 근심할.
火	15 心 마음심변	慼	근심할. 슬플. 서러울. 걱정.
火	14 忄 심방변 / 15 心 마음심변	慽	慼자와 통용
土	12 ⻊ 足 발족변	跖	발바닥. 밟을.
土	13 土 흙토변	塉	척박할. 박토. 메마른 땅.
土	14 土 흙토변	墌	터. 기지. 토대. 터 다질.
土	08 土 흙토변	坧	墌자와 통용
土	10 阝 좌방변 / 15 阜 언덕부변	陟	오를. 올릴. 나아갈.
土	18 ⻊ 足 발족변	蹠	밟을. 발바닥. 이를. 도착. [저]
土	22 ⻊ 足 발족변	躑	주저할. 머뭇거릴.
金	05 斤 날근변	斥·	물리칠. 가리킬. 지적할.
金	08 刂 선칼도변 / 刀 칼도변	刺	찌를. 척 ↔ 자 [통용]
金	10 刂 선칼도변 / 刀 칼도변	剔	뼈 발라낼. 벨. 깎을. 버릴. [체]
金	11 戈 창과변	戚·	친척. 겨레. 슬플. 근심할.
水	10 月 육달월변 / 12 肉 고기육변	脊	척추. 등골뼈. 등마루.
水	14 虫 벌레충변	蜴	도마뱀. → 역 [本音] [석]
水	14 氵 삼수변 / 15 水 물수변	滌	씻을. 닦을. 헹구다. 청소할.
水	15 疒 병질엄변	瘠	여윌. 파리할. 궁핍할.

천

오행	획수	한자	뜻
木	06 舛 어길천변	舛	어그러질. 틀릴. 어수선할.
木	09 示 보일시변	祆	하늘. 종교 이름. 귀신 이름.
木	07 艹 풀초변 / 09 艸 초두변	芊	우거질. 풀 무성할.

木 10 12 艹 艸 **茜** 꼭두서니 (다년생 만초). 꼭두서니색 (진홍색).
풀초변 초두변

木 10 12 艹 艸 **荐** 거듭할 (중첩, 재차). (돗) 자리 깔. 깔개. 풀 이름. 천거할.
풀초변 초두변

木 14 16 艹 艸 **蒨** 선명한 모양. 우거질. 꼭두서니(꼭두서닛과의 다년초).
풀초변 초두변

木 16 17 扌 手 **擅** 멋대로. 천단. 오로지. 가질. 의지 할.
재방변 손수변

木 16 18 艹 艸 **蕆** 경계할. 갖출. 풀.
풀초변 초두변

木 18 靑 **靝** 하늘. 근본. 천체.
푸를청변

木 17 19 艹 艸 **薦**· 천거할. 드릴. 깔.
풀초변 초두변

木 20 門 **闡** 밝힐. 열. 관여할. 넓힐.
문문변

火 04 大 **天**· 하늘. 임금. 천제. 하느님. 姓.
큰대변

火 05 人 **仟** 일천. 천 사람. 무성할.
사람인변

火 10 人 **俴** 엷을. 얕을.
사람인변

火 10 人 **倩** 예쁠. 남자의 미칭. 엄전할. 입매 예쁠.
사람인변

火 14 人 **僢** 어그러질. 등질. 바탕.
사람인변

火 15 人 **儃** 머뭇거릴. 어찌. → 선. 단. 탄 [本音]
사람인변

土 07 10 辶 辵 **辿** 천천히 걸을. 느리게 걸을.
책받침변 갖은책받침변

土 06 11 阝 阜 **阡** 밭둑길. 두렁. 언덕.
좌방변 언덕부변

土 12 至 **臶** 거듭. 자주.
이를지변

土 15 𧾷 足 **踐**· 밟을. 오를. 행할. 모을.
발족변

土 16 19 辶 辵 **遷**· 옮길. 바꿀. 귀양 보낼. 姓.
책받침변 갖은책받침변

金 07 08 王 玉 **玔** 옥고리. 옥 팔찌.
임금왕변 구슬옥변

金 11 金 **釧** 팔찌. 팔가락지. 姓.
쇠금변

金 15 貝 **賤**· 천할. 업신여길. 값싼. 흔할.
조개패변

金 24 革 **韆** 그네.
가죽혁변

水 03 十 **千**· 일천. 여러. 많을.
열십변

水 | 03 川 巛 | **川**· | 내. 냇물. 하천.
개미허리변

水 | 09 水 | **泉**· | 샘.
물수변

水 | 09 穴 | **穿** | 뚫을. 뚫릴. 구멍. 통할.
구멍혈변

水 | 09 氵 10 水 | **洊** | 연거푸. 이를. 거듭 이를. 자주.
삼수변 물수변

水 | 12 口 | **喘** | 숨 찰. 숨. 호흡. 코 골. 헐떡거릴.
입구변

水 | 11 氵 12 水 | **淺**· | 옅을. 엷을. 물 얕을.
삼수변 물수변

水 | 18 氵 19 水 | **濺** | 흩뿌릴. 뿌릴. 물 빨리 흐를.
삼수변 물수변

철

木 | 11 扌 12 手 | **掇** | 주울. 캘.
재방변 손수변

木 | 14 糸 | **綴** | 철할. 꿰맬. 이을. 맺을.
실사변

木 | 15 扌 16 手 | **撤** | 거둘. 치울. 제거할.
재방변 손수변

木 | 17 目 | **瞮** | 눈 밝을.
눈목변

火 | 05 凵 | **凸** | 볼록할. 뾰족할.
위터진입구변

火 | 11 心 | **悊** | 밝을. 공경할. 슬기로울. → 哲의 [古字]
마음심변

火 | 11 忄 12 心 | **惙** | 근심할. 고달플. 그칠.
심방변 마음심변

火 | 15 彳 | **徹**· | 통할. 뚫을. 관철할. 사무칠.
두인변

火 | 15 車 | **輟** | 그칠. 멈출. 꿰맬.
수레거변

火 | 19 車 | **轍** | 바퀴 자국.
수레거변

土 | 10 土 | **埑** | 밝을. 밝은. 슬기로울. → 哲과 [同字]
흙토변

金 | 10 刂 刀 | **剟** | 깎을. 찌를. 벨. 새길.
선칼도변 칼도변

金 | 14 金 | **銕** | 쇠. 단단한 철. → 鐵의 [古字]
쇠금변

金 | 16 金 | **錣** | 바늘. 물미 (채찍 끝에 끼운 쇠침). 산가지.
쇠금변

金 | 19 欠 | **歠** | 마실. 크게 들이마실.
하품흠변

金 | 21 金 | **鐵**· | 쇠. 무기. 단단할.
쇠금변

오행	획수	한자	뜻
金	13 金 쇠금변	銕	鐵자와 통용
水	10 口 입구변	哲·	밝을. 슬기로울. 총명할.
水	12 口 입구변	喆	哲자와 통용
水	11 口 입구변	啜	마실. 먹을. 훌쩍거릴.
水	14 食 밥식변	餮	탐할. 먹을. 음식.
水	15 氵 삼수변 16 水 물수변	澈	맑을. 물 맑을.
水	18 食 밥식변	餮	탐할. 식탐할.

첨

오행	획수	한자	뜻
木	16 巾 수건건변	幨	휘장. 수레 휘장. 차 휘장.
木	17 木 나무목변	檐	추녀. 처마. 평고대. → 簷 [同字]
木	18 目 눈목변	瞻	우러러볼. 쳐다볼.
木	19 竹 대죽변	簽	쪽지. 죽롱(竹籠). 표제. 서명할.
木	18 衤 19 衣 옷의변	襜	행주치마. 앞치마.
木	19 竹 대죽변	簷	처마. 지붕. 기슭. → 檐[同字]
木	21 木 나무목변	櫼	쐐기. 문설주.
木	23 竹 대죽변	籤	제비 (제비뽑기). 시험할. 산가지. 점대.
火	08 小 心 밑마음심변 마음심변	忝	욕될. 더럽힐. 부끄러울.
火	12 心 마음심변	惉	팰. 음조가 고르지 아니할.
火	13 人 사람인변	僉	모두. 다. 여러.
土	11 甘 달감변	甛	달. 맛날. 낮잠. 곤히 잠잘.
土	11 甘 달감변	甜	甛자와 통용
金	06 小 작을소변	尖·	뾰족할. 날카로울. 작을. 끝.
金	13 言 말씀언변	詹	이를. 도달할. 말 많을. [담]
金	15 言 말씀언변	諂	아첨할. 아양떨. 알랑거릴.

水 08 09 沾 더할.
氵 水 젖을. 적실. [점. 첩]
삼수변 물수변

水 11 12 添· 덧붙일.
氵 水 더할. 맛 더할.
삼수변 물수변

水 20 21 瀸 적실.
氵 水 젖을. 건수 샘.
삼수변 물수변

첩

木 08 帖 문서.
巾 장부. 표제. [체]
수건건변

木 11 12 捷 빠를.
扌 手 이길.
재방변 손수변

木 13 牒 편지.
片 서찰. 증서. 문서.
조각편변

木 13 睫 속눈썹.
目 눈 감을.
눈목변

木 17 褺 겹옷.
衣
옷의변

火 08 09 怗 고요할.
忄 心 편안할. 복종할.
심방변 마음심변

火 10 倢 빠를.
人 이길. 이로울. 편할.
사람인변

火 14 輒 문득.
車 갑자기. 번번이. 姓.
수레거변

土 08 妾· 첩.
女 소실. 계집아이.
계집녀변

土 12 堞 성가퀴 (성 위에 쌓은 담.
土
흙토변

土 22 疊 겹쳐질.
田 포개질. 거듭.
밭전변

金 12 貼 붙일.
貝 붙을. 메울. 편안할.
조개패변

金 16 諜 염탐할.
言 염탐꾼.
말씀언변

水 08 呫 소곤거릴.
口 지껄일. 맛볼.
입구변

水 12 喋 말 잘할.
口 구변 좋을. 재잘거릴.
입구변

청

木 08 靑· 푸를.
靑 봄. 젊을. 동쪽.
푸를청변

木 08 青 靑자와 통용
靑
푸를청변

木 11 圊 뒷간.
口 변소.
큰입구변

木 12 14 菁 우거질.
艹 艸 무성한 모양. [정]
풀초변 초두변

오행	획수	한자	뜻
木	25 广 엄호변	廳·	관청. 대청. 마루.
火	12 日 날일변	晴·	맑을. 갤. 날이 갤.
火	12 日 날일변	晴	晴자와 통용
火	19 鳥 새조변	鶄	해오라기. 푸른 백로. 교청새.
火	22 耳 귀이변	聽·	들을. 들어줄. 판결할.
土	11 女 계집녀변	婧	날씬할. 가냘픈. 여자 정결할. 청 ↔ 정 [통용]
金	15 言 말씀언변	請·	청할. 알릴. 부를. 들을.
金	15 言 말씀언변	請	請자와 통용
水	10 冫 이수변	凊	서늘할. 찰.
水	11 氵 12 水 삼수변 물수변	淸·	맑을. 깨끗할.
水	11 氵 12 水 삼수변 물수변	清	淸자와 통용
水	14 虫 벌레충변	蜻	잠자리. 귀뚜라미.
水	19 魚 물고기어변	鯖	청어. [정]

체

오행	획수	한자	뜻
木	12 木 나무목변	棣	산앵두나무.
木	15 糸 실사변	締	맺을. 연결할. 체결할.
木	13 艹 15 艸 풀초변 초두변	蒂	가시. 꼭지. 뿌리.→ 蔕 [同字]
木	15 艹 17 艸 풀초변 초두변	蔕	가시. 꼭지. 뿌리. → 蒂 [同字]
火	12 曰 가로왈변	替·	바꿀. 대신. 대신할. 폐할.
火	15 髟 터럭발변	髢	머리 깎을. 땋은 머리. [척]
土	12 辶 15 辵 책받침변 갖은책받침변	逮·	잡을. 좇을. 미칠. [태]
土	14 辶 17 辵 책받침변 갖은책받침변	遞·	갈릴. 역말. 교대. 차례를 바꿀.
金	04 刂 刀 선칼도변 칼도변	切	온통. 일체. 모두. 전부. 체 ↔ 절 [통용]
金	09 刂 刀 선칼도변 칼도변	剃	머리 깎을. 깎을.

金 09 石 돌석변 **砌** 섬돌 (돌계단). 문지방. 즈음.

金 09 王 임금왕변 10 玉 구슬옥변 **玼** 옥빛 깨끗할.

金 16 言 말씀언변 **諦** 살필. 이치.　[제]

金 16 言 말씀언변 **諟** 자세히 할. 살필. 체 ↔ 시 [통용]

金 23 骨 뼈골변 **體**· 몸. 신체. 용모. 근본. → 体 [略字]

水 10 氵 삼수변 11 水 물수변 **涕** 눈물. 울. 울다.

水 12 彑 彐 튼가로왈변 **彘** 돼지. 땅 이름.

水 14 氵 삼수변 15 水 물수변 **滯**· 막힐. 엉길. 쌓일. 남을.

水 15 歹 죽을사변 **殢** 고단할. 나른할. 늘어질.

水 24 雨 비우변 **靆** 구름 낄. 흐릴.

초

木 07 扌 재방변 08 手 손수변 **抄**· 뽑을. 뺄. 베낄. 가로챌.

木 08 木 나무목변 **杪** 나무 끝. 끝. 가는 가지.

木 08 扌 재방변 09 手 손수변 **招**· 부를. 불러올. 손짓할.

木 09 禾 벼화변 **秒**· 초 (시간 단위). 초침.　[묘]

木 11 木 나무목변 **梢** 나무 끝. 우듬지. 끝.　[소]

木 09 艹 풀초변 11 艸 초두변 **苕** 완두. 능소화. 풀 이름.

木 12 木 나무목변 **椒** 산초나무. 후추. 향.

木 12 禾 벼화변 **稍** 점점. 작을. 끝. 벼줄기 끝. [소]

木 10 艹 풀초변 12 艸 초두변 **草**· 풀.

木 06 艸 초두변 **艸** 草자와 통용

木 13 木 나무목변 **楚** 나라. 초나라. 고을.

木 13 糸 실사변 **綃** 생사. 생실. 생초. 명주실.

木 16 木 나무목변 **樵** 나무할. 땔나무.

木	16 18	艹 艸 풀초변 초두변	蕉	파초. 섶나무. 티끌. 초췌할.
木	23	黹 바느질치변	䵲	오색 빛. 오색 고운 빛.
火	08	火 불화변	炒	볶을. 불에 익힘. 시끄러울.
火	09	人 사람인변	俏	닮을. 같을. 예쁠. 아리따울.
火	08 09	忄 心 심방변 마음심변	怊	슬퍼할. 슬플. 섭섭할.
火	11	人 사람인변	偢	근심할. 어리석을. 볼.
火	10 11	忄 心 심방변 마음심변	悄	급할. 근심할. 고요할.
火	12	灬 火 연화변 불화변	焦	탈. 그을릴. 초조할.
火	12	走 달릴주변	超·	뛰어넘을. 뛸. 넘을.
火	12	車 수레거변	軺	작은 차. 수레. 동차.
火	12 13	忄 心 심방변 마음심변	愀	정색할. 근심할. 풀죽을.
火	14	人 사람인변	僬	밝게 볼. 명찰할.
火	15	走 달릴주변	趠	뛸. 넘을. 오월 바람.
火	15	髟 터럭발변	髫	더벅머리. 늘어뜨린 머리.
火	16	火 불화변	燋	횃불. 홰. 그슬릴. 불 당길.
火	15 16	忄 心 심방변 마음심변	憔	수척할. 파리할. 쇠약할.
火	21	頁 머리혈변	顦	파리할. 근심하는 모양.
火	23	鳥 새조변	鷦	뱁새. 초명새.
土	08	女 계집녀변	妱	여자 이름자.
土	08	山 메산변	岧	산 높은 모양.
土	10	山 메산변	峭	산 가파를. 산 높을.
土	09 12	辶 辵 책받침변 갖은책받침변	迢	멀. 아득할. 높을.
土	13	力 힘력변	勦	노곤할. 토벌할. 수고로울.
土	15	女 계집녀변	嫶	수척할. 얼굴 파리할. 마를.

土 15 山 메산변 **嶕** 산 높을. 산 우뚝 솟을.

金 07 刂 刀 선칼도변 칼도변 **初**· 처음. 첫. 시작. 시초.

金 10 耒 쟁기뢰변 **耖** 밭 갈. 농기구. 써레.

金 11 金 쇠금변 **鈔** 좋은 쇠. 좋을.

金 12 石 돌석변 **硝** 초석. 망석 (화약 재료). 돌 단단한 모양.

金 12 金 쇠금변 **鈔** 노략질. 약탈할. 취할.

金 12 酉 닭유변 **酢** 초. 신맛. [작]

金 13 刂 刀 선칼도변 칼도변 **剿** 괴롭힐. 노곤할. 날랠. → 勦 [소]

金 14 言 말씀언변 **誚** 꾸짖을. 책망할.

金 15 酉 닭유변 **醋** 초. 신 조미료. [작]

金 16 革 가죽혁변 **鞘** 칼집. 말 채찍 끝장식. 말 안장 받침.

金 17 石 돌석변 **礁** 암초. 숨은 바윗돌.

金 17 金 쇠금변 **鍬** 가래. 삽. → 鍫 [同字]

金 17 金 쇠금변 **鍫** 가래. 삽. → 鍬 [同字]

金 18 石 돌석변 **礎**· 주춧돌. 기초. 밑.

金 19 言 말씀언변 **譙** 꾸짖을. 책망할.

金 19 酉 닭유변 **醮** 제사 지낼. 초례. 빌.

金 20 齒 이치변 **齠** 이 갈.

水 07 09 月 肉 육달월변 고기육변 **肖**· 닮을. 같을. 본받을. 姓.

水 10 口 입구변 **哨** 망볼. 파수병. 경계할. [소]

水 12 豸 갖은돼지시변 **貂** 담비 (동물.

水 15 口 입구변 **噍** 씹을. 먹을. 지저귈. 새소리.

촉

木 17 19 艹 艸 풀초변 초두변 **蜀** 철쭉나무. 접시꽃. 촉규화.

木 20 角 뿔각변 **觸**· 닿을. 찌를. 범할. 받을.

木 24 目 눈목변 **矗** 우거질. 무성할. 곧을. 우뚝할.

木 26 目 눈목변 **矚** 볼. 주시할. 뚫어지게 볼.

火 09 人 사람인변 **促**· 재촉할. 독촉할. 촉박할.

火 17 火 불화변 **燭**· 촛불. 밝을. 촉광.

火 25 日 날일변 **曯** 비출. 비칠.

火 25 火 불화변 **爥** 촛불. 비칠. 비출.

土 20 𧾷 足 발족변 **躅** 머뭇거릴.

金 23 骨 뼈골변 **髑** 해골.

水 13 目 虫 눈목변 벌레충변 **蜀** 나라 이름. 나비애벌레. 배추벌레.

水 24 口 입구변 **囑** 부탁할. 당부할. 맡길. 청촉할.

촌

木 07 木 나무목변 **村**· 마을. 시골.

土 07 11 阝 邑 우방변 고을읍변 **邨** 村자와 통용

火 06 07 忄 心 심방변 마음심변 **忖** 헤아릴. 쪼갤. 姓.

土 03 寸 마디촌변 **寸**· 마디 (길이의 단위. 작을. 치. 헤아릴. 촌수.

水 06 口 입구변 **吋** 인치 (inch. 길이의 단위. 영국의 척도.

총

木 14 15 扌 手 재방변 손수변 **摠** 합할. 거느릴. 묶을. 모두. → 總 [仝]

木 13 15 艹 艸 풀초변 초두변 **葱** 파 (채소). 파뿌리. 푸를. 좋은 기운.

木 15 17 艹 艸 풀초변 초두변 **蓯** 우거질. 풀 빽빽할.

木 15 17 艹 艸 풀초변 초두변 **蔥** 파 (채소). 푸를. 葱과 통용

木 17 糸 실사변 **總**· 합할. 다. 모을. 거느릴.

木 14 糸 실사변 **総** 總자와 통용

木 19 宀 갓머리변 **寵** 사랑할.
귀여워할. 필.

火 11 心 마음심변 **悤** 바쁠.
총명할. 슬기로울.
허둥댈. 서두를. 총총할.

火 14 15 忄 心 심방변 마음심변 **憁** 분주할.
바쁠. 실심할.

火 17 耳 귀이변 **聽·** 귀 밝을.
총명할.

火 14 耳 귀이변 **聡** 聽자와 통용 [俗字]

火 21 馬 말마변 **驄** 푸른빛 말.
총이말.

土 10 冖 민갓머리변 **冢** 무덤.
봉토.

土 13 土 흙토변 **塚** 冢자와 통용

金 13 金 쇠금변 **銃·** 총.
도끼자루 구멍.

주의	속자 14획, 본자 13획, (전산폰트) 필순이 14획이나, 성명학에서는 13획 기준

金 19 金 쇠금변 **鏦** 창.
찌를.

水 18 又 또우변 **叢** 모일.
모을. 떼. 떨기.

촬

木 15 16 扌 手 재방변 손수변 **撮** 사진 찍을.
(손가락으로 집을.
모을. 취할.

최

木 14 木 나무목변 **榱** 서까래
(지붕에 걸쳐 지른 나무.

木 14 15 扌 手 재방변 손수변 **摧** 꺾을.
억제할. 누를.

木 16 糸 실사변 **縗** 상복 이름.
상복.

火 13 人 사람인변 **催·** 재촉할.
독촉할. 베풀. 열.
일어날. 닥쳐올.

土 11 山 메산변 **崔** 높을.
姓.

金 15 16 王 玉 임금왕변 구슬옥변 **璀** 빛날.
옥빛 찬란할.

金 16 石 돌석변 **磪** 산 높고 험한 모양.

水 12 曰 가로왈변 **最·** 가장.
제일.

水 11 13 月 肉 육달월변 고기육변 **脧** 아이 불알.
갓난아이 음부.

水 15 口 입구변 **嘬** 물다. 씹을. 한입에 먹을.

水 14 15 氵 水 삼수변 물수변 **漼** 깊을. 눈물 흘릴. 허술할.

추

木 08 巾 수건건변 **帚** (청소하는 비. (비로 쓸. 댑싸리.

木 08 09 扌 手 재방변 손수변 **抽·** 뽑을. 뺄. 당기다.

木 09 禾 벼화변 **秋·** 가을. 결실. 때. 해. 姓.

木 10 艸 초두변 **芻** 꼴. 꼴꾼. 짚. 말린 풀. 짐승 먹이.

木 11 12 扌 手 재방변 손수변 **推·** 천거할. 밀. 추천하다. [퇴]

木 11 12 扌 手 재방변 손수변 **捶** 종아리 칠. 짓찧을. 두드릴.

木 12 木 나무목변 **椎** 망치. 몽치. 방망이. 등뼈.

木 13 木 나무목변 **楸** 가래나무. 바둑판.

木 13 手 손수변 **揫** 모을. 묶을. 거둘. → 揪 [同字]

木 13 14 扌 手 재방변 손수변 **搥** 칠. 북 칠. 종아리 칠.

木 14 竹 대죽변 **箠** 채찍. 채찍질할. 대마디.

木 15 木 나무목변 **樞** 지도리. 고동 (일을 함에 있어 가장 중요한 점).

木 13 15 艹 艸 풀초변 초두변 **萩** 쑥. 다북쑥. 가래나무.

木 14 16 艹 艸 풀초변 초두변 **蒭** 꼴. 풀 베다. 짐승 먹이.

木 16 糸 실사변 **縐** 주름 질. 가는 갈포. 베. 가늘다.

木 16 糸 실사변 **縋** 줄에 매달. 매달릴.

木 17 竹 대죽변 **篴** 버금자리. 버금. 가지런할.

木 21 禾 벼화변 **龝** 가을. → 秋 [同字]

火 08 隹 새추변 **隹** 새. 꼬리 짧은 새.

火 11 12 忄 心 심방변 마음심변 **惆** 슬퍼할. 섭섭할. 실심할.

火 14 人 사람인변 **僦** 빌릴. 고용할. 세 낼. 품삯.

火 17 走 달림주변 **趨** 달릴. 향할. 추창할. [촉]

火 18 隹 새추변 **雛** 병아리. 새 새끼.

火 18 馬 말마변 **騅** 오추마. 푸르고 흰 얼룩말.

火 18 鬼 귀신귀변 **魋** 몽치머리. 상투. 북상투.

火 19 鳥 새조변 **鵻** 작은 비둘기. 아롱 비둘기.

火 20 馬 말마변 **騶** 마부. 기수. 달릴.

火 20 鳥 새조변 **鶖** 무수리 (황새과의 물새).

火 21 鳥 새조변 **鶵** 병아리. 새 새끼. 원추새.

土 11 女 계집녀변 **娵** 별 이름. 미녀. 젊을. 여자 이름.

土 10 13 辶 辵 책받침변 갖은책받침변 **追**· 쫓을. 따를.

土 14 瓦 기와와변 **甃** 벽돌 담. 우물 벽돌. 벽돌.

土 15 土 흙토변 **墜** 떨어질. 떨어뜨릴. 무너질.

土 11 16 阝 阜 좌방변 언덕부변 **陬** 모퉁이. 구석. 현 이름. 정월의 별칭.

土 13 17 阝 邑 우방변 고을읍변 **鄒** 땅 이름. 나라 이름. 姓.

土 33 鹿 사슴록변 **麤** 클. 거칠. 굵을.

金 09 酉 닭유변 **酋** 우두머리. 두목. 오래될. 숙성할. 묵은 술.

金 15 皮 가죽피변 **皺** 주름질. 주름 잡힐. 마른 대추.

金 15 言 말씀언변 **諏** 물을. 상의할. 꾀할.

金 16 金 쇠금변 **錐** 송곳. 바늘.

金 16 金 쇠금변 **錘** 저울눈. 무게.

金 17 酉 닭유변 **醜**· 추할. 더러울. 악할.

金 18 金 쇠금변 **鎚** 저울추. 쇠몽둥이. [퇴]

金 18 革 가죽혁변 **鞦** 그네. 밀치 끈 (말 꼬리에 거는 막대).

水 12 口 입구변 **啾** 소리. 찍찍거릴. 울.

水 12 13 湫 氵水 삼수변 물수변 — 다할. 서늘할. 못. 늪. [초]

水 16 瘳 疒 병질엄변 — 병 나을. 덜.

水 20 鰌 魚 물고기어변 — 미꾸라지. 능가할.

水 20 鰍 魚 물고기어변 — 鰌자와 통용

축

木 08 竺 竹 대죽변 — 대나무 (竹. 나라 이름. 姓. [독]

木 11 舳 舟 배주변 — 고물 (선박의 꼬리. 선미.

木 12 筑 竹 대죽변 — 악기 이름. 주울.

木 14 16 蓄· 艹艸 풀초변 초두변 — 저축. 쌓을. 모을. 저장할.

木 16 築· 竹 대죽변 — 쌓을. 다질. 지을.

木 17 縮· 糸 실사변 — 축소. 줄일. 오그라들.

火 12 軸 車 수레거변 — 굴대. 수레바퀴. 베틀북.

土 04 丑· 一 한일변 — 소. 둘째 지지.

土 08 妯 女 계집녀변 — 동서.

土 10 畜· 田 밭전변 — 가축. 칠. 기를. 쌓을.

土 11 14 逐· 辶辵 책받침변 갖은책받침변 — 쫓을. 다툴. 물리칠.

土 18 蹙 足 발족변 — 닥칠. 재촉할. 고생할. [척]

土 18 蹜 ⻊足 발족변 — 종종걸음 칠. 디딜.

土 18 鼀 黽 맹꽁이변 — 두꺼비.

土 19 蹴 ⻊足 발족변 — 찰. 차다. 밟을. (축구

金 10 祝· 示 보일시변 — 빌. 축문. 기원할. 축하할.

水 08 豖 豕 돼지시변 — 발 얽은 돼지 걸음. [촉]

춘

木 13 椿 木 나무목변 — 나무 이름. 참죽나무. 姓.

오행	획수	부수	한자	뜻
火	09	日 날일변	春·	봄. 청춘. 화할.
金	13 14	王 玉 임금왕변 구슬옥변	瑃	옥 이름.
金	16	貝 조개패변	賰	넉넉할. [준]

출

오행	획수	부수	한자	뜻
木	05	木 나무목변	朮	차조 (찰기 있는 조. 삽주. 姓. → 秫 [수]
木	10	禾 벼화변	秫	차조. 붉은 조. 찹쌀.
土	05	凵 위터진입구변	出·	날. 나갈. 뛰어날.
水	17	黑 검을흑변	黜	물리칠. 내리칠. 떨어뜨릴.

충

오행	획수	부수	한자	뜻
木	05	儿 어진사람인변	充·	찰. 채울. 가득할.

주의 (전산폰트) 필순은 6획으로 보이고, 현재 본자 5획, 와자(譌字) 6획으로 혼용되나 성명학에서는 5획 기준

오행	획수	부수	한자	뜻
木	10	衣 옷의변	衷	속 마음. 속옷. 착할. 정성. 가운데.
火	07 08	忄 心 심방변 마음심변	忡	근심할.
火	08	心 마음심변	忠·	충성.
火	15	行 다닐행변	衝·	충돌할. 부딪칠. 찌를. 뚫을.
金	10 11	王 玉 임금왕변 구슬옥변	琉	귀고리 옥. 옥돌.
水	07 08	氵 水 삼수변 물수변	沖	화할. 빌. 공허. 날아오를. 어릴. 깊을. 찌를.
水	06	冫 이수변	冲	沖자와 통용
水	18	虫 벌레충변	蟲·	벌레.
水	06	虫 벌레충변	虫	蟲자와 통용

췌

오행	획수	부수	한자	뜻
木	12 13	扌 手 재방변 손수변	揣	잴. 헤아릴.
木	12 14	艹 艸 풀초변 초두변	萃	모을. 떨기. [취]
火	11 12	忄 心 심방변 마음심변	悴	초췌할. 파리할. 근심할. 핼쑥할.

火 12 13 惴 두려워할.
忄 心 근심.
심방변 마음심변

火 17 顇 파리할.
頁 병들. 야윌.
머리혈변

金 18 贅 혹.
貝 군더더기. 모을.
조개패변

水 13 瘁 병들.
疒 여윈 모양. 파리할.
병질엄변

水 16 18 膵 이자 (췌장).
月 肉
육달월변 고기육변

취

木 16 橇 썰매.
木
나무목변

火 08 炊 불 땔.
火 불. 밥 지을.
불화변

火 12 毳 솜털.
毛 가는 털. 연할.
터럭모변

火 14 翠 푸를.
羽 비취빛. 물총새.
깃우변

火 14 聚 모을.
耳 모일. 마을. 촌락.
귀이변

火 15 趣· 뜻.
走 취지. 나아갈. 주창할.
달릴주변

火 23 鷲 독수리.
鳥 수리.
새조변

火 24 驟 달릴.
馬 몰. 빠를. 갑작스러울.
말마변 별안간.

土 10 冣 쌓을.
冖 모을. → 추 [本音]
민갓머리변

土 11 娶 장가들.
女 아내를 맞을.
계집녀변

土 12 就· 나아갈.
尢 이룰.
절름발이왕변

金 15 醉· 취할.
酉 (술) 취할.
닭유변

水 07 吹· 불.
口 불다. 악기 불.
입구변

水 08 取· 취할.
又 가질.
또우변

水 10 臭· 냄새.
自 냄새 날. 썩을.
스스로자변

水 10 12 脆 연할.
月 肉 무를. 가벼울.
육달월변 고기육변

水 15 嘴 부리.
口 주둥이. 사물의 뾰족한
입구변 끝.

참고	작명은 소리(音)로만, 뜻(訓)으로만, 또는 소리(音)와 뜻(訓)으로 모두 할 수 있다.

측

오행	획수	부수	한자	뜻	부수명
木	12	广	厠	뒷간. 변소.	엄호변
木	11	厂	厕	厠자와 통용	민엄호변
火	04	人	仄	기울. 뒤틀. 어렴풋할.	사람인변
火	08	日	昃	기울. 해 기울어질. 오후.	날일변
火	11	人	側·	곁. 옆. 기울어질.	사람인변
火	12 13	忄 心	惻	슬퍼할. 불쌍할. 아플.	심방변 마음심변
水	12 13	氵 水	測·	잴. 측량할. 헤아릴.	삼수변 물수변

층

오행	획수	부수	한자	뜻	부수명
木	15	尸	層·	계단. 층. 층층대. 겹.	주검시변

치

오행	획수	부수	한자	뜻	부수명
木	11	木	梔	치자나무. 치자.	나무목변
木	13	宀	寘	둘. 놓을. 그칠.	갓머리변
木	13	禾	稚	어릴. 어린 벼. 만생종.	벼화변
木	17	禾	穉	稚자와 통용	벼화변

주의: 字典에 따라 16획, 17획으로 혼용되나, 성명학에서는 17획 기준

오행	획수	부수	한자	뜻	부수명
木	13	糸	絺	가는 칡베. 가는 갈포 (칡).	실사변
木	13 14	罒 网	置·	둘. 두다. 놓을. 베풀.	그물망변
木	12 14	艹 艸	菑	묵정밭 (경작 않고 묵힌 잡초밭). 따비밭.	풀초변 초두변
木	14	糸	緇	검을. 검은빛. 검은 옷.	실사변
木	15	巾	幟	표기 (표지가 있는 기). 표적.	수건건변
木	15	糸	緻	촘촘할. 빽빽할. 꿰맬. 기울. 고울. 찬찬할.	실사변
木	15 16	衤 衣	褫	빼앗을. 옷 벗길.	옷의변
木	17 19	艹 艸	薙	백목련.	풀초변 초두변

火 08 人 사람인변 **侈** 사치할. 오만할. 많을.

火 10 人 사람인변 **値**· 값. 가격. 가치.

火 10 心 마음심변 **恥**· 부끄러울. 창피할. 욕될.

火 13 隹 새추변 **雉** 꿩.

火 13 馬 말마변 **馳** 달릴. 질주할.

火 15 車 수레거변 **輜** 짐수레. 바퀴살 끝.

火 16 火 불화변 **熾** 성할. 맹렬할. 불꽃. 불 활활 탈.

火 16 鳥 새조변 **鴟** 올빼미. 솔개.

火 16 鳥 새조변 **鳺** 꿩. → 雉 [同字]

火 17 鳥 새조변 **鵄** 소리개. 솔개. 올빼미.

土 09 山 메산변 **峙** 고개. 언덕. 산 우뚝 설.

참고	작명은 소리(音)로만, 뜻(訓)으로만, 또는 소리(音)와 뜻(訓)으로 모두 할 수 있다.

土 09 至 이를지변 **致**· 이를. 다할. 줄. 부를. 보낼.

주의	속자 10획, 본자 9획 통용, (전산폰트) 필순 10획으로 보이나, 성명학은 9획 기준

土 06 11 阝 阜 좌방변 언덕부변 **阤** 비탈질. 사태날. 무너질. 헐릴.

土 11 田 밭전변 **畤** 제터 (제사 지내는 터).

土 13 𧾷 足 발족변 **踟** 머뭇거릴. 주저할. 정지할.

주의	𧾷, 足 발족 변 7획은 혼용 사용됨

金 15 齒 이치변 **齒**· 이. 치아. 나이.

金 16 金 쇠금변 **錙** 저울눈. 무게의 단위. 중량 이름.

水 05 㔾 卩 병부절변 **卮** 술잔. 잔. 연지.

水 07 豸 갖은돼지시변 **豸** 벌레. 발 없는 벌레. 풀릴.

水 09 口 입구변 **哆** (크게) 입 딱 벌릴. 클. 많을.

水 08 09 氵 水 삼수변 물수변 **治**· 다스릴. 관리할. 병 고칠.

水 | 10 虫 벌레충변 | **蚩** | 어리석을. 얕볼. 업신여길. 치벌레. 벌레 이름.

> 주의: 字典에 따라 10획, 11획으로 혼용되나, 성명학에서는 10획 기준

水 | 11 疒 병질엄변 | **痔** | 치질.

水 | 11 疒 병질엄변 | **痓** | 풍병. 악할. 나쁠.

水 | 11 12 氵 水 삼수변 물수변 | **淄** | 검은빛. 물 이름. 검게 물들일.

水 | 13 口 입구변 | **嗤** | 비웃을. 웃음거리. 냉소할.

水 | 19 疒 병질엄변 | **癡** | 어리석을. 미련할. 미치광이.

水 | 13 疒 병질엄변 | **痴** | 癡자와 통용

水 | 19 魚 물고기어변 | **鯔** | 숭어 (물고기 이름).

칙

土 | 09 力 힘력변 | **勅** | 칙서. 신칙할. 조서. 경계할. → 敕 [同字]

金 | 09 刂 刀 선칼도변 칼도변 | **則·** | 법칙. 법. 본받을. [즉]

金 | 11 攵 攴 등글월문변 칠복변 | **敕** | 칙서. 신칙할. 조서. 경계할. → 勅 (同字)

水 | 13 食 밥식변 | **飭** | 삼갈. 신칙할. 갖출. 훈계.

친

木 | 20 木 나무목변 | **櫬** | 무궁화나무.

木 | 21 22 衤 衣 옷의변 | **襯** | 속옷. 베풀. 가까이할. 접근.

火 | 16 見 볼견변 | **親·** | 친할. 일가. 가까울. 어버이.

칠

木 | 09 木 나무목변 | **柒** | 옻나무. 옻. 옻칠. 漆과 통용

金 | 02 07 一 한일변 | **七·** | 일곱. 일곱 번.

> 주의: 필순은 2획이나, 성명학에서는 수의 의미를 획수로 하므로 7획 기준

水 | 14 15 氵 水 삼수변 물수변 | **漆·** | 옻칠할. 옻. 물 검을. 캄캄할.

침

오행	획수	한자	뜻
木	08 木 나무목변	枕·	베개. 침목.
木	12 木 나무목변	棽	나뭇가지 무성할. 우거질. 뒤덮일. 침 ↔ 림 [통용]
木	13 宀 갓머리변	寖	잠길. 젖을. 점점.
木	13 木 나무목변	椹	모탕. 도끼 바탕. 받침. 토막.
木	14 宀 갓머리변	寢·	잠 잘. 잘. 쉴.
火	07 忄 심방변 08 心 마음심변	忱	정성. 믿을.
火	09 人 사람인변	侵·	침노할. 범할. 점점.
火	17 馬 말마변	駸	말 달릴. 빠를.
土	11 阝 우방변 15 邑 고을읍변	郴	고을 이름. 땅 이름.
金	10 石 돌석변	砧	다듬잇돌. 모탕. 방칫돌 (다듬잇돌의 방언).
金	10 金 쇠금변	針·	침. 바늘.
金	12 王 임금왕변 13 玉 구슬옥변	琛	보배. 옥침. 진귀하다.
金	15 金 쇠금변	鋟	새길. 판 새길 (조각). 송곳.
金	17 金 쇠금변	鍼	침. 바늘. 찌를. → 針[同字]
水	07 氵 삼수변 08 水 물수변	沈·	잠길. 빠질. 가라앉을. 침 ↔ 심 [통용]
水	10 氵 삼수변 11 水 물수변	浸·	잠길. 젖을. 적실. 번질.

칩

오행	획수	한자	뜻
水	17 虫 벌레충변	蟄	겨울잠 잘. 동면할. 엎드릴. 숨을.

칭

오행	획수	한자	뜻
木	10 禾 벼화변	秤	저울. 공평할. → 稱 [俗字]
木	14 禾 벼화변	稱·	일컬을. 헤아릴. 저울질할. 칭찬.

♣

ㅋ

쾌

木	04	大 큰대변	夬	정할. 결단할. 괘 이름. [결]
火	07 忄 심방변	08 心 마음심변	快·	쾌할. 시원할. 상쾌할. 빠를.
水	16	口 입구변	噲	목구멍. 들이마실. 훤할.

♣

ㅌ

타

木	05 扌 재방변	06 手 손수변	打·	칠. 타. 다스. 때릴.
木	06	木 나무목변	朶	늘어질. 움직일. 가지.
木	08 扌 재방변	09 手 손수변	拖	잡아 끌. 끌. 이끌.
木	08 扌 재방변	09 手 손수변	拕	이끌. 끌.
木	09	木 나무목변	柁	선박 키. 나무 단단할.
木	11	舟 배주변	舵	선박 키. 키. → 柁[소]
木	16	木 나무목변	橢	길쭉할.
木	13	木 나무목변	楕	橢자와 통용
火	05	人 사람인변	他·	다를. 딴. 남.
火	07	人 사람인변	佗	다를. 더할. 마음 든든할. 짊어질.
火	12 忄 심방변	13 心 마음심변	惰	게으를. 버릇. 사투리.
火	13	馬 말마변	馱	짐 실을. 짐. 태울. [태]
火	15	馬 말마변	駝	낙타. 약대. 곱사등이. 태울.
火	15	馬 말마변	駞	낙타. 곱사등이. 약대.

오행	획수	부수	한자	뜻
火	16	鳥 새조변	鴕	타조.
土	07	女 계집녀변	妥·	온당할. 편안. 평온할.
土	08	土 흙토변	坨	비탈질. 땅 이름.
土	12	⻊ 足 발족변	跎	헛디딜. 미끄러질. 때 놓칠.
土	08 13	阝 阜 좌방변 언덕부변	陀	비탈질. 험할. 땅 이름.
土	13	身 몸신변	躲	몸 피할. 비킬.
土	15	土 흙토변	墮·	떨어질. 떨어뜨릴.
土	25	黽 맹꽁이변	鼉	악어.
金	12	言 말씀언변	訑	속일.
金	13	言 말씀언변	詑	자랑할. 신통할.
水	09	口 입구변	咤	꾸짖을. 슬퍼할. 입맛 다실.
水	08 09	氵 水 삼수변 물수변	沱	물 이름. 물 갈라질. 큰비.
水	11	口 입구변	唾	침. 침 뱉을.
水	16	魚 물고기어변	鮀	모래무지. 문절망둑.

탁

오행	획수	부수	한자	뜻
木	06 07	扌 手 재방변 손수변	托·	부탁. 의뢰할. 의지할. 맡길.
木	08	十 열십변	卓·	뛰어날. 높을. 책상. 姓.
木	09	广 엄호변	度	헤아릴. 잴. 물을. 탁 ↔ 도 [통용]
木	09	木 나무목변	柝	딱따기 (야경 방망이. 열릴. 열. 터질. 쪼갤.
木	08 09	扌 手 재방변 손수변	拓	박을. 밀칠. 탁 ↔ 척 [통용]
木	08 09	扌 手 재방변 손수변	拆	터질. 찢을. 갈라질.
木	16	木 나무목변	橐	전대 (주머니. 자루.
木	14	木 나무목변	槖	橐자와 통용
木	17 18	扌 手 재방변 손수변	擢	제거할. 뽑을. 빼낼. 선별할.

오행	획수	부수	한자	뜻
木	20 22	艹 艸 (풀초변 초두변)	蘀	낙엽 질. 마를. 초목 껍질.
木	22	竹 (대죽변)	籜	대 껍질. 죽순 껍질.
火	10	人 (사람인변)	倬	밝을. 클.
火	12	日 (날일변)	晫	밝을. 환할.
土	08	土 (흙토변)	坼	터질. 찢을. 갈라질. 싹 틀.
土	15	⻊ 足 (발족변)	踔	멀. 탁월할. 뛰어날.
土	12 15	⻌ 辵 (책받침변 갖은책받침변)	逴	멀. 뛰어날. 뛸. 넘을.
金	08	石 (돌석변)	矺	돌로 칠. 나무 이름.
金	10	言 (말씀언변)	託	부탁할. 의지할.
金	12 13	王 玉 (임금왕변 구슬옥변)	琢	다듬을. 쫄. 연마할.
金	12 13	王 玉 (임금왕변 구슬옥변)	琸	사람 이름.
金	21	金 (쇠금변)	鐸	방울. 요령.
水	08 09	氵 水 (삼수변 물수변)	沰	떨어질. 돌 던질. 붉을.
水	11	口 (입구변)	啄	부리로 쫄. 쫄. 부리로 쪼아먹을. 두드릴. [주]
水	11 12	氵 水 (삼수변 물수변)	涿	칠. 물방울. 들을.
水	16 17	氵 水 (삼수변 물수변)	濁·	물 흐릴. 어지러울.
水	17 18	氵 水 (삼수변 물수변)	濯·	빨래할. 빨. 씻을.

탄

오행	획수	부수	한자	뜻
木	14	糸 (실사변)	綻	터질. 옷 솔기 터질. 궤맬. 필.
木	22 23	扌 手 (재방변 손수변)	攤	펼. 열.
火	09	火 (불화변)	炭·	석탄. 숯. 숯불. 원소 이름.
火	16	日 (날일변)	暺	밝을.
火	15 16	忄 心 (심방변 마음심변)	憚	꺼릴. 수고할. 미워할. 화낼.
火	16 17	忄 心 (심방변 마음심변)	憻	평평할. 너그러울. 밝을. 편안할.

오행	획수/부수	한자	뜻
火	22 馬 말마변	驒	점박이 말.
土	08 土 흙토변	坦	평탄할. 넓을. 너그러울.
金	14 言 말씀언변	誕·	탄생할. 낳을. 놓을. 클. 기를.
金	15 弓 활궁변	彈·	탄알. 총알. 탄핵할. 姓.
金	15 欠 하품흠변	歎·	탄식. 기릴. 감탄할. 읊을.
水	07 口 입구변	呑	삼킬. 감출.
水	14 口 입구변	嘆	한숨 쉴. 탄식할. → 歎[仝]
水	16 歹 죽을사변	殫	다할. 낱낱이 할. → 단 [本音]
水	22 氵 삼수변 23 水 물수변	灘	여울. 물가. 물 흐를.
水	24 疒 병질엄변	癱	중풍. 마비될. 뻣뻣할.

탈

오행	획수/부수	한자	뜻
木	14 大 큰대변	奪·	빼앗을. 잃을.
火	09 人 사람인변	侻	가벼울. 교활할. 옳을.
水	11 月 육달월변 13 肉 고기육변	脫·	벗어날. 벗을. 빠질. 여윌. 탈 ↔ 태 [통용]

탐

오행	획수/부수	한자	뜻
木	09 目 눈목변	眈	얕볼. 노려볼. 으늑할.
木	11 扌 재방변 12 手 손수변	探·	정탐할. 더듬을. 찾을.
火	07 心 마음심변	忐	허전할. 마음 허할. 두려워할. → 담 [本音]
火	10 耳 귀이변	耽	좋아할. 즐길. 귀 축 처질. 빠질.
金	11 貝 조개패변	貪·	탐낼. 탐할. 바랄.
金	11 酉 닭유변	酖	술을 즐길. 술에 빠질. [짐]
水	14 口 입구변	嗿	소리. 여럿이 먹는 소리. 많을.

탑

오행	획수/부수	한자	뜻
木	14 木 나무목변	榻	걸상. 긴 걸상. 책상.

木 13 14 搨 베낄.
扌 手 본뜰. 탁본. 비문 박을.
재방변 손수변

火 12 傝 답답할.
人 용렬할. 나쁠.
사람인변

土 13 塔· 탑.
土 절.
흙토변

土 13 塌 떨어질.
土 낮은 땅.
흙토변

탕

木 08 帑 나라 금고.
巾 나라 곳집.　[노]
수건건변

木 16 糖 엿.
米 사탕.　탕 ↔ 당 [통용]
쌀미변

木 16 18 蕩 쓸어 버릴.
艹 艸 방탕할. 옮길.
풀초변 초두변

木 21 23 蘯 쓸어 없앨.
艹 艸 넓고 클.
풀초변 초두변

火 16 燙 데울.
火 불에 델. 씻을.
불화변

金 08 宕 방탕할.
宀 지나칠. 넓을.
갓머리변

金 14 碭 옥돌.
石 무늬 있는 돌.
돌석변

水 12 13 湯· 물 끓일.
氵 水 끓을.
삼수변 물수변

水 17 盪 씻을.
皿 움직일.
그릇명변

태

木 04 太· 클.
大 첫째. 처음. 콩. 姓.
큰대변

木 09 11 苔 이끼.
艹 艸
풀초변 초두변

木 11 笞 매질할.
竹 볼기칠. 태형.
대죽변

木 14 颱 태풍.
風 몹시 부는 바람.
바람풍변

火 06 07 忕 살필.
忄 心 사치할.
심방변 마음심변 태 ↔ 세 [통용] [설]

火 09 怠· 게으를.
心 거만할. 업신여길.
마음심변

火 14 態· 태도.
心 모양. 형태.
마음심변

火 15 駘 둔할. 둔마 (느린 말).
馬 여위고 지치다.
말마변

土 10 娧 기쁠.
女 천천히 할. 더딜.
계집녀변

土 11 土 埭 둑. 보. 방죽.
흙토변

土 08 12 阝 邑 郃 땅 이름. 나라 이름.
우방변 고을읍변

주의	阝 우부방 변 3획은 성명학에서는 邑 고을읍 변 7획으로 사용됨

土 09 12 辶 辵 迨 이르다. 미칠. 닿을. 바랄.
책받침변 갖은책받침변

土 12 𧾷 足 跆 유린할. 밟을. 노래할.
발족변

金 07 儿 兌 서방. 곧을. 바꿀. 기쁠. 괘 이름.
어진사람인변

金 09 10 王 玉 珆 용무늬. 용무늬 있는 홀 옥. 옥 이름. 태 → 이[통용]
임금왕변 구슬옥변

金 12 金 鈦 티타늄 (Titanium) (화학 원소명).
쇠금변

水 05 口 台 별. 삼태성. 기르다.
입구변

水 08 子 孡 임신할. 아이 밸.
아들자변

水 07 08 氵 水 汰 씻을. 밀릴. 추릴. 사치할.
삼수변 물수변

水 09 歹 殆· 위태할. 위태로울. 거의.
죽을사변

水 09 氺 水 泰· 클. 편안할. 넉넉할. 심할. 괘 이름.
오수변 물수변

주의	9, 10획으로 혼용되나 氺(오수)는 필순 5획으로 타변에 속하면 필순에 따라 5획이나, 氺(오수)는 水(물수 변) 4획에 속하므로 성명학은 9획 기준. **(예)** 暴 사나울 포는 日변에 속하므로 氺(오수)는 필순 5획으로 15획

水 09 11 月 肉 胎 아이 밸. 잉태. 새끼 밸.
육달월변 고기육변

水 11 13 月 肉 脫 천천히 할. 느릿할. 기뻐할. 태 ↔ 탈 [통용]
육달월변 고기육변

水 13 14 氵 水 溙 물 모양. 물에 씻기는 모양.
삼수변 물수변

水 16 魚 鮐 복어.
물고기어변

택

木 06 宀 宅· 집. 대지. 택 ↔ 댁 [통용]
갓머리변

木 16 17 扌 手 擇· 가릴. 고를. 뽑을.
재방변 손수변

土 09 土 垞 언덕. 성 (城 이름.
흙토변

水 16 17 氵 水 澤· 못. 은혜. 덕택. 윤택할.
삼수변 물수변

탱

木 | 12 牙 | 撐 | 버팀목. 버팀. | 어금니아변

木 | 15 16 扌 手 | 撑 | 버틸. 취할. 버팀목. | 재방변 손수변

木 | 15 16 扌 手 | 撐 | 버틸. 버팀목.　撑과 통용 | 재방변 손수변

주의　扌재방 변 3획은 성명학에서는 手 손수 변 4획으로 사용됨

터

木 | 18 19 扌 手 | 攄 | 펼. 펴다. 오를. 姓. | 재방변 손수변

토

木 | 08 儿 | 兎 | 토끼. 달. | 어진사람인변

주의　(전산폰트) 필순 9획으로 보이나 (전산 오류로 사료됨) 字典에 8획이므로 성명학에서는 8획 기준

木 | 07 儿 | 兔 | 兎자와 통용 [俗字] | 어진사람인변

주의　(전산폰트) 필순 8획으로 보이나 (전산 오류로 사료됨) 字典에 7획이므로 성명학에서는 7획 기준

土 | 03 土 | 土· | 흙. 땅. 오행의 하나. | 흙토변

金 | 10 言 | 討· | 찾을. 칠. 다스릴. 구할. | 말씀언변

水 | 06 口 | 吐· | 토할. 뱉을. 게울. 펼. | 입구변

톤

水 | 15 口 | 噋 | 느릿할. 느릿느릿 걸을. 입기운. | 입구변

통

木 | 11 木 | 桶 | 그릇 통. (열 되들이 통. | 나무목변

木 | 12 竹 | 筒 | 대통 (대나무 통. 통. 퉁소. 대롱. | 대죽변

木 | 12 糸 | 統· | 거느릴. 통치할. 벼리. 합칠. 혈통. 계통. | 실사변

木 | 13 竹 | 筩 | 대통 (대나무 통. 통. 망보는 대통. | 대죽변

木 | 15 木 | 樋 | 나무 이름. 어름나무. 대 홈통. | 나무목변

火 | 09 10 忄 心 | 恫 | 상심할. 슬플. 아플. | 심방변 마음심변

火 14 15 慟 애통할. 서럽게 울.
忄 心
심방변 마음심변

土 11 14 通· 통할. 형통할. 알릴. 내왕할.
辶 辵
책받침변 갖은책받침변

水 09 10 洞 통달할. 꿰뚫을. 통 ↔ 동[통용]
氵 水
삼수변 물수변

水 12 痛· 아플. 원통할. 상할. 심할.
疒
병질엄변

퇴

木 14 槌 망치. 내던질. 칠. [추]
木
나무목변

木 14 16 腿 넓적다리. 다리 살.
月 肉
육달월변 고기육변

木 15 16 褪 옷 벗을. 벗을. 물러설. 바랠.
衤 衣
옷의변

火 16 頹 무너질. 쇠할. 질풍. 떨어질.
頁
머리혈변

土 11 堆 언덕. 쌓을. 쌓일.
土
흙토변

土 10 13 退· 물러갈. 물리칠. 겸손할.
辶 辵
책받침변 갖은책받침변

土 15 20 隤 무너질. 미끄러질. 피곤할.
阝 阜
좌방변 언덕부변

투

木 07 08 投· 던질. 줄. 보낼. 버릴.
扌 手
재방변 손수변

木 10 套 덮개. 클. 겹칠. 씌울.
大
큰대변

火 11 偸 훔칠. 도둑질. 탐낼. 구차할.
人
사람인변

土 07 妒 투기할. 미워할.
女
계집녀변

土 08 妬 투기할. 강새암할.
女
계집녀변

土 11 14 透· 투철할. 통할. 뛰어넘을.
辶 辵
책받침변 갖은책받침변

주의	辶 책받침 변 4획은 성명학에서는 辵 갖은책받침 변 7획으로 사용됨

金 14 骰 주사위.
骨
뼈골변

金 20 鬪· 싸울. 싸움. 다툴.
鬥
싸울투변

水 12 13 渝 변할. 달라질. [유]
氵 水
삼수변 물수변

참고	작명은 소리(音)로만, 뜻(訓)으로만, 또는 소리(音)와 뜻(訓)으로 모두 할 수 있다.

퉁

火 | 07 人 사람인변 | **佟** | 강 이름. 姓.

특

火 | 07 心 마음심변 | **忒** | 변할. 의심할. 틀릴.

火 | 15 心 마음심변 | **慝** | 간사할. 사특할. 속일. 악할.

土 | 10 牛 소우변 | **特**· | 특별할. 뛰어날. 다만. 짝.

틈

木 | 18 門 문문변 | **闖** | 쑥 내밀. 엿볼. 말이 문을 나오는 모양. [침]

♣

참고	대법원에서 선정한 인명용 한자란 성(姓)을 제외한 이름(名)의 한자를 말한다.

ㅍ

파

오행	획수	부수	한자	뜻
木	07 08	扌 手 (재방변 손수변)	把·	잡을. 가질. 쥘. 자루. 지킬.
木	08	木 (나무목변)	杷	비파나무. 발고무래. 써레.
木	08	父 (아비부변)	爸	아비. 아버지.
木	08 10	艹 艸 (풀초변 초두변)	芭	파초. 향기풀 이름.
木	10	竹 (대죽변)	笆	가시대. 울타리.
木	12 14	艹 艸 (풀초변 초두변)	菠	시금치.
木	13 15	艹 艸 (풀초변 초두변)	葩	꽃송이. 꽃.
木	15 16	扌 手 (재방변 손수변)	播·	씨 뿌릴. 심을. 달아날. 퍼뜨릴.
木	15 16	罒 网 (그물망변)	罷·	마칠. 파할. 그만둘. 그치다.
木	17	白 (흰백변)	皤	머리 흴. 머리 센 모양.
木	18 19	扌 手 (재방변 손수변)	擺	벌여 놓을. 열. 열릴. 흔들.
木	19	竹 (대죽변)	簸	쌀 까부를. 키.
火	08 09	忄 心 (심방변 마음심변)	怕	두려울.
火	14	頁 (머리혈변)	頗·	치우칠. 비뚤어질. 편벽될. 자못. 약간. 많이.
土	04	己 (몸기변)	巴	땅 이름. 뱀.
土	07	女 (계집녀변)	妑	여자 이름. 새앙머리. 두 갈래로 머리 땋을.
土	08	土 (흙토변)	坡	고개. 언덕.
土	08	山 (메산변)	岥	산비탈. 비뚤어질. 언덕.
土	11	女 (계집녀변)	婆	할미. 조모. 늙은 여자. [바]
土	12	⻊ 足 (발족변)	跛	절뚝발이. 절룩거릴. [피]

주의 ⻊, 足 발족 변 7획은 혼용 사용됨

오행	획수	부수	한자	뜻
土	15 19	阝 邑 (우방변 고을읍변)	鄱	땅 이름. 고을 이름.
金	08	爪 (손톱조변)	爬	긁을. 잡을. 길. 손 짚고 기다.
金	09 10	王 玉 (임금왕변 구슬옥변)	玻	유리 (glass. 파리 (玻璃.
金	10	石 (돌석변)	破·	깨어질. 파할. 깨뜨릴.
金	10	耒 (쟁기뢰변)	耙	쇠스랑. 써레. 갈퀴.
金	12 13	王 玉 (임금왕변 구슬옥변)	琶	악기 이름. 비파.
水	05	口 (입구변)	叵	어려울. 옳지 못할. 하지 못할.
水	08 09	氵 水 (삼수변 물수변)	波·	물결. 진동할. 진동하는 결.
水	09 10	氵 水 (삼수변 물수변)	派·	보낼. 물 갈래. 갈래 보낼.
水	24 25	氵 水 (삼수변 물수변)	灞	물 이름. 물가.

판

오행	획수	부수	한자	뜻
木	08	木 (나무목변)	板·	널판지. 널. 판목.
木	08	片 (조각편변)	版·	인쇄. 조각. 판목. 짜갤.
木	19	瓜 (오이과변)	瓣	오이씨. 꽃이파리. 날름쇠. [국]
土	07	土 (흙토변)	坂	언덕. 늪. 고개. 산비탈.
土	07 12	阝 阜 (좌방변 언덕부변)	阪	언덕. 산비탈.

주의	
주의	阝 좌방 변 3획은 성명학에서는 阜 언덕부 변 8획으로 사용됨

오행	획수	부수	한자	뜻
金	07	刂 刀 (선칼도변 칼도변)	判·	판단할. 판결할. 쪼갤. 姓.
金	11	貝 (조개패변)	販·	매매할. 팔. 장사.
金	12	金 (쇠금변)	鈑	금박. 금화. 불린 금. 널조각.
金	16	辛 (매울신변)	辦	힘쓸. 갖출.

팔

오행	획수	부수	한자	뜻
木	06	木 (나무목변)	朳	고무래. 쓰레받기. 삼태기.
木	10 11	扌 手 (재방변 손수변)	捌	깨뜨릴. 깨칠. 여덟. 고무래.

金 02 08 八 **八**· 여덟.
여덟팔변

주의	필순은 2획이나, 성명학에서는 수의 의미를 획수로 하므로 8획으로 기준

水 05 口 **叭** 입 벌릴. 벌릴. 나팔.
입구변

水 05 06 氵 水 **汃** 물결 소리. 물 모양.
삼수변 물수변

패

木 10 方 **旆** 깃발. 기. 깃발 날리는 모양.
모방변

木 12 片 **牌** 패. 간판. 방패.
조각편변

木 13 禾 **稗** 돌피. 피. 잘. 기다릴.
벼화변

火 08 人 **佩** 노리개. 찰. 패옥.
사람인변

火 10 11 忄 心 **悖** 어그러질. 어지러울. [발]
심방변 마음심변

土 10 11 犭 犬 **狽** 이리. 허겁지겁할. 낭패.
개사슴록변 개견변

金 07 貝 **貝**· 조개. 재물. 패 ↔ 배 [통용]
조개패변

金 11 攵 攴 **敗**· 패할. 무너질. 깨뜨릴.
등글월문변 칠복변

金 10 11 王 玉 **珮** 패옥. 옥띠. 찰.
임금왕변 구슬옥변

水 07 子 **孛** 살별. 혜성. 꼬리 달린 별.
아들자변

水 07 08 氵 水 **沛** 늪. 습지. 비 쏟아질.
삼수변 물수변

水 10 口 **唄** 염불 소리. 노래 읊을. 인도 노래.
입구변

水 10 11 氵 水 **浿** 물 이름. 물가.
삼수변 물수변

水 15 雨 **霈** 큰비. 비 쏟아질.
비우변

水 21 雨 **霸** 으뜸. 두목. 권세 잡을.
비우변

金 19 襾 **覇**	霸자와 통용

덮을아변

팽

木 09 示 **祊** 제사 이름. 사당문 제사.
보일시변

火 11 灬 火 **烹** 삶을. 삶아 죽이다.
연화변 불화변

오행	획수	한자	뜻
火	12 彡 터럭삼변	彭	나라 이름. 땅. 많을. 姓.
土	16 18 月 肉 육달월변 고기육변	膨	배부를. 부를. 불룩해질.
金	10 石 돌석변	砰	물소리. 돌 구르는 소리.
水	15 16 氵 水 삼수변 물수변	澎	물소리. 파도 소리.
水	18 虫 벌레충변	蟚	방게. → 螃 [同字]
水	18 虫 벌레충변	螃	방게. → 蟚 [同字]

퍅

오행	획수	한자	뜻
火	12 13 忄 心 심방변 마음심변	愎	괴팍할. 성질이 강퍅함. 강할.

편

오행	획수	한자	뜻
木	04 片 조각편변	片·	조각. 쪽. 한 쪽. 姓.
木	09 戶 지게호변	扁	작을. 넓적할. 특별할. 姓.
木	13 15 艹 艸 풀초변 초두변	萹	마디풀. 일년초. → 변 [本音]
木	14 15 衤 衣 옷의변	褊	좁을. 옷 낄. 너울거릴. → 변 [本音]
木	15 舟 배주변	艑	거룻배. 배 이름. 작은 배.
木	15 糸 실사변	緶	꿰맬. 옷에 무늬 놓은.
木	15 糸 실사변	編·	책 지을. 엮을. 편집. 책 맨 끈.
木	15 竹 대죽변	篇·	책. 편.
火	09 人 사람인변	便·	편할. 마땅할. 편 ↔ 변 [통용]
火	11 人 사람인변	偏·	치우칠. 편벽될. 기울.
火	12 彳 두인변	徧	두루. 널리. 모두.
火	12 13 忄 心 심방변 마음심변	惼	좁을. 조급할. 편협할.
火	15 羽 깃우변	翩	나부낄. 훌쩍 날. 너풀거릴.
火	19 馬 말마변	騙	기만할. 뛰어오를. 속일.
土	13 16 辶 辵 책받침변 갖은책받침변	遍·	두루. [변]

金 11 匾 匚 감출혜변
납작할.
얇은 그릇. 평평할.
→ 변 [本音]

金 16 諞 言 말씀언변
말 잘할.
말 교묘히 할. [변]

金 18 鞭 革 가죽혁변
채찍.
채찍질할. 회초리.

水 15 蝙 虫 벌레충변
박쥐.
뽈쥐(박쥐의 방언).

폄

金 10 砭 石 돌석변
돌침.
경계.

金 12 貶 貝 조개패변
폄하.
덜. 감할. 깎아내릴.

水 10 窆 穴 구멍혈변
하관할.
광중.

평

木 05 平· 干 방패간변
평평할.
평할. 다스릴. 화평할.
姓.

木 09 枰 木 나무목변
바둑판.
판. 장기판. 은행나무.

木 08 09 抨 扌 手 재방변 손수변
탄핵할.

木 09 11 苹 艹 艸 풀초변 초두변
개구리밥.
다북쑥.

木 12 14 萍 艹 艸 풀초변 초두변
개구리밥.
부평초.

木 15 17 蓱 艹 艸 풀초변 초두변
개구리밥.
부평초.

火 08 09 怦 忄 心 심방변 마음심변
조급할.
두근거릴. 칼칼할.

土 08 坪 土 흙토변
평평할.
벌판. 평 (면적 단위.

金 12 評· 言 말씀언변
의논.
평할. 평론할. 품평할.

水 08 09 泙 氵 水 삼수변 물수변
물소리.

水 16 鮃 魚 물고기어변
넙치.
가자미.

폐

木 11 閉· 門 문문변
닫을.
막을. 막힐. 마칠.

木 15 幣· 巾 수건건변
비단.
폐백. 예물. 돈.

木 15 廢· 广 엄호변
폐할.
버릴.

木 16 18 ⺾ 艸 蔽· 덮을. 가릴. 가리울.
풀초변 초두변

土 10 11 犭 犬 狴 옥 (獄). 짐승 이름.
개사슴록변 개견변

土 10 15 阝 阜 陛 섬돌 (돌 계단). 계단.
좌방변 언덕부변

土 16 女 嬖 사랑할. 총애 받을. 사랑 받을.
계집녀변

土 16 犬 獘 넘어질. 곤할. 폐단. 죽을.
개견변

金 08 10 月 肉 肺· 허파. 부아.
육달월변 고기육변

주의	字源五行의 肉변은 水에 해당되나 訓에 의거, 肺는 金에 해당 金으로 기준

金 12 攵 攴 敝 옷 해질. 낡을. 패할. 무너질.
등글월문변 칠복변

金 18 攵 攴 斃 죽을. 넘어질. 엎어질.
등글월문변 칠복변

水 07 口 吠 짖을. 개가 짖을.
입구변

水 15 廾 弊· 폐해. 폐단. 나쁠. 옷이 낡다.
스물입발변

水 17 疒 癈 못쓸. 폐할. 고질.
병질엄변

포

木 05 巾 布· 베. 피륙. 펼. [보]
수건건변

木 08 广 庖 부엌. 푸줏간.
엄호변

木 09 勹 匍 기어갈. 길. 문지를.
쌀포변

木 08 09 扌 手 抱· 안을. 품을. 아름. 가질.
재방변 손수변

木 08 09 扌 手 拋 던질. 버릴.
재방변 손수변

木 07 08 扌 手 抛 拋자와 통용
재방변 손수변

木 10 口 圃 나물밭. 농군. 姓.
큰입구변

木 11 勹 匏 박. 바가지. 8음의 하나.
쌀포변

木 10 11 扌 手 捕· 사로잡을. 잡을.
재방변 손수변

木 09 11 ⺾ 艸 苞 무성할. 그령. 덤불. 밑.
풀초변 초두변

木 10 11 衤 衣 袍 도포. 솜옷. 웃옷. 두루마기.
옷의변

오행	획수	한자	뜻
木	13 15 艹 艸 풀초변 초두변	葡	포도. 포도나무. 나무 이름.
木	15 衣 옷의변	褒	칭찬할. 기릴. 포장할.
木	14 16 艹 艸 풀초변 초두변	蒲	창포. 부들 (풀 종류). 냇버들.
火	07 人 사람인변	佈	펼. 두루. 알릴.
火	08 09 忄 心 심방변 마음심변	怖	두려워할. 떨. 으를.
火	09 火 불화변	炮	털 그슬릴. 싸서 구울.
火	09 灬 火 연화변 불화변	炰	털 그슬릴. 까불거릴.
火	11 日 날일변	晡	저녁때. 해질. 신시 (申時).
火	15 日 날일변	暴	사나울. 해칠. 급할. 포 ↔ 폭 [통용]
火	17 人 사람인변	儤	숙직. 번 (숙직). 번들. 과외의 일.
火	17 日 날일변	曝	급할. 갑자기. 창졸.
土	11 14 辶 辵 책받침변 갖은책받침변	逋	포탈할. 세금 못 받는 것. 체납. 달아날.
金	05 勹 쌀포변	包·	쌀. 꾸릴. 보따리. 姓.
金	10 石 돌석변	砲	대포. 돌 쇠뇌.
金	13 金 쇠금변	鉋	대패. 말털을 빗기는 빗.
金	14 言 말씀언변	誧	도울. 클. 간할. 큰 소리.
金	14 革 가죽혁변	鞄	장인. 가죽 다루는 장인 (革工).
金	15 金 쇠금변	鋪	문고리. 펼. 퍼질. 베풀.
水	08 口 입구변	咆	고함 지를. 범의 소리. 으르렁거릴.
水	08 09 氵 水 삼수변 물수변	泡	물거품. 성할. 흐를. 물 이름.
水	10 口 입구변	哺	물 먹일. 머금을. 씹을.
水	10 疒 병질엄변	疱	천연두. 마마. 붓는 병. 부르틀.
水	10 11 氵 水 삼수변 물수변	浦·	물가. 개펄.
水	09 11 月 肉 육달월변 고기육변	胞·	세포. 태.

水	11 13	月 肉	脯	말린 고기. 포육. 포.	육달월변 고기육변
水	14	食	飽·	배부를. 찰. 가득할. 만족.	밥식변
水	16	食	餔	새참. 먹을. 저녁 곁두리.	밥식변
水	16	魚	鮑	절인 어물. 갖바치. 전복. 姓.	물고기어변
水	18	魚	鯆	돌고래. 가오리.	물고기어변

폭

木	12	巾	幅·	폭. 넓이. 넓을.	수건건변
火	15	日	暴·	사나울. 볕에 말릴. 햇볕 쪼일. 폭 ↔ 포 [통용]	날일변
火	16	車	輻	바퀴살. 다투어 모일. [부] 폭 ↔ 복 [통용]	수레거변
火	19	日	曝	볕 쪼일. 햇볕에 쬘.	날일변
火	19	火	爆·	폭발할. 불 터질.	불화변
水	18 19	氵 水	瀑	폭포. 소나기. [포. 팍]	삼수변 물수변

표

木	07	木	杓	자루. 북두자루. 별 이름.	나무목변
木	09	衣	表·	겉. 밖. 거죽. 표. 모범. 姓.	옷의변
木	11	彡	彪	무늬. 표범의 문채. 범.	터럭삼변
木	13 14	衤 衣	褾	목도리. 목수건. 장황.	옷의변
木	15	木	標·	표시할. 나타낼. 기록할. 姓.	나무목변
木	14 15	扌 手	摽	칠. 떨어질.	재방변 손수변
木	16	瓜	瓢	표주박. 바가지. 박.	오이과변
木	17	糸	縹	옥색 비단. 옥색 빛. 휘날릴.	실사변
木	20	風	飄	질풍. 회오리바람. 빠를. (바람에 드날릴. 유랑할.	바람풍변
木	21	風	飆	폭풍. 회오리바람. 바람.	바람풍변
木	21	風	飇	飆자와 통용	바람풍변

오행	획수	한자	뜻
火	10 人 사람인변	俵	나누어 줄. 흩을.
火	10 髟 터럭발변	髟	머리털 날릴. 머리털 희뜩희뜩할. 갈기.
火	11 示 보일시변	票·	표. 쪽지. 표할.
火	13 人 사람인변	僄	가벼울. 경솔할. 날쌜.
火	14 忄 심방변 / 15 心 마음심변	慓	재빠를. 날랠. 급할. 가벼울.
火	15 火 불화변	熛	불똥 튈. 불티.
火	17 耳 귀이변	聽	겨우 들을. 가며 들을.
火	21 馬 말마변	驃	누런 말. 굳셀. 날쌜.
土	13 力 힘력변	勡	겁박할. 겁탈할. 으를.
土	14 女 계집녀변	嫖	날랠 (민첩). 여자 이름.
金	13 刂 선칼도변 / 刀 칼도변	剽	겁박할. 표독할. 빠를. 찌를.
金	19 金 쇠금변	鏢	칼날. 푼끝. 칼집. 끝장식.
金	23 金 쇠금변	鑣	성 (盛) 한 모양. (말) 재갈 (입에 물리는 쇠토막).
水	10 豸 갖은돼지시변	豹	표범.
水	11 歹 죽을사변	殍	굶어 죽을. 배 곯아 죽을.
水	14 口 입구변	嘌	빠를. 빨리 몰아갈. 휙 부는 모양.
水	14 氵 삼수변 / 15 水 물수변	漂·	떠내려갈. 뜰. 유랑할. 떠돌.
水	22 魚 물고기어변	鰾	부레.

품

오행	획수	한자	뜻
木	13 禾 벼화변	稟	여쭐. 품할. 바탕. 명 받을. 줄.
水	09 口 입구변	品·	물품. 품수. 등급. 법. 품성.

풍

오행	획수	한자	뜻
木	09 風 바람풍변	風·	바람. 풍속. 가르침. 경치.
木	13 木 나무목변	楓	단풍. 단풍나무.

오행	획수 / 부수	한자	뜻
木	18 豆 콩두변	豐·	풍년. 넉넉할.
木	13 豆 콩두변	豊	豐자와 통용
火	12 馬 말마변	馮	고을 이름. 벼슬 이름. 姓. [빙]
金	16 言 말씀언변	諷	풍자할. 욀. 비유로 간할.
水	14 疒 병질엄변	瘋	편두통. 두풍. 미치광이.

피

오행	획수 / 부수	한자	뜻
木	08 09 扌 手 재방변 손수변	披	흩어질. 헤칠. 열. 펼. 나눌.
木	10 11 衤 衣 옷의변	被·	입을. 당할. 받을. 姓.
火	08 彳 터럭삼변	彼·	저이. 저. 저편. 그. 하여금. 3인칭 대명사.
火	15 髟 터럭발변	髲	가발. 다리(가발. 머리쓰개.
土	08 13 阝 阜 좌방변 언덕부변	陂	저수지. 못. 곁. 비탈. [파]
土	17 20 辶 辵 책받침변 갖은책받침변	避·	피할. 면할.
金	05 皮 가죽피변	皮·	껍질. 가죽. 姓. [비]
金	12 言 말씀언변	詖	치우칠. 말 잘할. 간사할.
金	14 革 가죽혁변	鞁	말 가슴걸이. 말고삐.
水	10 疒 병질엄변	疲·	피곤할. 지칠. 파리할.

픽

오행	획수 / 부수	한자	뜻
水	13 15 月 肉 육달월변 고기육변	腷	답답할. 뜻 막힐. 우울할.

필

오행	획수 / 부수	한자	뜻
木	09 11 艹 艸 풀초변 초두변	苾	향기로울. 풀 이름.
木	12 竹 대죽변	筆·	붓. 글씨. 글.
木	14 香 향기향변	馝	향기로울.
木	15 17 艹 艸 풀초변 초두변	蓽	콩. 사립문.
木	16 17 罒 网 그물망변	罼	족대. 그물.

오행	획수	부수	한자	뜻
木	17	竹 대죽변	篳	사립문. 울타리.
火	05	心 마음심변	必·	반드시. 꼭. 기필코. 필연코.
火	07	人 사람인변	佖	점잖을. 가득할. 견줄.
火	15	馬 말마변	駜	살찐 말.
火	19	鳥 새조변	鵯	직박구리. 큰부리까마귀.
土	05	疋 필필변	疋	짝. 필. 끗. 발. [소]
土	11	田 밭전변	畢·	마칠. 다할. 다. 끝낼. 姓.
土	18	𧾷 足 발족변	蹕	길 치울. 통행을 금할.
金	09 10	王 玉 임금왕변 구슬옥변	珌	칼 장식. 칼 장식 옥.
金	12	弓 활궁변	弼	도울. 거듭. 도지개. 姓.
金	13	金 쇠금변	鉍	창자루. 도끼자루.
金	15	攵 攴 등글월문변 칠복변	斁	끝내다. 다할. 불 모양.
金	20	革 가죽혁변	韠	슬갑. 차 묶는 가죽. → 韠 [同字]
金	20	韋 가죽위변	韠	폐슬 (蔽膝). 슬갑. → 韠 [同字]
水	04	匚 감출혜변	匹·	짝. 한 쌍. 상대. 혼자.
水	08	口 입구변	咇	향기 날. 향기로울.
水	08 09	氵 水 삼수변 물수변	泌	샘물 흐를. 물. 샘물. 필↔비[통용]
水	12	水 물수변	泉必	샘 솟을.
水	14 15	氵 水 삼수변 물수변	滭	용솟음할. 성한 모양.
水	16	角 뿔각변	觱	대평수. 악기 이름. 필률.

핍

오행	획수	부수	한자	뜻
火	11	人 사람인변	偪	핍박할. 각반 (행전. 닥칠.
土	13 16	辶 辵 책받침변 갖은책받침변	逼	궁핍할. 핍박할. 닥칠. 가까울.
金	05	丿 삐침변	乏	모자랄. 떨어질. 빌. 없을.

♣

ㅎ

하

木 | 08 09 | 扌 手 | **抲** | 지휘할. 멜.
재방변 손수변

木 | 13 | 广 | **廈** | 큰 집. 집.
엄호변

木 | 12 | 厂 | **厦** | 廈자와 통용
민엄호변

참고	통용자는 획수, 부수, 자원오행에 관계없이 정자 밑에 배열하였음

木 | 11 13 | 艹 艸 | **荷**· | 짐. 연. 질. 멜. 무.
풀초변 초두변

木 | 13 | 門 | **閜** | 크게 열릴. 공허할.
문문변

木 | 17 19 | 艹 艸 | **蕸** | 연잎.
풀초변 초두변

火 | 07 | 人 | **何**· | 어찌. 누구. 얼마. 무엇. 姓.
사람인변

火 | 10 | 夂 | **夏**· | 여름. 왕조 이름. 姓.
천천히걸을쇠변

火 | 09 | 日 | **昰** | 夏자와 통용
날일변

火 | 13 | 火 | **煆** | 불사를. 말릴. 빛날.
불화변

火 | 14 15 | 忄 心 | **懗** | 뜻 없을. 자랑할. [호]
심방변 마음심변

火 | 16 | 赤 | **赮** | 붉을. 붉은빛.
붉을적변

火 | 17 18 | 忄 心 | **嚇** | 공갈할. 속일.
심방변 마음심변

土 | 07 | 山 | **岈** | 산 깊을. 산골 휑할.
메산변

주의	(전산폰트 오류로 사료됨) 필순 8획으로 보이나, 字典에 7획이므로 7획 기준

土 | 13 16 | 辶 辵 | **遐** | 멀. 멀어지다. 어찌.
책받침변 갖은책받침변

土 | 17 | 缶 | **罅** | 갈라질. 금 갈. 틈.
장군부변

金 | 09 | 欠 | **歌** | 크게 웃을. 껄껄 웃을.
하품흠변

金 12 貝 조개패변 **賀**· 하례할. 경축. 축하. 위로할. 姓.

金 13 王 임금왕변 14 玉 구슬옥변 **瑕** 허물. 티. 흠. 틈.

金 14 石 돌석변 **碬** 숫돌.

金 17 金 쇠금변 **鍜** 목투구.

金 19 言 말씀언변 **讀** 대답할. 네. 사람의 이름.

水 03 一 한일변 **下**· 아래. 낮출. 내릴. 姓.

水 07 口 입구변 **呀** 입 벌릴.

水 08 氵 삼수변 09 水 물수변 **河**· 물. 강. 내. 강 이름. 姓.

水 14 口 입구변 **嘏** 클. 복. 높을. 하↔가 [통용]

水 14 疒 병질엄변 **瘕** 뱃속 병. 여자 뱃속 병. 인후병.

水 15 虫 벌레충변 **蝦** 새우. 두꺼비.

水 16 口 입구변 **嗬** 웃을. 껄껄 웃을. 하하 웃을.

水 17 口 입구변 **嚇** 웃을. 웃음소리. 으를. 협박할. 하 ↔ 혁 [통용]

水 17 雨 비우변 **霞** 안개. 노을.

水 20 魚 물고기어변 **鰕** 새우. 두꺼비. → 蝦[仝]

학

木 09 虍 범호변 **虐** 학대할. 해칠. 사나울.

火 21 鳥 새조변 **鶴**· 학. 두루미.

火 24 鳥 새조변 **鷽** 산비둘기. 산까치.

土 09 犭 개사슴록변 10 犬 개견변 **貉** 오소리. 담비.

土 10 阝 우방변 14 邑 고을읍변 **郝** 땅 이름.

주의	阝 우부방 변 3획은 성명학에서는 邑 고을읍 변 7획으로 사용됨

土 17 土 흙토변 **壑** 산골짜기. 구렁. 골.

金 12 石 돌석변 **确** 자갈땅.

金 16 言 **謔** 희롱할. 농담할. 농. 희학질할.
말씀언변

주의 字典에 따라 16획, 17획으로 혼용되나, 성명학에서는 16획 기준

金 21 白 **皬** 흰 학. 새 흴.
흰백변

水 13 口 **嗃** 엄할. 꾸짖을. 기뻐할.
입구변

水 14 疒 **瘧** 학질. 말라리아. → 약 [本音]
병질엄변

주의 字典에 따라 14획, 15획으로 혼용되나, 성명학에서는 14획 기준

水 16 子 **學**· 배울. 학문. 본받을. 깨달을.
아들자변

水 08 子 **学** 學자와 통용
아들자변

한

木 06 07 扌 手 **扞** 막을. 덮다.
재방변 손수변

木 07 09 罒 网 **罕** 드물. 그물. 별 이름.
그물망변

주의 필순 7획으로 보이나, 网 그물망 변 6획에 속하므로(본부수에 의거) 성명학은 9획 기준

木 10 11 扌 手 **捍** 막을. 호위할.
재방변 손수변

木 16 木 **橺** 큰 나무.
나무목변

木 16 門 **䦨** 익힐.
문문변

火 06 07 忄 心 **忓** 아름다울. 착할. 좋을. 한 ↔ 간 [통용]
심방변 마음심변

火 07 日 **旱**· 가물. 물 없을.
날일변

火 09 10 忄 心 **恨**· 원통할. 한할. 뉘우칠.
심방변 마음심변

火 10 11 忄 心 **悍** 사나울. 굳셀. 성급할. 정성.
심방변 마음심변

火 14 人 **僩** 굳셀. 위엄스러울. 우아할.
사람인변

火 15 日 **暵** 말릴. 마를. 볕 쬘. 더운 기운.
날일변

火 16 羽 **翰** 붓. 날개. 금계. 글. 편지.
깃우변

火 17 馬 **駻** 사나운 말.
말마변

火 18 隹 **雗** 흰 꿩.
새추변

오행	획수	한자	뜻
火	23 鳥 새조변	鷳	새 이름.
土	06 阝 우방변 10 邑 고을읍변	邗	땅 이름.
土	11 門 문문변	閈	이문. 낮은 담.
土	08 阝 우방변 12 邑 고을읍변	邯	땅 이름. 조나라 서울. 현 이름. 한 ↔ 감 [통용] [호]
土	12 門 문문변	閒	한가할. 편안할. 틈. 사이.
土	09 阝 좌방변 14 阜 언덕부변	限·	한정할. 한계. 지경.
土	15 女 계집녀변	嫺	우아할. 아담할. 익힐.→嫻[同字]
土	15 女 계집녀변	嫻	우아할. 아담할. 익힐.
土	17 山 메산변	嶨	산 모양. 산 높은 모양.
金	17 韋 가죽위변	韓·	나라 이름. 姓.
金	17 鼻 코비변	鼾	코 골. 코 고는 소리.
水	06 氵 삼수변 07 水 물수변	汗·	땀. 땀 흘리다.
水	12 宀 갓머리변	寒·	찰. 차갑다. 떨. 추울.
水	12 門 문문변	閑·	한가할. 막을. 폐쇄할. → 閒 [仝]
水	14 氵 삼수변 15 水 물수변	漢·	한수. 물 이름. 은하. 한나라.
水	15 氵 삼수변 16 水 물수변	澖	넓을. 아득히 넓은 모양.
水	16 氵 삼수변 17 水 물수변	澣	빨래할. 옷 빨. 열흘. → 浣 [仝]
水	19 氵 삼수변 20 水 물수변	瀚	넓을. 넓고 큰 모양. 바다. 북해. 사람 이름.

할

오행	획수	한자	뜻
木	15 目 눈목변	瞎	애꾸눈. 한 눈 멀.
火	17 車 수레거변	轄	다스릴. 관장하다. 관리할. 수레 비녀장할.
金	12 刂 선칼도변 刀 칼도변	割·	벨. 끊을. 나눌. 가를.

함

오행	획수	한자	뜻
木	08 凵 위터진입구변	函	함. 상자. 글월. 편지.

오행	획수	한자	뜻
木	11 13 / 艹 艸 / 풀초변 초두변	菡	꽃봉오리. 꽃술. 꽃 필.
木	12 14 / 艹 艸 / 풀초변 초두변	菡	연 봉오리. 연꽃 봉오리.
木	15 / 糸 / 실사변	緘	봉할. 묶을. 봉한 자리.
木	18 / 木 / 나무목변	檻	우리. 난간. 함정. 잡을.
木	20 / 舟 / 배주변	艦	군함. 병선. 전선. 싸움배.
木	20 / 門 / 문문변	闞	범의 소리. 으르렁거릴. 우렁찰. → 闞 [소]
火	21 / 車 / 수레거변	轞	수레 소리. 함거.
土	11 16 / 阝 阜 / 좌방변 언덕부변	陷·	빠질. 함정. 추락.
金	14 / 金 / 쇠금변	銜	재갈. 관함. 원망할. 머금을.
水	11 / 口 / 입구변	啣	銜자와 통용
金	16 / 言 / 말씀언변	諴	화합할. 정성. 화할.
水	07 / 口 / 입구변	含·	머금을. 넣다. 품을.
水	09 / 口 / 입구변	咸·	다. 모두. 두루. 姓.
水	12 / 口 / 입구변	喊	소리칠. 고함 지를.
水	11 12 / 氵 水 / 삼수변 물수변	涵	젖을. 잠길. 받아들이다.
水	20 / 鹵 / 소금밭변	鹹	짤. 소금기.

합

오행	획수	한자	뜻
木	09 / 木 / 나무목변	柙	짐승 우리. 가둘. 나무 이름.
木	14 / 木 / 나무목변	榼	통. (물, 술 통. 뚜껑. 덮개.
木	14 / 門 / 문문변	閤	쪽문. 협문. 마을.
木	18 / 門 / 문문변	闔	문짝. 닫을. 뜸. 전부.
土	09 13 / 阝 邑 / 우방변 고을읍변	郃	고을 이름.
土	10 15 / 阝 阜 / 좌방변 언덕부변	陜	고을. 땅 이름.
金	08 / 勹 / 쌀포변	匌	기운 답답할. 두를. 돌.

오행	획수	한자	뜻
金	10 皿 그릇명변	盍	덮을. 합할. 어찌 아니할.
金	11 皿 그릇명변	盒	그릇. 합.
水	06 口 입구변	合·	합할. 모을. 맞을.
水	09 口 입구변	哈	크게 마실. 마시다. 웃는 소리. 물고기 많이 우굴거릴.
水	12 虫 벌레충변	蛤	대합조개. 기생개구리. 두꺼비.
水	13 口 입구변	嗑	말 많을. 수다할.
水	13 14 氵 水 삼수변 물수변	溘	갑자기. 문득. 잠깐. 이를.

항

오행	획수	한자	뜻
木	05 大 큰대변	夯	멜. 다질.
木	07 08 扌 手 재방변 손수변	抗·	대항할. 겨룰. 막을. 들. 올릴.
木	08 木 나무목변	杭	건널. 나룻배. 고을 이름.
木	10 木 나무목변	桁	차꼬 (형구의 하나. 배다리 (부교. 횃대.
木	10 舟 배주변	航·	배로 물 건널. 배. 날. 비행할. 항해.
火	06 人 사람인변	伉	굳셀. 짝. 배필. 정직할. 강직할.
火	06 行 다닐행변	行	항렬. 줄. 대열. 항↔행 [통용]
火	08 火 불화변	炕	말릴. 마를.
火	09 10 忄 心 심방변 마음심변	恒·	항상. 떳떳할.
火	09 10 忄 心 심방변 마음심변	恆	恒자와 통용
火	12 頁 머리혈변	項·	항목. 조목. 목. 목덜미.
火	13 頁 머리혈변	頏	목구멍. 목. 새 날아 내릴.
土	09 女 계집녀변	姮	여자 이름. 미인. 항아 (궁녀).
土	14 女 계집녀변	嫦	姮자와 통용
土	09 己 몸기변	巷·	거리. 골목. 구렁.
土	09 缶 장군부변	缸	항아리.

土 12 缸 **缿** 투서함. 벙어리저금통. 장군부변

土 09 14 阝 阜 **降** 항복할. 떨어질. 좌방변 언덕부변 항 ↔ 강 [통용]

水 04 亠 **亢** 목구멍. 목. 목덜미. 높을. 오를. 극진할. 돼지해머리변

주의	字源五行의 亠변은 火에 해당되나 訓에 의거, 水에 해당 水로 기준

水 07 08 氵 水 **沆** 큰물. 물. 넓을. 삼수변 물수변

水 07 09 月 肉 **肛** 항문. 똥구멍. 밑구멍. 육달월변 고기육변

水 12 13 氵 水 **港**· 항구. 뱃길. 구렁. 삼수변 물수변

해

木 09 示 **祄** 하늘이 도울. 보일시변

木 10 宀 **害**· 해칠. 해할. 방해할. 손해. 갓머리변

木 11 目 **眩** 서로 볼. 눈 큰 모양. 사람 이름. [개] 눈목변

木 12 糸 **絯** 묶을. 걸. 잡아 맬. 굵은 실. 실사변

木 13 木 **楷** 본보기. 법. 본뜰. 해서. 나무목변

木 13 角 **解**· 풀. 가를. 해부할. 벗을. 뿔각변

木 16 广 **廨** 관청. 관아. 엄호변

木 17 19 艹 艸 **薤** 염교 (백합과의 다년초) (파 비슷한 훈채 이름). 풀초변 초두변

火 10 日 **晐** 갖출. 겸할. 날일변

火 11 人 **偕** 함께할. 굳셀. 사람인변

火 15 頁 **頦** 턱밑. 아래턱. 머리혈변

火 16 馬 **駭** 놀랠. 놀랄. 소란. 북 울릴. 말마변

火 16 17 忄 心 **懈** 게으를. 느슨할. 나태할. 심방변 마음심변

土 09 女 **姟** 백 조. 수 (數)의 단위. 계집녀변

참고	경(經)의 10배, 조(兆)의 100배에 해당하는 수(數)의 단위.

土 09 土 **垓** 지경. 경계. 땅끝 닿는 곳. 흙토변

오행	획수	부수	한자	뜻
土	09 14	阝 阜 좌방변 언덕부변	陔	층계. 계단. 층층대. 언덕.
土	16	山 메산변	嶰	산골짜기. 고을 이름.
土	16 17	犭 犬 개사슴록변 개견변	獬	해태. 짐승 이름.
土	17 20	辶 辵 책받침변 갖은책받침변	邂	만날. 우연히 만날.
金	10	欠 하품흠변	欬	기침할.
金	13	言 말씀언변	該·	갖출. 그. 해당할. 마땅할.
金	13 14	王 玉 임금왕변 구슬옥변	瑎	검은 옥돌.
金	16	言 말씀언변	諧	화할. 화합할. 글 이름.
金	16	骨 뼈골변	骸	뼈. 몸. 정강이뼈.
金	17	酉 닭유변	醢	젓갈. 젓. 절일. 장조림.
水	06	亠 돼지해머리변	亥·	돼지. 돝. 열두 번째 지지.

주의 字源五行의 亠변은 火에 해당되나 訓에 의거, 地支 亥는 水에 해당 水로 기준

오행	획수	부수	한자	뜻
水	08	口 입구변	咍	비웃을. 웃음소리.
水	09	口 입구변	咳	방긋 웃을. 기침. 갖출.
水	09	子 아들자변	孩	어린아이. 어릴. 어를. 웃을.
水	10	大 큰대변	奚·	어찌. 왜. 종. 종족 이름.
水	10 11	氵 水 삼수변 물수변	海·	바다. 널리. 크게. 姓.
水	09 10	氵 水 삼수변 물수변	海	海자와 통용
水	11	疒 병질엄변	痎	학질 (말라리아. 병. 하루거리.
水	16 17	氵 水 삼수변 물수변	澥	바다 이름.
水	17	魚 물고기어변	鮭	북어. 어채.
水	19	虫 벌레충변	蟹	게.
水	19 20	氵 水 삼수변 물수변	瀣	이슬의 기운.

핵

木 10 木 나무목변 **核**· 씨. 핵실. 중심. 과실 씨.

火 16 羽 깃우변 **翮** 깃촉. 죽지.

金 19 襾 덮을아변 **覈** 핵실할. 씨. 핵 (核.

水 08 力 힘력변 **劾** 힘쓸. 캐물을. 핵실할.

행

木 07 木 나무목변 **杏** 살구. 은행.

木 08 干 방패간변 **幸**· 다행. 요행. 바랄.

木 10 12 艹 艸 풀초변 초두변 **荇** 마름풀. 노랑어리연꽃. 姓.

火 06 行 다닐행변 **行**· 다닐. 행할.　행 ↔ 항 [통용]

火 10 人 사람인변 **倖** 요행. 다행. 아첨할. 총애할.

火 11 12 忄 心 심방변 마음심변 **悻** 성낼. 발끈 성낼.

水 11 12 氵 水 삼수변 물수변 **涬** 큰물 모양. 기운. 천연스러울.

향

木 09 香 향기향변 **香**· 향기. 향기로울.

木 17 19 艹 艸 풀초변 초두변 **薌** 곡식 냄새. 향기. 향초. 기장. → 香 [同字]

火 10 日 날일변 **晑** 밝을.

土 08 亠 돼지해머리변 **享**· 누릴. 받을. 드릴. 제사 지낼.

土 13 17 阝 邑 우방변 고을읍변 **鄉**· 고향. 마을. 시골.

土 20 鹿 사슴록변 **麠** 사향사슴.

金 10 11 王 玉 임금왕변 구슬옥변 **珦** 옥 이름. 구슬.

金 22 音 소리음변 **響**· 소리. 음향. 소리 울릴.

水 06 口 입구변 **向**· 향할. 나아갈. 대할. 접대.

水 15 食 밥식변 **餉** 건량. 군량. 군비. 도시락.

水 19 口 입구변 **嚮** 향할. 대할. 누릴. 접때. 지난번.

水 22 饗 食 밥식변 대접할. 제사 지낼. 드릴. 연회.

허

木 12 虛· 虍 범호변 빌. 헛될. 약할.

土 15 墟 土 흙토변 옛 터. 터. 기슭.

金 11 許· 言 말씀언변 허락. 승인할. 가량. 쯤. 姓.

金 16 歔 欠 하품흠변 한숨 쉴. 흐느껴 울.

水 15 噓 口 입구변 탄식할. 내불. 불. 울.

주의	字典에 따라 14, 15획으로 혼용되나 성명학에서는 15획 기준

헌

木 19 幰 巾 수건건변 휘장. 수레 포장. 더위막이.

木 20 櫶 木 나무목변 나무 이름.

木 19 20 攇 扌 手 재방변 손수변 물건 동여맬. 비길.

火 08 昍 日 날일변 밝을. 헌 ↔ 훤 [통용]

火 10 軒· 車 수레거변 초헌. 툇마루. 난간. 추녀.

火 16 憲· 心 마음심변 법. 모범. 본받을. 가르칠.

火 16 韗 車 수레거변 초헌.

火 19 20 憓 忄 心 심방변 마음심변 깨달을. 알.

土 20 獻· 犬 개견변 드릴. 바칠. 어진. 사람.

土 23 巘 山 메산변 산봉우리. 시루 같은 산봉우리.

헐

金 13 歇 欠 하품흠변 휴식. 쉴. 그칠. 헐할. 값쌀.

험

火 23 驗· 馬 말마변 증험할. 시험할. 효능. 살필.

土 16 嶮 山 메산변 높고 험할. 산 가파를.

土 16 17 獫 입이 긴 개.
犭 犬 오랑캐 이름. [렴]
개사슴록변 개견변

土 16 21 險· 위태로울.
阝 阜 험할. 간악할.
좌방변 언덕부변

土 23 24 玁 오랑캐 이름.
犭 犬
개사슴록변 개견변

혁

木 09 奕 클.
大 성대할. 겹칠. 차례.
큰대변 아름다울.

火 08 侐 고요할.
人 적막하다.
사람인변

火 09 弈 바둑.
廾 바둑 잘 둘.
스물입발변

火 11 焃 밝을.
火 붉을.
불화변

火 12 焱 불꽃.
火 세찬 불꽃.
불화변

火 14 赫 빛날.
赤 붉을.
붉을적변

火 18 爀 붉을.
火 빛날.
불화변

火 21 赩 붉은빛.
赤 진한 붉은빛.
붉을적변

金 09 革· 가죽.
革 고칠. 괘 이름.
가죽혁변

金 18 鬩 싸울.
鬥 다툴. 송사할.
싸울투변

水 09 10 洫 논도랑.
氵 水 개천. 봇도랑.
삼수변 물수변

水 17 嚇 성낼.
口 혁 ↔ 하 [통용]
입구변

현

木 08 弦 활시위.
弓 악기 줄. 반달.
활궁변

木 10 昡 아찔할.
目 현혹할. 어두울. [환]
눈목변

木 11 絃· 악기 줄.
糸 줄. 현악기. 탈.
실사변

木 11 舷 뱃전.
舟
배주변

木 12 楦 땅 이름.
木
나무목변

木 12 睍 아름다운 모양.
目 불거진 눈. 고울.
눈목변

木 12 絢 무늬.
糸 빠를. 고울. 문채. [순]
실사변

오행	획수/부수	한자	뜻
木	16 糸 실사변	縣·	고을. 현. 매달. 걸다.
木	19 糸 실사변	繯	얽을. 맬. 둘릴. 휘감을.
火	05 玄 검을현변	玄·	검을. 오묘할. 깊을. 하늘. 姓.
火	07 見 볼견변	見	나타날. 볼. 뵐. 보일. 현재. 현 ↔ 견 [통용]
火	09 人 사람인변	俔	염탐꾼. 엿볼. 바람개비. 비유할. [견]
火	08 忄 심방변 09 心 마음심변	怰	팔 (賣). 매매할.
火	09 火 불화변	炫	빛날. 밝을.
火	09 日 날일변	昡	햇빛. 일광. 당혹할.
火	11 日 날일변	晛	볕기운. 햇발.
火	11 行 다닐행변	衒	자랑할. 팔. 팔다.
金	12 貝 조개패변	眩	衒자와 통용
火	15 人 사람인변	儇	영리할. 빠를.
火	17 馬 말마변	駽	검푸른 말. 철총이.
火	19 羽 깃우변	翾	파득파득 날. 급할. 빠를.
火	20 心 마음심변	懸·	매달. 달. 걸. 멀.
火	23 頁 머리혈변	顯·	나타날. 드러날. 밝을. 높을.
火	18 頁 머리혈변	顕	顯자와 통용
土	08 女 계집녀변	妶	절개 있을. 여자 이름.
土	10 女 계집녀변	娊	여자 이름. 허리 가늘.
土	10 山 메산변	峴	고개. 재. 산 이름.
土	10 阝 좌방변 15 阜 언덕부변	限	한정할. 한계.
土	16 女 계집녀변	嬛	정숙할. 산뜻할. 얌전할.
金	09 王 임금왕변 10 玉 구슬옥변	玹	옥돌. 옥빛.
金	11 弓 활궁변	弦	활. 강한 활.

오행	획수	한자	뜻
金	11 王 임금왕변 / 12 玉 구슬옥변	現·	나타날. 이제. 지금. 밝을.
金	11 王 임금왕변 / 12 玉 구슬옥변	琄	패옥 늘어질.
金	13 金 쇠금변	鉉	솥귀. 고리.
金	14 言 말씀언변	誢	말다툼할. 간하는 말. 간사할.
金	15 貝 조개패변	賢·	어질. 어진 이. 어진 사람.
金	15 金 쇠금변	鋗	노구솥.
金	15 金 쇠금변	鋧	작은 끌. 푼끌. 작은 창.
金	20 言 말씀언변	譞	영리할. 깨달을. 슬기로울.
金	22 言 말씀언변	譴	구할. 욕심 낼.
水	08 口 입구변	呟	소리. 음성.
水	08 氵 삼수변 / 09 水 물수변	泫	이슬 빛. 물 깊고 넓을.
水	10 疒 병질엄변	痃	가래톳. 힘줄 당기는 병.
水	13 虫 벌레충변	蜆	바지락. 까막조개.
水	26 氵 삼수변 / 27 水 물수변	灦	물 맑을. 물. 물 모양.

주의	
주의	氵삼수 변 3획은 성명학에서는 水 물수 변 4획으로 사용됨

혈

오행	획수	한자	뜻
木	12 糸 실사변	絜	헤아릴. 잴. 묶을.
火	09 頁 머리혈변	頁	머리. 두부. 목. 목덜미. [엽]
火	13 走 달릴주변	趐	나아갈. 날아갈.
水	03 子 아들자변	孑	외로울. 고단할. 나머지. 짧을.
水	05 穴 구멍혈변	穴·	구멍. 움. 굴.
水	06 血 피혈변	血·	피.

혐

오행	획수	한자	뜻
土	13 女 계집녀변	嫌·	싫어할. 의심할. 혐의.

협

오행	획수	부수	한자	뜻
木	07	大 큰대변	夾	낄. 가까울. 가질.
木	09	匸 터진입구변	匧	옷상자. 옷장. 궤맬.
木	10 11	扌 手 재방변 손수변	挾	낄. 끼울. 도울.
木	11 13	艹 艸 풀초변 초두변	莢	꼬투리 (콩과 식물 이름). 명협. 조협.
木	15	竹 대죽변	篋	상자. 대로 만든 상자. [겹]
火	09	人 사람인변	俠	협객. 협사. 협기. 의로울.
火	09 10	忄 心 심방변 마음심변	協	합할. 화할. 맞을. 겁낼. → 協 [同字]
火	10 11	忄 心 심방변 마음심변	恢	뜻 맞을. 생각할.
火	12 13	忄 心 심방변 마음심변	愜	만족할. 쾌할. 마음에 맞을.
火	16	頁 머리혈변	頰	쾌적할. 뺨. 姓.
土	10	土 흙토변	埉	물가.
土	10	山 메산변	峽	골짜기. 골. 물 낀 산골.
土	10 11	犭 犬 개사슴록변 개견변	狹	좁을. 좁힐. 좁아질.
金	15	金 쇠금변	鋏	집게. 부젓가락. 칼.
水	05	口 입구변	叶	화합할. 화할. → 協 [古字]
水	08	冫 이수변	冾	화할. 윤택할.
水	08	十 열십변	協·	힘 합할. 화할. 도울. 맞을.
水	10 11	氵 水 삼수변 물수변	浹	두루 미칠. 퍼질. 젖을.
水	10 12	月 肉 육달월변 고기육변	脅·	갈빗대. 곁. 겨드랑이. 으를. 위협할.
水	10 12	月 肉 육달월변 고기육변	脇	脅자와 통용

형

오행	획수	부수	한자	뜻
木	05	儿 어진사람인변	兄·	형. 맏. 언니.
木	12 14	艹 艸 풀초변 초두변	荊	모형. 곤장. 광대싸리. 荆과 통용

木 | 20 香 향기향변 | 馨 | 꽃다울. 향기로울. 향기.

火 | 07 彡 터럭삼변 | 形· | 모양. 형상. 꼴. 얼굴.

火 | 08 人 사람인변 | 侀 | 이룰. 성취하다.

火 | 09 火 불화변 | 炯 | 빛날. 밝을.

火 | 14 火 불화변 | 熒 | 등불. 비칠. 빛날.

火 | 16 行 다닐행변 | 衡· | 저울. 저울대. 평평할.

土 | 07 亠 돼지해머리변 | 亨· | 형통할. 통달할. 제사. 드릴.

土 | 09 土 흙토변 | 型 | 거푸집. 모형. 본보기. 법.

土 | 10 女 계집녀변 | 娙 | (맵시) 어여쁠. 여자 벼슬 이름.

土 | 07 11 阝 邑 우방변 고을읍변 | 邢 | 땅 이름. 나라 이름. 姓.

土 | 09 12 辶 辵 책받침변 갖은책받침변 | 迥 | 멀. 빛날. 뛰어날.

土 | 10 13 辶 辵 책받침변 갖은책받침변 | 逈 | 迥자와 통용

주의: 辶 책받침 변 4획은 성명학에서는 辵 갖은책받침 변 7획으로 사용됨

土 | 10 15 阝 阜 좌방변 언덕부변 | 陘 | 지레목 (산줄기 끝). 산 잘룩할. 언덕.

주의: 阝 좌방 변 3획은 성명학에서는 阜 언덕부 변 8획으로 사용됨

金 | 06 刂 刀 선칼도변 칼도변 | 刑· | 형벌. 형벌할. 죽일.

金 | 10 11 王 玉 임금왕변 구슬옥변 | 珩 | 노리개. 구슬. 패옥.

金 | 12 言 말씀언변 | 詗 | 염탐할. 고발할. 똑똑할.

金 | 14 夊 천천히걸을쇠변 | 夐 | 멀. 멀다. 길.　[현]

金 | 15 玉 구슬옥변 | 瑩 | 맑을. 옥빛 조촐할. 의혹할. 형 ↔ 영 [통용]

金 | 18 金 쇠금변 | 鎣 | 꾸밀. 줄 (연장. 도구). 장식하다.

水 | 08 09 氵 水 삼수변 물수변 | 泂 | 멀. 찰. 깊을. 넓을.

水 | 14 水 물수변 | 滎 | 실개천. 물 이름. 물결 일.

水 | 16 虫 벌레충변 | 螢· | 반딧불이. 개똥벌레.

水 18 19 瀅 물 맑을.
氵 水 맑을.
삼수변 물수변

水 21 22 灐 사람 이름.
氵 水 물 이름.
삼수변 물수변

혜

木 09 盻 돌아볼.
目 눈 흘겨볼. 흘길.
눈목변

木 15 槥 널.
木 작은 관.
나무목변

木 16 橞 나무 이름.
木
나무목변

木 16 18 蕙 난초.
艹 艸 혜초. 아름다울.
풀초변 초두변

火 11 彗 별. 별 이름.
彐 빗자루.
튼가로왈변 혜 ↔ 세 [통용]

火 12 傒 가둘.
人 묶을. 기다릴.
사람인변

火 12 惠· 은혜.
心 인자할. 줄. 사랑.
마음심변

火 10 恵 惠자와 통용
心
마음심변

火 13 徯 지름길.
彳 사잇길. 기다릴.
두인변

火 15 寭 밝힐.
宀 깨달을.
갓머리변

火 15 慧· 슬기.
心 지혜. 밝을. 민첩할.
마음심변

火 15 暳 별 반짝일.
日 반짝거릴. 많은 별.
날일변

火 15 16 憓 사랑할.
忄 心 순할. 유순할.
심방변 마음심변

土 17 蹊 좁은 길.
⻊ 足 지름길. 건널. 기다릴.
발족변

金 04 兮· 어조사.
八 감탄사.
여덟팔변

金 11 訡 진실한 말.
言 정성스런 말.
말씀언변

金 15 鞋 신.
革 짚신.
가죽혁변

金 17 謑 창피 줄.
言 꾸짖고 욕할. 비뚤.
말씀언변

金 19 譓 순할.
言 슬기 많을.
말씀언변

金 19 醯 식초.
酉 초. 육장.
닭유변

金 20 鏸 날카로울.
金 세모 창. 큰 솥.
쇠금변

金	22 言 말씀언변	譓	슬기로울. 재주와 슬기. 순할.
水	02 匸 감출혜변	匸	감출. 덮다.
水	14 口 입구변	嘒	가냘플. 매미 소리. 소리 화할.
水	15 氵 삼수변 16 水 물수변	潓	물 이름. 물결.

호

木	04 戶 지게호변	戶·	집. 지게문. 지킬.
木	08 弓 활궁변	弧	활꼴. 활. 활꼴 곡선.
木	08 木 나무목변	杲	밝을. 높을. 호 ↔ 고 [통용]
木	08 虍 범호변	虎·	범. 용맹할.
木	08 虍 범호변	虍	범의 문채. 호피 무늬. 범호 변.
木	07 艹 풀초변 09 艸 초두변	苄	지황 (한약초.
木	08 艹 풀초변 10 艸 초두변	芦	苄자와 통용
木	11 戶 지게호변	扈	호종할. 넓을. 뒤따를. 호위할. 姓.
木	11 瓜 오이과변	瓠	표주박. 박. 병. 姓.
木	13 虍 범호변	號·	부를. 이름. 부르짖을.
水	05 口 입구변	号	號자와 통용
木	13 艹 풀초변 15 艸 초두변	葫	마늘. 풀 이름. 호리병박.
木	15 米 쌀미변	糊	붙이는 풀. 바를. 끈끈할. 흐릴.
木	16 糸 실사변	縞	흰 비단. 명주. 흴. 흰빛.
木	14 艹 풀초변 16 艸 초두변	蒿	쑥. 다북쑥. 김 오를. 고달플.
木	15 艹 풀초변 17 艸 초두변	蔰	채색할. 빛. 빛날.
火	08 日 날일변	昊	하늘. 여름 하늘.
火	08 日 날일변	昈	빛날. 밝을. 문채 날.
火	08 忄 심방변 09 心 마음심변	怙	믿을. 의지할.

오행	획수	부수	한자	뜻
火	11	日 날일변	晧	밝을. 빛날. 해 돋을.
火	11	毛 터럭모변	毫·	터럭. 가는 털. 아주 가늘. 붓끝.
火	13	耳 귀이변	聕	들을. 긴 귀.
火	15	火 불화변	熩	빛날.
火	15	白 흰백변	皜	흰 모양. 밝을. 흴.
火	15	白 흰백변	皞	밝을. 하늘. 흴.
火	16	人 사람인변	僫	호걸. 영웅.
火	19	髟 터럭발변	鬍	구레나룻. 수염.
火	21	頁 머리혈변	顥	클. 빛나는 모양.
土	06	女 계집녀변	好·	좋을. 아름다울.
土	08	山 메산변	岵	산. 산에 초목이 많을.
土	08 09	犭 犬 개사슴록변 개견변	狐	여우. 姓.
土	10	瓦 기와와변	瓳	벽돌. 큰 기와.
土	11	女 계집녀변	婋	영리할. 재치있을. 호→효[통용]
土	12 13	犭 犬 개사슴록변 개견변	猢	원숭이.
土	14	女 계집녀변	嫭	아름다울. 예쁜 모양.
土	14	女 계집녀변	嫮	예쁠. 아름다울. 자랑할.
土	14	牛 소우변	犒	호궤할 (음식을 베풀어 군사에게 먹여 위로함).
土	17	土 흙토변	壕	해자. 못. 지명. 땅 이름.
土	13 17	阝 邑 우방변 고을읍변	鄗	땅 이름. 호 ↔ 교 [통용]

주의 阝 우부방 변 3획은 성명학에서는 邑 고을읍 변 7획으로 사용됨

오행	획수	부수	한자	뜻
金	05	丿 삐침변	乎·	어조사. 온.
金	10	示 보일시변	祜	복. 신이 주는 복.
金	12	士 선비사변	壺	항아리. 병.

金 12 白 흰백변 **皓** 힐. 희게 빛날. 깨끗할.

金 12 13 王 玉 임금왕변 구슬옥변 **琥** 호박. 옥그릇. 서옥. 姓.

金 13 14 王 玉 임금왕변 구슬옥변 **瑚** 산호.

金 16 酉 닭유변 **醐** 우락 더껑이 제호 (우유에서 정제한 음료).

金 18 金 쇠금변 **鎬** 호경. 냄비. 빛날. 땅 이름.

金 21 言 말씀언변 **護**· 호위. 보호할. 지킬. 도울.

金 23 音 소리음변 **頀** 구할. 풍류 이름.

水 04 二 두이변 **互**· 서로.

水 06 冫 이수변 **冱** 얼어붙을. 얼. 찰. 추위.

水 08 口 입구변 **呼**· 부를. 부르짖을. 숨 내쉴.

水 07 08 氵 水 삼수변 물수변 **沍** 찰. 얼어붙을. 추위.

水 10 11 氵 水 삼수변 물수변 **浩**· 넓을. 넓고 클.

水 15 16 氵 水 삼수변 물수변 **澔** 浩자와 통용

水 09 11 月 肉 육달월변 고기육변 **胡**· 오랑캐. 턱밑 살. 오래 살. 늙은이. 姓.

水 11 12 氵 水 삼수변 물수변 **淏** 맑을. 맑은 모양.

水 12 13 氵 水 삼수변 물수변 **湖**· 호수. 물.

水 13 14 氵 水 삼수변 물수변 **滈** 장맛비. 물 이름. 물 넘칠.

水 14 豕 돼지시변 **豪**· 호걸. 호협할. 성할. 귀인.

水 15 口 입구변 **嘷** 부르짖을.

水 14 15 氵 水 삼수변 물수변 **滸** 물가. 물가의 평지.

水 14 15 氵 水 삼수변 물수변 **滬** 강 이름. 심해의 다른 이름.

水 15 虫 벌레충변 **蝴** 나비. 들나비.

水 17 18 氵 水 삼수변 물수변 **濠** 물 이름. 물.

水 17 18 氵 水 삼수변 물수변 **濩** 퍼질. 은나라 풍류.

水 18 食 밥식변 餬 된죽. 미음. 입에 풀칠할. 기식 (寄食할.

水 24 氵 삼수변 25 水 물수변 灝 크고 넓을. 클. 끝없을.

혹

火 12 心 마음심변 惑· 미혹할. 혹할. 현혹. 의심할.

火 14 火 불화변 熇 뜨거워질. 불꽃 일. 혹 ↔ 효 [통용]

金 08 戈 창과변 或· 혹은. 혹. 혹시. 있다.

金 14 酉 닭유변 酷 심할. 독할. 잔인할. 괴로울.

혼

木 10 口 큰입구변 圂 뒷간. [환]

木 16 門 문문변 閽 문지기. 대궐 문지기.

火 08 日 날일변 昏· 날 저물. 어두울. 혼미할.

火 09 人 사람인변 俒 완전할.

火 12 火 불화변 焜 빛날. 불빛. 밝을. 환할.

火 14 鬼 귀신귀변 魂· 넋. 혼.

火 19 頁 머리혈변 顚 얼굴빛 혼혼할. 머리 둥글. 혼 ↔ 운 [통용]

土 11 女 계집녀변 婚· 혼인할.

金 13 王 임금왕변 14 玉 구슬옥변 琿 아름다운 옥. 옥 이름.

水 11 氵 삼수변 12 水 물수변 混· 섞을. 흐릴. 섞일.

水 12 氵 삼수변 13 水 물수변 湣 미정. 정해지지 않을. 정리 못할.

水 12 氵 삼수변 13 水 물수변 渾 흐릴.

水 13 氵 삼수변 14 水 물수변 溷 더러울. 뒷간. 어지러울.

홀

木 10 竹 대죽변 笏 홀. 피리 가락 맞출. [문]

火 08 心 마음심변 忽· 문득. 갑자기. 소홀히 할. 잊을. 다할.

오행	획수	한자	뜻
火	11 忄 심방변 / 12 心 마음심변	惚	황홀할.
土	07 囗 큰입구변	囫	온전할. 완전할. 덩어리. [흘]

홍

오행	획수	한자	뜻
木	09 糸 실사변	紅·	붉을. 연지.
木	15 竹 대죽변	篊	홈통. 대나무 묶음. 통발.
火	05 弓 활궁변	弘·	클. 넓을. 넓힐.
火	10 火 불화변	烘	횃불. 비칠. 말릴. 불 쬘.
火	10 日 날일변	晎	먼동 틀. 날 밝아올.
火	17 鳥 새조변	鴻·	기러기. 클.
金	10 言 말씀언변	訌	어지러울. 내홍. 모함할. 무너질.
金	14 金 쇠금변	鉷	쇠뇌 고동. 돌을 쏘는 큰 활. 석궁.
金	16 鬥 싸울투변	鬨	싸울. 싸우는 소리.
水	07 水 물수변	汞	수은.
水	09 口 입구변	哄	떠들썩할. 속일. 공갈할.
水	08 氵 삼수변 / 09 水 물수변	泓	물 깊을. 깊을.
水	09 虫 벌레충변	虹	무지개. 채색한 기(旗).
水	09 氵 삼수변 / 10 水 물수변	洪·	넓을. 클. 홍수. 큰물. 姓.
水	15 氵 삼수변 / 16 水 물수변	澒	수은. 잇닿을. 혼돈할.

화

오행	획수	한자	뜻
木	05 禾 벼화변	禾·	벼. 곡식. 곡물.
木	08 艹 풀초변 / 10 艸 초두변	花·	꽃. 아름다울.
木	12 田 밭전변	畫·	그림. 채색. 그리다.
土	13 田 밭전변	畵	畫자와 통용
木	14 示 보일시변	禍·	재앙. 재화. 재해.

木 12 14 **華**· 빛날.
艹 艸 꽃. 화려. 나라 이름.
풀초변 초두변

주의	艹 풀초 변 4획은 성명학에서는 艸 초두머리 변 6획으로 사용됨

木 16 **樺** 벚나무.
木 자작나무.
나무목변

火 04 **化**· 될.
匕 교화할. 화할. 姓.
비수비변

火 04 **火**· 불.
火 불사를. 급할.
불화변

火 10 **俰** 화할.
人
사람인변

火 22 **驊** 준마.
馬
말마변

火 22 **龢** 화목할.
龠 화할. → 和의 [古字]
피리약변

土 15 **嬅** 탐스러울.
女 얌전할. 여자 이름.
계집녀변

金 11 **貨**· 재물.
貝 재화. 화폐.
조개패변

金 13 **話**· 이야기.
言 말. 말할.
말씀언변

金 13 **靴** 가죽신.
革 구두. 양화 (洋靴).
가죽혁변

金 19 **譁** 떠들썩할.
言 들렐. 시끄러울. [와]
말씀언변

水 08 **和**· 화할.
口 화목할. 온화할. 姓.
입구변

水 15 **嘩** 시끄러울.
口 지껄일. 떠들썩할.
입구변 → 譁 [同字]

水 15 16 **澕** 물 깊을.
氵 水
삼수변 물수변

확

木 14 **廓** 클.
广 넓을. 넓힐.
엄호변 확 ↔ 곽 [통용]

木 19 **穫**· 벼 벨.
禾 곡식 거둘. 수확.
벼화변

木 18 19 **擴**· 넓힐.
扌 手 늘릴. 확대.
재방변 손수변

木 20 **矍** 두리번거릴.
目 눈빛이 빛날.
눈목변 → 곽 [本音]

木 23 24 **攫** 움켜쥘.
扌 手 붙잡다. 빼앗을.
재방변 손수변

金 15 **確**· 확실할.
石 굳을.
돌석변

金 15 **碻** 確자와 통용
石
돌석변

金 21 石 돌석변 **礭** 회초리. 채찍질할. 매. → 각 [本音]

金 22 金 쇠금변 **鑊** 가마솥. 발 없는 큰 솥.

金 25 矛 창모변 **矡** 송곳. 창. 호미. → 곽 [本音]

환

木 09 宀 갓머리변 **宦** 내시. 벼슬. 내관. 환관.

木 09 大 큰대변 **奐** 빛날. 클. 성할.

木 09 糸 실사변 **紈** 흰 비단. 고운 명주. 맺을. 겹칠.

木 10 木 나무목변 **桓** 굳셀. 씩씩할.

木 12 目 눈목변 **睆** 아름다운. 고울. 밝을. 사람 이름.

木 12 糸 실사변 **絙** 느려 터질. 느즈러질. 끈. 줄.

木 12 13 扌 手 재방변 손수변 **換**· 바꿀. 교체. 주고받다.

木 16 宀 갓머리변 **寰** 대궐 담. 경기 고을. 기내.

木 16 17 扌 手 재방변 손수변 **擐** 꿸. 꿰일. 입을. [관]

火 04 幺 작을요변 **幻** 미혹할. 허깨비. 변할. 바뀔.

火 11 心 마음심변 **患**· 근심할. 재앙. 병.

火 11 日 날일변 **晥** 밝은 모양. 밝을. 깨끗할.

火 12 白 흰백변 **皖** 샛별. 밝은 별. 땅 이름.

火 13 火 불화변 **煥** 불꽃. 빛날. 붉은 모양.

火 21 22 忄 心 심방변 마음심변 **懽** 기뻐할. 기쁠.

火 23 髟 터럭발변 **鬟** 쪽진 머리. 쪽. 계집종.

火 28 馬 말마변 **驩** 기뻐할. 기쁠.

土 03 丶 점주변 **丸**· 둥글. 탄자. 알. 탄알.

土 16 口 큰입구변 **圜** 두를. 에워쌀. 돌릴.

土 20 車 수레거변 **轘** 환형 (찢어 죽일). 거열 (車裂)할. 땅 이름.

土 17 20 還· 복귀할.
辶 辵 돌아올. 돌릴.
책받침변 갖은책받침변

주의 辶 책받침 변 4획은 성명학에서는 辵 갖은책받침 변 7획으로 사용됨

金 13 14 瑍 환옥.
王 玉 문채 있는 옥.
임금왕변 구슬옥변

金 17 鍰 무게 단위.
金 엿냥쭝. 고리. 황철.
쇠금변

金 17 18 環· 고리.
王 玉 두를. 둥근 구슬.
임금왕변 구슬옥변

金 21 鐶 가락지.
金 고리. 반지.
쇠금변

金 22 歡· 기뻐할.
欠 즐거울. 즐길. 친할.
하품흠변

金 24 25 瓛 옥홀.
王 玉 서옥. 사람 이름.
임금왕변 구슬옥변

주의 王 구슬옥 변(임금 왕) 4획은 성명학에서는 玉 구슬옥 변 5획으로 사용됨

水 09 10 洹 물 많은 모양.
氵 水 물 세차게 흐를.
삼수변 물수변 환 ↔ 원 [통용]

水 12 喚 부를.
口 외칠. 소환할.
입구변

水 12 13 渙 물 이름.
氵 水 문채 날. 풀릴. 흩어질.
삼수변 물수변 흩어질. 괘 이름.

水 13 豢 짐승 기를.
豕 칠. 기를.
돼지시변

水 21 鰥 홀아비.
魚 물고기 이름. 병 앓을.
물고기어변

활

木 17 闊 너그러울.
門 넓을. 활달할.
문문변

水 17 18 濶 闊자와 통용
氵 水
삼수변 물수변

土 13 14 猾 꾀 많을.
犭 犬 교활할. 어지러울.
개사슴록변 개견변

주의 犭 개사슴록 변 3획은 성명학에서는 犬 개견 변 4획으로 사용됨

水 09 10 活· 살.
氵 水 생기 있을. 응용할.
삼수변 물수변

水 12 蛞 올챙이.
虫 달팽이. 괄태충.
벌레충변

水 13 14 滑 미끄러울.
氵 水 활 ↔ 골 [통용]
삼수변 물수변

水 17 豁 골짜기.
谷 뚫린 골. 넓을. 클. 통할.
골곡변

황

木 | 11 几 안석궤변 | 凰 | 봉황새. 새. 봉황의 암컷.

木 | 10 12 艹 艸 풀초변 초두변 | 荒· | 거칠. 흉년 들.

주의 艹 풀초 변 4획은 성명학에서는 艸 초두머리 변 6획으로 사용됨

木 | 13 巾 수건건변 | 幌 | 덮개. 휘장. 포장 덮개.

木 | 13 木 나무목변 | 楻 | 깃대.

木 | 14 木 나무목변 | 榥 | 책상. 깃대. 창.

木 | 15 竹 대죽변 | 篁 | 대 이름. 대숲. 피리.

木 | 18 竹 대죽변 | 簧 | 피리서. 피리. 다급할.

火 | 08 09 忄 心 심방변 마음심변 | 怳 | 어렴풋할. 당황할. 갑자기. 멍할. 황홀할.

火 | 09 10 忄 心 심방변 마음심변 | 恍 | 황홀할. 어두울. 멍할.

火 | 10 日 날일변 | 晃 | 밝을. 빛날.

火 | 10 日 날일변 | 晄 | 晃자와 통용

火 | 12 彳 두인변 | 徨 | 방황할. 헤맬. 배회할. 노닐.

火 | 12 13 忄 心 심방변 마음심변 | 惶 | 두려워할. 당황할. 다급할.

火 | 13 火 불화변 | 煌 | 빛날. 불빛 이글거릴.

火 | 13 14 忄 心 심방변 마음심변 | 慌 | 황홀할. 허겁지겁할. 어렴풋할.

火 | 13 14 忄 心 심방변 마음심변 | 愰 | 마음 청백할. 밝을. 들뜰.

주의 忄 심방 변 3획은 성명학에서는 心 마음심 변 4획으로 사용됨

火 | 14 火 불화변 | 熀 | 빛날. 불빛 이글거릴. 황 ↔ 엽 [통용]

土 | 12 土 흙토변 | 堭 | 당집. 벽이 없는 집. 전각.

土 | 12 女 계집녀변 | 媓 | 사람 이름. 어미. 어머니.

土 | 12 黃 누를황변 | 黃· | 누를. 누른빛. 姓.

土 | 13 16 辶 辵 책받침변 갖은책받침변 | 遑 | 허둥거릴. 급할.

土 | 12 17 阝 阜 좌방변 언덕부변 | 隍 | 해자 (성 주위에 둘러 판 못).

오행	획수	한자	뜻
金	09 白 흰백변	皇·	임금. 클. 비로소.
金	12 貝 조개패변	貺	하사할. 줄.
金	13 14 王 玉 임금왕변 구슬옥변	瑝	옥 소리. 종소리. 옥돌.
金	16 17 王 玉 임금왕변 구슬옥변	璜	구슬. 반달 옥. 패옥.
金	18 金 쇠금변	鍠	종소리. 방울.
水	08 09 氵 水 삼수변 물수변	況·	상황. 정황. 모양. 비유할. 하물며.
水	07 09 月 肉 육달월변 고기육변	肓	명치끝. 흉격.

주의	月 육달월 변 4획은 성명학에서는 肉 고기육 변 6획으로 사용됨

오행	획수	한자	뜻
水	12 口 입구변	喤	울음소리.
水	12 13 氵 水 삼수변 물수변	湟	해자 (垓子). 빨리 흐를. 물 이름.
水	13 14 氵 水 삼수변 물수변	滉	물 깊고 넓을.
水	15 虫 벌레충변	蝗	황충. 누리 (메뚜기과 곤충).
水	15 16 氵 水 삼수변 물수변	潢	웅덩이. 못 깊을.

회

오행	획수	한자	뜻
木	10 12 艹 艸 풀초변 초두변	茴	회향풀. 방풍 잎사귀.
木	13 曰 가로왈변	會·	모일. 모을. 모임. 맞춤.
木	06 人 사람인변	会	會자와 통용
木	17 木 나무목변	檜	나무 이름. 노송나무.
木	19 糸 실사변	繪	수놓을. 그림. 그릴.
木	12 糸 실사변	絵	繪자와 통용
火	06 火 불화변	灰	재. 석회.
火	08 人 사람인변	佪	어정거릴. 거닐. 머뭇거리다. → 徊 [同字]
火	09 彳 두인변	徊	배회할. 노닐. 어정거릴.
火	09 10 忄 心 심방변 마음심변	恢	넓을. 클.

오행	획수	부수	한자	뜻
火	10 11	忄 心 / 심방변 마음심변	悔·	뉘우칠. 한할.
火	11	日 / 날일변	晦	그믐. 어두울.
火	16	頁 / 머리혈변	頮	세수할. 낯 씻을.
火	19 20	忄 心 / 심방변 마음심변	懷·	품을. 생각할. 위로할. 달랠.
土	10 13	辶 辵 / 책받침변 갖은책받침변	逥	돌아올. 돌.
土	16 17	犭 犬 / 개사슴록변 개견변	獪	교활할. 간교할. [쾌]
金	11	皿 / 그릇명변	盔	바리 (밥그릇). 주발. 투구 (철모). 동이.
金	13	貝 / 조개패변	賄	뇌물. 재물. 선사할.
金	13	言 / 말씀언변	詼	조롱할. 비웃을.
金	14	言 / 말씀언변	誨	가르칠. 보일. 교훈.
水	06	口 / 큰입구변	回·	돌아올. 돌.
水	09	廴 / 민책받침변	廻	돌아올. 돌. 피할.
水	09 10	氵 水 / 삼수변 물수변	洄	물 거슬러 흐를. 회류. 역류할.
水	11 12	氵 水 / 삼수변 물수변	淮	물 이름.
水	12	虫 / 벌레충변	蛔	회충. 거위.
水	13	匚 / 터진입구변	匯	물 돌아 모일. 물 돌아 나갈.
水	16 17	氵 水 / 삼수변 물수변	澮	밭도랑. 봇도랑. 물 이름.
水	17 19	月 肉 / 육달월변 고기육변	膾	회 칠. 회.
水	24	魚 / 물고기어변	鱠	회. 생선회.

획

오행	획수	부수	한자	뜻
木	08	田 / 밭전변	画	그림. 그을. 畫의 [俗字]
土	17 18	犭 犬 / 개사슴록변 개견변	獲·	얻을. 손에 넣을.
金	14	刂 刀 / 선칼도변 칼도변	劃·	계획할. 그을. 쪼갤.
水	17	口 / 입구변	嚄	부르짖을. 외칠. 깜짝 놀랄. 아 ~.

횡

오행	획수·부수	한자	뜻
木	08 宀 갓머리변	宖	집이 울릴. 클. 편안할.
木	16 木 나무목변	橫·	비낄. 가로. 가로지를.
土	25 黃 누를황변	黌	글방. 학교.
金	12 金 쇠금변	鈜	쇠북 소리. 쇳소리.
金	20 金 쇠금변	鐄	종. 큰 종. 쇠북. 종소리.
水	15 氵 삼수변 / 16 水 물수변	澋	물이 빙 돌. 물 돌아 나갈.

효

오행	획수·부수	한자	뜻
木	10 广 엄호변	庨	집 높을.
木	10 虍 범호변	虓	울부짖을. 범이 울부짖을.
木	11 木 나무목변	梟	올빼미. 웅장할. 영웅.
火	04 爻 점괘효변	爻	괘효. 사귈. 본받을. 변할. 괘 이름.
火	09 人 사람인변	侾	점잖을. 큰 모양.
火	10 灬 연화변 / 10 火 불화변	烋	기운 건장할. 자긍할. 뽐낼. 효 ↔ 휴 [통용]
火	09 忄 심방변 / 10 心 마음심변	恔	쾌할. 유쾌할. 기분 좋을.
火	12 人 사람인변	傚	본받을.
火	14 火 불화변	熇	햇볕에 쬘. 불길 성할. 엄혹할. 엄할. 효 → 혹 [통용]
火	15 白 흰백변	皛	나타날. 밝을.
火	16 日 날일변	曉·	새벽. 밝을. 깨달을.
火	22 馬 말마변	驍	날랠. 굳셀. 좋은 말. [교]
土	11 山 메산변	崤	산 이름.
土	11 女 계집녀변	婋	여자 마음 영리할. 효 → 호 [통용]
金	攵 등글월문변 / 10 攴 칠복변	效·	본받을. 힘쓸.
金	08 力 힘력변	効	效자와 통용

金 12 殽 섞일. 殳 어지러울. 갖은등글월문변

金 14 歊 김 오를. 欠 기운 날. 하품흠변

金 14 酵 발효. 酉 술밑. 지게미. 술 괼. 닭유변

金 18 謼 부르짖을. 言 울. [호] 말씀언변

金 20 斆 가르칠. 攴 교육할. 깨달을. 칠복변

水 07 孝· 효도. 子 효자. 부모 잘 섬길. 아들자변

水 10 哮 으르렁거릴. 口 성낼. 입구변

水 09 10 洨 강 이름. 氵 水 물 흘러 합할. 삼수변 물수변

水 08 10 肴 술안주. 月 肉 안주. 육달월변 고기육변

水 10 11 涍 물 이름. 氵 水 물가. 姓. 삼수변 물수변

水 11 12 淆 뒤섞일. 氵 水 흐릴. 어지러울. 삼수변 물수변

水 12 窙 높은 기운. 穴 높을. 활달할. 구멍혈변

水 17 嚆 울릴. 口 외칠. 부르짖을. 입구변

水 17 餚 반찬. 食 안주. 익힌 요리. 어육. 밥식변

水 21 囂 시끄러울. 口 들렐. 소리. [오] 입구변

후

木 06 朽 썩은 냄새. 木 썩을. 부패. 나무목변

木 07 09 芋 클. 艹 艸 벼슬 이름. 후↔우[통용] 풀초변 초두변

木 12 帿 과녁. 巾 → 侯 [수] 수건건변

木 15 篌 공후 (현악기 이름). 竹 대죽변

火 09 侯· 제후. 人 임금. 후작. 벼슬. 사람인변

火 09 後· 뒤. 彳 뒤질. 두인변

火 10 候· 기후. 人 철. 기다릴. 살필. 사람인변

火 10 欨 즐거워할. 欠 하품흠변

오행	획수	부수	한자	뜻
火	13	灬 火 (연화변 불화변)	煦	따뜻하게 할. 더울. 햇빛.
土	08	女 (계집녀변)	姁	예쁠. 할미. 할머니.
土	09	厂 (민엄호변)	厚·	두터울. 두꺼울. 짙을. 후할.
土	09	土 (흙토변)	垕	厚자와 통용
土	09	土 (흙토변)	垕	두터울.

주의 상기 통용자와 字形이 약간 다르고 (꼬리가 길게) 획수, 뜻, 오행은 같다.

오행	획수	부수	한자	뜻
土	12	土 (흙토변)	堠	장승. 봉화지기.
土	12 13	犭 犬 (개사슴록변 개견변)	猴	원숭이.
土	10 13	辶 辵 (책받침변 갖은책받침변)	逅	만날. 우연히 만날.
金	09	矢 (화살시변)	矦	임금. 제후. 아름다울. 侯의 [古字]
金	10 11	王 玉 (임금왕변 구슬옥변)	珝	옥 이름.
金	11	酉 (닭유변)	酗	주정할. 주사를 피울 (부릴).
金	13	言 (말씀언변)	詡	자랑할. 클. 날랠. 두루.
金	19	言 (말씀언변)	謼	거짓말. 빈말. 망령된 말.
水	06	口 (입구변)	后	임금. 왕후. 사직. 뒤 (後). 姓.
水	07	口 (입구변)	吼	울부짖을. 소리. 아우성 칠. 울.
水	07	口 (입구변)	吽	소 울. 소 울음소리. → 음. 우 [本音]
水	12	口 (입구변)	喉	목구멍. 목. 긴한 곳.
水	12	口 (입구변)	喣	불. 숨을 내쉴. 따뜻할.
水	13	口 (입구변)	嗅	냄새 맡을. 냄새 날.
水	18	食 (밥식변)	餱	말린 밥. 건량 (乾糧).

훈

오행	획수	부수	한자	뜻
木	13 15	艹 艸 (풀초변 초두변)	葷	매운 채소. 훈채. 냄새 날.
木	17 19	艹 艸 (풀초변 초두변)	薫	향기풀. → 薰의 [俗字]

자원오행	획수	한자	뜻
木	18 20 艹 艸 풀초변 초두변	薰	향기풀.
木	19 21 艹 艸 풀초변 초두변	薫	薰자와 통용
木	20 糸 실사변	纁	분홍빛.
火	11 灬 火 연화변 불화변	焄	향내 날. 불길 오를. 김 쐴. 그을릴.
火	13 日 날일변	暈	무리. 햇무리. 현기증 날. 훈 ↔ 운 [통용]
火	13 火 불화변	煇	구울. 지지다. 훈↔휘 [통용]
火	14 灬 火 연화변 불화변	熏	불기운. 더울.
火	13 灬 火 연화변 불화변	熏	熏자와 통용
火	16 力 힘력변	勳	공 (功). 공적.
火	12 力 힘력변	勛	勳자와 통용
火	15 力 힘력변	勲	勳자와 통용
火	18 火 불화변	燻	연기 낄. 불길 치밀. 질식.
火	18 日 날일변	曛	석양빛. 땅거미 질. 어스레할.
土	17 土 흙토변	壎	질나팔 (흙으로 만든 악기).
土	13 土 흙토변	塤	壎자와 통용
土	17 18 犭 犬 개사슴록변 개견변	獯	오랑캐 이름.
金	10 言 말씀언변	訓·	가르칠. 뜻. 훈계할. 주 낼.
金	22 金 쇠금변	鑂	금빛 변할. 금빛 투색할. 바랠.

훌

자원오행	획수	한자	뜻
金	12 欠 하품흠변	欻	재빠를. 문득. 홀연. 일. → 歘 [同字]

훙

자원오행	획수	한자	뜻
木	17 19 艹 艸 풀초변 초두변	薨	훙서할. 귀인이 죽음. [횡]

훤

자원오행	획수	한자	뜻
木	13 15 艹 艸 풀초변 초두변	萱	원추리. 풀. 망우초.

오행	획수	부수	한자	뜻
火	08	日 날일변	昍	밝을. 훤 ↔ 헌 [통용]
火	10	火 불화변	烜	빛나고 밝을. 마를.
火	12 13	忄 心 심방변 마음심변	愃	너그러울. 아담할. 훤↔선 [통용]
火	13	日 날일변	暄	따뜻할. 더울. 늦봄.
火	13	火 불화변	煊	따뜻할. → 暄 [同字]
金	16	言 말씀언변	諠	시끄러울. 떠들. 잊을. 거짓.
金	16	言 말씀언변	諼	속일. 거짓. 잊을.
水	12	口 입구변	喧	지껄일. 크게 말할.

훼

오행	획수	부수	한자	뜻
木	06	十 열십변	卉	풀. 초목.
木	05	十 열십변	卉	卉자와 통용
木	09	艸 초두변	芔	풀. 성할.
火	17	火 불화변	燬	불. 탈. 불 성할.
金	13	殳 갖은등글월문변	毁	헐. 헐어질. 비방할.
金	13	殳 갖은등글월문변	毀·	헐. → 毁의 [俗字]
水	09	虫 벌레충변	虺	살무사. 독사.
水	12	口 입구변	喙	부리. 숨 쉴. [달]

참고	통용자는 획수, 부수, 자원오행에 관계없이 정자 밑에 배열하였음

휘

오행	획수	부수	한자	뜻
木	12 13	扌 手 재방변 손수변	揮·	휘두를. 두를. 뿌릴. 떨칠.
木	15	麻 삼마변	麾	대장기. 지휘. 가리킬.
木	15 16	扌 手 재방변 손수변	撝	찢을. 가리킬. 두를.
火	13	ㅋ 彐 튼가로왈변	彙	무리. 모을. 고슴도치.
火	13	日 날일변	暉	빛날. 햇빛. 광채.

火 13 火 불화변 **煇** 빛날. 일광. 휘 ↔ 훈 [통용]

火 13 火 불화변 **煒** 밝을. 빛날. 휘 ↔ 위 [통용]

火 15 羽 깃우변 **翬** 훨훨 날. 날개 칠.

火 15 車 수레거변 **輝·** 빛날. 빛.

火 17 彳 두인변 **徽** 아름다울.

金 16 言 말씀언변 **諱** 꺼릴. 기피. 숨길.

휴

木 09 广 엄호변 **庥** 그늘. 덮다. 쉬다.

木 13 扌 재방변 14 手 손수변 **携·** 이끌. 끌. 가질. 들.

火 06 人 사람인변 **休·** 쉴. 좋을. 휴가.

火 灬 연화변 10 火 불화변 **烋** 아름다울. 화할. 휴 ↔ 효 [통용]

火 16 髟 터럭발변 **髹** 옻칠할. 옻. 검붉은색.

火 17 鳥 새조변 **鵂** 수리부엉이.

土 11 田 밭전변 **畦** 밭두둑. 밭 쉰 이랑.

土 18 阝 좌방변 23 阜 언덕부변 **隳** 무너질. 떨어질. 무너뜨릴.

水 09 口 입구변 **咻** 신음 소리. 떠들. 입병 앓는 소리.

水 17 虍 범호변 **虧** 이지러질. 덜. 줄다. 부족.

휼

火 08 卩 병부절변 **卹** 불쌍할. 근심할. 진휼할. [술]

火 09 忄 심방변 10 心 마음심변 **恤** 동정할. 구휼할. 구제할. 근심.

火 23 鳥 새조변 **鷸** 도요새. 물총새. 황새.

土 16 辶 책받침변 19 辵 갖은책받침변 **遹** 좇을. 따를. 이에. 지을. 삐뚤. [율. 술]

金 19 言 말씀언변 **譎** 속일. 기만할. 어긋날.

金 20 金 쇠금변 **鐍** 고리. 걸쇠. 상자 장식할. [결. 율]

오행	획수	한자	뜻
水	20 雨 비우변	霱	상서로운 구름. 삼색 구름. 휼 ↔ 율 [통용]

흉

오행	획수	한자	뜻
木	06 儿 어진사람인변	兇	두려워할. 흉악할.
火	09 10 忄 心 심방변 마음심변	恟	두려울.
金	06 勹 쌀포변	匈	가슴. 흉흉할. 요란할.
水	04 凵 위터진입구변	凶·	흉할. 재앙. 허물.
水	09 10 氵 水 삼수변 물수변	洶	용솟음할. 물이 세찰. 물소리.
水	10 12 月 肉 육달월변 고기육변	胸·	가슴. 마음.
水	10 12 月 肉 육달월변 고기육변	胷	가슴. 마음. → 胸 [同字]

흑

오행	획수	한자	뜻
水	12 黑 검을흑변	黑·	검을. 흑색. 어두울.

흔

오행	획수	한자	뜻
木	11 12 扌 手 재방변 손수변	掀	치켜들. 번쩍 들. [헌]
火	07 08 忄 心 심방변 마음심변	忻	기뻐할.
火	08 日 날일변	昕	새벽. 해 돋을. 아침.
火	08 欠 하품흠변	欣	기쁠. 좋아할. 기꺼울.
火	08 火 불화변	炘	화끈할. 더울. 빛 성할.
火	09 彳 두인변	很	패려궂을. 이길. 다툴. → 한[本音]
火	11 12 忄 心 심방변 마음심변	惞	즐거워할. 기쁠. 사람 이름.
金	25 酉 닭유변	釁	피 바를 (피를 발라 신에게 제사 지낼).
水	11 疒 병질엄변	痕	흉터. 상처 자국. 흔적.

흘

오행	획수	한자	뜻
木	09 糸 실사변	紇	묶을. 실 끝. 질 낮은 명주실.
火	05 人 사람인변	仡	용감. 클. 높을. 날랠. [홀]

土 06 屹 높을.
山 산 우뚝 솟을.
메산변

土 07 10 迄 마침내.
⻌ 辵 이를. 까지.
책받침변 갖은책받침변

주의	⻌책받침 변 4획은 성명학에서는 辵 갖은책받침 변 7획으로 사용됨

金 10 訖 마칠.
言 이를.　[글]
말씀언변

金 18 齕 씹을.
齒 깨물.
이치변

水 06 吃 머뭇거릴.
口 말 더듬을.
입구변

水 06 07 汔 거의.
氵 水 물 마를. 물 잦을.
삼수변 물수변

水 08 疙 머리 종기.
疒 쥐부스럼. 어리석을.
병질엄변

흠

木 15 廞 진열할.
广 포진할. 일.
엄호변

火 04 欠 하품.
欠 모자랄. 부족할. 결함.
하품흠변

金 12 欽 공경할.
欠 존경할. 칙명.
하품흠변

金 13 歆 받을.
欠 대접할. 부러워할.
하품흠변 움직일. 흠향할.

金 24 鑫 기쁠.
金 사람 이름.
쇠금변

흡

火 09 10 恰 흡족할.
忄 心 흡사할. 마치. 합할.
심방변 마음심변

火 12 翕 합할.
羽 모을. 화합할.
깃우변

火 12 翖 모을.
羽 합할. 성할. →翕 [同字]
깃우변

金 16 歙 줄일.
欠 숨 들이쉴. 거둘.
하품흠변

水 07 吸· 숨 들이쉴.
口 마실. 빨.
입구변

水 09 10 洽 윤택할.
氵 水 합할. 젖을. 화할.
삼수변 물수변

水 15 噏 숨 들이쉴.
口 거둘.
입구변

水 15 16 潝 빨리 흐를.
氵 水 물소리. 용렬할.
삼수변 물수변

참고	작명은 소리(音)로만, 뜻(訓)으로만, 또는 소리(音)와 뜻(訓)으로 모두 할 수 있다.

흥

土 15 臼 **興**· 흥할. 일어날. 절구구변

주의: 字典에 따라 15, 16획으로 혼용되나, 밑터 진절구 구로 필순이 16획이라도 절구 구변 6획에 속하므로 성명학은 15획 기준

희

木 07 巾 **希**· 바랄. 희망. 드물. 수건건변

木 12 禾 **稀**· 적을. 드물. 성길. 벼화변

木 16 木 **橲** 나무 이름. 복. 경사. 나무목변

木 17 示 **禧** 복. 행복. 길할. 경사스러울. 보일시변

火 09 人 **俙** 희미할. 비슷할. 소송할. 송사할. 느낄. 사람인변

火 11 日 **晞** 마를. 말릴. 밝을. 햇볕에 쬘. 날일변

火 11 火 **烯** 불빛. 별 쬘. 晞와 통용 불화변

火 10 忄 11 心 **悕** 생각할. 원할. 슬퍼할. 심방변 마음심변

火 13 灬 火 **熙** 밝을. 빛날. 넓을. 연화변 불화변

火 13 灬 火 **熈** 熙자와 통용 연화변 불화변

火 14 灬 火 **凞** 熙자와 통용 연화변 불화변

火 14 人 **僖** 즐거울. 기쁠. 기꺼울. 사람인변

火 15 忄 16 心 **憘** 기뻐할. 좋아할. 憙의 [古字] 심방변 마음심변

火 16 心 **憙** 기뻐할. 좋아할. 마음심변

火 16 灬 火 **熹** 밝을. 빛날. 성할. 아름다울. 사람 이름. 연화변 불화변

火 16 火 **熺** 熹자와 통용 불화변

火 16 日 **暿** 성할. 빛날. 더울. 날일변

火 18 火 **燹** 들불 (野火). 야화 (夜火). 불. 불화변

火 20 日 **曦** 햇빛. 빛날. 일광. 날일변

오행	획수/부수	한자	뜻
火	20 火 불화변	爔	불. 햇빛.
土	09 女 계집녀변	姬	계집. 아가씨. 근본.
土	09 女 계집녀변	姫	姬자와 통용
土	09 己 몸기변	巸	아름다울. 즐거울. 희↔이 [통용]
土	15 女 계집녀변	嬉	아름다울. 즐길.
土	16 羊 양양변	羲	기운. 화할. 숨. 복희씨. 황제 이름.

주의 字典에 따라 16, 17획으로 혼용되나 성명학은 16획 기준

오행	획수/부수	한자	뜻
土	17 女 계집녀변	嬉	기쁠. 즐거울.
土	20 牛 소우변	犧	희생할. 사랑할. [사]
金	11 欠 하품흠변	欷	한숨 내쉴. 흐느낄.
金	17 戈 창과변	戲·	놀다. 연극. 희롱할.
金	16 戈 창과변	戯	戲자와 통용
金	19 言 말씀언변	譆	감탄할. 뜨겁다. 아~ 소리 지를.
水	09 口 입구변	咥	웃을. 허허 웃을.
水	10 口 입구변	唏	슬피 울. 탄식할. 소리.
水	12 口 입구변	喜·	기쁠. 즐거울. 좋을. 기꺼울.
水	14 豕 돼지시변	豨	큰 돼지. 신성한 짐승.
水	14 冫 이수변	凞	빛날. 화할.
水	15 口 입구변	嘻	화락할. 웃을. 아~ 감동할.
水	16 口 입구변	噫	탄식할. 한숨 쉴. 느낄.
水	19 食 밥식변	餼	보낼. (곳집) 쌀. 희생.
水	22 口 입구변	囍	기쁨. 쌍희 (雙喜). 비슷할. [국]

히

오행	획수/부수	한자	뜻
水	09 尸 주검시변	屎	앓을. 신음할. 끙끙거릴. 히 ↔ 시 [통용]

힐

오행	획수	한자	뜻
木	20 21 衤 衣 옷의변	襭	옷깃. 옷자락 걷을.
木	21 糸 실사변	纈	홀치기염색. 맺을. 무늬 있는 비단.
火	15 頁 머리혈변	頡	곧은 목. 날아오를. 사람 이름.
土	06 07 犭 犬 개사슴록변 개견변	犵	오랑캐. 남녘 오랑캐 이름.
金	13 言 말씀언변	詰	꾸짖을. 힐난할. 따지다.
水	18 黑 검을흑변	黠	영리할. 약을. 꾀가 많을. 교활할. → 할 [本音]

♣

참고	대법원에서 선정한 인명용 한자란 성(姓)을 제외한 이름(名)의 한자를 말한다.

참고	이름의 성(姓)은 반드시 漢字로 출생신고를 해야 하나, 이름(名)은 한자(인명용 한자 중에서) 또는 한글로 신고해야 한다.

5. 부수 (변) 종류 및 명칭

1. 저자 임의로, 학자마다 字典마다 달리하는 부수의 명칭을 혼동없이 이해를 돕고자 표기하였다. (저자 임의로 표기에 대해 시시비비가 없기를 바란다)
2. 본부수와 약부수를 혼용하는 부수를 ( ) 안에 표기하였다.
3. • 표는 별도의 명칭을 가지고 있고, 쓰이는 위치에 따라 字形이 변하는 변의 글자임

1 획 변

一	한일 변
丨	뚫을곤 변
丶	점주 변
丿	삐침 변 (삐침별 변)
乙 (乚)	새을 변
亅	갈고리궐 변

2 획 변

二	두이 변
亠	돼지해머리 변 (돼지해밑 변)
人 (亻)	사람인 변
儿	어진사람인 변 (어진사람인발 변)
入	들입 변
八	여덟팔 변
冂	멀경 변 (멀경몸 변)
冖	민갓머리 변
冫	이수 변
几	안석궤 변 (기댈상궤결 변)
凵	위터진입구 변 (위튼입구몸 변)
刀 (刂)	칼도 변 [선칼도 변] •
力	힘력 변
勹	쌀포 변 (쌀포몸 변)
匕	비수비변 (비수비엄 변)
匚	터진입구 변 (튼입구 변) (튼입구몸 변)
匸	감출혜 변 (감출혜몸 변) (터진에운담 변)
十	열십 변
卜	점복 변
卩	병부절 변
厂	민엄호 변 (민음호 변) (민음호밑 변) (민엄호밑 변)
厶	마늘모 변
又	또우 변

3 획 변

口	입구 변 (입구밑 변)
囗	큰입구 변 (큰입구몸 변) (에운담 변)

3 획 변

土	흙토 변
士	선비사 변
夂	뒤져올치 변 (뒤처져올치 변)
夊	천천히걸을쇠 변 (천천히걸을쇠발 변)
夕	저녁석 변
大	큰대 변
女	계집녀 변
子	아들자 변
宀	갓머리 변
寸	마디촌 변
小	작을소 변
尢 (兀) (兀)	절름발이왕 변
尸	주검시 변 (주검시엄 변) (주검시밑 변)
屮	왼손좌 변
山	메산 변 (뫼산 변)
川 (巛)	개미허리 변
工	장인공 변
己	몸기 변
巾	수건건 변

3 획 변

干	방패간 변
幺	작을요 변
广	엄호 변 (음호밑 변)
廴	민책받침 변
廾	스물입발 변 (밑스물입) (밑스물십)
弋	주살익 변
弓	활궁 변
彐 (ヨ)	튼가로왈 변 (터진가로왈 변) (터진가로왈밑 변)
彡	터럭삼 변 (삐친석삼 변)
彳	두인 변 (중인 변)

4 획 변

心 (忄) (㣺)	마음심 변 [심방 변] • [밑마음심 변] •
戈	창과 변
戶	지게호 변
手 (扌)	손수 변 [재방 변] •

4 획 변

支	지탱할지 변 (버틸지 변) (가지지 변)
攴 (攵)	칠복 변 (두드릴복 변) (등글월문 변) [등글월문 변] •
文	글월문 변
斗	말두 변
斤	날근 변 (도끼근 변)
方	모방 변
无 (旡)	없을무 변 (이미기방 변) (이미기몸 변)
日	날일 변
曰	가로왈 변
月	달월 변
木	나무목 변
欠	하품흠 변 (하픔흠방 변) (하품흠몸 변)
止	그칠지 변
歹 (歺)	죽을사 변
殳	갖은등글월문 변
毋	말무 변

4 획 변

比	견줄비 변
毛	터럭모 변 (털모 변)
氏	각시씨 변 (성씨씨 변)
气	기운기 변 (기운기엄 변) (기운기밑 변)
水 (氵) (氺)	물수 변 (아래물수 변) [삼수 변] • [오수 변] •
火 (灬)	불화 변 [연화 변] • [연화발 변] •
爪	손톱조 변 (손톱조머리 변) (손톱머리 변)
父	아비부 변
爻	점괘효 변
爿	장수장 변
片	조각편 변
牙	어금니아 변
牛	소우 변
犬 (犭)	개견 변 [개사슴록 변] •

5 획 변

玄	검을현 변 (가물현 변)
玉 (王)	구슬옥 변 [구슬옥 변] •
瓜	오이과변 (외과 변)
瓦	기와와 변
甘	달감 변
生	날생 변
用	쓸용 변
田	밭전 변
疋	필필 변 (짝필 변)
疒	병질엄 변 (병질안 변) (병녁안 변)
癶	필발머리 변 (필발밑 변) (걸을발 변)
白	흰백 변
皮	가죽피 변
皿	그릇명 변 (그릇명밑)
目 (罒)	눈목 변
矛	창모 변

5 획 변

矢	화살시 변 (살시 변)
石	돌석 변
示 (礻)	보일시 변
禸	짐승발자국유 변 (자귀유 변)
禾	벼화 변
穴	구멍혈 변 (구멍혈밑 변)
立	설립 변

6 획 변

竹	대죽 변 (대죽머리 변)
米	쌀미 변
糸	실사 변
缶	장군부 변
网 (罒) (罓)	그물망 변
羊	양양 변
羽	깃우 변
老 (耂)	늙을로 변 (늙을로밑 변) (늙을로엄 변)

6획 변	
而	말이을이 변 (말이이 변)
耒	쟁기뢰 변 (장기뢰 변) (가래뢰 변)
耳	귀이 변
聿	붓율 변 (오직율 변)
肉 (月)	고기육 변 [육달월 변] •
臣	신하신 변
自	스스로자 변
至	이를지 변
臼 (𦥑)	절구구 변 [밑터진절구구 변]•
舌	혀설 변
舛	어길천 변 (어그러질천 변) (어길천밑 변)
舟	배주 변
艮	괘이름간 변 (머무를간 변) (그칠간 변)
色	빛색 변
艸	초두 변 (초두머리 변) (풀초 변)

6획 변	
(艹)	풀초 변 [초두머리 변] • [초두밑 변] •
虍	범호 변 (범호엄 변) (범호밑 변)
虫	벌레충 변 (벌레훼 변)
血	피혈 변
行	다닐행 변 (갈행 변)
衣 (衤)	옷의 변
襾	덮을아 변 (덮을아밑 변)

7획 변	
見	볼견 변
角	뿔각 변
言	말씀언 변
谷	골곡 변
豆	콩두 변
豕	돼지시 변
豸	갖은돼지시 변 (벌레치 변) (발없는벌레치 변)

7획 변	
貝	조개패 변 (자개패 변)
赤	붉을적 변
走	달릴주 변 (달아날주 변)
足 (𧾷)	발족 변
身	몸신 변
車	수레거 변
辛	매울신 변
辰	별신 변 (별진 변)
辵 (辶)	갖은책받침 변 (책받침 변) (쉬엄쉬엄갈착 변) (책받침 변)
邑 (阝)	고을읍 변 [우부방 변] • [우방 변] •
酉	닭유 변
釆	분별할 변 (분별할채 변) (나눌 변)
里	마을리 변

8 획 변

金	쇠금 변
長 (镸)	길장 변 (긴장 변)
門	문문 변
隶	미칠이 변 (밑이 변)
阜 (阝)	언덕부 변 [좌부방 변] • [좌방 변] •
隹	새추 변
雨	비우 변
靑	푸를청 변
非	아닐비 변

9 획 변

面	낯면 변 (면면 변)
革	가죽혁 변
韋	가죽위 변 (다룬가죽위 변) (다룸가죽위 변)
韭	부추구 변
音	소리음 변
頁	머리혈 변
風	바람풍 변
飛	날비 변

9 획 변

食 (飠)	밥식 변
首	머리수 변
香	향기향 변

10 획 변

馬	말마 변
骨	뼈골 변
高	높을고 변
髟	터럭발 변 (터럭발밑 변) (터럭표밑 변) (터럭발엄 변) (머리털늘어질표 변)
鬥	싸울투 변 (싸움투안 변)
鬯	술창 변 (울창주창 변)
鬲	솥력 변 (다리굽은솥력 변) (오지병격 변)
鬼	귀신귀 변

11 획 변

魚	물고기어 변 (고기어 변)

11 획 변

鳥	새조 변
鹵	소금밭로 변 (짠땅로 변)
鹿	사슴록 변
麥	보리맥 변
麻	삼마 변

12 획 변

黃	누를황 변
黍	기장서 변
黑	검을흑 변
黹	바느질치 변 (바느질할치 변)

13 획 변

黽	맹꽁이 변 (맹꽁이맹 변) (힘쓸민 변)
鼎	솥정 변
鼓	북고 변
鼠	쥐서 변

14 획 변

鼻	코비 변
齊	가지런할제 변

	15 획 변
齒	이치 변
	16 획 변
龍	용룡 변
龜	거북귀 변
	17 획 변
龠	피리약 변

♣

6. 인명용 한자 8,319字 중 동자 이음자의 허용 字

동자 이음			훈	음	한 자	훈	음
가	↔	고	값	가	賈	장사	고
가	↔	하	클	가	嘏	클	하
간	↔	안	정결할	간	矸	깨끗한	안
간	↔	한.안	다할	간	忓	아름다울	한
감	↔	림	옥돌	감	玪	아름다운 옥	림
감	↔	한	땅 이름	감	邯	뜻 없을	한
강	↔	항	내릴	강	降	항복할	항
개	↔	기	화락할	개	豈	어찌	기
갱	↔	경	다시	갱	更	고칠	경
거	↔	차	수레	거	車	수레	차
건	↔	율	세울	건	建	걸어가는 모양	율
견	↔	현	볼	견	見	나타날	현
계	↔	글	맺을	계	契	나라이름 글. 사람이름	설
계	↔	설	맺을	계	契	나라이름 글. 사람이름	설
고	↔	호	높을	고	杲	밝을	호
골	↔	활	다스릴	골	滑	미끄러울	활
곶	↔	관	곶	곶	串	익힐	관
곽	↔	확	넓을	곽	廓	클	확
관	↔	완	네 발 달린 도마	관	梡	나무 이름	완
교	↔	호	땅 이름	교	鄗	땅 이름	호
구	↔	귀	글귀	구	句	글귀	귀
구	↔	귀	땅 이름	구	龜	거북 귀. 터질	균
구	↔	균	땅 이름	구	龜	거북 귀. 터질	균

동자 이음	훈	음	한 자	훈	음
균 ↔ 윤	고를	균	勻	나눌	윤
균 ↔ 연	고를	균	均	따를	연
금 ↔ 김	쇠	금	金	쇠	김
긍 ↔ 선	뻗칠	긍	亘	베풀	선
기 ↔ 은	언덕	기	圻	언덕	은
기 ↔ 지	공경할	기	怟	믿을	지
나 ↔ 내	어찌	나	奈	어찌	내
나 ↔ 내	어찌	나	柰	사과	내
나 ↔ 라	나팔	나	喇	나팔	라
늘 ↔ 얼	음을 표시	늘	乻	땅 이름	얼
니 ↔ 미	물 맑을	니	瀰	물 넘칠	미
다 ↔ 차	차	다	茶	차	차
다 ↔ 단	땅 이름	다	鄲	땅 이름	단
다 ↔ 차	너그러울	다	奲	너그러울	차
단 ↔ 란	붉을	단	丹	붉을	란
담 ↔ 염	불 탈	담	炎	불꽃	염
당 ↔ 탕	엿	당	糖	엿	탕
대 ↔ 영	햇빛	대	昊	햇빛	영
댁 ↔ 택	집	댁	宅	집	택
도 ↔ 탁	법	도	度	헤아릴	탁
독 ↔ 두	읽을	독	讀	구절	두
돈 ↔ 순	어스름할	돈	焞	밝을	순
동 ↔ 통	마을	동	洞	통달할	통
락 ↔ 악	풍류	락	樂	풍류 악. 좋아할	요
락 ↔ 요	풍류	락	樂	풍류 악. 좋아할	요
로 ↔ 료	장마	로	潦	장마	료

동자 이음			훈	음	한 자	훈	음
림	↔	침	무성할	림	琹	무성할	침
랑	↔	량	꼬리 흰 말	랑	駺	꼬리 흰 말	량
률	↔	솔	비율	률	率	거느릴	솔
면	↔	민	졸	면	眠	볼	민
모	↔	무	법	모	橅	법	무
문	↔	윤	붉은 옥	문	玧	옥빛	윤
묘	↔	무	이랑	묘	畝	이랑	무
박	↔	백	호박	박	珀	호박	백
반	↔	분	나눌	반	肦	머리 클	분
반	↔	번	물 이름	반	磻	강 이름	번
반	↔	빈	얼룩지다	반	豳	나라 이름	빈
발	↔	별	불기운	발	炦	불기운	별
배	↔	북	등지다	배	北	북녘	북
배	↔	패	조개	배	貝	조개	패
변	↔	편	똥오줌	변	便	편할	편
보	↔	부	클	보	溥	넓을	부
복	↔	부	거듭	복	復	다시	부
복	↔	폭	바퀴살	복	輻	바퀴살	폭
부	↔	불	아닐	부	不	아닐	불
부	↔	주	장부	부	腑	팔꿈치	주
비	↔	필	샘물 흐를	비	泌	샘물 흐를	필
빈	↔	윤	예쁠	빈	贇	예쁠	윤
삭	↔	색	노끈	삭	索	찾을	색
삭	↔	수	자주 할	삭	數	셈할	수
살	↔	쇄	죽일	살	殺	감할	쇄
삼	↔	참	석	삼	參	참여할	참

동자 이음			훈	음	한자	훈	음
상	↔	장	형상	상	狀	문서	장
상	↔	양	도토리	상	樣	모양	양
새	↔	시	맘에 맞지 않을	새	偲	겸손할	시
새	↔	색	요새	새	塞	막힐	색
생	↔	성	덜	생	省	살필	성
서	↔	여	기쁠	서	悆	기쁠	여
서	↔	예	펼	서	豫	미리	예
석	↔	작	신발	석	舃	까치	작
석	↔	자	자리	석	褯	포대기	자
선	↔	훤	쾌할	선	愃	너그러울	훤
선	↔	수	아름다운 옥	선	璓	옥 이름	수
설	↔	예	도지개	설	栧	노	예
설	↔	세	말씀	설	說	달랠 세. 기뻐할	열
설	↔	열	말씀	설	說	달랠 세. 기뻐할	열
섭	↔	엽	고을 이름	섭	葉	잎	엽
성	↔	정	비린내	성	胜	새 이름	정
세	↔	선	물 뿌릴	세	洒	엄숙할	선
세	↔	선	씻을	세	洗	씻을	선
세	↔	혜	살별	세	彗	별 이름	혜
소	↔	조	소명할	소	昭	밝을	조
소	↔	조	밝을	소	炤	밝을	조
소	↔	쇠	힘쓸	소	釗	사람 이름	쇠
소	↔	어	깨끗할	소	衙	그칠	어
솔	↔	수	거느릴	솔	帥	장수	수
수	↔	숙	별자리	수	宿	잘	숙
수	↔	유	기다릴	수	需	부드러울	유

동자 이음	훈	음	한 자	훈	음
순 ↔ 준	순수할	순	純	테두리	준
습 ↔ 십	주울	습	拾	열	십
시 ↔ 히	똥	시	屎	신음할	히
시 ↔ 제	자세할	시	媞	안존할	제
시 ↔ 제	편안할	시	禔	편안할	제
시 ↔ 지	편안할	시	禔	복	지
시 ↔ 체	바로잡을	시	諟	자세히 할	체
식 ↔ 지	지식	식	識	표할	지
신 ↔ 진	때	신	辰	별	진
실 ↔ 지	열매	실	實	이를	지
심 ↔ 침	즙액	심	沈	잠길	침
십 ↔ 집	열	십	什	세간	집
아 ↔ 예	아이	아	兒	아이	예
아 ↔ 의	부드러울	아	猗	불깐 개	의
악 ↔ 오	악할	악	惡	미워할	오
안 ↔ 온	배부를	안	饇	배부를	온
애 ↔ 예	쑥	애	艾	다스릴	예
야 ↔ 약	반야	야	若	만약	약
약 ↔ 요	대략	약	約	약속할	요
역 ↔ 이	바꿀	역	易	쉬울	이
연 ↔ 윤	물 흐를	연	沇	향나무	윤
연 ↔ 인	사람 이름	연	戭	창	인
열 ↔ 인	목 멜	열	咽	목구멍	인
엽 ↔ 황	환한 모양	엽	熀	빛날	황
영 ↔ 형	구슬	영	瑩	맑을	형
예 ↔ 의	동개. 활집	예	医	의원	의

동자 이음			훈	음	한자	훈	음
예	↔	준	밝을	예	睿	깊을	준
예	↔	운	재주	예	芸	향초	운
오	↔	우	따뜻할	오	燠	위로할 우. 따뜻할	욱
오	↔	욱	따뜻할	오	燠	위로할 우. 따뜻할	욱
온	↔	은	편안할	온	㥯	의지할	은
와	↔	왜	예쁠	와	娃	예쁠	왜
완	↔	원	몸 주무를	완	杬	이팝나무	원
완	↔	원	어여쁠	완	婉	순할	원
완	↔	원	나라 이름	완	阮	나라 이름	원
완	↔	원	저울	완	鋺	저울	원
우	↔	후	토란	우	芋	클	후
운	↔	원	더할	운	員	관원	원
운	↔	훈	햇무리	운	暈	무리	훈
운	↔	혼	둥글	운	顚	얼굴빛 혼혼할	혼
울	↔	완	쌓일	울	宛	완연할	완
원	↔	환	물 이름	원	洹	물 세차게 흐를	환
위	↔	휘	밝을	위	煒	밝을	휘
율	↔	휼	상서로운 구름	율	霱	상서로운 구름	휼
이	↔	희	아름다울	이	巸	아름다울	희
자	↔	적	구울	자	炙	구울	적
자	↔	척	찌를	자	刺	찌를	척
절	↔	체	끊을	절	切	온통	체
절	↔	제	밝을	절	晢	별이 빛날	제
정	↔	청	날씬할	정	婧	날씬할	청
조	↔	주	고를	조	調	아침	주
준	↔	전	영특할	준	雋	살찐 고기	전

동자 이음			훈	음	한 자	훈	음
즙	↔	집	노	즙	楫	배 젓는 노	집
진	↔	전	진정할	진	塡	메울	전
척	↔	탁	넓을	척	拓	박을	탁
채	↔	책	빚	채	責	꾸짖을	책
탈	↔	태	벗어날	탈	脫	천천히 할	태
태	↔	이	용무늬	태	珆	옥돌	이
포	↔	폭	사나울	포	暴	사나울	폭
하	↔	혁	웃을	하	嚇	성낼	혁
항	↔	행	항렬	항	行	다닐	행
헌	↔	훤	밝을	헌	昍	밝을	훤
호	↔	효	영리할	호	婋	영리할	효
혹	↔	효	뜨거워질	혹	熇	햇볕에 쬘	효
효	↔	휴	기운 건장할	효	烋	아름다울	휴
훈	↔	휘	구울	훈	煇	빛날	휘

♣

7. 주요 약 · 속자의 허용 및 불용

(※ 이름은 가능하면 정자로 써야 혼동을 주지 않음)

註) 1. O 표는 대법원이 정자와 약 • 속자(고자)를 동시에 통용이 가능하도록 인정한 한자임.
2. X 표는 불인정한 한자임
3. 앞(좌측)의 한자가 정자이고, 숫자는 획수임.

[ㄱ]

X 가 假 11 ↔ 仮 06
X 가 價 15 ↔ 価 08
O 각 慤 14 ↔ 愨 15
O 간 杆 07 ↔ 桿 11
O 간 癎 17 ↔ 癇 17
O 감 鑑 22 ↔ 鑒 22
O 강 [illegible] 08 ↔ 崗 11
O 강 強 11 ↔ 强 12
O 강 鋼 16 ↔ 鋥 18
O 강 襁 17 ↔ 繦 18
O 개 個 10 ↔ 逮 14
O 개 蓋 16 ↔ 盖 11
X 거 據 17 ↔ 拠 08
O 건 建 09 ↔ 逮 13
O 건 乾 11 ↔ 乹 09
O 걸 傑 12 ↔ 杰 08
X 검 檢 17 ↔ 検 12
O 검 劒 16 ↔ 劍 15
O 결 潔 16 ↔ 洯 10
O 결 潔 16 ↔ 絜 14
O 결 鍥 17 ↔ 鍔 18
X 경 徑 10 ↔ 径 08
X 경 經 13 ↔ 経 11
X 경 輕 14 ↔ 軽 12
X 계 繼 20 ↔ 継 13
O 고 攷 06 ↔ 考 08
O 관 寬 15 ↔ 寛 13
O 관 館 17 ↔ 舘 16
X 관 關 19 ↔ 関 14
X 관 觀 25 ↔ 観 18
O 광 廣 15 ↔ 広 05
X 광 鑛 23 ↔ 鉱 13
O 교 敎 11 ↔ 教 11
O 구 丘 05 ↔ 坵 08
X 구 區 11 ↔ 区 04
O 구 廏 14 ↔ 廐 14
X 구 龜 16 ↔ 亀 11
X 구 舊 18 ↔ 旧 05
X 구 驅 21 ↔ 駆 14
O 국 國 11 ↔ 国 08
X 권 勸 20 ↔ 勧 13
O 권 權 22 ↔ 権 15
O 규 糾 08 ↔ 糺 07
O 긍 亙 06 ↔ 亘 06
O 기 棋 12 ↔ 碁 13

[ㄴ]

O 나 拏 09 ↔ 拿 10
O 년 秊 08 ↔ 年 06

[ㄷ]

O 다 多 06 ↔ 夛 06
X 단 單 12 ↔ 単 09
X 단 團 14 ↔ 团 06
O 단 檀 17 ↔ 檀 17
X 담 擔 17 ↔ 担 09
X 당 當 13 ↔ 当 06
X 당 黨 20 ↔ 党 10
O 대 臺 14 ↔ 坮 08
O 대 擡 18 ↔ 抬 09
O 덕 德 15 ↔ 悳 12
↔ 徳 14
X 도 圖 14 ↔ 図 07
X 독 讀 22 ↔ 読 14
O 동 同 06 ↔ 仝 05

[ㄹ]

X 람 覽 21 ↔ 覧 16
O 랑 郞 14 ↔ 郎 13
O 래 來 08 ↔ 来 07
↔ 𧼫 15
X 량 兩 08 ↔ 両 06
O 량 涼 12 ↔ 凉 10
X 력 歷 16 ↔ 歴 14
X 련 練 15 ↔ 練 14
X 련 聯 17 ↔ 联 12
O 령 伶 07 ↔ 伶 07
O 례 禮 18 ↔ 礼 06
X 로 勞 12 ↔ 労 07
O 뢰 賴 16 ↔ 頼 16
O 룡 龍 16 ↔ 竜 10
O 름 凜 15 ↔ 凛 15
O 리 裏 13 ↔ 裡 13
O 리 離 19 ↔ 离 11
O 린 鄰 19 ↔ 隣 20

[ㅁ]

O 만 萬 15 ↔ 万 03
O 망 莽 14 ↔ 莾 12
O 면 麪 15 ↔ 麵 20
O 묘 妙 07 ↔ 玅 09
O 무 無 12 ↔ 无 04
O 미 彌 17 ↔ 弥 08

[ㅂ]

X 발 發 12 ↔ 発 09
O 배 杯 08 ↔ 盃 09
O 배 裵 14 ↔ 裴 14
O 백 柏 09 ↔ 栢 10
O 번 飜 21 ↔ 翻 18
O 변 騈 18 ↔ 駢 16
X 변 變 23 ↔ 変 09
O 병 幷 08 ↔ 并 06
O 병 竝 10 ↔ 並 08
O 병 鉼 16 ↔ 鉼 14
O 병 騈 18 ↔ 駢 16
O 보 寶 20 ↔ 宝 08
O 봉 峯 10 ↔ 峰 10
X 불 佛 07 ↔ 仏 04
O 비 毗 09 ↔ 毘 09
O 비 祕 10 ↔ 秘 10
O 빈 濱 18 ↔ 浜 11

[ㅅ]

O 사 絲 12 ↔ 糸 06
X 사 辭 19 ↔ 辞 13
O 상 牀 08 ↔ 床 07

O 색 濇 19 ↔ 濇 17

O 서 敍 11 ↔ 叙 09

O 서 棲 12 ↔ 栖 10

O 석 晳 12 ↔ 晰 12

X 석 釋 20 ↔ 釈 11

O 설 卨 12 ↔ 卨 11

O 성 成 07 ↔ 成 06

O 성 城 10 ↔ 城 09

O 성 晟 11 ↔ 晟 10

↔ 晠 11

O 성 盛 12 ↔ 盛 11

O 성 聖 13 ↔ 聖 13

O 성 誠 14 ↔ 誠 13

X 성 聲 17 ↔ 声 07

O 쇄 鎖 18 ↔ 鎻 18

O 수 修 10 ↔ 脩 13

O 수 壽 14 ↔ 寿 07

O 수 豎 15 ↔ 竪 13

O 수 穗 17 ↔ 穂 15

O 시 柹 09 ↔ 柹 09

↔ 柿 09

O 실 實 14 ↔ 実 08

O 쌍 雙 18 ↔ 双 04

[ㅇ]

O 아 亞 08 ↔ 亜 07

O 아 兒 08 ↔ 児 07

X 악 樂 15 ↔ 楽 13

O 암 巖 23 ↔ 岩 08

O 앙 昂 08 ↔ 昻 09

O 애 礙 19 ↔ 碍 13

X 약 藥 21 ↔ 薬 19

O 엄 嚴 20 ↔ 厳 17

X 여 與 14 ↔ 与 03

X 역 譯 20 ↔ 訳 11

O 연 娟 10 ↔ 姢 09

O 연 煙 13 ↔ 烟 10

O 연 淵 13 ↔ 渊 12

O 염 艶 24 ↔ 艶 19

O 영 榮 14 ↔ 栄 09

↔ 荣 10

X 영 營 17 ↔ 営 12

O 예 叡 16 ↔ 睿 14

↔ 睿 12

O 예 蘂 22 ↔ 蕊 18

O 예 藝 21 ↔ 芸 10

X 예 譽 21 ↔ 誉 13

O 오 鼇 24 ↔ 鰲 22

O 온 穩 19 ↔ 穏 16

O 옹 癰 23 ↔ 瘫 18

O 용 宂 05 ↔ 冗 04

O 용 鎔 18 ↔ 熔 14

O 욱 稶 13 ↔ 稶 15

O 위 衛 16 ↔ 衛 15

X 응 應 17 ↔ 応 07

O 의 醫 18 ↔ 医 07

O 이 彝 18 ↔ 彜 16

O 임 妊 07 ↔ 姙 09

O 입 廿 04 ↔ 卄 03

[ㅈ]

O 자 姊 08 ↔ 姉 08

X 자 滋 13 ↔ 滋 14

O 잠 潛 16 ↔ 潜 16

O 장 莊 13 ↔ 庄 06

O 장 牆 17 ↔ 墻 16

X 전 傳 13 ↔ 伝 06

X 전 戰 16 ↔ 戦 13

X 전 錢 16 ↔ 銭 14

O 점 點 17 ↔ 点 09

奌 08

X 정 淨 12 ↔ 浄 09

O 정 靜 16 ↔ 静 14

X 제 齊 14 ↔ 斉 08

O 제 濟 18 ↔ 済 12

O 종 鐘 20 ↔ 鍾 17

O 주 遒 16 ↔ 遒 14

O 준 準 14 ↔ 凖 12

O 즉 卽 09 ↔ 即 07

X 증 增 15 ↔ 増 14

X 증 證 19 ↔ 証 12

O 진 眞 10 ↔ 真 10

O 진 晉 10 ↔ 晋 10

O 진 珍 10 ↔ 鉁 13

↔ 珎 10

O 진 盡 14 ↔ 尽 06

O 진 愼 14 ↔ 慎 13

O 진 瑨 15 ↔ 瑨 15

[ㅊ]

O 찬 簒 16 ↔ 篡 17

O 찬 贊 19 ↔ 賛 15

O 찬 儹 21 ↔ 儧 17

O 찬 讚 26 ↔ 讃 22

X 참 參 11 ↔ 参 08

O 책 册 05 ↔ 冊 05

O 처 處 11 ↔ 処 05

O 철 哲 10 ↔ 喆 12

O 철 鐵 21 ↔ 鉄 13

O 청 靑 08 ↔ 青 08

O 청 請 15 ↔ 請 15

X 청 廳 25 ↔ 庁 05

X 체 體 23 ↔ 体 07

O 초 草 12 ↔ 艸 06

O 총 冢 10 ↔ 塚 13

O 총 總 17 ↔ 総 14

O 총 聰 17 ↔ 聡 14

X 추 樞 15 ↔ 枢 08

O 충 沖 08 ↔ 冲 06

O 충 蟲 18 ↔ 虫 06

X 치 齒 15 ↔ 歯 12

O 치 癡 19 ↔ 痴 13

O 칠 漆 15 ↔ 柒 09

X 칭 稱 14 ↔ 称 10

[ㅌ]

O 타 橢 16 ↔ 楕 13

X 택 擇 17 ↔ 択 08

X 택 澤 17 ↔ 沢 08

O 토 兔 08 ↔ 兎 07

[ㅍ]

O 패 霸 21 ↔ 覇 19

O 표 飆 21 ↔ 飇 21

O 풍 豐 18 ↔ 豊 13

[ㅎ]

O 하 廈 13 ↔ 厦 12

O 학 學 16 ↔ 学 08

O 함 銜 14 ↔ 啣 11

O 항 恆 10 ↔ 恒 10

O 해 海 11 ↔ 海 10

X 헌 獻 20 ↔ 献 13

X 현 縣 16 ↔ 県 09

O 현 顯 23 ↔ 顕 18

O 형 迥 12 ↔ 逈 13

X 형 螢 16 ↔ 蛍 11

O 혜 惠 12 ↔ 恵 10

O 호 號 13 ↔ 号 05

O 화 畫 12 ↔ 畵 13

X 확 擴 19 ↔ 拡 09

X 환 歡 22 ↔ 歓 15

O 활 闊 17 ↔ 濶 18

O 회 會 13 ↔ 会 06

O 회 繪 19 ↔ 絵 12

O 효 效 10 ↔ 効 08

O 훈 熏 14 ↔ 熏 13

O 훈 勳 16 ↔ 勛 12

↔ 勲 15

O 훼 毁 13 ↔ 毀 13

X 흑 黑 12 ↔ 黒 11

O 희 姬 09 ↔ 姫 09

O 희 熙 13 ↔ 煕 13

↔ 熈 14

O 희 熹 16 ↔ 憘 16

O 희 戲 17 ↔ 戱 16

♣

8. 부 록

가. 가족관계 촌수표

직계(直系) 및 방계(傍系) 혈족도(血族圖)

父子는 1寸, 兄弟는 2寸, 從은 4-5寸,
再從은 6-7寸, 三從은 8-9寸, 四從은 10-11寸

5寸 현조 玄祖					
4寸 고조 高祖					6寸 종고조 從高祖
3寸 증조 曾祖				5寸 종증조 從曾祖	7寸 재종증조 再從曾祖
2寸 조부 祖父			4寸 종조 從祖	6寸 재증조 再曾祖	8寸 삼종조 三從祖
1寸 부 父		3寸 백숙부 伯叔父	5寸 종백숙부 從伯叔父	7寸 재종백숙 再從伯叔	9寸 삼종백숙 三從伯叔
0寸 자기 自己	2寸 형제 兄弟	4寸 종형제 從兄弟	6寸 재종형제 再從兄弟	8寸 삼종형제 三從兄弟	10寸 사종형제 四從兄弟
1寸 자 子	3寸 질 姪	5寸 종질 從姪	7寸 재종질 再從姪	9寸 삼종질 三從姪	11寸 사종질 四從姪
2寸 손자 孫子	4寸 종손 從孫	6寸 재종손 再從孫	8寸 삼종손 三從孫	10寸 사종손 四從孫	12寸 오종손 五從孫

친족간 촌수(親族間 寸數)

○ 직계는 촌수를 따지지 않는 것이 원칙임(左右로 一寸). 숫자는 촌수 표시

6 從姑母 종고모	7 再從曾祖 재종증조	8 三從祖 삼종조	9 三從叔 삼종숙	11 四從兄弟 사종형제	11 四從姪 사종질		
(형제)	5 從曾祖父 종증조부	6 再從祖 재종조	7 再堂叔 재당숙	8 三從兄弟 삼종형제	9 三從姪 삼종질	10 四從孫 사종손	
	(형제)	4 從祖父 종조부	5 堂叔 당숙	6 再從兄弟 재종형제	7 再從姪 재종질	8 三從孫 삼종손	9 三從從孫 삼종종손
		(형제)	3 伯叔父 백숙부	4 從兄弟 종형제	5 從姪 종질	6 再從孫 재종손	7 再從從孫 재종종손
			(형제)	2 兄弟 형제	3 姪 (질 : 조카)	4 從孫 종손	5 從從孫 종종손
1 高祖父 고조부	1 曾祖父 증조부	1 祖父 조부	1 父 부	0 己 나	1 子 자	1 孫子 손자	1 從孫子 종손자
			(자매)	2 姉妹 자매	3 生姪 생질	4 離孫 이손	
		(자매)	3 姑母 고모	4 內從兄弟 내종형제	5 內從姪 내종질	6 內再從姪 내재종질	
	(자매)	4 大姑母 대고모	5 內從叔 내종숙	6 內再從 내재종	7 內再從姪 내재종질	8 內三從孫 내삼종손	
(자매)	5 曾大姑母 증대고모	6 內再從祖 내재종조	7 內再從叔 내재종숙	8 內三從 내삼종	9 內三從姪 내삼종질	10 內四從孫 내사종손	
6 高大姑母 고대고모							

부계 혈족간 촌수(父系血族間 寸數)

七代祖7							
六代祖6							從六代祖 8
五代祖5						從五代祖 7	
高祖父母4					從高祖父母6	再從高祖父母8	
曾祖父母3				從曾祖父母5	再從曾祖父母7		
祖父母2			從祖父母 4	再從祖父母6	三從曾父母8		
父 母1		伯叔父母 3	從伯叔父母5	從伯叔父母7			
自 己 配偶者	兄弟姊妹 2	從兄弟姊妹4	再從兄弟姊妹6	三從兄弟姊妹8			
子1	姪 3	從姪 5	再從姪 7				
孫 子2	從孫 4	再從孫 6	三從孫 8				
曾 孫3	從曾孫 5	再從曾孫 7					
玄 孫4	從玄孫 6	再從玄孫 8					
五代孫5	五代姪孫 7						
六代孫6	六代姪孫 8						
七代孫7							
八代孫8							

※ 從은 4~5寸, 再從은 6~7寸, 三從은 8~9寸

나. 우리나라 성씨 및 본관

성 씨	획수	본 관
賈 가	13	蘇州(소주) 泰安(태안) 太原(태원)
價 가	15	高山(고산) 馬靈(마령)
干 간	3	慶州(경주) 羅州(나주) 南陽(남양)
竿 간	9	東州(동주) 海州(해주)
簡 간	18	加平(가평) 南陽(남양)
碣 갈	14	牟平(모평)
葛 갈	15	羅州(나주) 南陽(남양) 南原(남원) 大邱(대구) 西原(서원) 淸州(청주)
甘 감	5	昌源(창원) 忠州(충주) 合浦(합포) 檜山(회산)
江 강	7	押海(압해)
姜 강	9	慶州(경주) 光州(광주) 衿川(금천) 同福(동복) 白川(배천) 信川(신천) 安東(안동) 全州(전주) 晋州(진주) 海美(해미)
剛 강	10	忠州(충주)
康 강	11	康翎(강령) 谷山(곡산) 信川(신천) 雲南(운남) 任實(임실) 載寧(재령) 晋州(진주) 忠州(충주)
强 강	12	槐山(괴산) 忠州(충주)
疆 강	19	晋州(진주)
介 개	4	驪州(여주)
堅 견	11	金浦(김포) 沙梁(사량) 水原(수원) 麗州(여주) 忠州(충주) 川寧(천녕)
甄 견	14	尙州(상주) 全州(전주) 黃澗(황간)
京 경	8	金化(김화)
庚 경	8	慶州(경주) 仁川(인천) 全州(전주)
耿 경	10	沙川(사천) 安城(안성) 陽根(양근)
景 경	12	泰仁(태인) 海州(해주)
卿 경	12	臨江(임강)

성 씨	획수	본 관
敬 경	13	安城(안성) 陽根(양근)
慶 경	15	扶安(부안) 清州(청주)
季 계	8	江華(강화) 新平(신평)
契 계	9	慶州(경주)
桂 계	10	衿川(금천) 遂安(수안)
固 고	8	押海(압해) 永同(영동)
高 고	10	開城(개성) 廣寧(광녕) 金化(김화) 高峯(고봉) 衿川(금천) 潭陽(담양) 上黨(상당) 安東(안동) 延安(연안) 沃溝(옥구) 龍潭(용담) 宜寧(의령) 長興(장흥) 濟州(제주) 兎山(토산) 會寧(회령) 橫城(횡성)
古爾 고이	19	
曲 곡	6	沔川(면천) 龍宮(용궁)
谷 곡	7	端和(단화)
骨 골	10	江華(강화)
公 공	4	開城(개성) 金浦(김포) 文川(문천)
孔 공	4	曲阜(곡부) 昌原(창원) 坡平(파평)
空 공	8	金浦(김포)
貢 공	10	水原(수원) 仁川(인천)
公孫 공손	14	永同(영동) 楓巖(풍암)
瓜 과	5	平原(평원)
郭 곽	14	鳳山(봉산) 善山(선산) 餘美(여미) 清州(청주) 苞山(포산) 海美(해미) 玄風(현풍)
廣 광	15	龍潭(용담)
槐 괴	14	昌原(창원)
仇 구	4	宜寧(의령) 昌原(창원)
丘 구	5	平海(평해)

성 씨	획수	본 관				
具 구	8	廣州(광주)	綾城(능성)	綾州(능주)	昌原(창원)	
邱 구	12	恩栗(은율)				
瞿 구	18	甕津(옹진)				
國 국	11	潭陽(담양)	恩栗(은율)	豊川(풍천)		
菊 국	14					
鞠 국	17	潭陽(담양)	福城(복성)	靈光(영광)	恩栗(은율)	
君 군	7	南原(남원)				
弓 궁	3	兎山(토산)				
宮 궁	10	慈山(자산)	咸悅(함열)			
蹻 궉	15	善山(선산)	淳昌(순창)	淸州(청주)		
權 권	22	安東(안동)	醴泉(예천)			
斤 근	4	淸州(청주)				
琴 금	13	桂陽(계양)	奉化(봉화)			
奇 기	8	開成(개성)	幸州(행주)			
箕 기	14	幸州(행주)				
起 기	10	西原(서원)	沃川(옥천)	漢陽(한양)		
吉 길	6	開成(개성)	善山(선산)	海平(해평)		
金 김	8	加平(가평)	嘉興(가흥)	杆城(간성)	江東(강동)	江陵(강릉)
		江西(강서)	江陽(강양)	江陰(강음)	康津(강진)	江華(강화)
		開寧(개령)	開城(개성)	見州(견주)	結城(결성)	慶山(경산)
		京山(경산)	慶州(경주)	鷄林(계림)	高靈(고령)	古阜(고부)
		高山(고산)	固城(고성)	高陽(고양)	公州(공주)	光山(광산)
		光陽(광양)	廣州(광주)	槐山(괴산)	交河(교하)	求禮(구례)
		金陵(금릉)	錦山(금산)	金山(금산)	錦城(금성)	衿川(금천)
		錦川(금천)	金川(금천)	金華(금화)	金寧(김녕)	金堤(김제)

성 씨	획수	본 관				
金 김	8	金浦(김포)	金海(김해)	金化(김화)	羅州(나주)	樂安(낙안)
		南陽(남양)	南原(남원)	南平(남평)	藍浦(남포)	南海(남해)
		老安(노안)	綾城(능성)	綾州(능주)	達城(달성)	潭陽(담양)
		唐岳(당악)	棠岳(당악)	大邱(대구)	德山(덕산)	德水(덕수)
		東萊(동래)	道康(도강)	登州(등주)	茂長(무장)	茂朱(무주)
		文化(문화)	密陽(밀양)	白川(배천)	保寧(보령)	報恩(보은)
		鳳山(봉산)	鳳州(봉주)	奉化(봉화)	扶寧(부령)	扶安(부안)
		扶餘(부여)	富平(부평)	盆城(분성)	比安(비안)	泗川(사천)
		三陟(삼척)	三和(삼화)	商山(상산)	祥原(상원)	霜陰(상음)
		尙州(상주)	瑞山(서산)	胥州(서주)	瑞興(서흥)	善山(선산)
		宣城(선성)	雪城(설성)	星州(성주)	成川(성천)	遂安(수안)
		水原(수원)	隨州(수주)	樹州(수주)	淳昌(순창)	順天(순천)
		順興(순흥)	昇平(승평)	始興(시흥)	信川(신천)	新平(신평)
		牙山(아산)	安康(안강)	安老(안노)	安東(안동)新	安東(안동)舊
		安岳(안악)	安山(안산)	安城(안성)	安定(안정)	野城(야성)
		陽根(양근)	梁山(양산)	楊州(양주)	陽澤(양택)	楊平(양평)
		彦陽(언양)	驪州(여주)	燕岐(연기)	燕城(연성)	延安(연안)
		延日(연일)	燕州(연주)	延豊(연풍)	靈光(영광)	盈德(영덕)
		永同(영동)	永山(영산)	靈山(영산)	靈岩(영암)	靈巖(영암)
		英陽(영양)	寧越(영월)	永柔(영유)	永州(영주)	榮州(영주)
		永川(영천)	寧海(영해)	永興(영흥)	禮安(예안)	醴泉(예천)
		烏川(오천)	玉果(옥과)	玉城(옥성)	玉川(옥천)	沃川(옥천)
		甕津(옹진)	完山(완산)	龍宮(용궁)	龍潭(용담)	龍城(용성)
		龍安(용안)	友鹿(우록)	牛峰(우봉)	雲峰(운봉)	蔚山(울산)
		熊川(웅천)	原州(원주)	月城(월성)	儒州(유주)	殷栗(은율)

성씨	획수	본관
金 김	8	恩律(은율) 宜寧(의령) 義城(의성) 義州(의주) 義興(의흥)
		利川(이천) 伊川(이천) 益山(익산) 益和(익화) 仁同(인동)
		一善(일선) 任實(임실) 臨津(임진) 臨陂(임피) 長湍(장단)
		長城(장성) 長淵(장연) 積城(적성) 全州(전주) 定山(정산)
		井邑(정읍) 貞州(정주) 濟州(제주) 中奉(중봉) 中和(중화)
		珍島(진도) 珍山(진산) 振威(진위) 鎭岑(진잠) 晋州(진주)
		鎭川(진천) 鎭海(진해) 昌寧(창녕) 昌原(창원) 昌平(창평)
		天安(천안) 鐵原(철원) 淸道(청도) 靑山(청산) 靑松(청송)
		靑陽(청양) 淸州(청주) 淸風(청풍) 草溪(초계) 竺山(축산)
		春陽(춘양) 春川(춘천) 忠州(충주) 漆原(칠원) 太原(태원)韓
		太原(태원)中 兎山(토산) 通州(통주) 通川(통천) 坡州(파주)
		坡平(파평) 平山(평산) 平壤(평양) 平昌(평창) 平澤(평택)
		平海(평해) 豊基(풍기) 豊德(풍덕) 豊山(풍산) 豊川(풍천)
		河陰(하음) 漢南(한남) 韓山(한산) 咸博(함박) 咸陽(함양)
		咸昌(함창) 咸平(함평) 咸興(함흥) 陜川(합천) 海南(해남)
		海州(해주) 海平(해평) 海豊(해풍) 幸州(행주) 玄風(현풍)
		洪州(홍주) 花開(화개) 和順(화순) 黃利(황리) 黃州(황주)
		興德(흥덕) 興海(흥해) 熙川(희천)
羅 나	20	軍威(군위) 錦城(금성) 羅州(나주) 比安(비안) 壽城(수성)
		安定(안정) 義城(의성) 定山(정산)
南 남	9	固城(고성) 南原(남원) 英陽(영양) 宜寧(의령)
南宮 남궁	19	南平(남평) 富潤(부윤) 咸悅(함열)
浪 낭	11	楊州(양주) 揚州(양주) 晋州(진주)
乃 내	2	開城(개성) 延安(연안)
奈 내	8	羅州(나주)

성 씨	획수	본 관
來 내(래)	8	豊川(풍천)
路 노(로)	13	開城(개성) 大元(대원) 北清(북청) 忠州(충주) 太原(태원)
魯 노(로)	15	江華(강화) 廣州(광주) 密陽(밀양) 楊州(양주) 忠州(충주) 咸平(함평) 咸豊(함풍)
盧 노(로)	16	慶州(경주) 光山(광산) 光州(광주) 谷山(곡산) 交河(교하) 童城(동성) 萬頃(만경) 尙州(상주) 新昌(신창) 安康(안강) 安東(안동) 延日(연일) 靈光(영광) 龍城(용성) 長淵(장연) 清道(청도) 忠州(충주) 平壤(평양) 豊川(풍천) 海州(해주)
蘆 노(로)	22	延白(연백)
綠 녹(록)	14	慶山(경산)
雷 뇌(뢰)	13	喬桐(교동)
賴 뇌(뢰)	16	
段 단	9	江陵(강릉) 江陰(강음) 大興(대흥) 延安(연안) 豊德(풍덕)
單 단	12	
端 단	14	韓山(한산)
唐 당	10	密陽(밀양) 清州(청주)
大 대	3	大山(대산) 密陽(밀양) 渤海(발해)
對 대	14	雲南(운남)
大室 대실	12	
都 도	16	書濟(서제) 星山(성산) 星州(성주) 全州(전주) 坡平(파평) 八莒(팔거)
道 도	16	固城(고성)
陶 도	16	南陽(남양) 順天(순천) 豊壤(풍양)
獨 독	17	丹陽(단양) 丹城(단성)

성 씨	획수	본 관
獨孤 독고	25	廣陵(광릉) 羅州(나주) 南原(남원)
豚 돈	11	木川(목천)
頓 돈	11	木川(목천)
敦 돈	12	西原(서원) 淸州(청주)
童 동	12	富寧(부령) 全州(전주) 淸州(청주) 忠州(충주)
董 동	15	開城(개성) 廣州(광주) 廣川(광천) 金海(김해) 南原(남원) 登州(등주) 雪城(설성) 水原(수원) 安東(안동) 穎陽(영양) 榮州(영주) 永川(영천) 寧海(영해) 原州(원주) 宜寧(의령) 晋州(진주) 昌原(창원) 淸州(청주) 淸河(청하) 淸海(청해) 忠州(충주) 河東(하동) 黃州(황주)
東方 동방	12	晋州(진주) 淸州(청주)
杜 두	7	慶寧(경녕) 杜山(두산) 杜陵(두릉)
枓 두	8	社陵(사릉) 豊德(풍덕)
登 등	12	固城(고성)
馬 마	10	木川(목천) 長興(장흥) 全州(전주)
麻 마	11	上谷(상곡) 烈山(열산) 永平(영평) 陜川(합천)
萬 만	15	江陵(강릉) 江華(강화) 開城(개성) 廣州(광주) 永豊(영풍)
		翼谷(익곡) 鎭江(진강)
梅 매	11	忠州(충주)
孟 맹	8	新昌(신창) 坡州(파주)
盟 맹	8	坡州(파주)
明 명	13	西蜀(서촉) 延安(연안) 漢陽(한양)
明臨 명림	25	
毛 모	4	公山(공산) 公州(공주) 廣州(광주) 廣川(광천) 金海(김해) 瑞山(서산)

성씨	획수	본관
牟 모	6	晋州(진주) 咸平(함평)
睦 목	13	桂陽(계양) 泗川(사천) 沃川(옥천)
蒙 몽	16	奉化(봉화) 兎山(토산)
苗 묘	11	旌善(정선)
墨 묵	15	廣寧(광녕) 遼東(요동)
文 문	4	甘泉(감천) 江陵(강릉) 江城(강성) 開寧(개령) 結城(결성) 南平(남평) 陵城(능성) 綾城(능성) 丹城(단성) 保寧(보령) 善山(선산) 安東(안동) 靈山(영산) 長淵(장연) 旌善(정선) 鐵原(철원) 河陽(하양)
門 문	8	松林(송림) 仁同(인동) 仁川(인천)
物 물	8	槐山(괴산)
未 미	5	儒城(유성) 長湍(장단)
米 미	6	載寧(재령)
彌 미	17	鎭川(진천)
閔 민	12	驪興(여흥) 榮州(영주) 黃驪(황려)
朴 박	6	江陵(강릉) 康津(강진) 江華(강화) 京山(경산) 慶州(경주) 高靈(고령) 固城(고성) 高城(고성) 公州(공주) 廣州(광주) 龜山(구산) 丘珍(구진) 軍威(군위) 金川(금천) 羅州(나주) 蘭浦(난포) 南原(남원) 南州(남주) 南川(남천) 魯城(노성) 尼山(니산) 唐津(당진) 德源(덕원) 德津(덕진) 沔川(면천) 務安(무안) 文義(문의) 文州(문주) 密城(밀성) 密陽(밀양) 潘南(반남) 鳳山(봉산) 比安(비안) 泗川(사천) 三陟(삼척) 三和(삼화) 商山(상산) 尙州(상주) 善山(선산) 淳昌(순창) 順天(순천) 順興(순흥) 安東(안동) 安城(안성) 押海(압해)

성 씨	획수	본 관
朴 박	6	野城(야성) 彦陽(언양) 麗水(여수) 驪州(여주) 驪興(여흥) 燕山(연산) 靈岩(영암) 寧海(영해) 牛峰(우봉) 雲峰(운봉) 蔚山(울산) 月城(월성) 殷山(은산) 殷豊(은풍) 陰城(음성) 義昌(의창) 義興(의흥) 麟蹄(인제) 任實(임실) 長城(장성) 全州(전주) 旌善(정선) 貞州(정주) 竹山(죽산) 珍原(진원) 晋州(진주) 昌原(창원) 天安(천안) 鐵城(철성) 靑松(청송) 春川(춘천) 忠州(충주) 泰山(태산) 泰安(태안) 泰仁(태인) 平山(평산) 平壤(평양) 平州(평주) 平澤(평택) 咸陽(함양) 海州(해주) 槥城(혜성)
班 반	11	開城(개성) 固城(고성) 光州(광주) 平海(평해)
潘 반	16	巨濟(거제) 結城(결성) 光州(광주) 岐城(기성) 南平(남평)
方 방	4	開城(개성) 軍威(군위) 尙州(상주) 新昌(신창) 溫陽(온양) 昌城(창성)
房 방	8	南陽(남양) 南原(남원) 密陽(밀양) 水原(수원) 梁山(양산) 寧海(영해) 溫陽(온양) 川寧(천녕) 抱川(포천)
芳 방	10	聞慶(문경) 鐵原(철원)
邦 방	11	慶州(경주) 廣州(광주) 槐山(괴산) 羅州(나주) 德川(덕천) 務安(무안) 水多(수다) 永興(영흥) 醴泉(예천) 堤川(제천) 鐵原(철원) 太原(태원) 坡州(파주) 豊基(풍기) 海州(해주) 幸州(행주)
龐 방	19	渴陽(갈양) 開城(개성) 太原(태원)韓 太原(태원)中
裵 배	14	京山(경산) 慶州(경주) 昆山(곤산) 昆陽(곤양) 金海(김해) 達城(달성) 大邱(대구) 大同(대동) 盆城(분성) 星山(성산) 星州(성주) 月城(월성) 鎭安(진안) 咸興(함흥) 峽溪(협계) 和順(화순) 興海(흥해)

성씨	획수	본관
裵 배	14	金海(김해) 星州(성주)
白 백	5	開城(개성) 槐山(괴산) 藍浦(남포) 南海(남해) 大興(대흥) 聞慶(문경) 善山(선산) 水原(수원) 林川(임천) 赤城(적성) 稷山(직산) 淸道(청도) 泰仁(태인) 海美(해미) 解顔(해안)
栢 백	10	抱川(포천)
凡 범	3	安州(안주)
范 범	11	光州(광주) 錦城(금성) 羅州(나주)
卞 변	4	沔川(면천) 密陽(밀양) 草溪(초계)
邊 변	22	加恩(가은) 聞慶(문경) 原州(원주) 長淵(장연) 全州(전주) 黃州(황주)
別 별	7	平昌(평창)
甫 보	7	公州(공주)
卜 복	2	沔川(면천) 洪州(홍주)
奉 봉	8	江華(강화) 河陰(하음)
鳳 봉	14	慶州(경주)
夫 부	4	濟州(제주) 漢陽(한양)
傅 부	12	楊根(양근)
附 부	13	童星(동성)
夫餘 부여	20	百濟(백제)
扶餘 부여	24	
負鼎 부정	22	
丕 비	5	隴西(농서)
彬 빈	11	達成(달성) 潭陽(담양) 大邱(대구)
賓 빈	14	陵昌(능창) 達城(달성) 大邱(대구) 密陽(밀양) 壽城(수성) 靈光(영광) 義城(의성)

성 씨	획수	본 관
冰 빙	5	慶州(경주) 谷城(곡성)
史 사	5	居昌(거창) 慶州(경주) 淸州(청주) 坡平(파평)
舍 사	8	富平(부평) 伊川(이천)
謝 사	17	晋州(진주) 韓山(한산)
司空 사공	13	居平(거평) 軍威(군위) 孝靈(효령)
司馬 사마	15	居平(거평) 伊川(이천)
森 삼	12	三嘉(삼가)
尙 상	8	果川(과천) 木川(목천)
相 상	9	密陽(밀양)
桑 상	10	安邊(안변)
西 서	6	
徐 서	10	軍威(군위) 南陽(남양) 南平(남평) 大邱(대구) 達城(달성) 唐城(당성) 福興(복흥) 峯城(봉성) 扶餘(부여) 連山(연산) 鹽州(염주) 龍宮(용궁) 宜寧(의령) 利川(이천) 伊川(이천) 長城(장성) 浙江(절강) 平當(평당) 黃山(황산)
西門 서문	14	東州(동주) 安陰(안음)
石 석	5	廣陵(광릉) 廣州(광주) 星州(성주) 潮州(조주) 忠州(충주) 海州(해주) 花園(화원) 洪州(홍주)
昔 석	8	慶州(경주) 月城(월성) 龍仁(용인)
席 석	10	江華(강화) 通津(통진)
釋 석	20	光山(광산) 水原(수원)
石抹 석말	14	廣陵(광릉)
先 선	6	晋城(진성)
宣 선	9	光州(광주) 同福(동복) 寶城(보성) 利川(이천) 全州(전주)
鮮 선	17	新溪(신계) 太原(태원)

성씨	획수	본관
鮮于 선우	20	太原(태원)
偰 설	11	慶州(경주)
薛 설	19	慶州(경주) 淳昌(순창) 沃川(옥천)
葉 섭	15	慶州(경주) 公村(공촌)
成 성	7	江華(강화) 昌寧(창녕)
星 성	9	
召 소	5	大同(대동) 楊州(양주)
素 소	10	廣州(광주) 豊德(풍덕)
邵 소	12	南陽(남양) 安康(안강) 益山(익산) 平山(평산)
蘇 소	22	鎭江(진강) 晋州(진주)
小室 소실	12	
孫 손	10	慶州(경주) 求禮(구례) 羅州(나주) 密陽(밀양) 屛山(병산) 扶寧(부령) 比安(비안) 安東(안동) 安峽(안협) 月城(월성) 一直(일직) 淸州(청주) 平海(평해)
宋 송	7	江陰(강음) 金海(김해) 羅州(나주) 南陽(남양) 德山(덕산) 聞慶(문경) 福興(복흥) 瑞山(서산) 新平(신평) 雙阜(쌍부) 安山(안산) 冶爐(야로) 冶城(야성) 楊州(양주) 礪山(여산) 延安(연안) 沃溝(옥구) 龍城(용성) 恩津(은진) 義城(의성) 竹山(죽산) 鎭川(진천) 鐵原(철원) 淸州(청주) 泰仁(태인) 泰安(태안) 洪州(홍주) 懷德(회덕)
松 송	8	
水 수	4	江南(강남) 江陵(강릉) 金海(김해) 雲梯(운제)
守 수	6	開城(개성) 廣州(광주)
洙 수	10	達城(달성) 密陽(밀양)
壽 수	14	文登(문등)

성 씨	획수	본 관
輸 수	16	忠州(충주)
舜 순	12	林川(임천) 坡州(파주)
荀 순	12	連谷(연곡) 一直(일직) 林川(임천) 昌原(창원) 鴻山(홍산)
淳 순	12	
順 순	12	
承 승	8	光山(광산) 光州(광주) 楊州(양주) 陽川(양천) 延日(연일) 忠州(충주)
昇 승	8	甲鄉(갑향) 南原(남원) 密陽(밀양) 昌平(창평)
勝 승	12	富潤(부윤) 延白(연백)
僧 승	14	慶州(경주) 清州(청주)
柴 시	9	金化(김화) 綾鄉(능향) 泰仁(태인)
施 시	9	星州(성주) 浙江(절강)
時 시	10	長豊(장풍)
申 신	5	高靈(고령) 谷城(곡성) 朔寧(삭녕) 信川(신천) 牙山(아산) 鵝洲(아주) 寧海(영해) 殷豊(은풍) 利川(이천) 朝宗(조종) 昌州(창주) 天安(천안) 平山(평산)
辛 신	7	高靈(고령) 靈山(영산) 寧越(영월)
莘 신	13	豊德(풍덕)
愼 신	14	居昌(거창) 雙阜(쌍부)
實 실	14	泰安(태안)
沈 심	8	富有(부유) 三陟(삼척) 宜寧(의령) 全州(전주) 青松(청송) 豊山(풍산)
尋 심	12	開寧(개령)
阿 아	13	
安 안	6	康津(강진) 公山(공산) 廣州(광주) 洞州(동주) 尼山(니산)

성 씨	획수	본 관
安 안	6	順興(순흥) 安康(안강) 安山(안산) 靈山(영산) 堤川(제천) 酒泉(주천) 竹山(죽산)新 竹山(죽산)舊 忠州(충주) 耽津(탐진) 太原(태원)
仰 앙	6	延白(연백)
艾 애	8	延豊(연풍) 榮州(영주) 全州(전주) 漢陽(한양)
夜 야	8	開城(개성) 峯城(봉성) 石淺(석천) 原平(원평)
良 양(량)	7	濟州(제주) 彩運(채운)
凉 양(량)	10	鴻山(홍산)
梁 양(량)	11	金海(김해) 羅州(나주) 南原(남원) 楊州(양주) 林川(임천) 濟州(제주) 彩運(채운) 忠州(충주)
楊 양	13	南原(남원) 密陽(밀양) 安岳(안악) 中和(중화) 淸州(청주) 通州(통주)
陽 양	17	金化(김화)
襄 양	17	
魚 어	11	江陵(강릉) 江華(강화) 慶興(경흥) 密陽(밀양) 忠州(충주) 咸從(함종) 咸平(함평)
於 어	8	麻田(마전)
嚴 엄	20	尙州(상주) 寧越(영월)
呂 여(려)	7	星山(성산) 星州(성주) 咸陽(함양)
余 여	7	宜寧(의령)
餘 여	16	餘美(여미)
力 역(력)	2	河陰(하음)
延 연	7	開城(개성) 谷山(곡산)
連 연(련)	14	羅州(나주) 禮山(예산) 全州(전주)
燕 연	16	全州(전주) 定州(정주)

성 씨	획수	본 관				
廉 염(렴)	13	開城(개성)	瑞原(서원)	水原(수원)	坡州(파주)	坡平(파평)
閻 염	16					
葉 엽	15	水原(수원)	處仁(처인)			
永 영	5	康翎(강령)	平海(평해)			
榮 영	14	永川(영천)				
靈 영(령)	24	漢陽(한양)				
令孤 영고	13	文化(문화)				
芮 예	10	沔川(면천)	缶溪(부계)	水原(수원)	義興(의흥)	
午 오	4	密陽(밀양)				
伍 오	6	復興(부흥)				
吳 오	7	高敞(고창)	軍威(군위)	羅州(나주)	樂安(낙안)	郎山(낭산)
		同福(동복)	荳原(두원)	寶城(보성)	三嘉(삼가)	延日(연일)
		寧遠(영원)	蔚山(울산)	殷豊(은풍)	義城(의성)	長鬐(장기)
		長興(장흥)	全州(전주)	珍原(진원)	平海(평해)	咸陽(함양)
		咸平(함평)	咸興(함흥)	海州(해주)	和順(화순)	興陽(흥양)
玉 옥	5	班城(반성)	寧越(영월)	宜寧(의령)		
溫 온	14	慶州(경주)	金溝(금구)	鳳城(봉성)	西原(서원)	溫陽(온양)
		淸州(청주)				
邕 옹	10	淳昌(순창)	玉川(옥천)			
翁 옹	10	金浦(김포)				
曰 왈	4	旌善(정선)				
王 왕	4	江陵(강릉)	開城(개성)	巨濟(거제)	大田(대전)	東昌(동창)
		宜寧(의령)	濟南(제남)	淸州(청주)	海州(해주)	
尿 요(뇨)	7	荒調(황조)				
要 요	9	大邱(대구)				

성 씨	획수	본 관
姚 요	9	水原(수원) 忠州(충주) 徽州(휘주)
龍 용(룡)	16	廣州(광주) 楊根(양근) 淸州(청주) 忠州(충주) 鴻山(홍산) 洪州(홍주) 洪川(홍천)
于 우	3	木川(목천)
禹 우	9	剛州(강주) 丹陽(단양) 禮安(예안) 榮州(영주)
祐 우	10	南陽(남양) 長興(장흥) 載陽(재양)
遇 우	16	星州(성주)
憂候 우후	25	
郁 욱	13	海州(해주)
芸 운	10	全州(전주)
雲 운	12	長興(장흥) 淸州(청주) 咸興(함흥)
元 원	4	廣州(광주) 原州(원주)
袁 원	10	比屋(비옥) 比安(비안)
員 원	10	德水(덕수)
韋 위	9	江華(강화) 驪州(여주)
魏 위	18	遂寧(수령) 燕岐(연기) 長興(장흥)
兪 유	9	康津(강진) 高靈(고령) 金山(금산) 杞溪(기계) 務安(무안) 仁同(인동) 長沙(장사) 昌原(창원) 川寧(천녕) 耽津(탐진)
柳 유(류)	9	高興(고흥) 大同(대동) 文化(문화) 白川(배천) 富平(부평) 西寧(서령) 瑞山(서산) 善山(선산) 若木(약목) 延安(연안) 靈光(영광) 陸昌(육창) 仁同(인동) 長興(장흥) 全州(전주) 貞州(정주) 晋州(진주) 豊山(풍산) 興陽(흥양)
庾 유	12	茂松(무송) 平山(평산)
劉 유(류)	15	江陵(강릉) 居昌(거창) 慶州(경주) 白川(배천) 白州(백주) 延安(연안) 全州(전주) 忠州(충주)

성 씨	획수	본 관				
陸 육(륙)	16	管城(관성)	泗川(사천)	沃川(옥천)		
尹 윤	4	高敞(고창)	慶州(경주)	杞溪(기계)	南原(남원)	德山(덕산)
		德豊(덕풍)	茂松(무송)	新寧(신녕)	楊州(양주)	陽川(양천)
		驪州(여주)	永川(영천)	醴泉(예천)	竹山(죽산)	酒泉(주천)
		漆原(칠원)	坡州(파주)	坡平(파평)	平山(평산)	咸安(함안)
		海南(해남)	海州(해주)	海平(해평)	玄風(현풍)	
律 율(률)	9	槐山(괴산)				
殷 은	10	椧谷(명곡)	延安(연안)	楡谷(유곡)	泰仁(태인)	幸州(행주)
乙 을	1	義州(의주)				
陰 음	16	廣州(광주)	竹山(죽산)			
伊 이	6	白川(배천)	延豊(연풍)	銀川(은천)	忠州(충주)	太原(태원)
李 이(리)	7	加利(가리)	嘉山(가산)	加平(가평)	江東(강동)	江陽(강양)
		康津(강진)	江華(강화)	開城(개성)	居昌(거창)	結聖(결성)
		結城(결성)	京山(경산)	慶州(경주)	高靈(고령)	古阜(고부)
		固城(고성)	公州(공주)	光山(광산)	光陽(광양)	廣州(광주)
		光州(광주)	廣平(광평)	金溝(금구)	杞溪(기계)	機張(기장)
		金浦(김포)	羅州(나주)	樂安(낙안)	南平(남평)	隴西(농서)
		尼山(니산)	丹城(단성)	丹陽(단양)	潭陽(담양)	大興(대흥)
		德山(덕산)	德水(덕수)	德恩(덕은)	道康(도강)	道安(도안)
		洞溪(동계)	東城(동성)	碧珍(벽진)	保城(보성)	報恩(보은)
		鳳山(봉산)	扶安(부안)	扶餘(부여)	富平(부평)	泗川(사천)
		三陟(삼척)	商山(상산)	祥原(상원)	尙州(상주)	西林(서림)
		瑞山(서산)	舒川(서천)	星山(성산)	星州(성주)	隋城(수성)
		遂安(수안)	水原(수원)	淳昌(순창)	順天(순천)	信川(신천)
		新平(신평)	牙山(아산)	安東(안동)	安山(안산)	安城(안성)

성 씨	획수	본 관				
李 이(리)	7	安岳(안악)	安平(안평)	陽山(양산)	楊山(양산)	梁山(양산)
		陽城(양성)	楊州(양주)	驪州(여주)	延安(연안)	延豊(연풍)
		盈德(영덕)	瀛州(영주)	寧川(영천)	永川(영천)	寧海(영해)
		永興(영흥)	禮山(예산)	禮安(예안)	溫陽(온양)	甕津(옹진)
		完山(완산)	龍宮(용궁)	龍安(용안)	龍仁(용인)	龍川(용천)
		羽溪(우계)	牛峰(우봉)	蔚山(울산)	原州(원주)	原川(원천)
		月城(월성)	陰竹(음죽)	益山(익산)	益興(익흥)	麟蹄(인제)
		仁川(인천)	臨江(임강)	林川(임천)	臨坡(임파)	長鬐(장기)
		長城(장성)	長水(장수)	長興(장흥)	載寧(재령)	全義(전의)
		全州(전주)	旌善(정선)	貞州(정주)	朝宗(조종)	中峯(중봉)
		中和(중화)	砥平(지평)	眞寶(진보)	眞城(진성)	鎭安(진안)
		振威(진위)	晋州(진주)	眞宅(진택)	車城(차성)	昌寧(창녕)
		昌平(창평)	川寧(천녕)	鐵城(철성)	青松(청송)	清安(청안)
		清州(청주)	青海(청해)	楚山(초산)	忠州(충주)	泰安(태안)
		太原(태원)韓	太原(태원)中	通津(통진)	平山(평산)	平壤(평양)
		平昌(평창)	河濱(하빈)	河陰(하음)	鶴城(학성)	韓山(한산)
		咸安(함안)	咸陽(함양)	咸平(함평)	咸興(함흥)	陜川(합천)
		海南(해남)	海州(해주)	洪州(홍주)	洪川(홍천)	花山(화산)
		興陽(흥양)	懷德(회덕)	淮陽(회양)		
異 이	12	童城(동성)	密陽(밀양)			
益 익	10	杞溪(기계)				
翌 익	11	陰竹(음죽)				
印 인	6	喬桐(교동)	延安(연안)			
任 임	6	果川(과천)	谷城(곡성)	牙善(아선)	長興(장흥)	晋州(진주)
		豊川(풍천)	風村(풍촌)	咸豊(함풍)	懷德(회덕)	會津(회진)

성 씨	획수	본 관
林 임(림)	8	開寧(개령) 慶州(경주) 吉安(길안) 羅州(나주) 保安(보안) 甫州(보주) 扶安(부안) 扶餘(부여) 庇仁(비인) 常山(상산) 善山(선산) 淳昌(순창) 新平(신평) 安東(안동) 安山(안산) 安陰(안음) 安義(안의) 醴泉(예천) 沃溝(옥구) 沃野(옥야) 蔚珍(울진) 恩津(은진) 利安(이안) 益山(익산) 臨陂(임파) 臨河(임하) 全州(전주) 兆陽(조양) 鎭川(진천) 平澤(평택) 檜城(회성)
乙支 을지	5	
慈 자	14	遼陽(요양) 中原(중원) 海州(해주)
庄 장	6	淸風(청풍)
將 장	11	慶州(경주)
章 장	11	居昌(거창) 福城(복성)
張 장	11	嘉山(가산) 康津(강진) 結城(결성) 高州(고주) 求禮(구례) 金溝(금구) 金海(김해) 羅州(나주) 丹陽(단양) 德水(덕수) 木川(목천) 鳳城(봉성) 扶安(부안) 尙質(상질) 松禾(송화) 壽城(수성) 順天(순천) 安東(안동) 驪興(여흥) 永嘉(영가) 永同(영동) 永川(영천) 禮山(예산) 沃溝(옥구) 玉山(옥산) 龍川(용천) 蔚珍(울진) 仁同(인동) 長連(장련) 全州(전주) 浙江(절강) 知禮(지례) 鎭安(진안) 晋州(진주) 鎭川(진천) 昌寧(창녕) 川寧(천녕) 靑松(청송) 太原(태원) 興德(흥덕) 興城(흥성) 興陽(흥양) 興海(흥해)
塲 장	12	木川(목천)
莊 장	13	衿川(금천) 長連(장련)
萇 장	14	燕岐(연기)
蔣 장	17	金浦(김포) 牙山(아산) 靑鳧(청부)

성 씨	획수	본 관
墻籬 장리	41	南原(남원)
再會 재회	19	
翟 적	14	林川(임천)
田 전	5	廣平(광평) 喬桐(교동) 南陽(남양) 潭陽(담양) 安州(안주) 延安(연안) 靈光(영광) 禮山(예산) 牛峰(우봉) 定山(정산) 珍原(진원) 泰山(태산) 平澤(평택) 河陰(하음)
全 전	6	甘泉(감천) 慶山(경산) 慶州(경주) 鷄林(계림) 機張(기장) 羅州(나주) 羅城(나성) 寶城(보성) 扶餘(부여) 星山(성산) 星州(성주) 安東(안동) 玉山(옥산) 沃川(옥천) 完山(완산) 龍宮(용궁) 長城(장성) 全州(전주) 旌善(정선) 竹山(죽산) 天安(천안) 通津(통진) 八莒(팔거) 平康(평강) 咸昌(함창) 黃澗(황간)
專 전	11	陽天(양천)
錢 전	16	開城(개성) 冠山(관산) 聞慶(문경) 知禮(지례) 兎山(토산)
占 점	5	槐山(괴산)
丁 정	2	羅州(나주) 武靈(무령) 押海(압해) 野城(야성) 靈光(영광) 靈城(영성) 義城(의성) 旌善(정선) 昌原(창원)
井 정	4	連川(연천) 鎭江(진강)
貞 정	9	楊州(양주)
程 정	12	光州(광주) 河南(하남) 韓山(한산)
鄭 정	19	慶州(경주) 固城(고성) 昆陽(곤양) 公山(공산) 廣州(광주) 光州(광주) 錦城(금성) 金浦(김포) 羅州(나주) 瑯琊(낭야) 東萊(동래) 保寧(보령) 奉化(봉화) 西京(서경) 瑞山(서산) 野城(야성) 楊州(양주) 延白(연백) 延日(연일) 盈德(영덕) 迎日(영일) 永定(영정) 永川(영천) 禮泉(예천) 烏川(오천)

성 씨	획수	본 관
鄭 정	19	溫陽(온양) 甕津(옹진) 義安(의안) 長鬐(장기) 長興(장흥) 全州(전주) 定山(정산) 貞州(정주) 晋陽(진양) 晋州(진주) 昌原(창원) 青山(청산) 清州(청주) 草溪(초계) 八溪(팔계) 平海(평해) 豊基(풍기) 河東(하동) 鶴城(학성) 咸平(함평) 咸豊(함풍) 海南(해남) 海州(해주)
諸 제	16	固城(고성) 漆原(칠원)
諸葛 제갈	31	南陽(남양) 南原(남원)
齊楚 제초	27	
曺 조	10	嘉興(가흥) 南平(남평) 綾城(능성) 壽城(수성) 安東(안동) 靈岩(영암) 玉州(옥주) 仁山(인산) 長興(장흥) 昌寧(창녕) 昌平(창평) 清道(청도)
趙 조	14	江西(강서) 康津(강진) 金堤(김제) 密陽(밀양) 白川(배천) 扶安(부안) 富潤(부윤) 淳昌(순창) 牙山(아산) 楊州(양주) 驪興(여흥) 永興(영흥) 玉川(옥천) 林川(임천) 酒泉(주천) 稷山(직산) 眞寶(진보) 太原(태원) 平山(평산) 平壤(평양) 豊壤(풍양) 河東(하동) 韓山(한산) 漢陽(한양) 咸安(함안) 洪陽(홍양) 橫城(횡성) 興陽(흥양)
祖彌 조미	27	
宗 종	8	槐山(괴산) 萬頃(만경) 毛押(모압) 泰仁(태인) 通津(통진) 黃原(황원)
種 종	14	昆湄(곤미)
鍾 종	17	登州(등주) 旋義(선의) 靈岩(영암) 天安(천안) 豊德(풍덕) 河陰(하음)
左 좌	5	大清(대청) 濟州(제주) 清州(청주)
朱 주	6	開城(개성) 羅州(나주) 綾城(능성) 新安(신안) 押海(압해)

성 씨	획수	본 관
朱 주	6	野城(야성) 熊川(웅천) 全州(전주)
周 주	8	森溪(삼계) 尙州(상주) 安義(안의) 長興(장흥) 昌寧(창녕) 鐵原(철원) 草溪(초계) 豊基(풍기) 咸安(함안) 陜川(합천)
珠 주	11	慶州(경주)
俊 준	9	淸州(청주)
仲室 중실	15	
曾 증	12	鎭江(진강)
池 지	7	丹陽(단양) 忠州(충주)
知 지	8	利川(이천)
智 지	12	槐山(괴산) 槐州(괴주) 鳳山(봉산) 鳳州(봉주) 豊山(풍산)
直 직	8	槐山(괴산)
晋 진	10	南原(남원) 楊根(양근)
秦 진	10	南原(남원) 三陟(삼척) 永春(영춘) 龍仁(용인) 晋州(진주) 平康(평강) 豊基(풍기) 濟州(제주)
眞 진	10	南原(남원) 西山(서산)
震 진	15	江華(강화)
陳 진	16	江陵(강릉) 廣東(광동) 羅州(나주) 南海(남해) 德昌(덕창) 福州(복주) 三陟(삼척) 神光(신광) 梁山(양산) 楊州(양주) 驪陽(여양) 臨坡(임파) 興德(흥덕)
車 차	7	延安(연안) 沃川(옥천) 龍城(용성) 平山(평산)
昌 창	8	江陵(강릉) 居昌(거창) 公州(공주) 礪山(여산) 長城(장성) 昌寧(창녕)
倉 창	10	牙山(아산) 礪山(여산) 長城(장성)
采 채	8	礪山(여산)
蔡 채	17	光州(광주) 陰城(음성) 仁川(인천) 平康(평강) 平原(평원)

성씨	획수	본관				
冊 책	5	豆毛(두모)				
拓 척	9	谷山(곡산)	永興(영흥)	林川(임천)		
千 천	3	江華(강화)	開城(개성)	廣州(광주)	安東(안동)	穎陽(영양)
		尹陽(윤양)				
天 천	4	延安(연안)	牛峰(우봉)			
肖 초	9	濟州(제주)				
楚 초	13	江陵(강릉)	星州(성주)	淸州(청주)	巴陵(파릉)	漢陽(한양)
燭 촉	17	金海(김해)				
寵 총	19	開城(개성)				
崔 최	11	杆城(간성)	江陵(강릉)	江華(강화)	開城(개성)	慶州(경주)
		鷄林(계림)	古阜(고부)	孤竹(고죽)	曲江(곡강)	光陽(광양)
		廣州(광주)	槐山(괴산)	羅州(나주)	朗周(낭주)	大寧(대령)
		道川(도천)	東州(동주)	登州(등주)	扶安(부안)	朔寧(삭녕)
		祥原(상원)	尙州(상주)	瑞城(서성)	瑞和(서화)	隋城(수성)
		水原(수원)	樹州(수주)	順天(순천)	新豐(신풍)	牙山(아산)
		安東(안동)	楊州(양주)	陽川(양천)	延豊(연풍)	盈德(영덕)
		靈岩(영암)	永川(영천)	永興(영흥)	完山(완산)	龍崗(용강)
		龍宮(용궁)	龍州(용주)	牛峰(우봉)	原州(원주)	全州(전주)
		貞州(정주)	竹州(죽주)	稷山(직산)	珍山(진산)	晋州(진주)
		川寧(천녕)	鐵原(철원)	青松(청송)	淸州(청주)	草溪(초계)
		秋溪(추계)	忠州(충주)	耽津(탐진)	泰仁(태인)	通川(통천)
		豊川(풍천)	河陰(하음)	漢南(한남)	咸陽(함양)	海州(해주)
		和順(화순)	黃州(황주)	興海(흥해)		
秋 추	9	江陵(강릉)	陽智(양지)	全州(전주)	秋溪(추계)	咸興(함흥)
追 추	13	開城(개성)				

성 씨	획수	본 관
鄒 추	17	
卓 탁	8	光山(광산) 光州(광주) 廣州(광주) 南陽(남양) 安山(안산)
濯 탁	18	井邑(정읍)
彈 탄	15	晋州(진주) 海州(해주)
太 태	4	南原(남원) 密陽(밀양) 永順(영순) 通川(통천) 坡平(파평) 俠溪(협계) 峽溪(협계)
宅 택	6	槐山(괴산)
判 판	7	東萊(동래) 巴陵(파릉) 海州(해주)
彭 팽	12	新平(신평) 龍岡(용강) 浙江(절강)
片 편	4	南陽(남양) 陽州(양주) 浙江(절강)
平 평	5	忠州(충주)
包 포	5	豊德(풍덕)
表 표	9	陽州(양주) 新昌(신창)
標 표	15	臨津(임진)
馮 풍	12	慶州(경주) 詩山(시산) 臨朐(임구) 長湍(장단)
皮 피	5	槐山(괴산) 丹陽(단양) 洪川(홍천)
被 피	11	廣州(광주) 唐津(당진) 陽川(양천) 坡州(파주)
畢 필	11	大興(대흥) 拜音(배음) 驪州(여주)
弼 필	12	大興(대흥) 全州(전주)
下 하	3	南陽(남양) 安陰(안음)
何 하	7	乳石(유석) 林述(임술)
河 하	9	江華(강화) 南陽(남양) 水原(수원) 安陰(안음) 晋陽(진양) 晋州(진주)
夏 하	10	大邱(대구) 達城(달성) 海州(해주)
漢 한	15	達城(달성) 忠州(충주)

성씨	획수	본관
韓 한	17	嘉山(가산) 嘉州(가주) 谷山(곡산) 金山(금산) 金海(김해) 湍州(단주) 端川(단천) 大興(대흥) 沔川(면천) 保安(보안) 扶安(부안) 安邊(안변) 楊州(양주) 楊川(양천) 淸州(청주) 忠州(충주) 平山(평산) 韓山(한산) 漢陽(한양) 鴻山(홍산)
咸 함	9	江陵(강릉) 江華(강화) 楊根(양근)
合 합	6	喬桐(교동)
海 해	11	靈巖(영암) 金海(김해)
許 허	11	金海(김해) 水原(수원) 詩山(시산) 梁州(양주) 楊川(양천) 春川(춘천) 泰仁(태인) 河陽(하양) 咸昌(함창)
赫運 혁운	30	
玄 현	5	星州(성주) 順天(순천) 延州(연주) 昌寧(창녕) 昌原(창원) 川寧(천녕)
刑 형	6	槐山(괴산)
邢 형	13	班城(반성) 晋州(진주) 幸州(행주)
荊 형	14	安心(안심)
好 호	6	大邱(대구) 海州(해주)
扈 호	11	羅州(나주) 白川(배천) 保安(보안) 新平(신평) 牙山(아산) 楊根(양근) 全州(전주)
胡 호	11	加平(가평) 牙山(아산) 巴陵(파릉)
洪 홍	10	開寧(개령) 開城(개성) 慶州(경주) 南陽(남양) 缶溪(부계) 缶林(부림) 牙山(아산) 押海(압해) 野城(야성) 鹽州(염주) 義城(의성) 豊山(풍산) 豊川(풍천) 咸昌(함창) 洪州(홍주) 懷仁(회인)
化 화	4	伏龍(복룡) 晋陽(진양)
和 화	8	同福(동복) 寶城(보성)

성 씨	획수	본 관
花 화	10	天安(천안)
華 화	14	長楊(장양)
桓 환	10	陰竹(음죽)
黃 황	12	江華(강화) 慶州(경주) 管城(관성) 德山(덕산) 沔川(면천) 扶安(부안) 尙州(상주) 星州(성주) 郢州(영주) 紆州(우주) 長水(장수) 齊安(제안) 昌原(창원) 平海(평해) 豊德(풍덕) 杭州(항주) 黃州(황주) 懷德(회덕) 檜山(회산)
皇甫 황보	16	永川(영천) 黃州(황주)
后 후	6	唐寅(당인) 晋州(진주) 淮陽(회양)
黑齒 흑치	27	
昕 흔	8	醴泉(예천)

♣

다. 관향 지명(貫鄕 地名) 및 성씨(姓氏)

예

지명	행정구역

■ 가주(嘉州) 평북 가산 별호(平北 嘉山 別號) → 평안북도 가산군의 별칭

■ 가산(嘉山) 평북 박천 속지(平北 博川 屬地) → 평안북도 박천군에 속한 지명

■ 가은(加恩) 경북 문경 속읍(慶北 聞慶 屬邑) → 경상북도 문경군에 속한 읍 지명

■ 곤양(昆陽) 경남 사천 속면(慶南 泗川 屬面) → 경상남도 사천시에 속한 면 지명

■ 계림(鷄林) 경북 경주 구호(慶北 慶州 舊號) → 경상북도 경주시의 구 지명

■ 당악(唐岳) 평남 중화 고호(平南 中和 古號) → 평안남도 중화군의 옛날 지명

■ 진양(晉陽) 경남 진주 동호(慶南 晉州 同號) → 경상남도 진주시의 같은 지명

■ 우리 민족의 뿌리로 여긴 성씨 본관에 대해 워낙 방대하여 자료조사에 한계가 있었으므로, 혹 부족하거나 변동사항이 있어 연락 주시면 본관 수정 자료에 참고하고자 합니다.

다. 관향 지명 및 성씨

지명	행정 구역	관적(貫籍) 및 관향 성씨 (貫鄕 姓氏)
[ㄱ]		
가리 (加利)	경북 성주 속지 (慶北 星州 屬地)	이(李)
가산 (嘉山)	평북 박천 속지 (平北 博川 屬地)	이(李). 장(張). 한(韓)
가은 (加恩)	경북 문경 속읍 (慶北 聞慶 屬邑)	변(邊)
가주 (嘉州)	평북 가산 별호 (平北 嘉山 別號)	한(韓)
가평 (加平)	경기 가평 (京畿 加平)	간(簡). 김(金). 이(李). 호(胡)
가흥 (嘉興)	전남 진도 속지 (全南 珍島 屬地)	김(金). 조(曺)
간성 (杆城)	강원 간성 (江原 杆城)	김(金). 최(崔)
갈양 (渴陽)		방(龐)
감천 (甘泉)	경북 안동 속지 (慶北 安東 屬地)	문(文). 전(全)
갑향 (甲鄕)	전남 담양 속지 (全南 潭陽 屬地)	승(昇)
강남 (江南)		수(水)
강동 (江東)	평남 평양시 강동군 속지	김(金). 이(李)
강령 (康翎)	경기 옹진 속지 (京畿 甕津 屬地)	강(康). 영(永)
강릉 (江陵)	강원 강릉 (江原 江陵)	김(金). 단(段). 만(萬). 문(文). 박(朴). 수(水). 어(魚). 왕(王). 유(劉). 진(陳). 창(昌). 초(楚). 최(崔). 추(秋). 함(咸)
강서 (江西)	평남 강서군 속지	김(金). 조(趙)
강성 (江城)	산청 궐지 속지 (山淸 闕支 屬地)	문(文)
강양 (江陽)	경남 합천 구호 (慶南 陜川 舊號)	김(金). 이(李)
강음 (江陰)	황해 금천 속지 (黃海 金川 屬地)	김(金). 단(段). 송(宋)
강주 (剛州)	경북 영주 별호 (慶北 榮州 別號)	우(禹)

지명	행정 구역	관적(貫籍) 및 관향 성씨 (貫鄕 姓氏)
강진 (康津)	전남 강진 (全南 康津)	김(金). 박(朴). 안(安). 유(兪). 이(李). 장(張). 조(趙)
강화 (江華)	경기 강화 (京畿 江華)	계(季). 김(金). 골(骨). 노(魯). 만(萬). 박(朴). 봉(奉). 석(席). 성(成). 어(魚). 위(韋). 이(李). 진(震). 천(千). 최(崔). 하(河). 함(咸). 황(黃)
개령 (開寧)	경북 금릉 속면 (慶北 金陵 屬面)	김(金). 문(文). 심(尋). 임(林). 홍(洪)
개성 (開城)	황해 개성 (黃海 開城)	고(高). 공(公). 기(奇). 김(金). 길(吉). 내(乃). 노(路). 동(董). 만(萬). 반(班). 방(方). 방(龐). 백(白). 수(守). 야(夜). 연(延). 염(廉). 왕(王). 이(李). 전(錢). 주(朱). 총(寵). 추(追). 천(千). 최(崔). 홍(洪)
거제 (巨濟)	경남 거제 (慶南 巨濟)	반(潘). 왕(王)
거창 (居昌)	경북 거창 (慶北 居昌)	사(史). 신(愼). 유(劉). 이(李). 장(章). 창(昌)
거평 (居平)	전남 나주 속지 (全南 羅州 屬地)	사공(司空). 사마(司馬)
견주 (見州)	경기 양주 속지 (京畿 楊州 屬地)	김(金)
결성 (結城)	충남 홍성 속면 (忠南 洪城 屬面)	김(金). 문(文). 반(潘). 장(張). 이(李).
결성 (結聖)	충남 홍성 구호 (忠南 洪城 舊號)	이(李)
경녕 (慶寧)		두(杜)
경산 (京山)	경북 성주 속지 (慶北 星州 屬地)	김(金). 박(朴). 배(裵). 이(李)
경산 (慶山)	경북 경산 (慶北 慶山)	김(金). 녹(綠). 전(全)
경주 (慶州)	경북 경주 (慶北 慶州)	간(干). 강(姜). 경(庚). 계(契). 김(金). 노(盧). 박(朴). 방(邦). 배(裵). 봉(鳳). 빙(冰). 사(史). 석(昔). 설(偰). 설(薛). 섭(葉). 손(孫). 승(僧). 온(溫)

지명	행정 구역	관적(貫籍) 및 관향 성씨 (貫鄕 姓氏)
경주 (慶州)	경북 경주 (慶北 慶州)	유(劉). 윤(尹). 이(李). 임(林). 장(將). 전(全). 정(鄭). 주(珠). 최(崔). 풍(馮). 홍(洪). 황(黃)
경흥 (慶興)	함북 경흥 (咸北 慶興)	어(魚)
계림 (鷄林)	경북 경주 구호 (慶北 慶州 舊號)	김(金). 전(全). 최(崔)
계양 (桂陽)	경기 부평 구호 (京畿 富平 舊號)	금(琴). 목(睦)
고령 (高靈)	경남 고령 (慶南 高靈)	김(金). 박(朴). 신(申). 신(辛). 유(兪). 이(李)
고부 (古阜)	전북 정읍 속지 (全北 井邑 屬地)	김(金). 이(李). 최(崔)
고봉 (高峰)	경기 고양 구호 (京畿 高陽 舊號)	고(高)
고산 (高山)	전북 완주 구호 (全北 完州 舊號)	가(價). 김(金)
고성 (高城)		박(朴)
고성 (固城)	경남 고성 (慶南 固城)	김(金). 남(南). 도(道). 등(登). 박(朴). 반(班). 이(李). 정(鄭). 제(諸)
고양 (高陽)	경기 고양시 덕양구 속지	김(金)
고주 (高州)	함남 고원 구호 (咸南 高原 舊號)	장(張)
고죽 (孤竹)	황해 해주 별호 (黃海 海州 別號)	최(崔)
고창 (高敞)	전북 고창 (全北 高敞)	오(吳). 윤(尹)
고흥 (高興)	전남 고흥 (全南 高興)	류(柳)
곡강 (曲江)	경북 포항시 흥해읍 속지	최(崔)
곡부 (曲阜)	중국 산동 속지 (中國 山東 屬地)	공(孔)
곡산 (谷山)	황해도 곡산 (黃海道 谷山)	강(康). 노(盧). 연(延). 척(拓). 한(韓)
곡성 (谷城)	전남 곡성 (全南 谷城)	빙(氷). 신(申). 임(任)
곤미 (昆湄)	전남 영암 속지 (全南 靈巖 屬地)	종(種)
곤산 (昆山)	경남 사천 속지 (慶南 泗川 屬地)	배(裵)
곤양 (昆陽)	경남 사천 속면 (慶南 泗川 屬面)	배(裵). 정(鄭)

지명	행정 구역	관적(貫籍) 및 관향 성씨 (貫鄕 姓氏)
공산 (公山)	충남 공주 별호 (忠南 公州 別號)	모(毛). 안(安). 정(鄭)
공주 (公州)	충남 공주 (忠南 公州)	김(金). 모(毛). 박(朴). 보(甫). 이(李). 창(昌)
공촌 (公村)	경기 수원 별호 (京畿 水原 別號)	섭(葉)
과천 (果川)	경기 시흥 속면 (京畿 始興 屬面)	상(尙). 임(任)
관산 (冠山)	충북 옥천 구호 (忠北 沃川 舊號)	전(錢)
관성 (管城)	충북 옥천 구호 (忠北 沃川 舊號)	육(陸). 황(黃)
광녕 (廣寧)	중국 양주 (中國 梁州)	고(高). 묵(墨)
광동 (廣東)	중국성명 (中國省名)	진(陳)
광릉 (廣陵)	전북 남원 속지 (全北 南原 屬地)	석(石). 석말(石抹). 독고(獨孤)
광산 (光山)	전남 광주 속지 (全南 光州 屬地)	김(金). 노(盧). 석(釋). 승(承). 이(李). 탁(卓)
광양 (光陽)	전남 광양 (全南 光陽)	김(金). 이(李). 최(崔)
광주 (廣州)	경기 광주 (京畿 廣州)	구(具). 김(金). 노(魯). 동(董). 만(萬). 모(毛). 박(朴). 방(邦). 석(石). 소(素). 수(守). 안(安). 용(龍). 원(元). 이(李). 음(陰). 정(鄭). 천(千). 최(崔). 탁(卓). 피(被)
광주 (光州)	전남 광주 (全南 光州)	강(姜). 노(盧). 반(潘). 반(班). 범(范). 선(宣). 승(承). 이(李). 정(程). 정(鄭). 채(蔡). 탁(卓)
광천 (廣川)	중국(中國)	동(董). 모(毛)
광평 (廣平)	경북 성주 별호 (慶北 星州 別號)	이(李). 전(田)
괴산 (槐山)	충북 괴산 (忠北 槐山)	강(强). 김(金). 물(物). 방(邦). 백(白). 율(律). 점(占). 종(宗). 지(智). 직(直). 최(崔). 택(宅). 피(皮). 형(刑)
괴주 (槐州)	충북 괴산 구호 (忠北 槐山 舊號)	지(智)

지명	행정 구역	관적(貫籍) 및 관향 성씨 (貫鄕 姓氏)
교동 (喬桐)	경기 강화 속면 (京畿 江華 屬面)	뇌(雷). 인(印). 전(田). 합(合)
교하 (交河)	경기 파주 속면 (京畿 坡州 屬面)	김(金). 노(盧)
구례 (求禮)	전남 구례 (全南 求禮)	김(金). 손(孫). 장(張)
구산 (龜山)	경남 함안 속지 (慶南 咸安 屬地)	박(朴)
구진 (丘珍)	전남 장성 별호 (全南 長城 別號)	박(朴)
군위 (軍威)	경북 군위 (慶北 軍威)	나(羅). 박(朴). 방(方). 서(徐). 오(吳). 사공(司空)
금구 (金溝)	전북 김제 속면 (全北 金堤 屬面)	온(溫). 이(李). 장(張)
금릉 (金陵)	경북 김천 구호 (慶北 金泉 舊號)	김(金)
금산 (金山)	경북 금릉 구호 (慶北 金陵 舊號)	김(金). 유(兪). 한(韓)
금산 (錦山)	충남 금산 (忠南 錦山)	김(金)
금성 (錦城)	전남 나주 구호 (全南 羅州 舊號)	김(金). 나(羅). 범(范). 정(鄭)
금천 (金川)	전남 남원 속지 (全南 南原 屬地)	김(金). 박(朴)
금천 (衿川)	서울시 금천구	강(姜). 계(桂). 고(高). 김(金). 장(莊)
금천 (錦川)		김(金)
금화 (金華)	전남 순천(낙안군) 속지	김(金)
기계 (杞溪)	경북 영일 속면 (慶北 迎日 屬面)	유(兪). 윤(尹). 이(李). 익(益)
기성 (岐城)	경남 거제 고호 (慶南 巨濟 古號)	반(潘)
기장 (機張)	부산 동래 속지 (釜山 東萊 屬地)	이(李). 전(全)
길안 (吉安)	경북 안동 속면 (慶北 安東 屬面)	임(林)
김녕 (金寧)	경남 김해 속지 (慶南 金海 屬地)	김(金)
김제 (金堤)	전북 김제 (全北 金堤)	김(金). 조(趙)
김포 (金浦)	경기 김포 (京畿 金浦)	견(堅). 공(公). 공(空). 김(金). 옹(翁). 이(李). 장(蔣). 정(鄭)
김해 (金海)	경남 김해 (慶南 金海)	김(金). 동(董). 모(毛). 배(裵). 배(裴). 송(宋). 수(水). 양(梁). 장(張). 촉(燭). 한(韓). 해(海). 허(許)

지명	행정 구역	관적(貫籍) 및 관향 성씨 (貫鄕 姓氏)
김화 (金化)	강원도 철원 김화	경(京). 고(高). 김(金). 시(柴). 양(陽)
[ㄴ]		
나성 (羅城)	전남 나주 별호 (全南 羅州 別號)	전(全)
나주 (羅州)	전남 나주 (全南 羅州)	간(干). 갈(葛). 김(金). 나(羅). 내(奈). 박(朴). 방(邦). 범(范). 손(孫). 송(宋). 양(梁). 연(連). 오(吳). 이(李). 임(林). 장(張). 전(全). 정(丁). 정(鄭). 주(朱). 진(陳). 최(崔). 호(扈). 독고(獨孤).
낙안 (樂安)	전남 승주 속면 (全南 昇州 屬面)	김(金). 오(吳). 이(李)
난포 (蘭浦)	경남 남해 구호 (慶南 南海 舊號)	박(朴)
남양 (南陽)	경기 화성 속면 (京畿 華城 屬面)	간(干). 간(簡). 갈(葛). 김(金). 도(陶). 방(房). 서(徐). 소(邵). 송(宋). 우(祐). 전(田). 탁(卓). 편(片). 하(河). 하(下) 홍(洪).
남원 (南原)	전남 남원 (全南 南原)	갈(葛). 군(君). 김(金). 남(南). 박(朴). 동(董). 방(房). 승(昇). 양(梁). 양(楊). 윤(尹). 진(晋). 태(太). 독고(獨孤). 장리(墻籬). 제갈(諸葛)
남주 (南州)	황해 남천 별호 (黃海 南川 別號)	박(朴)
남천 (南川)	황해 평산 속읍 (黃海 平山 屬邑)	박(朴)
남평 (南平)	전남 나주 속면 (全南 羅州 屬面)	김(金). 문(文). 반(潘). 서(徐). 이(李). 조(曺). 남궁(南宮)
남포 (藍浦)	충남 보령 속면 (忠南 保寧 屬面)	김(金). 백(白)
남해 (南海)	경남 남해 (慶南 南海)	김(金). 백(白). 진(陳)
낭산 (郞山)	전북 익산 속면 (全北 益山 屬面)	오(吳)
낭야 (瑯琊)	중국 산동성 (中國 山東省)	정(鄭)
낭주 (郎州)	전남 영암 고호 (全南 靈岩 古號)	최(崔)

지명	행정 구역	관적(貫籍) 및 관향 성씨 (貫鄕 姓氏)
노성 (魯城)	충남 논산 속면 (忠南 論山 屬面)	박(朴)
노안 (老安)	전남 나주 속면 (全南 羅州 屬面)	김(金)
능성 (陵城)		문(文)
능성 (綾城)	전남 화순 속지 (全南 和順 屬地)	구(具). 김(金). 문(文). 조(曺). 주(朱)
능향 (陵鄕)	전북 정읍 속지 (全北 井邑 屬地)	시(柴)
능주 (綾州)	전남 화순 속면 (全南 和順 屬面)	구(具). 김(金)
능창 (陵昌)		빈(賓)
니산 (尼山)	충남 논산 속지 (忠南 論山 屬地)	박(朴). 안(安). 이(李)

[ㄷ]

단성 (丹城)	강원 김화 속지 (江原 金化 屬地)	독(獨). 문(文). 이(李)
단양 (丹陽)	충북 단양 (忠北 丹陽)	독(獨). 우(禹). 이(李). 장(張). 지(池). 피(皮)
단주 (湍州)	경기 장단 별호 (京畿 長湍 別號)	한(韓)
단천 (湍川)		한(韓)
단화 (端和)		곡(谷)
달성 (達城)	경북 달성 (慶北 達城)	김(金). 배(裵). 빈(彬). 빈(賓). 서(徐). 수(洙). 하(夏). 한(漢)
담양 (潭陽)	전북 담양 (全北 潭陽)	고(高). 국(國). 국(鞠). 김(金). 빈(彬). 이(李). 전(田)
당성 (唐城)	경기 남양 구호 (京畿 南陽 舊號)	서(徐)
당악 (唐岳)	평남 중화 고호 (平南 中和 古號)	김(金)
당악 (棠岳)	경남 남해 별호 (慶南 南海 別號)	김(金)
당은 (唐恩)	경기 당성 구호 (京畿 唐城 舊號)	
당인 (唐寅)		후(后)
당진 (唐津)	충남 당진 (忠南 唐津)	박(朴). 피(被)

지명	행정 구역	관적(貫籍) 및 관향 성씨 (貫鄕 姓氏)
대구 (大邱)	대구 (大邱)	갈(葛). 김(金). 배(裵). 빈(彬). 서(徐). 하(夏). 호(好)
대동 (大同)		류(柳). 배(裵). 소(召)
대령 (大寧)	황해 해주 별호 (黃海 海州 別號)	최(崔)
대산 (大山)	경남 김해 속지 (慶南 金海 屬地)	대(大)
대원 (大元)		노(路)
대원 (大原)		방(龐)
대전 (大田)	대전 (大田)	왕(王)
대청 (大淸)		좌(左)
대흥 (大興)	충남 예산 속면 (忠南 禮山 屬面)	단(段). 이(李). 백(白). 필(弼). 필(畢). 한(韓)
덕산 (德山)	충남 예산 속면 (忠南 禮山 屬面)	김(金). 송(宋). 윤(尹). 이(李). 황(黃)
덕수 (德水)	경기 풍덕 구호 (京畿 豊德 舊號)	김(金). 원(員). 이(李). 장(張)
덕원 (德源)	함남 원산 구호 (咸南 元山 舊號)	박(朴)
덕은 (德恩)	충남 은진 구호 (忠南 恩津 舊號)	이(李)
덕진 (德津)		박(朴)
덕창 (德昌)	평북 박천 별호 (平北 博川 別號)	진(陳)
덕천 (德川)		방(邦)
덕풍 (德豊)	충남 예산 속지 (忠南 禮山 屬地)	윤(尹)
도강 (道康)	전남 강진 속지 (全南 康津 屬地)	김(金). 이(李)
도안 (道安)	충북 괴산 속면 (忠北 槐山 屬面)	이(李)
도천 (道川)	경북 청도 구호 (慶北 淸道 舊號)	최(崔)
동계 (洞溪)		이(李)
동래 (東萊)	부산 속구 (釜山 屬區)	김(金). 정(鄭). 판(判)
동복 (同福)	전남 화순 속면 (全南 和順 屬面)	강(姜). 선(宣). 오(吳). 화(和)
동성 (童城)	경기 김포 속지 (京畿 金浦 屬地)	노(盧). 이(異)
동성 (童星)		부(附)

지명	행정 구역	관적(貫籍) 및 관향 성씨 (貫鄕 姓氏)
동성 (東城)	경남 사천 구호 (慶南 泗川 舊號)	이(李)
동주 (東州)	강원 철원 구호 (江原 鐵原 舊號)	간(竿). 최(崔). 서문(西門)
동주 (洞州)	황해 서흥 구호 (黃海 瑞興 舊號)	안(安)
동창 (東昌)	중국 (中國)	왕(王)
두릉 (杜陵)	전북 만경 별호 (全北 萬頃 別號)	두(杜)
두모 (豆毛)		책(冊)
두산 (杜山)	전북 만경 별호 (全北 萬頃 別號)	두(杜)
두원 (荳原)	전남 고흥 속면 (全南 高興 屬面)	오(吳)
등주 (登州)	함북 안변 구호 (咸北 安邊 舊號)	김(金). 동(董). 종(鍾). 최(崔)

[ㄹ]

롱서 (隴西)	황해 서흥 별호 (黃海 瑞興 別號)	비(丕). 이(李)

[ㅁ]

마령 (馬靈)		가(價)
마전 (麻田)		어(於)
만경 (萬頃)	전북 김제 속면 (全北 金堤 屬面)	노(盧). 종(宗)
면천 (沔川)	충남 당진 속면 (忠南 唐津 屬面)	곡(曲). 박(朴). 변(卞). 복(卜). 예(芮). 한(韓). 황(黃)
명곡 (椧谷)	경북 달성 속지 (慶北 達城 屬地)	은(殷)
모평 (牟平)		갈(碣)
모압 (毛押)		종(宗)
목천 (木川)	충남 천원 속면 (忠南 天原 屬面)	돈(頓). 마(馬). 상(尙). 우(于). 장(張)
무령 (武靈)	전남 영광 구호 (全南 靈光 舊號)	정(丁)
무송 (茂松)	전북 무장 고호 (全北 茂長 古號)	유(庾). 윤(尹)
무안 (務安)	전남 무안 (全南 務安)	박(朴). 방(邦). 유(兪)
무장 (茂長)	전북 고창 속면 (全北 高敞 屬面)	김(金)

지명	행정 구역	관적(貫籍) 및 관향 성씨 (貫鄕 姓氏)
무주 (茂朱)	전북 무주 (全北 茂朱)	김(金)
문경 (聞慶)	경북 문경 (慶北 聞慶)	방(芳). 백(白). 변(邊). 송(宋). 전(錢)
문등 (文登)		수(壽)
문의 (文義)	충남 청원 속면 (忠南 淸原 屬面)	박(朴)
문주 (文州)	함남 문천 구호 (咸南 文川 舊號)	박(朴)
문천 (文川)	함남 문천 (咸南 文川)	공(公)
문화 (文化)	황해 신천 속면 (黃海 信川 屬面)	김(金). 류(柳). 영고(令孤)
밀성 (密城)	경남 밀양 별호 (慶南 密陽 別號)	박(朴)
밀양 (密陽)	경남 밀양 (慶南 密陽)	김(金). 노(魯). 당(唐). 대(大). 박(朴). 방(房). 변(卞). 빈(賓). 상(相). 손(孫). 수(洙). 승(昇). 양(楊). 어(魚). 오(午). 이(異). 조(趙). 태(太)
[ㅂ]		
반남 (潘南)	전남 나주 속면 (全南 羅州 屬面)	박(朴)
반성 (班城)	경남 진양 속면 (慶南 晋陽 屬面)	옥(玉). 형(邢)
발해 (渤海)		대(大)
배음 (拜音)	충북 청주 (忠北 淸州)	필(畢)
배천 (白川)	황해 연백 속면 (黃海 延白 屬面)	강(姜). 김(金). 류(柳). 유(劉). 이(伊). 조(趙). 호(扈)
백제 (百濟)		부여(夫餘)
백주 (白州)	황해 배천 구호 (黃海 白川 舊號)	유(劉)
벽진 (碧珍)	경북 성주 속면 (慶北 星州 屬面)	이(李)
병산 (屛山)	경북 의성 속지 (慶北 義城 屬地)	손(孫)
보령 (保寧)	충남 보령 (忠南 保寧)	김(金). 문(文). 정(鄭)
보성 (保城)	전남 보성 별호 (全南 寶城 別號)	이(李)
보성 (寶城)	전남 보성 (全南 寶城)	선(宣). 오(吳). 전(全). 화(和)

지명	행정 구역	관적(貫籍) 및 관향 성씨 (貫鄕 姓氏)
보안 (保安)	전북 부안 속면 (全北 扶安 屬面)	임(林). 한(韓). 호(扈)
복성 (福城)	전남 보성 속지 (全南 寶城 屬地)	국(鞠). 장(章)
보은 (報恩)	충북 보은 (忠北 報恩)	김(金). 이(李)
보주 (甫州)	경북 예천 별호 (慶北 醴泉 別號)	임(林)
복룡 (伏龍)		화(化)
복주 (福州)	경북 안동 구호 (慶北 安東 舊號)	진(陳)
복흥 (福興)	전북 순창 속면 (全北 淳昌 屬面)	서(徐). 송(宋)
복흥 (復興)		오(伍)
봉산 (鳳山)	전북 고산 별칭 (全北 高山 別稱)	곽(郭). 김(金). 박(朴). 이(李). 지(智)
봉성 (鳳城)	전북 구례 속칭 (全北 求禮 俗稱)	온(溫). 장(張)
봉성 (峯城)	경기 파주 고호 (京畿 坡州 古號)	서(徐). 야(夜)
봉주 (鳳州)		김(金). 지(智)
봉화 (奉化)	경북 봉화 (慶北 奉化)	금(琴). 김(金). 몽(蒙). 정(鄭)
부계 (缶溪)	경북 군위 속면 (慶北 軍威 屬面)	예(芮). 홍(洪)
부림 (缶林)	경북 군위 속지 (慶北 軍威 屬地)	홍(洪)
부령 (富寧)		동(童)
부령 (扶寧)	전북 부안 구호 (全北 扶安 舊號)	김(金). 손(孫)
부안 (扶安)	전북 부안 (全北 扶安)	경(慶). 김(金). 이(李). 임(林). 장(張). 조(趙). 최(崔). 한(韓). 황(黃)
부여 (扶餘)	충남 부여 (忠南 扶餘)	김(金). 서(徐). 이(李). 임(林). 전(全)
부유 (富有)	전남 순천 속지 (全南 順天 屬地)	심(沈)
부윤 (富潤)	전북 김제 속지 (全北 金堤 屬地)	승(勝). 조(趙). 남궁(南宮)
부평 (富平)	인천 북구 속지 (仁川 北區 屬地)	김(金). 류(柳). 사(舍). 이(李)
부흥 (復興)	황해 배천 구호 (黃海 白川 舊號)	오(伍)
북청 (北淸)		노(路)
분성 (盆城)	경남 김해 구호 (慶南 金海 舊號)	김(金). 배(裵)
비옥 (比屋)		원(袁)

지명	행정 구역	관적(貫籍) 및 관향 성씨 (貫鄕 姓氏)
비안 (比安)	경북 의성 속면 (慶北 義城 屬面)	김(金). 나(羅). 박(朴). 손(孫). 원(袁)
비인 (庇仁)	충남 서천 속면 (忠南 舒川 屬面)	임(林)

[ㅅ]

지명	행정 구역	관적(貫籍) 및 관향 성씨 (貫鄕 姓氏)
사량 (沙梁)	경기 수원 속지 (京畿 水原 屬地)	견(堅)
사릉 (社陵)		두(枓)
사천 (泗川)	경남 사천 (慶南 泗川)	김(金). 목(睦). 박(朴). 육(陸). 이(李)
사천 (沙川)		경(耿)
삭녕 (朔寧)	경기 연천 속면 (京畿 漣川 屬面)	신(申). 최(崔)
삼가 (三嘉)	경남 합천 속면 (慶南 陜川 屬面)	삼(森). 오(吳)
삼계 (森溪)	전남 영광 속지 (全南 靈光 屬地)	주(周)
삼기 (三岐)	경남 합천 별호 (慶南 陜川 別號)	
삼척 (三陟)	강원 삼척 (江原 三陟)	김(金). 박(朴). 심(沈). 이(李). 진(陳)
삼화 (三和)	평남 용강 속지 (平南 龍岡 屬地)	김(金). 박(朴)
상곡 (上谷)	중국 하북성 속지	마(麻)
상당 (上黨)	충북 청주 고호 (忠北 淸州 古號)	고(高)
상산 (常山)	충북 진천 속지 (忠北 鎭川 屬地)	임(林)
상산 (商山)	경북 상주 별호 (慶北 尙州 別號)	김(金). 박(朴). 이(李)
상산 (商山)	중국 섬서 속지 (中國 陝西 屬地)	
상원 (祥原)	평남 중화 속면 (平南 中和 屬面)	김(金). 이(李). 최(崔)
상음 (霜陰)		김(金)
상주 (尙州)	경북 상주 (慶北 尙州)	견(甄). 김(金). 노(盧). 박(朴). 방(方). 엄(嚴). 이(李). 주(周). 최(崔). 황(黃)
상질 (尙質)	전북 흥덕 구호 (全北 興德 舊號)	장(張)
쌍부 (雙阜)	경기 수원 속지 (京畿 水原 屬地)	송(宋). 신(愼)
서경 (西京)	평남 평양 구호 (平南 平壤 舊號)	정(鄭)
서령 (西寧)	충남 서산 구호 (忠南 瑞山 舊號)	류(柳)

지명	행정 구역	관적(貫籍) 및 관향 성씨 (貫鄉 姓氏)
서림 (西林)	충남 서천 구호 (忠南 舒川 舊號)	이(李)
서산 (西山)	백제도하 (百濟都下)	진(眞)
서산 (瑞山)	충남 서산 (忠南 瑞山)	김(金). 류(柳). 모(毛). 송(宋). 이(李). 정(鄭)
서성 (瑞城)		최(崔)
서원 (西原)	충북 청주 구호 (忠北 淸州 舊號)	갈(葛). 기(起). 돈(敦). 온(溫)
서원 (瑞原)	경기 파주 구호 (京畿 坡州 舊號)	염(廉)
서제 (書濟)		도(都)
서주 (胥州)		김(金)
서천 (舒川)	충남 서천 (忠南 舒川)	이(李)
서촉 (西蜀)	중국 사천성	명(明)
서화 (瑞和)		최(崔)
서흥 (瑞興)	황해 서흥 (黃海 瑞興)	김(金)
석천 (石淺)	교하지방 구호	야(夜)
선산 (善山)	경북 선산 (慶北 善山)	곽(郭). 궉(鴌). 길(吉). 김(金). 류(柳). 문(文). 박(朴). 백(白). 임(林)
선성 (宣城)	경북 예안 고호 (慶北 禮安 古號)	김(金)
선의 (旋義)	제주 속지 (濟州 屬地)	종(鍾)
설성 (雪城)	경기 음죽 고호 (京畿 陰竹 古號)	김(金). 동(董)
성산 (星山)	경북 성주 속지 (慶北 星州 屬地)	도(都). 배(裵). 여(呂). 이(李). 전(全)
성주 (星州)	경북 성주 (慶北 星州)	김(金). 도(都). 배(裵). 배(裴). 석(石). 시(施). 여(呂). 우(遇). 이(李). 전(全). 초(楚). 현(玄). 황(黃)
성천 (成川)	평남 성천 (平南 成川)	김(金)
소주 (蘇州)	중국 강소 속지 (中國 江蘇 屬地)	가(賈)
송림 (松林)		문(門)
송화 (松禾)	황해 송화 (黃海 松禾)	장(張)

지명	행정 구역	관적(貫籍) 및 관향 성씨 (貫鄕 姓氏)
수다 (水多)		방(邦)
수령 (遂寧)	전남 장흥 속지 (全南 長興 屬地)	위(魏)
수성 (隋城)	경기 수원 별호 (京畿 水原 別號)	이(李). 최(崔)
수성 (壽城)	경북 대구 속지 (慶北 大邱 屬地)	나(羅). 빈(賓). 장(張). 조(曺)
수안 (遂安)	황해 수안 (黃海 遂安)	계(桂). 김(金). 이(李)
수안 (守安)	경기 김포 고호 (京畿 金浦 古號)	
수원 (水原)	경기 수원 (京畿 水原)	견(堅). 공(貢). 김(金). 동(董). 방(房). 백(白). 염(廉). 엽(葉). 요(姚). 이(李). 최(崔). 하(河). 허(許)
수주 (樹州)	경기 부평 구호 (京畿 富平 舊號)	김(金). 최(崔)
수주 (隨州)	평북 정주 속지 (平北 定州 屬地)	김(金)
순창 (淳昌)	전북 순창 (全北 淳昌)	궉(鴌). 김(金). 박(朴). 설(薛). 옹(邕). 이(李). 임(林). 조(趙)
순천 (順天)	전남 순천 (全南 順天)	김(金). 도(陶). 박(朴). 이(李). 장(張). 최(崔). 현(玄)
순흥 (順興)	경북 영풍 속지 (慶北 榮豊 屬地)	김(金). 박(朴). 안(安)
승평 (昇平)		김(金)
시산 (詩山)	전북 정읍 태인 구호 (全北 井邑 泰仁 舊號)	풍(馮). 허(許)
시흥 (始興)	경기 시흥 (京畿 始興)	김(金)
신계 (新溪)		선(鮮)
신광 (神光)	경북 경주 속지 (慶北 慶州 屬地)	진(陳)
신녕 (新寧)	경북 영천 속면 (慶北 永川 屬面)	윤(尹)
신안 (新安)	경북 성주 속지 (慶北 星州 屬地)	주(朱)
신안 (新安)	중국(中國)	
신창 (新昌)	충남 아산 속면 (忠南 牙山 屬面)	노(盧). 맹(孟). 방(方). 표(表)
신천 (信川)	황해 신천 (黃海 信川)	강(康). 강(姜). 김(金). 신(申). 이(李)

지명	행정 구역	관적(貫籍) 및 관향 성씨 (貫鄕 姓氏)
신평 (新平)	충남 당진 속면 (忠南 唐津 屬面)	계(季). 김(金). 송(宋). 이(李). 임(林). 팽(彭). 호(扈)
신풍 (新豊)	충남 공주 속면 (忠南 公州 屬面)	최(崔)
[ㅇ]		
아산 (牙山)	충남 아산 (忠南 牙山)	김(金). 신(申). 이(李). 장(蔣). 조(趙). 창(倉). 최(崔) 호(胡). 홍(洪)
아선 (牙善)	평남 함종 별호 (平南 咸從 別號)	임(任)
아주 (鵝州)	경남 거제 속지 (慶南 巨濟 屬地)	신(申)
안강 (安康)	경북 월성 속읍 (慶北 月城 屬邑)	김(金). 노(盧). 소(邵). 안(安)
안노 (安老)	전남 영암 속지 (全南 靈岩 屬地)	김(金)
안동 (安東)	경북 안동 (慶北 安東)	강(姜). 고(高). 권(權). 김(金). 노(盧). 동(董). 문(文). 박(朴). 손(孫). 이(李). 임(林). 장(張). 전(全). 조(曺). 최(崔)
안변 (安邊)	함남 안변 (咸南 安邊)	상(桑). 한(韓)
안산 (安山)	경기 안산 (京畿 安山)	김(金). 송(宋). 안(安). 이(李). 임(林). 탁(卓)
안성 (安城)	경기 안성 (京畿 安城)	경(耿). 경(敬). 김(金). 박(朴). 이(李)
안심 (安心)		형(荊)
안악 (安岳)	황해도 안악 (黃海道 安岳)	김(金). 양(楊). 이(李)
안음 (安陰)	경남 안의 구호 (慶南 安義 舊號)	임(林). 하(河). 서문(西門)
안의 (安義)	경남 함양 속면 (慶南 咸陽 屬面)	임(林). 주(周)
안정 (安定)	경북 영풍 속면 (慶北 榮豊 屬面)	김(金). 나(羅)
안평 (安平)		이(李)
안주 (安州)	강원 이천 속지 (江原 伊川 屬地)	범(凡). 전(田)
안협 (安峽)	강원 안협 (江原 安峽)	손(孫)

지명	행정 구역	관적(貫籍) 및 관향 성씨 (貫鄕 姓氏)
압해 (押海)	전남 무안 속면 (全南 務安 屬面)	강(江). 고(固). 박(朴). 정(丁). 주(朱). 홍(洪)
야로 (冶爐)	경남 합천 속면 (慶南 陜川 屬面)	송(宋)
야성 (冶城)	경남 합천 별호 (慶南 陜川 別號)	송(宋)
야성 (野城)	경북 영덕 속지 (慶北 盈德 屬地)	김(金). 박(朴). 정(丁). 정(鄭). 주(朱). 홍(洪)
약목 (若木)	경북 칠곡 속면 (慶北 漆谷 屬面)	류(柳)
양근 (楊根)	경기 양평 속면 (京畿 楊平 屬面)	김(金). 부(傅). 용(龍). 진(晋). 함(咸). 호(扈)
양근 (陽根)		경(耿)
양산 (梁山)		김(金). 방(房). 이(李). 진(陳)
양산 (陽山)		이(李)
양산 (楊山)		이(李)
양성 (陽城)	경기 안성 속지 (京畿 安城 屬地)	이(李)
양주 (楊州)	경기 양주 (京畿 楊州)	김(金). 낭(浪). 노(魯). 소(召). 송(宋). 승(承). 양(梁). 윤(尹). 이(李). 정(貞). 정(鄭). 조(趙). 진(陳). 최(崔). 한(韓)
양주 (揚州)	중국(中國)	낭(浪)
양주 (陽州)		편(片). 표(表)
양주 (梁州)		허(許)
양지 (陽智)	경기 용인 양지 (京畿 龍仁 陽智)	추(秋)
양천 (陽川)	서울 강서 속지 (서울 江西 屬地)	승(承). 윤(尹). 최(崔). 피(被). 허(許)
양택 (陽澤)		김(金)
양평 (楊平)	경기 양평 (京畿 楊平)	김(金)
언양 (彦陽)	경남 울주 속지 (慶南 蔚州 屬地)	김(金). 박(朴)
여미 (餘美)	충남 당진 속지 (忠南 唐津 屬地)	곽(郭). 여(餘)
여산 (礪山)	전북 익산 속면 (全北 益山 屬面)	송(宋). 창(昌). 창(倉). 채(采)

지명	행정 구역	관적(貫籍) 및 관향 성씨 (貫鄕 姓氏)
여수 (麗水)	전남 여수 (全南 麗水)	박(朴)
여양 (驪陽)	충남 홍성 속지 (忠南 洪城 屬地)	진(陳)
여주 (驪州)	경기 여주 (京畿 驪州)	개(介). 견(堅). 김(金). 박(朴). 위(韋). 윤(尹). 이(李). 필(畢)
여흥 (驪興)	경기 여주 별호 (京畿 驪州 別號)	민(閔). 박(朴). 장(張). 조(趙)
연곡 (連谷)		순(荀)
연기 (燕岐)	충남 연기 (忠南 燕岐)	김(金). 위(魏). 장(萇)
연백 (延白)		노(蘆). 승(勝). 앙(仰). 정(鄭)
연산 (燕山)	충북 청원 속지 (忠北 淸原 屬地)	박(朴)
연산 (連山)	충남 논산 속면 (忠南 論山 屬面)	서(徐)
연성 (燕城)	충남 연기 별호 (忠南 燕岐 別號)	김(金)
연안 (延安)	황해 배천 속면 (黃海 白川 屬面)	고(高). 김(金). 내(乃). 단(段). 류(柳). 명(明). 송(宋). 유(劉). 은(殷). 이(李). 인(印). 전(田). 차(車)
연일 (延日)	경북 영일 속면 (慶北 迎日 屬面)	김(金). 노(盧). 승(承). 오(吳). 정(鄭)
연주 (延州)	평북 운산 구호 (平北 雲山 舊號)	현(玄)
연주 (燕州)		김(金)
연풍 (延豊)	충북 괴산 속면 (忠北 槐山 屬面)	김(金). 애(艾). 이(李). 이(伊). 최(崔)
연천 (連川)		정(井)
열산 (烈山)	강원 간성 속지 (江原 杆城 屬地)	마(麻)
염주 (鹽州)	황해 연안 구호 (黃海 延安 舊號)	서(徐). 홍(洪)
영가 (永嘉)	경북 안동 별호 (慶北 安東 別號)	장(張)
영광 (靈光)	전남 영광 (全南 靈光)	국(鞠). 김(金). 노(盧). 류(柳). 빈(賓). 전(田). 정(丁)
영덕 (盈德)	경북 영덕 (慶北 盈德)	김(金). 이(李). 정(鄭). 최(崔)
영동 (永同)	충북 영동 (忠北 永同)	고(固). 김(金). 장(張). 공손(公孫).
영산 (靈山)	경남 창녕 속면 (慶南 昌寧 屬面)	김(金). 문(文). 신(辛). 안(安)

지명	행정 구역	관적(貫籍) 및 관향 성씨 (貫鄉 姓氏)
영산 (永山)		김(金)
영성 (靈城)	전남 영광 구호 (全南 靈光 舊號)	정(丁)
영순 (永順)	경북 문경 속면 (慶北 聞慶 屬面)	태(太)
영암 (靈岩)	전남 영암 (全南 靈岩)	김(金). 박(朴). 조(曺). 종(鍾). 최(崔)
영암 (靈巖)	전남 영암 (全南 靈巖)	김(金). 해(海)
영양 (英陽)	경북 영양 (慶北 英陽)	김(金). 남(南)
영양 (潁陽)	중국(中國)	동(董). 천(千)
영원 (寧遠)	평남 영원 (平南 寧遠)	오(吳)
영월 (寧越)	강원 영월 (江原 寧越)	김(金). 신(辛). 엄(嚴). 옥(玉)
영일 (迎日)	경북 영일 (慶北 迎日)	정(鄭)
영유 (永柔)	황해도 풍천 (黃海道 豊川)	김(金)
영정 (永定)	경북 풍기 별호 (慶北 豊基 別號)	정(鄭)
영주 (瀛州)	전북 고부 고호 (全北 古阜 古號)	이(李)
영주 (郢州)		황(黃)
영주 (榮州)	경북 영주 (慶北 榮州)	김(金). 동(董). 민(閔). 애(艾). 우(禹)
영주 (永州)		김(金)
영천 (寧川)	전북 임실 속지 (全北 任實 屬地)	이(李)
영천 (永川)	경북 영천 (慶北 永川)	김(金). 동(董). 영(榮). 윤(尹). 이(李). 장(張). 정(鄭). 최(崔). 황보(皇甫)
영춘 (永春)	충북 단양 속면 (忠北 丹陽 屬面)	진(秦)
영평 (永平)	전남 나주 속면 (全南 羅州 屬面)	마(麻)
영풍 (永豊)		만(萬)
영해 (寧海)	경북 영덕 속면 (慶北 盈德 屬面)	김(金). 동(董). 박(朴). 방(房). 신(申). 이(李).
영흥 (永興)	함북 영흥 (咸北 永興)	김(金). 방(邦). 이(李). 조(趙). 척(拓). 최(崔)
예산 (禮山)	충남 예산 (忠南 禮山)	연(連). 이(李). 장(張). 전(田)
예안 (禮安)	경북 안동 속면 (慶北 安東 屬面)	김(金). 우(禹). 이(李)

지명	행정 구역	관적(貫籍) 및 관향 성씨 (貫鄕 姓氏)
예천 (醴泉)	경북 예천 (慶北 醴泉)	권(權). 김(金). 방(邦). 윤(尹). 임(林). 정(鄭). 흔(昕)
오천 (烏川)	경북 영일 속면 (慶北 迎日 屬面)	김(金). 정(鄭)
옥과 (玉果)	전남 곡성 옥과 (全南 谷城 玉果)	김(金)
옥구 (沃溝)	전북 옥구 (全北 沃溝)	고(高). 송(宋). 임(林). 장(張)
옥산 (玉山)	경북 경산 속지 (慶北 慶山 屬地)	장(張). 전(全)
옥성 (玉城)	경북 상주 속지 (慶北 尙州 屬地)	김(金)
옥야 (沃野)	전북 전주 속지 (全北 全州 屬地)	임(林)
옥주 (玉州)	전남 영광 속지 (全南 靈光 屬地)	조(曺)
옥천 (玉川)	경북 경산 속지 (慶北 慶山 屬地)	김(金). 옹(邕). 조(趙)
옥천 (沃川)	충북 옥천 (忠北 沃川)	기(起). 김(金). 목(睦). 육(陸). 전(全)
온양 (溫陽)	충남 아산 속읍 (忠南 牙山 屬邑)	방(方). 방(房). 온(溫). 이(李). 정(鄭)
옹진 (甕津)	인천 옹진 (仁川 甕津)	구(瞿). 김(金). 이(李). 정(鄭)
완산 (完山)	전북 전주 구호 (全北 全州 舊號)	김(金). 이(李). 전(全). 최(崔)
요동 (遼東)	중국 섬서성 양군 (中國)	묵(墨)
요양 (遼陽)	중국 요녕 속현 (中國 遼寧 屬縣)	자(慈)
용강 (龍岡)	평남 함종 구호 (平南 咸從 舊號)	최(崔). 팽(彭)
용궁 (龍宮)	경북 예천 속면 (慶北 醴泉 屬面)	곡(曲). 김(金). 서(徐). 이(李). 전(全). 최(崔)
용담 (龍潭)	전북 진안 속면 (全北 鎭安 屬面)	고(高). 광(廣). 김(金)
용성 (龍城)	경기 수원 구호 (京畿 水原 舊號)	김(金). 노(盧). 송(宋). 차(車)
용안 (龍安)	전북 익산 속면 (全北 益山 屬面)	김(金). 이(李)
용인 (龍仁)	경기 용인 (京畿 龍仁)	석(昔). 이(李). 진(秦)
용주 (龍州)	평북 용천 구호 (平北 龍川 舊號)	최(崔)
용천 (龍川)	평북 용천 (平北 龍川)	이(李). 장(張)
우계 (羽溪)	강원 강릉 속지 (江原 江陵 屬地)	이(李)
우록 (友鹿)	대구시 달성군 가창면 속지	김(金)

지명	행정 구역	관적(貫籍) 및 관향 성씨 (貫鄕 姓氏)
우봉 (牛峰)	황해 금천 구호 (黃海 金川 舊號)	김(金). 박(朴). 이(李). 전(田). 천(天). 최(崔)
우주 (紆州)	전북 완주 속지 (全北 完州 屬地)	황(黃)
운남 (雲南)	평남 덕천 속지 (平南 德川 屬地)	강(康). 대(對)
운봉 (雲峰)	전북 남원 속면 (全北 南原 屬面)	김(金). 박(朴)
운제 (雲梯)		수(水)
울산 (蔚山)	울산 (蔚山)	김(金). 박(朴). 오(吳). 이(李)
울진 (蔚珍)	경북 울진 (慶北 蔚珍)	임(林). 장(張)
웅천 (熊川)	경남 창원 속면 (慶南 昌原 屬面)	김(金). 주(朱)
원주 (原州)	강원 원주 (江原 原州)	김(金). 동(董). 변(邊). 원(元). 이(李). 최(崔)
원천 (原川)	강원 원주 별호 (江原 原州 別號)	이(李)
원평 (原平)	경기 파주 별호 (京畿 坡州 別號)	야(夜)
월성 (月城)	경북 월성 (慶北 月城)	김(金). 박(朴). 배(裵). 석(昔). 손(孫). 이(李)
유곡 (楡谷)	경북 성주 속지 (慶北 星州 屬地)	은(殷)
유석 (乳石)		하(何)
유성 (儒城)		미(未)
유주 (儒州)	황해 문화 구호 (黃海 文化 舊號)	김(金)
육창 (陸昌)	전남 영광 속지 (全南 靈光 屬地)	류(柳)
윤양 (尹陽)		천(千)
은산 (殷山)	평남 순천 구호 (平南 順川 舊號)	박(朴)
은율 (殷栗)	황해도 은율 (黃海道 殷栗)	구(邱). 국(國). 국(鞠). 김(金)
은진 (恩津)	충남 논산 속면 (忠南 論山 屬面)	김(金). 송(宋). 임(林)
은천 (銀川)		이(伊)
은풍 (殷豊)	경북 풍기 구호 (慶北 豊基 舊號)	박(朴). 신(申). 오(吳)
음성 (陰城)	충북 음성 (忠北 陰城)	박(朴). 채(蔡)

지명	행정 구역	관적(貫籍) 및 관향 성씨 (貫鄕 姓氏)
음죽 (陰竹)	경기 이천 속지 (京畿 利川 屬地)	이(李). 익(翌). 환(桓)
의령 (宜寧)	경남 의령 (慶南 宜寧)	고(高). 구(仇). 김(金). 남(南). 동(董). 서(徐). 심(沈). 여(余). 옥(玉). 왕(王)
의성 (義城)	경북 의성 (慶北 義城)	김(金). 나(羅). 빈(賓). 송(宋). 오(吳). 정(丁). 홍(洪)
의안 (義安)	경남 창원 구호 (慶南 昌原 舊號)	정(鄭)
의주 (義州)		김(金). 을(乙)
의창 (義昌)	경북 흥해 구호 (慶北 興海 舊號)	박(朴)
의흥 (義興)	경북 군위 속면 (慶北 軍威 屬面)	김(金). 박(朴). 예(芮)
이안 (利安)	경남 함양 속지 (慶南 咸陽 屬地)	임(林)
이천 (利川)	경기 이천 (京畿 利川)	김(金). 서(徐). 선(宣). 신(申). 지(知)
이천 (伊川)	강원 이천 (江原 伊川)	김(金). 사(舍). 서(徐). 사마(司馬)
익곡 (翼谷)		만(萬)
익산 (益山)	전북 익산 (全北 益山)	김(金). 소(邵). 이(李). 임(林)
익화 (益和)	경기 양평 구호 (京畿 楊平 舊號)	김(金)
익흥 (益興)	강원 원주 구호 (江原 原州 舊號)	이(李)
인동 (仁同)	경북 칠곡 속면 (慶北 漆谷 屬面)	김(金). 류(柳). 문(門). 유(兪). 장(張)
인산 (仁山)	경북 경산 속면 (慶北 慶山 屬面)	조(曺)
인제 (麟蹄)	강원 인제 (江原 麟蹄)	박(朴). 이(李)
인천 (仁川)	인천 (仁川)	경(庚). 공(貢). 문(門). 이(李). 채(蔡)
일선 (一善)	경북 선산 구호 (慶北 善山 舊號)	김(金)
일직 (一直)	경북 안동 속면 (慶北 安東 屬面)	손(孫). 순(荀)
임강 (臨江)		경(卿). 이(李)
임구 (臨朐)	중국 산동 속현 (中國 山東 屬縣)	풍(馮)
임술 (林述)		하(何)
임실 (任實)	전북 임실 (全北 任實)	강(康). 김(金). 박(朴)
임진 (臨津)	경기 장단 속면 (京畿 長湍 屬面)	김(金). 표(標)

지명	행정 구역	관적(貫籍) 및 관향 성씨 (貫鄕 姓氏)
임천 (林川)	충남 부여 속면 (忠南 扶餘 屬面)	백(白). 순(舜). 순(荀). 양(梁). 이(李). 적(翟). 조(趙). 척(拓)
임파 (臨坡)	전북 옥구 속면 (全北 沃溝 屬面)	이(李). 임(林). 진(陳)
임피 (臨陂)	전북 옥구 속면 (全北 沃溝 屬面)	김(金)
임하 (臨河)	경북 안동 속면 (慶北 安東 屬面)	임(林)
[ㅈ]		
자산 (慈山)	평남 순천 속면 (平南 順天 屬面)	궁(宮)
장기 (長鬐)	경북 영일 속지 (慶北 迎日 屬地)	오(吳). 이(李). 정(鄭)
장단 (長湍)	경기 장단 (京畿 長湍)	김(金). 미(未). 풍(馮)
장련 (長連)		장(莊). 장(張)
장사 (長沙)	전북 고창 속지 (全北 高敞 屬地)	유(兪)
장성 (長城)	전남 장성 (全南 長城)	김(金). 박(朴). 서(徐). 이(李). 전(全). 창(昌). 창(倉)
장수 (長水)	전북 장수 (全北 長水)	이(李). 황(黃)
장양 (長楊)		화(華)
장연 (長淵)	황해도 장연 (黃海道 長淵)	김(金). 노(盧). 문(文). 변(邊)
장흥 (長興)	전남 장흥 (全南 長興)	고(高). 마(馬). 류(柳). 오(吳). 우(祐). 운(雲). 위(魏). 이(李). 임(任). 정(鄭). 조(曺). 주(周)
장풍 (長豊)		시(時)
재령 (載寧)	황해도 재령 (黃海道 載寧)	강(康). 미(米). 이(李)
재양 (載陽)		우(祐)
적성 (赤城)	전북 순창 속면 (全北 淳昌 屬面)	백(白)
적성 (積城)	경기 연천 속지 (京畿 漣川 屬地)	김(金)
전의 (全義)	충남 연기 속면 (忠南 燕岐 屬面)	이(李)

지명	행정 구역	관적(貫籍) 및 관향 성씨 (貫鄕 姓氏)
전주 (全州)	전북 전주 (全北 全州)	강(姜). 견(甄). 경(庚). 김(金). 도(都). 동(童). 류(柳). 마(馬). 박(朴). 변(邊). 선(宣). 심(沈). 애(艾). 연(燕). 연(連). 오(吳). 운(芸). 유(劉). 이(李). 임(林). 장(張). 전(全). 정(鄭). 주(朱). 최(崔). 추(秋). 필(弼). 호(扈)
절강 (浙江)	중국성명 (中國省名)	서(徐). 시(施). 장(張). 팽(彭). 편(片)
정산 (定山)	충남 청양 속면 (忠南 靑陽 屬面)	김(金). 나(羅). 전(田). 정(鄭)
정선 (旌善)	강원 정선 (江原 旌善)	묘(苗). 문(文). 박(朴). 왈(曰). 이(李). 전(全). 丁(정).
정읍 (井邑)		김(金). 탁(濯)
정주 (貞州)	경기 풍덕 구호 (京畿 豊德 舊號)	김(金). 류(柳). 박(朴). 연(燕). 이(李) 정(鄭). 최(崔)
제남 (濟南)	중국 산동 속지 (中國 山東 屬地)	왕(王)
제안 (齊安)	황해 황주 구호 (黃海 黃州 舊號)	황(黃)
제천 (堤川)	충북 제천 (忠北 堤川)	방(邦). 안(安)
제주 (濟州)	제주 (濟州)	고(高). 김(金). 부(夫). 양(梁). 양(良). 좌(左). 진(秦). 초(肖)
조양 (兆陽)	전남 보성 속지 (全南 寶城 屬地)	임(林)
조종 (朝宗)	경기 가평 속지 (京畿 加平 屬地)	신(申). 이(李)
조주 (潮州)	중국 광동성 속지	석(石)
주천 (酒泉)	강원 영월 속면 (江原 寧越 屬面)	안(安). 윤(尹). 조(趙)
죽산 (竹山)	경기 안성 속지 (京畿 安城 屬地)	박(朴). 송(宋). 안(安). 윤(尹). 음(陰). 전(全)
죽주 (竹州)	경기 죽산 별호 (京畿 竹山 別號)	최(崔)
중봉 (中奉)		김(金). 이(李)
중원 (中原)		자(慈)

지명	행정 구역	관적(貫籍) 및 관향 성씨 (貫鄕 姓氏)
중화 (中和)	평남 중화 (平南 中和)	김(金). 양(楊). 이(李)
지례 (知禮)	경북 금릉 속면 (慶北 金陵 屬面)	장(張). 전(錢)
지평 (砥平)	경기 양평 속지 (京畿 楊平 屬地)	이(李)
직산 (稷山)	충남 천원 속면 (忠南 天原 屬面)	백(白). 조(趙). 최(崔)
진강 (鎭江)		만(萬). 소(蘇). 정(井). 증(曾).
진도 (珍島)	전남 진도 (全南 珍島)	김(金)
진보 (眞寶)	경북 청송 속면 (慶北 青松 屬面)	이(李). 조(趙)
진산 (珍山)	충남 금산 속면 (忠南 錦山 屬面)	김(金). 최(崔)
진성 (晋城)		선(先)
진성 (眞城)	경북 청송 진보 속지 (慶北 青松 진보)	이(李)
진안 (鎭安)	전북 진안 (全北 鎭安)	배(裵). 이(李). 장(張)
진양 (晋陽)	경남 진주 동호 (慶南 晋州 同號)	정(鄭). 하(河). 화(化)
진원 (珍原)	전남 장성 속면 (全南 長城 屬面)	박(朴). 오(吳). 전(田)
진위 (振威)	경기 평택 속면 (京畿 平澤 屬面)	김(金). 이(李)
진잠 (鎭岑)	충남 대덕 속지 (忠南 大德 屬地)	김(金)
진주 (晋州)	경남 진주 (慶南 晋州)	강(姜). 강(康). 강(疆). 김(金). 낭(浪). 동(董). 류(柳). 모(牟). 박(朴). 사(謝). 소(蘇). 이(李). 임(任). 장(張). 정(鄭). 진(秦). 최(崔). 탄(彈). 하(河). 형(邢). 후(后). 동방(東方)
진천 (鎭川)	충북 진천 (忠北 鎭川)	김(金). 미(彌). 송(宋). 임(林). 장(張)
진택 (眞宅)		이(李)
진해 (鎭海)	경남 진해 (慶南 鎭海)	김(金)
[ㅊ]		
차성 (車城)	부산 기장 구호 (釜山 機張 舊號)	이(李)

지명	행정 구역	관적(貫籍) 및 관향 성씨 (貫鄕 姓氏)
창녕 (昌寧)	경남 창녕 (慶南 昌寧)	김(金). 성(成). 이(李). 장(張). 조(曺). 주(周). 창(昌). 현(玄)
창성 (昌城)		방(方)
창원 (昌原)	경남 창원 (慶南 昌原)	감(甘). 공(孔). 괴(槐). 구(具). 구(仇). 김(金). 동(董). 박(朴). 순(荀). 유(兪). 정(丁). 정(鄭). 현(玄). 황(黃)
창주 (昌州)	평북 창성 구호 (平北 昌城 舊號)	신(申)
창평 (昌平)	전남 담양 속면 (全南 潭陽 屬面)	김(金). 승(昇). 이(李). 조(曺)
처인 (處仁)	경기 용인 속지 (京畿 龍仁 屬地)	엽, 섭(葉)
채운 (彩運)	충남 논산 속면 (忠南 論山 屬面)	양(梁). 양(良)
천녕 (川寧)	경기 여주 속지 (京畿 驪州 屬地)	견(堅). 방(房). 유(兪). 이(李). 장(張). 최(崔). 현(玄)
천안 (天安)	충남 천안 (忠南 天安)	김(金). 박(朴). 신(申). 전(全). 종(鍾). 화(花)
철성 (鐵城)	경남 고성 구호 (慶南 固城 舊號)	박(朴). 이(李)
철원 (鐵原)	강원 철원 (江原 鐵原)	김(金). 문(文). 방(芳). 방(邦). 송(宋). 주(周). 최(崔)
청도 (淸道)	경북 청도 (慶北 淸道)	김(金). 노(盧). 백(白). 조(曺)
청부 (靑鳧)	경북 청송 구호 (慶北 靑松 舊號)	장(蔣)
청산 (靑山)	충북 옥천 속면 (忠北 沃川 屬面)	김(金). 정(鄭)
청송 (靑松)	경북 청송 (慶北 靑松)	김(金). 박(朴). 심(沈). 이(李). 장(張). 최(崔)
청안 (淸安)	충북 괴산 속면 (忠北 槐山 屬面)	이(李)
청양 (靑陽)		김(金)
청주 (淸州)	충북 청주 (忠北 淸州)	갈(葛). 경(慶). 곽(郭). 궉(鴌). 근(斤). 김(金). 당(唐). 돈(敦). 동(董). 동(童). 사(史). 손(孫). 송(宋). 승(僧). 양(楊).

지명	행정 구역	관적(貫籍) 및 관향 성씨 (貫鄕 姓氏)
청주 (淸州)	충북 청주 (忠北 淸州)	온(溫). 왕(王). 용(龍). 운(雲). 이(李). 정(鄭). 좌(左). 준(俊). 초(楚). 최(崔). 한(韓). 東方(동방)
청풍 (淸風)	충북 제천 속지 (忠北 堤川 屬地)	김(金). 장(庄)
청하 (淸河)	경북 영일 속면 (慶北 迎日 屬面)	동(董)
청해 (靑海)	함남 북청 구호 (咸南 北靑 舊號)	동(董). 이(李)
초계 (草溪)	경남 합천 속면 (慶南 陜川 屬面)	김(金). 변(卞). 정(鄭). 주(周). 최(崔)
추계 (秋溪)	경기 용인 속지 (京畿 龍仁 屬地)	최(崔). 추(秋)
초산 (楚山)	전북 정읍 구호 (全北 井邑 舊號)	이(李)
축산 (竺山)	경기 용궁 구호 (京畿 龍宮 舊號)	김(金)
춘양 (春陽)	경북 봉화 속읍 (慶北 奉化 屬邑)	김(金)
춘천 (春川)	강원 춘천 (江原 春川)	김(金). 박(朴). 허(許)
충주 (忠州)	충북 충주 (忠北 忠州)	감(甘). 강(康). 강(剛). 강(强). 견(堅). 김(金). 노(盧). 노(路). 노(魯). 동(童). 매(梅). 박(朴). 석(石). 수(輸). 승(承). 안(安). 양(梁). 어(魚). 요(姚). 용(龍). 유(劉). 이(李). 이(伊). 지(池). 최(崔). 평(平). 한(漢). 한(韓)
칠원 (漆原)	경남 함안 속면 (慶南 咸安 屬面)	김(金). 윤(尹). 제(諸)
[ㅌ]		
탐진 (耽津)	전남 강진 구호 (全南 康津 舊號)	안(安). 유(兪). 최(崔)
태산 (泰山)	전북 태인 구호 (全北 泰仁 舊號)	박(朴). 전(田)
태안 (泰安)	충남 서산 속읍 (忠南 瑞山 屬邑)	가(賈). 박(朴). 송(宋). 실(實). 이(李)
태원 (太原)	충북 충주 별호 (忠北 忠州 別號)	가(賈). 김(金). 방(邦). 선(鮮). 안(安). 이(李). 이(伊)

지명	행정 구역	관적(貫籍) 및 관향 성씨 (貫鄕 姓氏)
태원 (太原)	중국 산서성 속지 (中國 山西省 屬地)	김(金). 노(路). 방(龐). 안(安). 이(李). 이(伊). 장(張). 조(趙). 선우(鮮于)
태인 (泰仁)	전북 정주 구호 (全北 井州 舊號)	경(景). 박(朴). 백(白). 송(宋). 시(柴). 은(殷). 종(宗). 최(崔). 허(許)
토산 (兎山)	황해 금천 속지 (黃海 金川 屬地)	고(高). 궁(弓). 김(金). 몽(蒙). 전(錢)
통주 (通州)	강원 통천 별호 (江原 通川 別號)	김(金). 양(楊)
통진 (通津)	경기 김포 속지 (京畿 金浦 屬地)	석(席). 이(李). 전(全). 종(宗)
통천 (通川)	강원 통천 (江原 通川) (이북)	김(金). 최(崔). 태(太)
[ㅍ]		
파릉 (巴陵)	중국 호남 속지 (中國 湖南 屬地)	초(楚). 판(判). 호(胡)
파주 (坡州)	경기 파주 (京畿 坡州)	김(金). 맹(盟). 맹(孟). 방(邦). 순(舜). 염(廉). 윤(尹). 피(被)
파평 (坡平)	경기 파주 속지 (京畿 坡州 屬地)	김(金). 공(孔). 도(都). 사(史). 염(廉). 윤(尹). 태(太)
팔거 (八莒)	경북 칠곡 구호 (慶北 漆谷 舊號)	도(都). 전(全)
팔계 (八谿)	경남 초계 구호 (慶南 草溪 舊號)	정(鄭)
평강 (平康)	강원 평강 (江原 平康)	전(全). 진(秦). 채(蔡)
평당 (平當)	경기 파주 별호 (京畿 坡州 別號)	서(徐)
평산 (平山)	황해도 평산 (黃海道 平山)	김(金). 박(朴). 소(邵). 신(申). 유(庾). 윤(尹). 이(李). 조(趙). 차(車). 한(韓)
평양 (平壤)	평남 평양 (平南 平壤)	김(金). 노(盧). 박(朴). 이(李). 조(趙)
평원 (平原)		과(瓜). 채(蔡)
평주 (平州)	황해 평산 고호 (黃海 平山 古號)	박(朴)
평창 (平昌)	강원 평창 (江原 平昌)	김(金). 별(別). 이(李)
평택 (平澤)	경기 평택 (京畿 平澤)	김(金). 박(朴). 임(林). 전(田)

지명	행정 구역	관적(貫籍) 및 관향 성씨 (貫鄕 姓氏)
평해 (平海)	경북 울진 속면 (慶北 蔚珍 屬面)	구(丘). 김(金). 반(班). 손(孫). 영(永). 오(吳). 정(鄭). 황(黃)
포산 (苞山)	경북 청도 속지 (慶北 淸道 屬地)	곽(郭)
포천 (抱川)		방(房). 백(栢)
풍기 (豊基)	경북 영주 속읍 (慶北 榮州 屬邑)	김(金). 방(邦). 정(鄭). 주(周). 진(秦)
풍덕 (豊德)	경기 개풍 구호 (京畿 開豊 舊號)	김(金). 단(段). 두(枓). 소(素). 신(莘). 종(鍾). 포(包). 황(黃)
풍산 (豊山)	경북 안동 속면 (慶北 安東 屬面)	김(金). 류(柳). 심(沈). 지(智). 홍(洪)
풍암 (楓巖)		공손(公孫)
풍양 (豊壤)	경기 남양주 속지(京畿 南楊州 屬地)	도(陶). 조(趙)
풍천 (豊川)	황해 송화 속지 (黃海 松禾 屬地)	국(國). 김(金). 내(來). 노(盧). 임(任). 최(崔). 홍(洪)
풍촌 (豊村)		임(任)

[ㅎ]

하남 (河南)	중국 낙양 별호 (中國 洛陽 別號)	정(程)
하동 (河東)	경남 하동 (慶南 河東)	동(董). 정(鄭). 조(趙)
하빈 (河濱)	경북 달성 속면 (慶北 達城 屬面)	이(李)
하양 (河陽)	경북 경산 속면 (慶北 慶山 屬面)	문(文). 허(許)
하음 (河陰)	경기 강화 속지 (京畿 江華 屬地)	김(金). 봉(奉). 역(力). 이(李). 전(田). 종(鍾). 최(崔)
학성 (鶴城)	강원 주천 별호 (江原 酒泉 別號)	이(李). 정(鄭)
한남 (漢南)	경기 수원 별호 (京畿 水原 別號)	김(金). 최(崔)
한산 (韓山)	충남 서천 속면 (忠南 舒川 屬面)	김(金). 단(端). 사(謝). 이(李). 정(程). 조(趙). 한(韓)
한양 (漢陽)	서울 구호 (서울 舊號)	기(起). 명(明). 부(夫). 애(艾). 영(靈). 조(趙). 초(楚). 한(韓)

지명	행정 구역	관적(貫籍) 및 관향 성씨 (貫鄕 姓氏)
함녕 (咸寧)	경북 함창 별호 (慶北 咸昌 別號)	
함박 (咸博)	경북 청도 속지 (慶北 淸道 屬地)	김(金)
함안 (咸安)	경남 함안 (慶南 咸安)	윤(尹). 이(李). 조(趙). 주(周)
함양 (咸陽)	경남 함양 (慶南 咸陽)	김(金). 박(朴). 여(呂). 오(吳). 이(李). 최(崔)
함열 (咸悅)	전북 익산 속면 (全北 益山 屬面)	궁(宮). 남궁(南宮)
함종 (咸從)	평남 강서 속면 (平南 江西 屬面)	어(魚)
함창 (咸昌)	경북 상주 속읍 (慶北 尙州 屬邑)	김(金). 전(全). 허(許). 홍(洪)
함평 (咸平)	전남 함평 (全南 咸平)	김(金). 노(魯). 모(牟). 어(魚). 오(吳). 이(李). 정(鄭)
함풍 (咸豊)	전남 함평 구호 (全南 咸平 舊號)	노(魯). 임(任). 정(鄭)
함흥 (咸興)	함남 함흥 (咸南 咸興)	김(金). 배(裵). 오(吳). 운(雲). 이(李). 추(秋)
협계 (俠溪)	황해 신계 구호 (黃海 新溪 舊號)	태(太)
합천 (陜川)	경남 합천 (慶南 陜川)	김(金). 마(麻). 이(李). 주(周)
합포 (合浦)	경남 창원 속지 (慶南 昌原 屬地)	감(甘)
항주 (杭州)	중국 절강 속지 (中國 浙江 屬地)	황(黃)
해남 (海南)	전남 해남 (全南 海南)	김(金). 윤(尹). 이(李). 정(鄭)
해미 (海美)	충남 서산 속읍 (忠南 瑞山 屬邑)	강(姜). 곽(郭). 백(白)
해안 (解顔)	경북 달성 속지 (慶北 達城 屬地)	백(白)
해주 (海州)	황해 해주 (黃海 海州)	간(竿). 경(景). 김(金). 노(盧). 박(朴). 방(邦). 석(石). 오(吳). 왕(王). 욱(郁). 윤(尹). 이(李). 자(慈). 정(鄭). 최(崔). 탄(彈). 판(判). 하(夏). 호(好)
해평 (海平)	경북 구미 속면 (慶北 龜尾 屬面)	길(吉). 김(金). 윤(尹)
해풍 (海豊)	경기 개풍 구호 (京畿 開豊 舊號)	김(金)

지명	행정 구역	관적(貫籍) 및 관향 성씨 (貫鄕 姓氏)
행주 (幸州)	경기 고양 속지 (京畿 高陽 屬地)	기(奇). 기(箕). 김(金). 방(邦). 은(殷). 형(邢)
현풍 (玄風)	경북 달성 속면 (慶北 達城 屬面)	곽(郭). 김(金). 윤(尹)
협계 (峽溪)	황해 신계 속면 (黃海 新溪 屬面)	배(裵). 태(太)
혜성 (槥城)	충남 면천 구호 (忠南 沔川 舊號)	박(朴)
홍산 (鴻山)	충남 부여 속면 (忠南 扶餘 屬面)	순(荀). 양(凉). 용(龍). 한(韓)
홍양 (洪陽)	충남 홍주 별호 (忠南 洪州 別號)	조(趙)
홍주 (洪州)	충남 홍성 구호 (忠南 洪城 舊號)	김(金). 복(卜). 석(石). 송(宋). 용(龍). 이(李). 홍(洪)
홍천 (洪川)	강원 홍천 (江原 洪川)	용(龍). 이(李). 피(皮)
화개 (花開)	경남 하동 속면 (慶南 河東 屬面)	김(金)
화산 (花山)	경기 옹진 속지 (京畿 甕津 屬地)	이(李)
화순 (和順)	전남 화순 (全南 和順)	김(金). 배(裵). 오(吳). 최(崔)
화원 (花園)	경북 대구 속지 (慶北 大邱 屬地)	석(石)
황간 (黃澗)	충북 영동 속면 (忠北 永同 屬面)	견(甄). 전(全)
황려 (黃驪)	경기 여주 구호 (京畿 驪州 舊號)	민(閔)
황리 (黃利)	경기 여주 별호 (京畿 驪州 別號)	김(金)
황산 (黃山)	충남 연산 구호 (忠南 連山 舊號)	서(徐)
황원 (黃原)	전남 해남 속지 (全南 海南 屬地)	종(宗)
황조 (荒調)		요(尿)
황주 (黃州)	황해도 황주 (黃海道 黃州)	김(金). 동(董). 변(邊). 최(崔). 황(黃). 황보(皇甫)
회덕 (懷德)	충남 대덕 속면 (忠南 大德 屬面)	송(宋). 이(李). 임(任). 황(黃)
회령 (會寧)	전남 보성 속지 (全南 寶城 屬地)	고(高)
회산 (檜山)	경남 창원 별호 (慶南 昌原 別號)	감(甘). 황(黃)
회성 (檜城)		임(林)
회양 (淮陽)		이(李). 후(后)

지명	행정 구역	관적(貫籍) 및 관향 성씨 (貫鄉 姓氏)
회인 (懷仁)	충북 보은 속지 (忠北 報恩 屬地)	홍(洪)
회진 (會津)	전남 나주 속지 (全南 羅州 屬地)	임(任)
횡성 (橫城)	강원 횡성 (江原 橫城)	고(高). 조(趙)
효령 (孝靈)	경북 군위 속면 (慶北 軍威 屬面)	사공(司空)
휘주 (徽州)	중국 안휘 속지 (中國 安徽 屬地)	요(姚)
흥덕 (興德)	전북 고창 속면 (全北 高敞 屬面)	김(金). 장(張). 진(陳)
흥성 (興城)	전북 고창 속면 (全北 高敞 屬面)	장(張)
흥양 (興陽)	전남 고흥 구호 (全南 高興 舊號)	류(柳). 오(吳). 이(李). 장(張). 조(趙)
흥해 (興海)	경북 영일 속면 (慶北 迎日 屬面)	김(金). 배(裵). 장(張). 최(崔)
희천 (熙川)	자강도 희천 (慈江道 熙川)	김(金)

♣

라. 동 • 서양 연대표

干支	西紀	檀紀	朝鮮	明	年數	干支	西紀	檀紀	朝鮮	明	年數
甲子	1384	3717	高麗 禑10	洪武17	639	甲午	1414	3747	太宗14	永樂 12	609
乙丑	1385	3718	11	18	638	乙未	1415	3748	15	13	608
丙寅	1386	3719	12	19	637	丙申	1416	3749	16	14	607
丁卯	1387	3720	13	20	636	丁酉	1417	3750	17	15	606
戊辰	1388	3721	14	21	635	戊戌	1418	3751	18	16	605
己巳	1389	3722	昌王	22	634	己亥	1419	3752	世宗 1	17	604
庚午	1390	3723	恭讓 2	23	633	庚子	1420	3753	2	18	603
辛未	1291	3724	3	24	632	辛丑	1421	3754	3	19	602
壬申	1392	3725	朝鮮	25	631	壬寅	1422	3755	4	20	601
癸酉	1393	3726	太祖 2	26	630	癸卯	1423	3756	5	21	600
甲戌	1394	3727	3	27	629	甲辰	1424	3757	6	22	599
乙亥	1395	3728	4	28	628	乙巳	1425	3758	7	洪熙	598
丙子	1396	3729	5	29	627	丙午	1426	3759	8	宣宗	597
丁丑	1397	3730	6	30	626	丁未	1427	3760	9	宣德 2	596
戊寅	1398	3731	7	31	625	戊申	1428	3761	10	3	595
己卯	1399	3732	定宗 1	惠帝	624	己酉	1429	3762	11	4	594
庚辰	1400	3733	2	建文 2	623	庚戌	1430	3763	12	5	593
辛巳	1401	3734	太宗 1	3	622	辛亥	1431	3764	13	6	592
壬午	1402	3735	2	4	621	壬子	1432	3765	14	7	591
癸未	1403	3736	3	太宗	620	癸丑	1433	3766	15	8	590
甲申	1404	3737	4	永樂 2	619	甲寅	1434	3767	16	9	589
乙酉	1405	3738	5	3	618	乙卯	1435	3768	17	10	588
丙戌	1406	3739	6	4	617	丙辰	1436	3769	18	英宗	587
丁亥	1407	3740	7	5	616	丁巳	1437	3770	19	正統 2	586
戊子	1408	3741	8	6	615	戊午	1438	3771	20	3	585
己丑	1409	3742	9	7	614	己未	1439	3772	21	4	584
庚寅	1410	3743	10	8	613	庚申	1440	3773	22	5	583
辛卯	1411	3744	11	9	612	辛酉	1441	3774	23	6	582
壬辰	1412	3745	12	10	611	壬戌	1442	3775	24	7	581
癸巳	1413	3746	13	11	610	癸亥	1443	3776	25	8	580

干支	西紀	檀紀	朝鮮	明	年數
甲子	1444	3777	世宗26	正統 9	579
乙丑	1445	3778	27	10	578
丙寅	1446	3779	28	11	577
丁卯	1447	3780	29	12	576
戊辰	1448	3781	30	13	575
己巳	1449	3782	31	14	574
庚午	1450	3783	32	景帝	573
辛未	1451	3784	文宗 1	景泰 2	572
壬申	1452	3785	2	3	571
癸酉	1453	3786	端宗 1	4	570
甲戌	1454	3787	2	5	569
乙亥	1455	3788	3	6	568
丙子	1456	3789	世祖 1	7	567
丁丑	1457	3790	2	英宗	566
戊寅	1458	3791	3	天順 2	565
己卯	1459	3792	4	3	564
庚辰	1460	3793	5	4	563
辛巳	1461	3794	6	5	562
壬午	1462	3795	7	6	561
癸未	1463	3796	8	7	560
甲申	1464	3797	9	8	559
乙酉	1465	3798	10	憲宗	558
丙戌	1466	3799	11	成化 2	557
丁亥	1467	3800	12	3	556
戊子	1468	3801	13	4	555
己丑	1469	3802	睿宗	5	554
庚寅	1470	3803	成宗 1	6	553
辛卯	1471	3804	2	7	552
壬辰	1472	3805	3	8	551
癸巳	1473	3806	4	9	550

干支	西紀	檀紀	朝鮮	明	年數
甲午	1474	3807	成宗 5	成化 10	549
乙未	1475	3808	6	11	548
丙申	1476	3809	7	12	547
丁酉	1477	3810	8	13	546
戊戌	1478	3811	9	14	545
己亥	1479	3812	10	15	544
庚子	1480	3813	11	16	543
辛丑	1481	3814	12	17	542
壬寅	1482	3815	13	18	541
癸卯	1483	3816	14	19	540
甲辰	1484	3817	15	20	539
乙巳	1485	3818	16	21	538
丙午	1486	3819	17	22	537
丁未	1487	3820	18	23	536
戊申	1488	3821	19	孝宗	535
己酉	1489	3822	20	弘治 2	534
庚戌	1490	3823	21	3	533
辛亥	1491	3824	22	4	532
壬子	1492	3825	23	5	531
癸丑	1493	3826	24	6	530
甲寅	1494	3827	25	7	529
乙卯	1495	3828	燕山 1	8	528
丙辰	1496	3829	2	9	527
丁巳	1497	3830	3	10	526
戊午	1498	3831	4	11	525
己未	1499	3832	5	12	524
庚申	1500	3833	6	13	523
辛酉	1501	3834	7	14	522
壬戌	1502	3835	8	15	521
癸亥	1503	3836	9	16	520

干支	西紀	檀紀	朝鮮	明	年數
甲子	1504	3837	燕山 10	弘治 17	519
乙丑	1505	3838	11	18	518
丙寅	1506	3839	中宗 1	武宗	517
丁卯	1507	3840	2	正德 2	516
戊辰	1508	3841	3	3	515
己巳	1509	3842	4	4	514
庚午	1510	3843	5	5	513
辛未	1511	3844	6	6	512
壬申	1512	3845	7	7	511
癸酉	1513	3846	8	8	510
甲戌	1514	3847	9	9	509
乙亥	1515	3848	10	10	508
丙子	1516	3849	11	11	507
丁丑	1517	3850	12	12	506
戊寅	1518	3851	13	13	505
己卯	1519	3852	14	14	504
庚辰	1520	3853	15	15	503
辛巳	1521	3854	16	16	502
壬午	1522	3855	17	世宗	501
癸未	1523	3856	18	嘉靖 2	500
甲申	1524	3857	19	3	499
乙酉	1525	3858	20	4	498
丙戌	1526	3859	21	5	497
丁亥	1527	3860	22	6	496
戊子	1528	3861	23	7	495
己丑	1529	3862	24	8	494
庚寅	1530	3863	25	9	493
辛卯	1531	3864	26	10	492
壬辰	1532	3865	27	11	491
癸巳	1533	3866	28	12	490
甲午	1534	3867	中宗 29	嘉靖 13	489
乙未	1535	3868	30	14	488
丙申	1536	3869	31	15	487
丁酉	1537	3870	32	16	486
戊戌	1538	3871	33	17	485
己亥	1539	3872	34	18	484
庚子	1540	3873	35	19	483
辛丑	1541	3874	36	20	482
壬寅	1542	3875	37	21	481
癸卯	1543	3876	38	22	480
甲辰	1544	3877	39	23	479
乙巳	1545	3878	仁宗	24	478
丙午	1546	3879	明宗 1	25	477
丁未	1547	3880	2	26	476
戊申	1548	3881	3	27	475
己酉	1549	3882	4	28	474
庚戌	1550	3883	5	29	473
辛亥	1551	3884	6	30	472
壬子	1552	3885	7	31	471
癸丑	1553	3886	8	32	470
甲寅	1554	3887	9	33	469
乙卯	1555	3888	10	34	468
丙辰	1556	3889	11	35	467
丁巳	1557	3890	12	36	466
戊午	1558	3891	13	37	465
己未	1559	3892	14	38	464
庚申	1560	3893	15	39	463
辛酉	1561	3894	16	40	462
壬戌	1562	3895	17	41	461
癸亥	1563	3896	18	42	460

干支	西紀	檀紀	朝鮮	明	年數	干支	西紀	檀紀	朝鮮	明	年數
甲子	1564	3897	明宗 19	嘉靖 43	459	甲午	1594	3927	宣祖 27	萬曆 22	429
乙丑	1565	3898	20	44	458	乙未	1595	3928	28	23	428
丙寅	1566	3899	21	45	457	丙申	1596	3929	29	24	427
丁卯	1567	3900	22	穆宗	456	丁酉	1597	3930	30	25	426
戊辰	1568	3901	宣祖 1	隆慶 2	455	戊戌	1598	3931	31	26	425
己巳	1569	3902	2	3	454	己亥	1599	3932	32	27	424
庚午	1570	3903	3	4	453	庚子	1600	3933	33	28	423
辛未	1571	3904	4	5	452	辛丑	1601	3934	34	29	422
壬申	1572	3905	5	6	451	壬寅	1602	3935	35	30	421
癸酉	1573	3906	6	神宗	450	癸卯	1603	3936	36	31	420
甲戌	1574	3907	7	萬曆 2	449	甲辰	1604	3937	37	32	419
乙亥	1575	3908	8	3	448	乙巳	1605	3938	38	33	418
丙子	1576	3909	9	4	447	丙午	1606	3939	39	34	417
丁丑	1577	3910	10	5	446	丁未	1607	3940	40	35	416
戊寅	1578	3911	11	6	445	戊申	1608	3941	41	36	415
己卯	1579	3912	12	7	444	己酉	1609	3942	光海 1	37	414
庚辰	1580	3913	13	8	443	庚戌	1610	3943	2	38	413
辛巳	1581	3914	14	9	442	辛亥	1611	3944	3	39	412
壬午	1582	3915	15	10	441	壬子	1612	3945	4	40	411
癸未	1583	3916	16	11	440	癸丑	1613	3946	5	41	410
甲申	1584	3917	17	12	439	甲寅	1614	3947	6	42	409
乙酉	1585	3918	18	13	438	乙卯	1615	3948	7	43	408
丙戌	1586	3919	19	14	437	丙辰	1616	3949	8	44	407
丁亥	1587	3920	20	15	436	丁巳	1617	3950	9	45	406
戊子	1588	3921	21	16	435	戊午	1618	3951	10	46	405
己丑	1589	3922	22	17	434	己未	1619	3952	11	47	404
庚寅	1590	3923	23	18	433	庚申	1620	3953	12	光宗	403
辛卯	1591	3924	24	19	432	辛酉	1621	3954	13	熹宗	402
壬辰	1592	3925	25	20	431	壬戌	1622	3955	14	天啓 2	401
癸巳	1593	3926	26	21	430	癸亥	1623	3956	仁祖 1	3	400

干支	西紀	檀紀	朝鮮	明	年數
甲子	1624	3957	仁祖 2	天啓 4	399
乙丑	1625	3958	3	5	398
丙寅	1626	3959	4	6	397
丁卯	1627	3960	5	7	396
戊辰	1628	3961	6	毅宗	395
己巳	1629	3962	7	崇禎 2	394
庚午	1630	3963	8	3	393
辛未	1631	3964	9	4	392
壬申	1632	3965	10	5	391
癸酉	1633	3966	11	6	390
甲戌	1634	3967	12	7	389
乙亥	1635	3968	13	8	388
丙子	1636	3969	14	9	387
丁丑	1637	3970	15	10	386
戊寅	1638	3971	16	11	385
己卯	1639	3972	17	12	384
庚辰	1640	3973	18	13	383
辛巳	1641	3974	19	14	382
壬午	1642	3975	20	15	381
癸未	1643	3976	21	16	380
甲申	1644	3977	22	17	379
乙酉	1645	3978	23	福王	378
丙戌	1646	3979	24	唐王	377
丁亥	1647	3980	25	永明	376
戊子	1648	3981	26	永曆 2	375
己丑	1649	3982	27	3	374
庚寅	1650	3983	孝宗 1	4	373
辛卯	1651	3984	2	5	372
壬辰	1652	3985	3	6	371
癸巳	1653	3986	4	7	370

干支	西紀	檀紀	朝鮮	明 淸	年數
甲午	1654	3987	孝宗 5	8	369
乙未	1655	3988	6	9	368
丙申	1656	3989	7	10	367
丁酉	1657	3990	8	11	366
戊戌	1658	3991	9	12	365
己亥	1659	3992	10	13	364
庚子	1660	3993	顯宗 1	14	363
辛丑	1661	3994	2	15	362
壬寅	1662	3995	3	淸	361
癸卯	1663	3996	4	聖祖	360
甲辰	1664	3997	5	康熙 3	359
乙巳	1665	3998	6	4	358
丙午	1666	3999	7	5	357
丁未	1667	4000	8	6	356
戊申	1668	4001	9	7	355
己酉	1669	4002	10	8	354
庚戌	1670	4003	11	9	353
辛亥	1671	4004	12	10	352
壬子	1672	4005	13	11	351
癸丑	1673	4006	14	12	350
甲寅	1674	4007	15	13	349
乙卯	1675	4008	肅宗 1	14	348
丙辰	1676	4009	2	15	347
丁巳	1677	4010	3	16	346
戊午	1678	4011	4	17	345
己未	1679	4012	5	18	344
庚申	1680	4013	6	19	343
辛酉	1681	4014	7	20	342
壬戌	1682	4015	8	21	341
癸亥	1683	4016	9	22	340

干支	西紀	檀紀	朝鮮	清	年數
甲子	1684	4017	肅宗 10	康熙 23	339
乙丑	1685	4018	11	24	338
丙寅	1686	4019	12	25	337
丁卯	1687	4020	13	26	336
戊辰	1688	4021	14	27	335
己巳	1689	4022	15	28	334
庚午	1690	4023	16	29	333
辛未	1691	4024	17	30	332
壬申	1692	4025	18	31	331
癸酉	1693	4026	19	32	330
甲戌	1694	4027	20	33	329
乙亥	1695	4028	21	34	328
丙子	1696	4029	22	35	327
丁丑	1697	4030	23	36	326
戊寅	1698	4031	24	37	325
己卯	1699	4032	25	38	324
庚辰	1700	4033	26	39	323
辛巳	1701	4034	27	40	322
壬午	1702	4035	28	41	321
癸未	1703	4036	29	42	320
甲申	1704	4037	30	43	319
乙酉	1705	4038	31	44	318
丙戌	1706	4039	32	45	317
丁亥	1707	4040	33	46	316
戊子	1708	4041	34	47	315
己丑	1709	4042	35	48	314
庚寅	1710	4043	36	49	313
辛卯	1711	4044	37	50	312
壬辰	1712	4045	38	51	311
癸巳	1713	4046	39	52	310

干支	西紀	檀紀	朝鮮	清	年數
甲午	1714	4047	肅宗 40	康熙 53	309
乙未	1715	4048	41	54	308
丙申	1716	4049	42	55	307
丁酉	1717	4050	43	56	306
戊戌	1718	4051	44	57	305
己亥	1719	4052	45	58	304
庚子	1720	4053	46	59	303
辛丑	1721	4054	景宗 1	60	302
壬寅	1722	4055	2	61	301
癸卯	1723	4056	3	世宗	300
甲辰	1724	4057	4	雍正 2	299
乙巳	1725	4058	英祖 1	3	298
丙午	1726	4059	2	4	297
丁未	1727	4060	3	5	296
戊申	1728	4061	4	6	295
己酉	1729	4062	5	7	294
庚戌	1730	4063	6	8	293
辛亥	1731	4064	7	9	292
壬子	1732	4065	8	10	291
癸丑	1733	4066	9	11	290
甲寅	1734	4067	10	12	289
乙卯	1735	4068	11	13	288
丙辰	1736	4069	12	高宗	287
丁巳	1737	4070	13	乾隆 2	286
戊午	1738	4071	14	3	285
己未	1739	4072	15	4	284
庚申	1740	4073	16	5	283
辛酉	1741	4074	17	6	282
壬戌	1742	4075	18	7	281
癸亥	1743	4076	19	8	280

干支	西紀	檀紀	朝鮮	淸	年數	干支	西紀	檀紀	朝鮮	淸	年數
甲子	1744	4077	英祖 20	乾隆 9	279	甲午	1774	4107	英祖 50	39	249
乙丑	1745	4078	21	10	278	乙未	1775	4108	51	40	248
丙寅	1746	4079	22	11	277	丙申	1776	4109	52	41	247
丁卯	1747	4080	23	12	276	丁酉	1777	4110	正祖 1	42	246
戊辰	1748	4081	24	13	275	戊戌	1778	4111	2	43	245
己巳	1749	4082	25	14	274	己亥	1779	4112	3	44	244
庚午	1750	4083	26	15	273	庚子	1780	4113	4	45	243
辛未	1751	4084	27	16	272	辛丑	1781	4114	5	46	242
壬申	1752	4085	28	17	271	壬寅	1782	4115	6	47	241
癸酉	1753	4086	29	18	270	癸卯	1783	4116	7	48	240
甲戌	1754	4087	30	19	269	甲辰	1784	4117	8	49	239
乙亥	1755	4088	31	20	268	乙巳	1785	4118	9	50	238
丙子	1756	4089	32	21	267	丙午	1786	4119	10	51	237
丁丑	1757	4090	33	22	266	丁未	1787	4120	11	52	236
戊寅	1758	4091	34	23	265	戊申	1788	4121	12	53	235
己卯	1759	4092	35	24	264	己酉	1789	4122	13	54	234
庚辰	1760	4093	36	25	263	庚戌	1790	4123	14	55	233
辛巳	1761	4094	37	26	262	辛亥	1791	4124	15	56	232
壬午	1762	4095	38	27	261	壬子	1792	4125	16	57	231
癸未	1763	4096	39	28	260	癸丑	1793	4126	17	58	230
甲申	1764	4097	40	29	259	甲寅	1794	4127	18	59	229
乙酉	1765	4098	41	30	258	乙卯	1795	4128	19	60	228
丙戌	1766	4099	42	31	257	丙辰	1796	4129	20	仁宗	227
丁亥	1767	4100	43	32	256	丁巳	1797	4130	21	嘉慶 2	226
戊子	1768	4101	44	33	255	戊午	1798	4131	22	3	225
己丑	1769	4102	45	34	254	己未	1799	4132	23	4	224
庚寅	1770	4103	46	35	253	庚申	1800	4133	24	5	223
辛卯	1771	4104	47	36	252	辛酉	1801	4134	純祖 1	6	222
壬辰	1772	4105	48	37	251	壬戌	1802	4135	2	7	221
癸巳	1773	4106	49	38	250	癸亥	1803	4136	3	8	220

干支	西紀	檀紀	朝鮮	清	年數
甲子	1804	4137	純祖 4	嘉慶 9	219
乙丑	1805	4138	5	10	218
丙寅	1806	4139	6	11	217
丁卯	1807	4140	7	12	216
戊辰	1808	4141	8	13	215
己巳	1809	4142	9	14	214
庚午	1810	4143	10	15	213
辛未	1811	4144	11	16	212
壬申	1812	4145	12	17	211
癸酉	1813	4146	13	18	210
甲戌	1814	4147	14	19	209
乙亥	1815	4148	15	20	208
丙子	1816	4149	16	21	207
丁丑	1817	4150	17	22	206
戊寅	1818	4151	18	23	205
己卯	1819	4152	19	24	204
庚辰	1820	4153	20	25	203
辛巳	1821	4154	21	宣宗	202
壬午	1822	4155	22	道光 2	201
癸未	1823	4156	23	3	200
甲申	1824	4157	24	4	199
乙酉	1825	4158	25	5	198
丙戌	1826	4159	26	6	197
丁亥	1827	4160	27	7	196
戊子	1828	4161	28	8	195
己丑	1829	4162	29	9	194
庚寅	1830	4163	30	10	193
辛卯	1831	4164	31	11	192
壬辰	1832	4165	32	12	191
癸巳	1833	4166	33	13	190

干支	西紀	檀紀	朝鮮	清	年數
甲午	1834	4167	純祖 34	14	189
乙未	1835	4168	憲宗 1	15	188
丙申	1836	4169	2	16	187
丁酉	1837	4170	3	17	186
戊戌	1838	4171	4	18	185
己亥	1839	4172	5	19	184
庚子	1840	4173	6	20	183
辛丑	1841	4174	7	21	182
壬寅	1842	4175	8	22	181
癸卯	1843	4176	9	23	180
甲辰	1844	4177	10	24	179
乙巳	1845	4178	11	25	178
丙午	1846	4179	12	26	177
丁未	1847	4180	13	27	176
戊申	1848	4181	14	28	175
己酉	1849	4182	15	29	174
庚戌	1850	4183	哲宗 1	30	173
辛亥	1851	4184	2	文宗	172
壬子	1852	4185	3	咸豊 2	171
癸丑	1853	4186	4	3	170
甲寅	1854	4187	5	4	169
乙卯	1855	4188	6	5	168
丙辰	1856	4189	7	6	167
丁巳	1857	4190	8	7	166
戊午	1858	4191	9	8	165
己未	1859	4192	10	9	164
庚申	1860	4193	11	10	163
辛酉	1861	4194	12	11	162
壬戌	1862	4195	13	穆宗	161
癸亥	1863	4196	14	同治 2	160

干支	西紀	檀紀	朝鮮	清	年數
甲子	1864	4197	高宗 1	同治 3	159
乙丑	1865	4198	2	4	158
丙寅	1866	4199	3	5	157
丁卯	1867	4200	4	6	156
戊辰	1868	4201	5	7	155
己巳	1869	4202	6	8	154
庚午	1870	4203	7	9	153
辛未	1871	4204	8	10	152
壬申	1872	4205	9	11	151
癸酉	1873	4206	10	12	150
甲戌	1874	4207	11	13	149
乙亥	1875	4208	12	德宗	148
丙子	1876	4209	13	光緖 2	147
丁丑	1877	4210	14	3	146
戊寅	1878	4211	15	4	145
己卯	1879	4212	16	5	144
庚辰	1880	4213	17	6	143
辛巳	1881	4214	18	7	142
壬午	1882	4215	19	8	141
癸未	1883	4216	20	9	140
甲申	1884	4217	21	10	139
乙酉	1885	4218	22	11	138
丙戌	1886	4219	23	12	137
丁亥	1887	4220	24	13	136
戊子	1888	4221	25	14	135
己丑	1889	4222	26	15	134
庚寅	1890	4223	27	16	133
辛卯	1891	4224	28	17	132
壬辰	1892	4225	29	18	131
癸巳	1893	4226	30	19	130

干支	西紀	檀紀	朝鮮	清	年數
甲午	1894	4227	31	光緖 20	129
乙未	1895	4228	32	21	128
丙申	1896	4229	建陽	22	127
丁酉	1897	4230	光武 1	23	126
戊戌	1898	4231	2	24	125
己亥	1899	4232	3	25	124
庚子	1900	4233	4	26	123
辛丑	1901	4234	5	27	122
壬寅	1902	4235	6	28	121
癸卯	1903	4236	7	29	120
甲辰	1904	4237	8	30	119
乙巳	1905	4238	9	31	118
丙午	1906	4239	10	32	117
丁未	1907	4240	純宗	33	116
戊申	1908	4241	隆熙 2	34	115
己酉	1909	4242	3	宣統 1	114
庚戌	1910	4243	倭政 1	2	113
辛亥	1911	4244	2	3	112
壬子	1912	4245	3	中華	111
癸丑	1913	4246	4	民國	110
甲寅	1914	4247	5	3	109
乙卯	1915	4248	6	4	108
丙辰	1916	4249	7	5	107
丁巳	1917	4250	8	6	106
戊午	1918	4251	9	7	105
己未	1919	4252	10	8	104
庚申	1920	4253	11	9	103
辛酉	1921	4254	12	10	102
壬戌	1922	4255	13	11	101
癸亥	1923	4256	14	12	100

干支	西紀	檀紀	大韓民國	中	年數	干支	西紀	檀紀	大韓民國	中	年數
甲子	1924	4257	倭政 15	13	99	甲午	1954	4287	建國 7	43	69
乙丑	1925	4258	16	14	98	乙未	1955	4288	8	44	68
丙寅	1926	4259	17	15	97	丙申	1956	4289	9	45	67
丁卯	1927	4260	18	16	96	丁酉	1957	4290	10	46	66
戊辰	1928	4261	19	17	95	戊戌	1958	4291	11	47	65
己巳	1929	4262	20	18	94	己亥	1959	4292	12	48	64
庚午	1930	4263	21	19	93	庚子	1960	4293	13	49	63
辛未	1931	4264	22	20	92	辛丑	1961	4294	14	50	62
壬申	1932	4265	23	21	91	壬寅	1962	4295	15	51	61
癸酉	1933	4266	24	22	90	癸卯	1963	4296	16	52	60
甲戌	1934	4267	25	23	89	甲辰	1964	4297	17	53	59
乙亥	1935	4268	26	24	88	乙巳	1965	4298	18	54	58
丙子	1936	4269	27	25	87	丙午	1966	4299	19	55	57
丁丑	1937	4270	28	26	86	丁未	1967	4300	20	56	56
戊寅	1938	4271	29	27	85	戊申	1968	4301	21	57	55
己卯	1939	4272	30	28	84	己酉	1969	4302	22	58	54
庚辰	1940	4273	31	29	83	庚戌	1970	4303	23	59	53
辛巳	1941	4274	32	30	82	辛亥	1971	4304	24	60	52
壬午	1942	4275	33	31	81	壬子	1972	4305	25	61	51
癸未	1943	4276	34	32	80	癸丑	1973	4306	26	62	50
甲申	1944	4277	35	33	79	甲寅	1974	4307	27	63	49
乙酉	1945	4278	光復 1	34	78	乙卯	1975	4308	28	64	48
丙戌	1946	4279	2	35	77	丙辰	1976	4309	29	65	47
丁亥	1947	4280	3	36	76	丁巳	1977	4310	30	66	46
戊子	1948	4281	建國 1	37	75	戊午	1978	4311	31	67	45
己丑	1949	4282	2	38	74	己未	1979	4312	32	68	44
庚寅	1950	4283	3	39	73	庚申	1980	4313	33	69	43
辛卯	1951	4284	4	40	72	辛酉	1981	4314	34	70	42
壬辰	1952	4285	5	41	71	壬戌	1982	4315	35	71	41
癸巳	1953	4286	6	42	70	癸亥	1983	4316	36	72	40

干支	西紀	檀紀	大韓民國	中	年數	干支	西紀	檀紀	大韓民國	中	年數
甲子	1984	4317	建國 37	73	39	甲午	2014	4347	建國 67	103	9
乙丑	1985	4318	38	74	38	乙未	2015	4348	68	104	8
丙寅	1986	4319	39	75	37	丙申	2016	4349	69	105	7
丁卯	1987	4320	40	76	36	丁酉	2017	4350	70	106	6
戊辰	1988	4321	41	77	35	戊戌	2018	4351	71	107	5
己巳	1989	4322	42	78	34	己亥	2019	4352	72	108	4
庚午	1990	4323	43	79	33	庚子	2020	4353	73	109	3
辛未	1991	4324	44	80	32	辛丑	2021	4354	74	110	2
壬申	1992	4325	45	81	31	壬寅	2022	4355	75	111	1
癸酉	1993	4326	46	82	30	癸卯	2023	4356	76	112	
甲戌	1994	4327	47	83	29	甲辰	2024	4357	77	113	
乙亥	1995	4328	48	84	28	乙巳	2025	4358	78	114	
丙子	1996	4329	49	85	27	丙午	2026	4359	79	115	
丁丑	1997	4330	50	86	26	丁未	2027	4360	80	116	
戊寅	1998	4331	51	87	25	戊申	2028	4361	81	117	
己卯	1999	4332	52	88	24	己酉	2029	4362	82	118	
庚辰	2000	4333	53	89	23	庚戌	2030	4363	83	119	
辛巳	2001	4334	54	90	22	辛亥	2031	4364	84	120	
壬午	2002	4335	55	91	21	壬子	2032	4365	85	121	
癸未	2003	4336	56	92	20	癸丑	2033	4366	86	122	
甲申	2004	4337	57	93	19	甲寅	2034	4367	87	123	
乙酉	2005	4338	58	94	18	乙卯	2035	4368	88	124	
丙戌	2006	4339	59	95	17	丙辰	2036	4369	89	125	
丁亥	2007	4340	60	96	16	丁巳	2037	4370	90	126	
戊子	2008	4341	61	97	15	戊午	2038	4371	91	127	
己丑	2009	4342	62	98	14	己未	2039	4372	92	128	
庚寅	2010	4343	63	99	13	庚申	2040	4373	93	129	
辛卯	2011	4344	64	100	12	辛酉	2041	4374	94	130	
壬辰	2012	4345	65	101	11	壬戌	2042	4375	95	131	
癸巳	2013	4346	66	102	10	癸亥	2043	4376	96	132	

♣

인명용 한자사전 _ 오행별

초판 인쇄 – 2022년 4월 1일
초판 발행 – 2022년 4월 8일

편저자 – 洪 性 智
발행인 – 金 東 求
발행처 – 명 문 당(창립 1923년 10월 1일)
서울시 종로구 윤보선길 61(안국동)
우체국 010579-01-000682
전 화 (02) 733-3039, 734-4798
FAX (02) 734-9209
Homepage www.myungmundang.net
E-mail mmdbook1@hanmail.net
등록 1977.11.19. 제1-148호

■

* 정가 28,000원

ISBN 979-11-91757-43-9 03720